Contribuições para Uma Teoria Geral do PROCESSO do TRABALHO

Contribuições para Uma Teoria Geral do PROCESSO do TRABALHO

Desde uma perspectiva de diálogo com o feminismo negro, com as teorias críticas e com o antirracismo

Valdete Souto Severo

LACIER

LACIER
Lacier Livraria e Editora
www.livrarialacier.com.br

Rua Doutor Quirino, 808 – Centro
CEP 13015-081 – Campinas, SP – Brasil

Abril, 2023.

Diretor: *Lacier José de Rezende*
Diretor assistente: *Eduardo Soares Aureliano*
Projeto de capa: *Eduardo S. Aureliano*
Projeto gráfico e editoração eletrônica: *Peter Fritz Strotbek – The Best Page*

Ficha Catalográfica

Dados Internacionais de Catalogação na Publicação (CIP)
(Câmara Brasileira do Livro, SP, Brasil)

S498c Severo, Valdete Souto
Contribuições para uma teoria geral do processo do trabalho : desde uma perspectiva de diálogo com o feminismo negro, com as teorias críticas e com o antirracismo / Valdete Souto Severo. — 1. ed. — Campinas : Lacier Editora, 2023.
318 p. ; 17 x 24 cm.

ISBN 978-65-88805-54-1

1. Direito processual do trabalho. 2. Processo trabalhista. 3. Direito do trabalho. 4. Relações trabalhistas — Aspectos jurídicos. I. Título.

CDU 347.9:331

Índices para catálogo sistemático:

1. Direito trabalhista

Angela Schmidt da Rosa – Bibliotecária – CRB-14/1171

Sumário

Do alto da arrogância qualquer homem
Se imagina muito mais do que consegue ser
É que vendo lá de cima, a ilusão que lhe domina
Diz que pode muito antes de querer
Querer não é questão, não justifica o fim
Pra quê complicação, é simples assim
Focado no seu mundo qualquer homem
Imagina muito menos do que pode ver
No escuro do seu quarto ignora o céu lá fora
E fica claro que ele não quer perceber
Viver é uma questão de início, meio e fim
Pra quê a solidão, é simples assim
É, eu ando em busca dessa tal simplicidade
É, não deve ser tão complicado assim
É, se eu acredito, é minha verdade
É simples assim
E a vida continua surpreendentemente bela
Mesmo quando nada nos sorri
E a gente ainda insiste em ter alguma confiança
Num futuro que ainda está por vir
Viver é uma paixão do início, meio ao fim
Pra quê complicação, é simples assim
É, eu ando em busca dessa tal simplicidade
É, não deve ser tão complicado assim
É, se eu acredito, é minha verdade
Eu vivo essa paixão do início, meio ao fim
Pra quê a solidão, é simples assim
Eu vivo essa paixão do início, meio ao fim
Pra quê complicação, é simples assim

Simples Assim, Lenine e Dudu Falcão.

Prefácio

Nunca uma folha em branco havia sido tão desafiadora para mim quanto nos vários momentos em que, após Valdete, semanas atrás, me enviar uma mensagem anunciando que eu havia sido o escolhido para prefaciar o seu novo livro, tentei expressar por escrito os sentimentos e os pensamentos que me ocorriam a este respeito.

Devo consignar que aceitar esta imensa honra foi extremante fácil e, por isso mesmo, o fiz de pronto e com imenso orgulho e incontida alegria.

Mas, mal sabia eu, naquele instante, as dificuldades que a elaboração do texto me traria. Isto porque, enquanto a escrita é lenta e necessariamente estruturada, os sentimentos e pensamentos são muito rápidos, ilimitados, repletos de incompletudes e, muitas vezes, um tanto quanto caóticos, ao menos no meu caso.

Assim, ao longo dos dias, as ideias vinham, se misturavam, se complexificavam e, depois, se esvaíam.

Foram sensações muito estranhas, pois tudo se apresentava, a princípio, como reflexões interessantes, mas todas meio desconexas, complexas e incompletas.

Conseguia pensar muitas coisas ao mesmo tempo, transpassando umas ideais sobre as outras. O processo mental estabelecido se materializava na imagem de uma espiral que girava também de modo reverso, mas que se direcionava para lugar nenhum: um fundo escuro ou mesmo um outro universo.

Certamente, a escrita não conseguia acompanhar esta inspiração frenética, fruto do êxtase de ter sido agraciado com o convite, e a cada nova tentativa a folha em branco, embora fosse arranhada com rabiscos e expressões belas na forma mas vazias no conteúdo, saia triunfante.

A sensação era a de que quanto mais eu pensava ou quanto mais ideias eu tinha, mais distante ficava da concretização da escrita do texto.

Tudo isto, por certo, tinha um motivo. É que eu me impus a obrigação de que não podia errar: o prefácio teria obrigatoriamente que conseguir expressar, com toda exatidão, a essencialidade da autora, enquanto ser humano, de seu inigualável contributo para o conhecimento jurídico trabalhista, e a grandiosidade da obra ora publicada.

Mas querendo não errar, cometi um enorme erro: coloquei a forma sobre a essência.

E não era apenas esse o problema. Também considerei que a essencialidade e a imprescindibilidade referidas teriam que ser ditas com outras e muitas mais palavras e por múltiplos argumentos.

Para buscar inspiração, fiquei lendo e relendo o texto do novo livro da Valdete, até que, enfim, a ficha caiu.

Ora, uma das principais lições trazidas por Valdete é a de que o procedimento não pode ser obstáculo para se atingir o objetivo final. No entanto, estava eu, me perdendo no procedimento, tornando-o um fim em si mesmo, complexo e mais "importante" que a própria finalidade da minha tarefa.

Como ensina a autora, o procedimento, bem ao contrário, é o instrumento para que o objetivo seja alcançado e tudo que se lhe integra de forma exógena e perturbador do conjunto de suas regras acaba contribuindo para criar obstáculos ao seu regular percurso. O procedimento deve ser simples, sendo sua função própria "garantir que a verdade poderá ser alcançada", destaca ela.

Mas as pessoas, quando vislumbram o interesse profissional da reserva de mercado, principalmente no âmbito do direito, costumam levar às últimas consequências a crença de que, para ser importante ou para demonstrar a importância daqueles que falam a seu respeito falam com "autoridade", o objeto de análise precisa ser complexo ou se apresentar como tal.

Ocorre que esta complexidade, notadamente quanto aos temas relativos ao processo do trabalho, gera um desvio de percurso e, de forma paradoxal, constitui, isto sim, uma prova da falta de domínio do desconhecimento jurídico-processual daqueles que a introduzem e a sustentam.

É a simplicidade, pois, que se apresenta, como o resultado do conhecimento e do exercício pleno da razão e não o hermetismo.

Só por isso, ou seja, por recuperar a essência do procedimento trabalhista, a leitura do novo livro da Valdete se apresentaria como essencial.

Mas Valdete vai muito além.

Buscando a formulação de uma efetiva teoria geral do processo do trabalho, a obra inicia o desafio demonstrando o quanto é equivocado o "atrelamento" que se promove, na cultura e na prática jurídica, do processo do trabalho ao processo civil, o que, inclusive, induz a pensar o processo do trabalho a partir da padronização e dos pressupostos individualistas da regulação civilista.

O processo do trabalho, como adverte a autora, está vinculado ao direito do trabalho e, para cumprir sua função de conferir efetividade às normas jurídicas trabalhistas, deve refletir todos os princípios e técnicas do direito material que instrumentaliza.

Afinal, como exprime Valdete, "o processo do trabalho não se separa do Direito material que ele deve efetivar" e, para tanto, o procedimento trabalhista, partindo do reconhecimento da desigualdade das partes, reproduz, em concreto, o princípio da proteção, não para igualar ou equilibrar as partes, mas para impedir que a desigualdade reverbere durante o trâmite processual.

O processo trabalho, assim, também se move pela **imperatividade da norma trabalhista**, pelos princípios da **indisponibilidade ou irrenunciabilidade dos direitos trabalhistas**, **primazia da realidade** e **continuidade**, assim como pelas **"técnicas de aplicação dos princípios"**, como o ***"in dubio pro operario"***.

Sobre este aspecto basilar, conclui a autora que **"simplicidade, informalidade, oralidade inquisitorialidade, celeridade são pressupostos para um procedimento que atenda à urgência do direito material de que é instrumento"**.

Prosseguindo, a obra se direciona para uma abordagem plenamente inovadora e, ao mesmo tempo, simplesmente fundamental — que é, inclusive, demonstração suficiente do quanto as concepções teóricas no âmbito do processo do trabalho, produzidas até aqui, eram incompletas e, por isso mesmo, defeituosas.

Refiro-me à "perspectiva interseccional", por meio da qual a autora faz o registro em torno da "necessidade de que o Direito reconheça e dê conta das questões que decorrem da racialização, do capacitismo, da distinção binária dos corpos e de outras opressões".

Sem a identificação dos corpos e a revelação das relações sociais que historicamente consagraram desigualdades e opressões não é possível entender como as estruturas jurídicas funcionam para manter o "status quo" e o quanto os(as) denominados(as) "operadores(as) do direito" são sujeitos ativos dessa instrumentalização.

A obra, aliás, refere como o direito atua em prol da preservação das estruturas da sociedade capitalista, reforçadas pelas diversas formas de opressão culturalmente reforçadas e constantemente revitalizadas, mas também trata das possibilidades dadas, no próprio direito, para a criação de fissuras e a promoção de mudanças concretas na realidade social e nas vidas das pessoas, mais precisamente, da classe trabalhadora.

Daí porque Valdete não se contenta em "limpar" o procedimento trabalhista, expungindo todas as interferências que lhe foram indevidamente introduzidas. Também preconiza a necessidade de se vislumbrarem as possibilidades, juridicamente estabelecidas, de sobrepujar os limites previamente concebidos.

É neste sentido, inclusive, que Valdete fala, de modo original e extremamente pertinente, em transgressão.

Segundo sua lição, é preciso transgredir a concepção de que o direito tem seus efeitos limitados ao propósito de conservação das estruturas existentes e historicamente construídas, para extrair efeitos que possam contribuir para tensionar o próprio sistema e, de fato, melhorar a condição social e econômica da classe trabalhadora.

Transgredir é, pois, ir além.

Um passo importante neste sentido se expressa na passagem da obra em que a autora trata da relevância de se formular um "pensamento conjunto e contínuo, de reflexão crítica sobre esse instrumento de realização da justiça, que nem sempre foi assim compreendido e que no mais das vezes é conduzido sem sequer tangenciar as questões sociais que implicam as pessoas que serão diretamente atingidas pela decisão judicial. Alguns passos, portanto, na direção de uma teoria geral do processo do trabalho, que reconheça suas peculiaridades, sua razão de existência e sua funcionalidade no modelo de organização social em que vivemos."

Além disso, adverte que é necessário olhar para trás e compreender "como a realidade brasileira foi construída" e, como, neste percurso, se naturalizaram as violências de que são vítimas, cotidiana e historicamente, os corpos negros, de mulheres e das pessoas com deficiência.

Como diz Valdete, "a forma como compreendemos a relação de trabalho e, por consequência, **naturalizamos a violência do tempo do processo, suportado por quem busca a Justiça do Trabalho**, tem íntima relação com a persistência dessa cultura transposta e imposta sobre um povo que não pôde manter suas origens, nem honrar suas formas próprias de resolução dos conflitos sociais."

Extraem-se, enfim, da obra, várias compreensões que constituem elementos fundamentais para a (re)construção de uma autêntica teoria geral do processo do trabalho, como as seguir:

> "A escravização de pessoas em países violentamente colonizados foi racionalizada, naturalizada e defendida por autores até hoje considerados fundamentais para a compreensão do direito e do processo.
>
> (...)
>
> Toda a racionalidade moderna fundada na noção de um Sujeito de direitos abstrato, universal, livre e igual porque nasce detentor da própria força de trabalho (SEVERO, 2016) está intrinsecamente relacionada à racialização dos corpos, como modo de justificar formas diferenciadas de espoliação nos países colonizados. Quando hoje lidamos com uma, por vezes incompreensível, dificuldade hermenêutica diante de alguns dispositivos legais, interpretados de modo a esvaziar direitos trabalhistas, ainda quando a literalidade não autoriza tal forma de aplicação, é disso que estamos tratando. A insistência em repetir que a lei veda a cumulação de adicionais de salário para condições insalubres e perigosas de trabalho; a oitiva de testemunhas

> quando o empregador não apresenta nos autos os registros de horário; a aplicação de pena de confissão ao reclamante por não comparecer à audiência, são alguns dos exemplos que serão trabalhados neste livro e que revelam um comprometimento quase atávico com essa racionalidade, que soma a naturalização da exploração do trabalho pelo capital à compreensão de que trabalhadoras e trabalhadores (*'quase todos pretos, ou quase pretos, ou quase brancos quase pretos de tão pobres'*, como diz a música de Gilberto Gil) são cidadã(o)s *de segunda categoria.*"

Por fim, são apresentadas informações importantíssimas acerca de como e porque foi criada a Justiça do Trabalho e uma reflexão mais que urgente sobre quem são as pessoas que compõem o Judiciário trabalhista.

Sendo conduzido pelo texto, pude abandonar o peso da obrigação que me havia imposto. Não precisava mais expressar palavras de uma forma "que nunca foram ditas" ou com mensagens cifradas e indiretas.

Simplesmente, fazendo um breve e até superficial relato da obra prefaciada, me dei conta de que estava atingindo o objetivo de falar o quanto é fundamental e urgente a leitura do texto apresentado por Valdete. É que a grandiosidade da obra em questão se expressa em si mesma, não requerendo, pois, ingerências externas, como, ademais, se dá com o procedimento trabalhista.

Esta constatação, aliás, é o próprio efeito da simplicidade preconizada na obra.

Neste contexto, falar sobre a autora se tornou bem mais fácil, até porque Valdete é uma pessoa verdadeiramente simples e que gosta de ser tratada em pé de igualdade com todas as demais. Por trás de sua personalidade forte, de alguém de luta, que não verga, que não se cala e que está sempre disposta a enfrentar todos obstáculos de forma obstinada, sobretudo quando depara com situações que ferem justamente o preceito da igualdade, está uma pessoa amável, amigável, gentil, generosa, solidária e extremamente sensível, como, aliás, devem ser mesmo, idealmente, os seres humanos.

Todas as pessoas que efetivamente conhecem a Valdete, seja no convívio mais próximo, seja por meio do processo de aprendizado recorrente que seus textos e experiências de vida fornecem, nutrem por ela um sentimento tão profundo e bonito, mas que, singelamente, se expressa em uma palavra: amor.

Nós te amamos, Valdete!

Simples assim...

Jorge Luiz Souto Maior
Professor da Faculdade de Direito da USP.
Desembargador do Trabalho da 15ª Região.

Apresentação

O processo do trabalho é "simples assim", pensado para ser acessível, rápido e, sobretudo, efetivo. Ao longo dos anos, tem sido alterado, tornando-se cada vez mais burocratizado, menos eficaz. Compreender seus fundamentos, estudar suas regras e sobretudo respeitar sua identidade é fundamental para que a Justiça do Trabalho, e o Direito do Trabalho, sigam fazendo algum sentido.

O processo do trabalho não inicia quando alguém decide discutir perante o Poder Judiciário a existência e pedir a efetividade de direitos dos quais acredita ser titular. Começa bem antes.

Muitas vezes, é resultado de uma ausência de humanidade, no momento da despedida. Não são raras as vezes em que, na audiência, ouvi da(o) trabalhador(a) que se houvesse sido respeitada(o) no momento da despedida, se soubesse o motivo pelo qual foi "descartada(o)", não teria ingressado com a demanda. Muitas outras questões entram em jogo, quando alguém resolve "buscar a justiça". Essa é a razão cultural pela qual, na grande maioria das vezes, um processo se inicia. Por mágoa, pelo sentimento de injustiça, pela necessidade (inclusive psíquica) de ver um dano reparado.

"Entrar na justiça", em um país tão desigual, com tantas pessoas sem trabalho, no qual trabalhar por salário é condição para sobreviver, é ato de CORAGEM.

Esse é um fato de extrema relevância, pouco discutido nos estudos acadêmicos e nas obras jurídicas. A relação social de trabalho envolve afeto. No ambiente de trabalho, criam-se laços, trocam-se sentimentos, constroem-se relações. Por isso é possível sustentar que apesar de ser tratada como mercadoria, a força de trabalho será sempre mais do que isso. Enquanto há a troca, ou depois que ela termina, todos esses afetos persistem, misturam-se e influenciam na escolha por buscar ou não o reconhecimento de direitos e a reposição de perdas, através da Justiça do Trabalho.

Há sentimentos que se mobilizam para dar início ao que chamamos processo. E sobre eles pesa toda a carga ideológica de que o emprego é "dado", a demissão é "pedida", a despedida é prerrogativa do empregador. Pesa, também, toda a condição social de quem ousa ingressar com uma demanda trabalhista: mulher, mãe, trabalhador(a) negra(o) ou com uma condição diferente de saúde, profissional que pretende seguir inserido(a) no "mercado" de trabalho. Cada uma dessas pessoas terá de pensar e considerar múltiplas questões pessoais, familiares e sociais, antes mesmo de permitir que seu nome seja colocado numa petição inicial.

Todo o movimento de afetos e de atos implicados em um processo envolve as noites de sono perdido, as conversas com familiares e pessoas amigas, as diversas situações em que a decisão de propor uma demanda trabalhista será enfrentada. Envolve a escolha de quem será a(o) profissional contratada(o) para fazer a "defesa do direito"; a busca por documentos e o escrutínio da memória, para revisitar os fatos que serão questionados em juízo.

Quando a petição inicial é finalmente protocolada, expectativas já foram criadas. A intimação para a resposta inicia o diálogo. A contraparte também tem seus sentimentos em relação a tudo o que foi vivido no ambiente de trabalho, também mobilizará afetos e documentos para participar de uma espécie de jogo (democrático?) em que o resultado, ao contrário do que a dogmática jurídica quer fazer crer, não é previsível.

Há a(s) servidora(e)s pública(o)s que atuarão no processo e os assim chamados terceiros que dele farão parte, na condição de testemunhas, de auxiliares do juízo, de pessoas para as quais o Estado requisitará documentos ou determinará ações ou omissões. Pessoas que por vezes serão levadas a considerar o processo como mais um, dentre tantos, em razão do excesso de trabalho, das dificuldades geradas por um sistema eletrônico que nos distancia do mundo material, pela ausência de orientação ou mesmo pelo ritmo em que o trabalho acaba sendo executado.

O que importa, porém, é que existem pessoas implicadas; que se trata de um conflito de interesses que é também um trânsito de afetos, cujas consequências impactarão em maior ou menor medida a vida desses sujeitos. Cada processo contém histórias, das quais, querendo ou não, de algum modo, somos parte: reclamante, reclamada, advogada(o)s, testemunhas, perita(o)s, juíz(a) e servidora(e)s.

O que hoje aprendemos e praticamos como processo do trabalho tem raízes em um tipo específico de organização social. Reproduz uma forma, escolhida, de resolver questões individuais e coletivas, dando respostas que — precisamos pensar sobre isso — muitas vezes produzem o oposto daquilo a que se propõem.

Daí porque é preciso examinar e aplicar suas regras, desde o que o está em seu princípio: a necessidade de conferir uma tutela rápida e efetiva, que dê conta da reposição, ainda que tardia e parcial, de direitos dos quais depende a própria existência.

O primeiro compromisso a ser assumido, portanto, para que esse curso faça sentido, é abandonar o fetiche pelo processo civil e compreender que quando falamos de processo do trabalho, estamos tratando de algo radicalmente diverso. De um conjunto de regras que se opõem historicamente àquelas do CPC, propondo-se como um modo diferente de alcançar a tutela jurisdicional.

A Consolidação das Leis do Trabalho, ao conter em seu texto regras materiais e processuais promove uma importante ruptura paradigmática na falsa dicotomia entre o mundo dos fatos e o mundo processual. Uma dicotomia que, embora fortemente abalada, persiste no âmbito cível e no imaginário de boa parte das pessoas que lidam diretamente com processos, inclusive na Justiça do Trabalho.

O processo do trabalho não se separa, portanto, do Direito material que ele deve efetivar. E mais: é um único procedimento. No âmbito trabalhista, para títulos judiciais, nunca houve processo de execução. Desde o início trata-se apenas de uma fase do mesmo processo, a fase em que a decisão judicial deve ser materializada. Rompe, portanto, também com a dicotomia entre conhecimento e execução. É simples, pode ser até mesmo iniciado de modo verbal, pela parte. É enxuto, concentrado em um só ato, e substancialmente oral. Como veremos no decorrer da análise das regras processuais trabalhistas, essa espinha dorsal que justifica a existência mesma de um procedimento trabalhista vem sendo fortemente abalada por alterações legislativas que o burocratizam.

Tais alterações não comprometem sua estrutura, sob pena de significarem a sua não existência como algo separado do processo civil. Por isso mesmo, precisam ser examinadas de modo crítico, à luz do princípio da proteção a quem trabalha, que é o diferencial pelo qual faz sentido a criação de uma estrutura separada, dentro do Poder Judiciário, e de regras próprias, para lidar com um conflito que não apenas é peculiar, mas também central em uma sociedade capitalista.

A ideia deste livro é contribuir para uma teoria geral do processo do trabalho que permita o seu "uso transgressor", em continuidade às reflexões já propostas em outro livro, *Elementos para o Uso Transgressor do Direito do Trabalho* (LTr, 2. ed., 2020), onde explico a escolha dessa palavra que inquieta. Transgredir pode ser compreendido como desobedecer, não cumprir determinada regra. Também pode ser compreendido como *ir além*, atravessar. Trata-se, portanto, de uma transgressão que produz diferenças e cria novas possibilidades éticas para a compreensão e, especialmente, para a aplicação das regras processuais trabalhistas.

A transgressão que se propõe, portanto, parte de uma crítica que desnude os pressupostos mais profundos do olhar aparentemente neutro, mas profundamente implicado, que temos visto determinar a atuação sobre o processo do trabalho, desfigurando-o ou fazendo dele instrumento da opressão do capital sobre o trabalho.

A troca de ideias proposta neste livro sobre o processo do trabalho se dará, então, desde a perspectiva da humanidade que deve habitar cada despacho, cada andamento processual, cada depoimento, cada ato judicial, e da necessidade de mudança radical na forma como o processo vem sendo aplicado. Versará sobre a necessidade de que se reconheça, na instrução e na sentença, o atravessamento de tantas e tão diversas opressões, a fim de humanizar o processo, para nele atuar com o compromisso visceral de dar efetividade a direitos que são a condição imediata para o acesso a alimentos, roupas, remédios. Partirá do pressuposto do reconhecimento de que o Estado se posiciona e cria cultura, através de suas decisões. Um Estado que, embora comprometido com a manutenção do sistema, assumiu em seu discurso o compromisso com objetivos como o da erradicação da miséria, da redução das desigualdades e da proteção da dignidade de todos os seres humanos e não humanos que convivem nesse lugar chamado Brasil.

Quando entendemos porque temos um processo *do trabalho*, cuja racionalidade se opõe àquela do processo civil, compreendemos que normas trabalhistas justificam-se apenas quando efetivamente protegem quem trabalha e que a Justiça do Trabalho só faz sentido enquanto promove efetividade a essas regras que protegem quem trabalha. É preciso fazer dessa compreensão uma prática. Para isso, entretanto, é necessário conhecer a origem, os institutos processuais, aprofundar e disseminar uma teoria geral do processo do trabalho que ainda faz falta no Brasil.

O que proponho é o pensamento conjunto e contínuo, de reflexão crítica sobre esse instrumento de realização da justiça, que nem sempre foi assim compreendido e que no mais das vezes é conduzido sem sequer tangenciar as questões sociais que implicam as pessoas que serão diretamente atingidas pela decisão judicial. Alguns passos, portanto, na direção de uma teoria geral do processo do trabalho, que reconheça suas peculiaridades, sua razão de existência e sua funcionalidade no modelo de organização social em que vivemos.

Com essa premissa básica, convido à leitura das provocações aqui reunidas, dedicadas a quem trabalha com o processo trabalhista, mas também a quem, estando em uma realidade social no qual dependemos do trabalho remunerado para sobreviver, tem interesse em conhecer melhor como funciona o processo do trabalho e se alinhar nessa perspectiva de aprofundamento dos estudos teóricos que poderão nos conduzir a uma prática transformadora.

Boa leitura!

1. Um Processo Judicial em Um País Colonial: Antes do Processo

Para estudar e compreender o processo, especialmente o processo do trabalho, precisamos antes de tudo conhecer um pouco sobre como a realidade brasileira foi construída.

Não estamos tratando de um processo solto no ar, cujas regras podem ser aplicadas a qualquer sociedade em qualquer tempo histórico. O processo do trabalho no Brasil nasce com dois decretos editados em 1932, que foram posteriormente incorporados ao texto da CLT. Surge enquanto ainda vigia o Código de Processo Civil de 1939. E, ao contrário dele, estipula regras processuais diferenciadas. A demanda começa com a petição inicial e só termina com a realização do bem da vida, não há separação entre conhecimento e execução. A audiência deve ser uma só, com presença necessária das partes. Os procedimentos são simplificados. Há determinação de cumprimento imediato da decisão judicial de primeiro grau. A execução deve ser impulsionada de ofício pelo(a) juiz(a). Essas e várias outras regras, muitas hoje incorporadas pelo CPC, determinam um procedimento diferenciado, no qual o princípio não é de preservação do devedor, mas sim de efetividade do crédito.

Conhecer as regras processuais da CLT, porém, não é suficiente para compreendermos a origem e a complexidade do que compõe o processo do trabalho vivo, aquele praticado todos os dias na Justiça do Trabalho. Se na década de 1930 do século passado compreendeu-se necessária a edição de regras processuais específicas para cuidar do conflito entre capital e trabalho, bem antes disso já haviam sido traçados os pontos centrais do que se compreenderia (e em larga medida ainda hoje se compreende) como processo.

O Brasil não era uma selva desabitada quando os portugueses aqui chegaram. Ao contrário, as populações originárias, distribuídas em diversos povos, com organização política e social peculiares, já tinham suas formas de resolver conflitos. A colonização predatória fez, porém, com que os registros e memórias dessas sociabilidades fossem apagadas. A dimensão do massacre cultural e político dos povos indígenas ocorrida no período da colonização europeia pode também ser percebida, portanto, através do estudo do Direito e do processo.

Toda a regulação social, a hierarquia, assim como a forma como problemas de convívio eram resolvidos, foram ignorados. As Ordenações Filipinas ou o Código Manuelino, por exemplo, vigoraram no Brasil até a promulgação do primeiro Código Civil brasileiro, em 1916. A regulação europeia foi imposta em uma realidade completamente diversa.

A forma como compreendemos a relação de trabalho e, por consequência, naturalizamos a violência do tempo do processo, suportado por quem busca a Justiça do Trabalho, tem íntima relação com a persistência dessa cultura transposta e imposta sobre um povo que não pôde manter suas origens, nem honrar suas formas próprias de resolução dos conflitos sociais.

Quando aprofundamos um pouco o estudo sobre esse período histórico, compreendemos que não se tratou de algo aleatório. A necessidade dessa imposição foi referida por Hobbes, em seu clássico Leviatã, publicado pela primeira vez em 1651. Ele escreve que os "povos selvagens de muitos lugares da América" não possuem "qualquer espécie de governo". Para Hobbes, as "paixões que fazem os homens tender para a paz são o medo da morte, o desejo daquelas coisas que são necessárias para uma vida confortável, e a esperança de consegui-las através do trabalho". Ora, daquilo que hoje sabemos sobre os povos que aqui viviam, é possível concluir que eles não tinham a mesma noção de conforto. Cultuavam a morte como um momento de transição, em vez de temê-la. Estavam muito distantes da racionalidade capitalista de imposição do trabalho obrigatório. Viviam de modo comunal, produziam para a própria subsistência (FERNANDES, 1976, p. 72-86). As noções de propriedade privada, contrato e sujeito de direitos lhes eram estranhas.

Essa é a condição que Hobbes definiu como de "simples natureza", "de guerra de todos os homens contra todos os homens". O pressuposto de Hobbes era o de que apenas sob a égide do Estado, "com direito e força suficiente para impor" o cumprimento de regras, haveria civilidade, já que "os vínculos das palavras são demasiado fracos para refrear a ambição, a avareza, a cólera e outras paixões *dos homens*, se não houver o medo de algum poder coercitivo" (HOBBES, 2003, p. 109). Em outra obra, o mesmo autor refere que "se os bens forem comuns a todos, necessariamente haverá de brotar controvérsias sobre quem mais gozará de tais bens, e de tais controvérsias inevitavelmente se seguirá o tipo de calamidades, as quais, pelo instinto natural, todo homem é ensinado a esquivar" (HOBBES, 2002. p. 28). Há, ainda, um terceiro excerto, no qual Hobbes afirma que a necessidade de civilização aos moldes do capitalismo europeu é demonstrada "tanto pela experiência das nações selvagens que existem hoje, como pelas histórias de nossos ancestrais, os antigos habitantes da Alemanha e de outros países hoje civilizados, onde encontramos um povo reduzido e de vida breve, sem ornamentos e comodidades, coisas essas usualmente inventadas e proporcionadas pela paz e pela sociedade" (HOBBES, 2010, p. 70). Para ele, portanto, se a modernidade implicou *evolução* para a Europa, então *naturalmente* os povos da América precisavam *evoluir* também.

Fica claro, portanto, o quanto a horizontalidade das decisões, a comunalidade dos bens ou a ativa participação das mulheres em alguns grupos sociais que já viviam nas Américas foram percebidas como práticas ameaçadoras para o modelo de sociedade que se compreendia como o parâmetro para todos os demais. Não se tratava apenas da construção de um discurso destinado a eliminar os povos originários. Há uma crença genuína na superior qualidade do modelo de organização social europeu, no "projeto da modernidade", fundado no progresso, na acumulação de riqueza e na exclusão social. E, claro, a compreensão de uma necessidade de impor a ordem europeia de civilidade sobre povos com os quais não se buscava diálogo ou interação, mas sim extração, eliminação e conquista. Colonizar dependia, então, de subjugar também o pensamento social e político, para assim superar resistências.

A essa ferida inicial, determinada pela eliminação das práticas e dos registros da organização jurídica dos povos indígenas, soma-se outra. Tão logo os portugueses aqui chegaram, já engajaram o Brasil na rota do tráfico de pessoas escravizadas. Eles haviam chegado à África anos antes. Em 1482, construíram o Castelo de Elmina na Costa da Guiné, uma espécie de entreposto de onde saíam a maioria dos chamados "navios negreiros" (HARTMAN, 2021, p. 66 e seguintes). Os registros referem cerca de 12,5 milhões de pessoas, sendo em torno de 26% ainda crianças, transportadas à força, como mercadoria, para os portos das Américas. É certamente um número inferior à realidade brutal da escravização. Boa parte das pessoas escravizadas morriam enquanto ainda estavam confinadas nessas prisões ou durante a viagem. Fomos o último país da América a abolir formalmente a escravização em 1888, responsáveis por receber cerca de 40% das pessoas retiradas compulsoriamente da África (SCHWARCZ, 2015, p. 11). Esse dado é relevante para compreendermos a forma como lidamos com a relação de trabalho no Brasil.

A escravização de pessoas em países violentamente colonizados foi racionalizada, naturalizada e defendida por autores até hoje considerados fundamentais para a compreensão do direito e do processo. Montesquicu, no livro Espírito das Leis, publicado pela primeira vez em 1748, justifica a escravização institucionalizada em países da América, referindo tratar-se de uma opção política válida, em razão do atraso dos povos desses lugares. Para ele, tratava-se de algo necessário, afinal "tendo os povos da Europa exterminado os da América, *tiveram que* escravizar os da África para utilizá-los para abrir tantas terras". O interessante é que, na mesma obra, Montesquieu posiciona-se contra a escravização. Afirma que nas "nações onde a liberdade civil está geralmente estabelecida", "como todos os homens nascem iguais", "a escravidão é *contra a natureza*". Apenas "em certos países" está fundada "numa razão natural; e deve-se distinguir bem esses países daqueles onde as próprias razões naturais a rejeitam, como os países da Europa, onde foi tão felizmente abolida". Nas Américas, não é apenas a necessidade de "abrir tantas terras" que faz da escravização de pessoas algo *desejável*, na percepção de Montesquieu. Ele menciona que as pessoas escravizadas, "pretos dos pés à cabeça", com "nariz tão achatado que é quase impossível ter pena deles", são seres diferentes. Por isso não vê contradição: escravizar é uma opção política válida em razão da diferença dos povos africanos e ameríndios, que em nada se confundem com os povos das "nações onde a liberdade civil está estabelecida". Daí porque o autor critica os "espíritos pequenos" que, segundo ele, "exageram demais a injustiça que se faz aos africanos" (MONTESQUIEU, 1979, p. 258-268).

Essa justificação teórica, não apenas para a colonização predatória e para a subjugação e escravização de indígenas e pessoas africanas, mas também para uma espécie de diferença ontológica que faz do *homem europeu* um outro tipo de ser, é constituinte das relações sociais no Brasil e, portanto, da nossa noção de direito e de processo. Apenas esse sujeito europeu será o verdadeiro Sujeito de direitos, o *civilizado*, em contraposição a todas as demais pessoas que, ao serem identificadas como *selvagens*, deixam de ser destinatárias das normas jurídicas. Toda a racionalidade moderna fundada na noção de um Sujeito de direitos abstrato, universal, livre e igual porque nasce detentor da própria força de trabalho (SEVERO, 2016) está intrinsecamente relacionada à racialização dos corpos, como modo de justificar formas diferenciadas de espoliação nos países colonizados. Quando hoje lidamos com uma, por vezes incompreensível, dificuldade hermenêutica diante de alguns dispositivos legais, interpretados de modo a esvaziar direitos trabalhistas, ainda quando a literalidade não autoriza tal forma de aplicação, é disso que estamos tratando. A insistência em repetir que a lei veda a cumulação de adicionais de salário para condições insalubres e perigosas de trabalho; a oitiva de testemunhas quando o empregador não apresenta nos autos os registros de horário; a aplicação de pena de confissão ao reclamante por não comparecer à audiência, são alguns dos exemplos que serão trabalhados neste livro e que revelam um comprometimento quase atávico com essa racionalidade, que soma a naturalização da exploração do trabalho pelo capital à compreensão de que trabalhadoras e trabalhadores ("*quase todos pretos, ou quase pretos, ou quase brancos quase pretos de tão pobres*", como diz a música de Gilberto Gil) são cidadã(os) *de segunda categoria*.

Afinal, por tempo demais, os escravizados e as escravizadas foram mercadorias baratas, que se tornavam sujeitos de direito apenas quando acusadas de algum crime. Trazidas de regiões diferentes da África, por vezes pertencentes a comunidades com língua e tradição diversas, muitas delas rivais, essas pessoas tinham dificuldade em compreender-se como um grupo que partilhava um destino comum (SOUTO MAIOR, 2000, p. 61-2). O mais interessante é compreender que ainda assim, elas começaram a organizar fugas e atos de resistência, marcando a história das relações sociais no Brasil também pela luta coletiva e pela formação de comunidades alternativas como os quilombos.

O Quilombo dos Palmares chegou a ter 20 mil habitantes (MOURA, 1986, p. 18). Tinha organização política e econômica própria, fundada na solidariedade, na produção e divisão de alimentos para consumo próprio e na comunalidade dos bens (*Ibidem*, p. 38-43). Iniciativas como essa foram sufocadas com violência e lembrar disso também é importante para a nossa compreensão sobre o processo do trabalho e, especialmente, sobre a forma como as regras processuais são aplicadas. A forma de organização burocrática europeia prevaleceu sob o signo da força, precedendo à própria ideia de nação. Quando ainda éramos colônia, a vinda da família real para cá, em 1808, determinou, por exemplo, a criação da Casa de Suplicação, do Desembargo do Paço, do Conselho Supremo Militar e de Justiça e da Mesa de Consciência e Ordem, instituições que reproduziam a forma de organização jurídica portuguesa. A transferência de todo o aparato burocrático, não apenas judicial, mas também administrativo, permitiu que uma distinção entre sujeitos de direito (pertencentes à corte, europeus) e *não sujeitos* fosse ainda mais demarcada, naturalizando o uso das legislações portuguesas, em detrimento das regras de convívio social e de resolução de conflitos que aqui já existiam ou *resistiam* através dos quilombos.

Outro aspecto peculiar da nossa história, a revelar a centralidade dessa racialização para a compreensão que até hoje habita o senso comum, acerca de quem é o sujeito destinatário das normas jurídicas, está na política de branqueamento. O Brasil não apenas foi o último país das Américas a abolir a lei que permitia a escravização, fazendo-o sem política pública de inclusão social. Foi também o país que disciplinou o crime de vadiagem no Código Penal de 1890, para encarcerar as pessoas negras e pobres que não conseguiam trabalho, e que promoveu uma política de incentivo à vinda de trabalhadores europeus, como forma de "branquear" a população do país (SCHWARCZ, 2015, p. 60). Como refere Souto Maior, trazendo trechos de documento produzido em 1854 por uma comissão de fazendeiros formada para impedir a fuga e a revolta das pessoas escravizadas, houve incentivo para que fossem contratados colonos europeus, com cuja lealdade pudessem contar "nas ocasiões de luta contra o escravo" (SOUTO MAIOR, 2000, p. 62).

Os europeus que vieram para cá não eram cidadãos com propriedade ou prestígio em suas cidades originárias. Antes, eram pessoas para as quais o desterramento e a migração faziam sentido exatamente porque lá pouco tinham a sacrificar. Ainda assim, essas pessoas, cujo sofrimento para aqui se estabelecerem não deve ser desprezado, passaram imediatamente a figurar no imaginário social como *cidadãos de primeira classe*. Eram a representação materializada do sujeito de direitos europeu, ao qual até hoje se atribuem características positivas em oposição àquelas atribuídas, por exemplo, às pessoas negras ou indígenas. Foram imediatamente identificados ao imaginário de um trabalhador organizado e competente, em oposição aos colonizados, para os quais se atribui a condição de preguiçosos, agressivos, indolentes. Quando, portanto, a mistura de raças, em grande medida resultado do estupro de mulheres negras e indígenas, já não permitia mais identificar europeus e colonizados com tanta nitidez, comprometendo de certo modo a viabilidade do discurso racista, a vinda dos imigrantes atualiza esse discurso, reforçando o racismo estrutural e recalcando-o sob a ideia (ou mito) da democracia racial (GONZALEZ, 2020, p. 78).

Por fim, é necessário considerar a importância que a dominação masculina exerce na construção da cultura jurídica, sem separá-la do processo de racialização como forma de dominação de determinados corpos. Isso porque há claramente a atribuição de um papel à mulher, que se contrapõe aquele atribuído ao homem. Não haverá, porém, o mesmo discurso em relação à mulher negra indígena ou escravizada, de quem se exigirá a mesma privação, esforço e condição de vida imposta ao homem escravizado. Em países que sofreram a invasão colonizadora, como o Brasil, essas opressões assumem características próprias. Se é certo afirmar que a imposição do projeto político de dominação que funda a modernidade passa pela apropriação e subjugação dos corpos femininos, como refere Silvia Federici, segundo a qual o capitalismo deve ser compreendido como a reação conservadora às possibilidades alternativas de organização social, capitaneada especialmente por mulheres pobres, também é possível compreender que a colonização e a racialização dos corpos aprofunda e potencializa essa dominação masculina nos países da América.

Segundo Marx, o processo de transição do que se convencionou denominar Idade Média para o que chamamos Modernidade foi possível em razão do roubo dos bens da igreja, da alienação dos domínios estatais, do furto da propriedade comunal, da transformação da propriedade feudal em propriedade privada moderna, da gradual alteração na forma de produção e aquisição dos bens e de circulação de riquezas. Uma quantidade imensa de famílias foi despojada súbita e violentamente de seus meios de subsistência e jogada no *mercado* de trabalho, obrigada a se submeter a "disciplina necessária ao sistema de trabalho assalariado" (MARX, 2013, p. 808). Federici agrega a essa compreensão do processo de acumulação primitiva a característica de uma reação conservadora direcionada contra os corpos femininos e feminilizados. E o denomina como uma estratégia de dominação que se consolida através da ressignificação da família. Segundo essa autora, a família burguesa se constitui, a partir de então, como aparelho político, "instrumento para a privatização das relações sociais e, sobretudo, para a propagação da disciplina capitalista e da dominação patriarcal". É a instituição mais importante "para a apropriação e para o ocultamento do trabalho das mulheres". Para isso, precisava ser estabelecida a partir de espaços muito bem delimitados para homens e mulheres, sob a lógica da heterossexualidade que viabilizaria a reprodução da força de trabalho e que manteria o marido (o homem) como representante do Estado, "encarregado de disciplinar e supervisionar as 'classes subordinadas', uma categoria que, para os teóricos políticos dos séculos XVI e XVII (por exemplo, Jean Bodin), incluía a esposa e os filhos" (FEDERICI, 2017, p. 193).

Enquanto a sociedade organizava-se a partir da produção rural e mesmo do pequeno artesanato, todas as pessoas de uma (ou mais) família trabalhavam juntas. Conforme a produção passa a ser cada vez mais industrial, altera-se também essa configuração, que vai gradativamente dando lugar a "famílias consumidoras, não produtivas, próprias das zonas urbanas" (REED, 2008). Privatiza-se o espaço doméstico, evitando-se discussões centrais como a que decorre da exploração do trabalho de cuidado não remunerado e da explicitação da violência de gênero.

Para Quijano, esse processo não existiria nem constituiria uma "nova ordem", depois denominada modernidade, não fosse a exploração predatória promovida nas Américas e na África. A dominação colonial, que fez conviver a estrutura da servidão para os indígenas, da escravização para as pessoas negras e do assalariamento para espanhóis e portugueses, pertencentes à "raça dominante", e do trabalho administrativo remunerado para nobres, que "podiam ocupar os médios e altos postos da administração colonial, civil ou militar", implicou uma "distribuição racista do trabalho no interior do capitalismo colonial/moderno", produzindo "novas identidades históricas e sociais". A principal tese desse autor, quanto à modernidade, é que a América a viabiliza, com sua riqueza natural e com a alteração da própria geografia do mundo. A "descoberta" da América inicia uma "nova perspectiva sobre o tempo e a história" e, pois, uma nova intersubjetividade. O que esse autor chama colonialidade do poder vincula-se à ideia de que "a modernidade foi também colonial desde seu ponto de partida" (QUIJANO, 2005).

À compreensão de Quijano de que "a América inventa a Europa", não só porque nossos metais financiam a revolução industrial, mas também porque pela primeira vez se tem um mercado mundial, é preciso somar a constatação de que se alteram as relações de gênero nessa nova subjetividade (moderna). De acordo com Rita Segato, por exemplo, as relações entre homens e mulheres antes da colonização já eram atravessadas pela hierarquia e violência próprias do patriarcado, mas adquirem uma forma mais letal (SEGATO, 2021, p. 53-69) a partir de então. Todo o processo de reorganização social que depois será nominado como capitalismo torna-se fator determinante para o desmoronamento da capacidade das mulheres de participarem das decisões que afetam a coletividade. Por consequência, as torna mais vulneráveis à violência masculina (SEGATO, 2014).

A religião também assume função central, em todo o contexto de transformação social vivenciado até a invasão portuguesa ao Brasil. A revolução religiosa ocorrida durante o Século XVI, por exemplo, ao demonizar os pobres insurgentes, promove uma aliança de forças com o Estado para sufocar revoltas sociais. Federici refere que em 1377, "quando os trabalhadores têxteis de Ypres (Flandres) se levantaram empunhando armas contra seus empregadores", eles foram "enforcados como rebeldes, mas também foram queimados pela Inquisição como hereges" (FEDERICI, 2017, p. 69-70 e 83). Nas Américas, a religião foi manipulada como instrumento de controle do imaginário (DUSSEL, 1993, p. 59-63). Para as mulheres, constituiu-se como o principal argumento político mobilizado para destituí-las de seus saberes, em relação às ervas medicinais e práticas abortivas, à forma comunal de produção de alimentos e mesmo à possibilidade de viver coletivamente, sem estarem sob a condição de esposas ou filhas de algum homem.

O Direito foi, e segue sendo, um poderoso instrumento para a consolidação dessa racionalidade, fundada na mística religiosa. As normas que determinavam a necessidade de outorga marital para o trabalho ou para o ajuizamento de demanda judicial, por exemplo, fazem do homem "o representante do Estado, o encarregado de disciplinar e supervisionar as classes subordinadas", aí incluídos a esposa e os filhos (FEDERICI, 2017, p. 193). O que disso interessa, para o estudo do processo tal como ainda o compreendemos e aplicamos, é que todas as mudanças que estavam acontecendo no mundo impactaram a forma como nos compreendemos, estabelecemos laços sociais e, portanto, vivemos. A própria noção de verdade sofreu profunda alteração. Isso é importante, na medida em que o processo moderno é justamente o conjunto de atos, pelo qual o Estado poderia alcançar a "verdade" sobre os fatos.

A ressignificação das artes, dos conceitos, das formas de vivência e das relações sociais implicam uma legitimidade diversa para a dominação. Como afirma Hannah Arendt, somos jogados para dentro de nós mesmos, "destituídos do senso comum" , por meio de um discurso de autonomia individual que implica pressupor o ser humano como sua própria referência de racionalidade. Há uma recusa do que é exterior como ciência ou conhecimento. Por isso, "a antiga ideia de luz natural assume, agora, um novo sentido: é autoiluminação do pensamento, que por si mesmo alcança a verdade". A filosofia moderna é uma filosofia do sujeito: "muito mais do que na autonomia da razão, a essência da Idade Moderna deve ser encontrada na mudança absoluta da essência do homem, quando este se converte em sujeito" (ARENDT, 2002, p. 289-295).

Ao afirmar "eu penso, logo existo", Descartes de algum modo inaugura uma tradição de pensamento, segundo a qual a racionalidade humana passa a ser considerada, como ele mesmo escreve, tão "firme e tão certa que todas as mais extravagantes suposições dos céticos não seriam capazes de a abalar". Para ele, é a dúvida que leva ao conhecimento através da experimentação, da dissecação, de processos humanos de investigação e descoberta da verdade (DESCARTES, 1962, p. 39-103). Até hoje lidamos com as consequências disso. Ideias que desafiam inclusive questões já demonstradas pela ciência, como o fato de a terra não ser plana, são expressões disso.

A noção moderna de racionalidade, fundada na dúvida cartesiana, alberga em si a possibilidade de completa desconexão com a realidade. Ou seja, ao construir um discurso pelo qual a verdade e a razão constituem atributos subjetivos e que, portanto, não dependeriam de validação coletiva (apenas da manutenção desse pacto silencioso, pelo qual todos supostamente concordamos que a verdade é alcançada pelo método cartesiano), permite-se que — no limite — elas não sejam mais do que a escolha que decorre da vontade de quem detém a autoridade do discurso (GUARESCHI, AMON, GUERRA, 2019). Quando não é possível confiar nas crenças ou nos sentidos, mas também não há mais confiança na ordem social (agudamente em crise), tudo se torna fluído. Basta romper o pacto de concordância com a autovalidação, para que a verdade se perca.

Como antes pontuei, por aqui a organização da vida em sociedade era diversa e o sistema de crenças, assim como a relação com a natureza — com todos os demais seres — desafiava justamente a noção europeia de razão. Justificar a eliminação ou subjugação dos corpos, mas também a rejeição da cultura, de tudo o que pudesse representar outras formas de sociabilidade, em nome da necessidade de expurgar uma visão de mundo menos evoluída era a condição para a expansão dessa racionalidade cartesiana entre os povos da América[(1)].

Kant, um autor cuja influência é muito clara na construção filosófica desse pensamento racionalista, escreverá que somos livres, na medida em que negamos nossa "existência sensível" feita de necessidades fisiológicas, animais, anímicas, e nos concentramos na capacidade de sermos racionais. Na medida, portanto, em que negamos nossa vulnerabilidade e afirmamos nossa autonomia. A função do Direito passa a ser a de permitir a coexistência universal das liberdades. A coerção não é "senão um impedimento a um obstáculo à liberdade" (KANT, 1974, p. 335), que é outorgada pela razão. É a possibilidade de agir em conformidade com uma lei moral dada a priori, comum a todos: ser livre é fazer o que tem que ser feito. A autonomia, sob esse signo, implica um sujeito entregue a si mesmo, responsável por sua própria sorte, mas, ainda assim, submetido a um ideal de moralidade que define o certo e o errado e que determina livremente suas escolhas. O conceito de verdade, por sua vez, atrela-se à possibilidade de verificação, de experimentação. O sujeito detentor da razão poderá encontrar a verdade se utilizar o método correto para isso.

Aqui, não me interessa discutir se essa superação da noção moderna de verdade é positiva ou negativa. Fato é que essa "expansão" do mundo por meio da "conquista" das Américas, que inclusive permitiu (com os minérios daqui extraídos) o desenvolvimento de tecnologias, como a construção do telescópio, revolucionaram a forma como se compreendeu a verdade e, consequentemente, atuaram junto a outros tantos fatores para a construção de um modelo completamente novo de regulação das relações sociais, inclusive quanto à produção e validação da verdade. O telescópio, por exemplo, demonstrou que não era a terra que girava em torno do sol, como se acreditava olhando para o céu. Com isso, revolucionou a compreensão da verdade, a partir da constatação da falibilidade dos sentidos humanos (ARENDT, 2002, p. 289-300).

O curioso é que a racionalidade moderna, a fim de supostamente livrar-se do *incômodo* da mística medieval, acabou por fundar-se igualmente em mitos, como o da separação entre natureza e cultura, a diferença entre modernos e não modernos (aqui entram os e as *selvagens* colonizados) e as noções de progresso e de temporalidade linear, que nos conduz do passado para o futuro, ou seja, que implica a ideia de que estamos em constante evolução (MIÑOSO, 2020, p. 113). Interessante a observação que Arendt

(1) Uma visão, aliás, que hoje é curiosamente resgatada. Muitas de nós buscam aproximação com culturas indígenas, de matriz africana ou orientais, fundadas em pressupostos que se distanciam dessa noção moderna de verdade. Por outro lado, a percepção mística da realidade também retorna sob a forma de sintoma em manifestações religiosas que justificam violências de diversas ordens, como aquela orientada contra pessoas, cuja sexualidade não segue o padrão cisnormativo de comportamento, sob o imperativo de uma suposta "vontade de deus" ou identidade "natural" (biológica) do gênero (CONSELHO FEDERAL DE PSICOLOGIA, 2019).

faz sobre isso, quando afirma que a filosofia política da era moderna "tropeça na perplexidade de que o moderno racionalismo é irreal e o realismo moderno é irracional — o que é apenas outra maneira de dizer que a realidade e a razão humana se divorciaram" (ARENDT, 2002, p. 300-307). Ou seja, quando se abandona e contesta toda a crença insuscetível de ser comprovada através de um *processo* de verificação, abandona-se também a própria realidade. Isso porque esse caminho para demonstrar a verdade, é também ele uma construção humana, uma escolha (dentre tantas) e, portanto, falível. Refletindo sobre isso, Arendt dirá que a Razão da modernidade é capaz de causar desespero. Aprofundar essa afirmação implicaria fugir do objetivo desse livro, mas não resisto em fazer o registro dessa passagem, porque está aí uma chave importante de leitura para a compreensão do que hoje denominamos pós-verdade e, pois, de toda a crise da razão e das instituições que a sustentam, dentre as quais está o Poder Judiciário e a visão que ainda temos de processo judicial.

Resgato essa discussão para demonstrar a sua influência na formulação daquilo que compreendemos como processo judicial e que tentarei explicitar no próximo capítulo.

1.1. Uma *nova* concepção de processo

No livro *Elementos para o uso transgressor do Direito do Trabalho* (2016, cap. 2.1) investiguei como os conceitos de liberdade e igualdade foram mobilizados para justificar uma nova ordem de organização social. Lá, fiz a incursão sobre as alterações culturais que acabaram determinando a concepção de liberdade como algo individual e intrínseco ao sistema de troca de capital por trabalho. Liberdade *para vender-se como mercadoria*, cuja realidade está muito bem resumida nesta passagem de Marx n'*O Capital* (2013, p. 342-3):

> "Foi preciso esperar séculos para que o trabalhador livre, em consequência de um modo de produção capitalista desenvolvido, *aceitasse livremente, isto é, fosse socialmente coagido* a vender a totalidade de seu tempo ativo de vida, até mesmo sua própria capacidade de trabalho, *pelo preço dos meios de subsistência que lhe são habituais*, e sua primogenitura por um prato de lentilhas."

A justificação teórica dessa nova concepção do Direito é encontrada em Hegel, para quem "o direito é forma" e a forma Direito "é determinada pela forma sujeito de direito", concebida como "necessariamente universal" (HEGEL, 1997, p. 46). Hegel afirma textualmente que "tudo aquilo em que a vontade livre se exterioriza *há de ser propriedade do sujeito dessa vontade*" (*Ibidem*, p. 94). Em sua formulação, "só pela plenitude do seu corpo e do seu espírito, pela conscientização de si como livre, é que o homem *entra na posse de si e se torna a propriedade de si mesmo por oposição a outrem*". Sob essa perspectiva, justifica-se "ceder a outrem aquilo que seja produto isolado das capacidades e faculdades particulares da minha atividade corporal e mental ou do emprego delas por um tempo limitado", porque assim se estabelece uma relação extrínseca "com a minha totalidade e universalidade" (*Ibidem*, p. 56). Ou seja, legitima-se a compra e venda de força de trabalho.

John Locke já havia fundamentado a propriedade privada como algo inerente à existência humana, na medida em que "sendo senhor de si mesmo e proprietário de sua própria pessoa e das ações de seu trabalho", cada ser humano tem "em si a justificação principal da propriedade". E sustentado que "cada um se tornaria proprietário de tudo o que seu trabalho viesse a produzir; tudo pertenceria a ele, desde que sua indústria pudesse atingi-lo e transformá-lo a partir de seu estado natural". Ou seja, que através do trabalho, incidindo e transformando coisas ou seres, as pessoas poderiam agregar propriedade, para além do próprio corpo. Nessa obra, publicada em 1689, Locke já reconhecia o trabalho humano como condição para a aquisição de "propriedade sobre os bens comuns da natureza" (LOCKE, 1994, p. 97-112). Ele defende, portanto, que a primeira propriedade que possuímos é a capacidade de trabalho e apenas o proprietário pode, portanto, dela dispor. Quando o faz, exerce sua liberdade (PATEMAN, 2008, p. 108).

Para Hegel, a "propriedade de si" ganha nova importância. Também é condição da liberdade individual. Ser livre é agir de forma a exercer a própria vontade em concordância com a vontade alheia, dispondo inclusive de si mesmo (HEGEL, 1997, p. 30-1). Mas, a liberdade não decorre apenas da condição de ser racional, possuir um corpo--propriedade e, portanto, ter a possibilidade de dar-se a si mesmo a lei fundamental que permitirá o convívio social e agir de acordo com essa lei. Também está atrelada ao conceito de propriedade privada. Ser livre é poder dispor, inclusive de si mesmo (*Ibidem*, p. 65). O ser humano passa a ser compreendido, então, como livre enquanto capaz de exercer a função de contratante. Seu atributo mais elementar é a capacidade de ser proprietário e de alienar e acumular propriedade.

Hegel fará, inclusive, referência expressa à vulnerabilidade da condição humana, referindo-se a um sistema de carências, no qual a satisfação dos indivíduos ocorre pelo "seu trabalho e pelo trabalho e satisfação de todos os outros". O fim da carência, por sua vez, ocorre através da "satisfação da particularidade subjetiva" (HEGEL, 1997, p. 173). Além de figurar como um atributo individual, a carência irá se resolver, para Hegel, pelo Estado através do Direito, por meio da proteção da liberdade e, consequentemente, da propriedade privada. Isso porque é através do manejo (alienação) dessa liberdade (por meio de contratos) que se exercerá autonomia. Se envolver nesse "sistema de carências" é permitir que o Estado regule a vulnerabilidade, mas não reconhecendo-a ou protegendo-a coletivamente, e sim pretensamente eliminando-a pela garantia da livre "negociação" entre os sujeitos. Essa noção de liberdade permite a completa desconexão do indivíduo com a sua condição de ser social. Ele deixa de ser responsável pelo destino de todos os demais indivíduos. Pode agir apenas em "nome próprio" e, desde que sua vontade individual seja convergente com a vontade de outro indivíduo, exercer sua liberdade (*Ibidem*, p. 178).

Marx fará a crítica a essa característica do pensamento racional moderno, afirmando que a vitória dos dogmas medievais se traduziu, na realidade concreta, como "escravidão mediante a convicção". A nova forma de convívio social "abalou a fé na autoridade porque restaurou a autoridade da fé", "libertou o corpo de seus grilhões porque com grilhões prendeu o coração" (MARX, 2005, p. 152). Marx escreverá que o ser humano "existe como necessidade interior, como falta":

> A atividade vital consciente distingue o homem imediatamente da atividade vital animal. Justamente, [e] só por isso, ele é um ser genérico. Ou ele somente é um ser consciente, isto é, a sua própria vida lhe é objeto, precisamente porque é um ser genérico. Eis porque a sua atividade é atividade livre. O trabalho estranhado inverte a relação a tal ponto que o homem, precisamente porque é um ser consciente, faz da sua atividade vital, da sua essência, apenas um meio para a sua existência (*Ibidem*, p. 85).

Ele recupera a discussão sobre a vulnerabilidade, revelando que a autonomia deve estar no reconhecimento da interdependência com todos os demais seres, e não na suposta capacidade individual de dar-se a si mesmo a verdade. A maior riqueza que podemos sentir, Marx afirma nos Manuscritos, é a compreensão do outro como necessidade (MARX, 2005, p. 113). Apesar dessa crítica, o pensamento hegemônico seguirá fiel às noções de liberdade, de autonomia e de verdade, construídas sob a perspectiva individualista e racional.

A vulnerabilidade se dá, então, não apenas pelo fato de a racionalidade moderna fazer com que "para o homem", a raiz seja "o próprio homem" (MARX, 2005, p. 145-51), como na história do Barão de Münchhausen, que tentava sair do pântano puxando a si mesmo pelos próprios cabelos. É também produzida pela estrutura que torna o trabalho obrigatório, que racializa os corpos ou divide os gêneros. Vulnerabilidade de quem não consegue vender trabalho, mas também de quem vende, mas não sabe em que condições e por quanto tempo poderá fazê-lo. A ordem do jogo passa a ser cada um por si, como mercadorias que competem no mercado de trabalho. O sujeito "autônomo" é responsável pelo próprio sucesso ou fracasso e se relaciona com os demais como um competidor que deve vencer. O que o atual estágio do capitalismo aprofunda é exatamente esse aspecto da vulnerabilidade. E a perversão está no fato de que esse movimento de aprofundamento da vulnerabilidade é realizado sob o discurso sedutor da possibilidade de autonomia, que paradoxalmente é "oferecida" por meio da precarização das condições de vida.

A ruptura com a solidariedade é ainda mais perceptível atualmente, porque o decurso do tempo de insistência em uma sociabilidade que, ao reduzir tudo à condição de mercadoria promove sua própria destruição (MARX, 2011, p. 544), aprofunda suas características elementares e, logicamente, suas consequências. Entre elas, está justamente a manipulação do discurso da liberdade e da autonomia como elementos de reforço/recalque da possibilidade (irreal) de viver sem ocupar-se dos ou solidarizar-se com os outros. Para o campo processual, é fundamental a compreensão da relação desses conceitos com a noção de verdade, que pode ser percebida na insistência da doutrina em, ainda hoje, render homenagens ao que se denomina "princípio da busca da verdade real". Em seu livro Processo e Ideologia, Ovídio Baptista insiste na relação entre o racionalismo cartesiano e o caráter matemático que se pretende dar ao Direito e ao processo, eliminando a retórica em nome do silogismo e, com isso, comprometendo decisivamente a necessidade de verdadeira fundamentação das decisões (BAPTISTA DA SILVA, 2004, p. 24). E alerta para o caráter autoritário do "sonho racionalista", ao qual corresponde um modelo político "propenso mais às tiranias do que a um regime democrático, como hoje tornou-se fácil perceber". Se existe uma verdade a ser *des*coberta pelo Poder Judiciário, existe desde sempre um litigante que detém a razão e outro que está equivocado. A lei, por consequência, precisa ser pensada a partir de um sentido unívoco, "de modo a dispensar sua compreensão hermenêutica", já que será a expressão da vontade do legislador, com capacidade de permitir que o Poder Judiciário chegue até essa verdade preexistente (*Ibidem*, p. 25).

Ao reforçar essa figura irreal do sujeito abstrato autônomo, que precisa vender a si mesmo e "triunfar" em um modo de organização social em que há espaço para poucos, todo o discurso racional gera a "ausência do outro", de modo que "são todos prisioneiros de uma subjetividade de sua própria existência", privados de "realizar algo mais permanente que a própria vida" (ARENDT, 2002, p. 68). Como já compreendia Marx:

> A sociedade, assim como aparece para o economista nacional, é a sociedade burguesa, na qual cada indivíduo é um todo de carências, e apenas é para o outro, assim como o outro apenas é para ele na medida em que se tornam reciprocamente meio. O economista nacional, tão bem quanto a política nos seus direitos humanos, reduz tudo ao homem, isto é, ao indivíduo, do qual retira toda determinidade, para o fixar como capitalista ou trabalhador. A divisão do trabalho é a expressão nacional-econômica da sociabilidade do trabalho no interior do estranhamento. Ou, posto que o trabalho é apenas uma expressão da atividade humana no interior da exteriorização, a externação da vida enquanto exteriorização da vida, assim também a divisão do trabalho não é outra coisa senão o assentar exteriorizado, estranhado, da atividade humana como atividade genérica real ou enquanto atividade do homem como ser genérico (MARX, 2004, 149-150).

E mais adiante arremata: "que a divisão do trabalho e a troca assentam-se sobre a propriedade privada não é outra coisa senão a afirmação de que o trabalho é a essência da propriedade privada". E, consequentemente, a demonstração de que "a vida humana depende da supra-sunção da propriedade privada" (MARX, 2004, p. 145)[2]. O que mais importa destacar aqui é que Marx percebe a questão essencial do capitalismo: ao reduzir tudo à condição de mercadoria (que circula por meio do uso do dinheiro), esse sistema se coloca "contra o indivíduo e contra os vínculos sociais".

O que aparece como exercício da liberdade, no contexto de uma sociedade capitalista, é, na realidade, então, a exigência do trabalho obrigatório, do trabalho como condição para a sobrevivência física, para a aquisição de alimentos, para a possibilidade de morar, de vestir. É, portanto, a **propriedade privada que irá definir esse novo sujeito e determinará uma profunda alteração no conceito de Estado e na forma como esse Estado irá disciplinar o que pode ou não ser feito, como a propriedade se distribui e quem a ela tem ou não acesso**. Manter o patrimônio nas mesmas mãos passa a ser importante e a fórmula para isso será a codificação do Direito e do processo.

A previsão de um conjunto de regras que precisarão ser seguidas para que apenas ao final do procedimento seja revelada a vontade contida no texto de lei impõe enorme dificuldade para que o patrimônio mude de mãos. Praticamente todas as garantias processuais são obstáculos à intromissão do Estado no patrimônio, mesmo quando ele esteja em mãos de quem flagrantemente lesou a ordem jurídica. Os juízes, como representações materializadas desse Estado pretensamente neutro, que nada mais faz do que verificar os fatos e aplicar a prescrição legal, estão livres de qualquer responsabilidade.

No campo da regulação jurídica e da resolução dos conflitos sociais, esse individualismo terá plena correspondência em um processo de conhecimento pensado inicialmente para ser meramente declaratório (conjunto de atos, através dos quais o Estado irá descobrir a verdade e, consequentemente, qual dos litigantes está certo). E com isso estará garantida não intromissão (senão de forma incidental e posterior) na propriedade privada. Como lembra Ovídio Baptista, é através da construção do que se denomina processo de conhecimento, que o sistema "retira do magistrado o poder de império de que se valia o pretor romano, ao conceder a tutela interdital", evitando — ao menos em um primeiro momento — a intervenção na propriedade. Para essa concepção de processo, alinhada a um determinado modelo de sociedade e a uma determinada racionalidade, é essencial a

(2) O termo em destaque é usado não como propriamente como sinônimo de superação, mas de alteração do sentido que a propriedade privada assume na sociedade capitalista e que pode significar sua extinção, inclusive. Em outro trecho do mesmo livro, Marx refere que o conceito, extraído de Hegel, é o de "supra-sumir como movimento objetivo retomando de volta em si a exteriorização"; a "negação da negação". *Ibidem*, p. 132. Mais adiante, propõe que esse movimento dialético seja compreendido desde a práxis, de modo que a supra-sunção da propriedade privada é a sua extinção enquanto tal: "para supra-sumir o pensamento da propriedade privada basta, de todo, o comunismo pensado. Para supra-sumir a propriedade privada efetiva é preciso uma ação comunista efetiva". MARX, Karl. *Manuscritos econômicos-filosóficos*. São Paulo: Boitempo, 2004. p. 145.

construção e a atualização constante dos mitos da neutralidade, da imparcialidade e da correção (ou erro) das decisões judiciais. Na síntese precisa do mesmo autor:

> Sabemos, embora nem todos tenham disposição de confessá-lo, que o direito é uma ciência da cultura, que labora com verdades contingentes, situando-se muito distante da matemática e muito próximo das ciências históricas; que o direito, afinal, é uma ciência da compreensão, não uma ciência explicativa, que o juiz, ao contrário do que desejava Chiovenda, tem sim vontade e que o ato jurisdicional é necessariamente discricionário (BAPTISTA DA SILVA, 2004, p. 28).

A tentativa de desvincular fato e norma, criando um mundo jurídico totalmente independente do mundo dos fatos, é também expressão desse movimento de racionalização da forma de resolução dos conflitos sociais. Nessa linha, Kelsen afirmará, por exemplo, que os juízos jurídicos, "não podem ser reduzidos a afirmações sobre fatos presentes ou futuros da ordem do ser, pois *não se referem de forma alguma a tais fatos*". Referem-se, antes, a um *dever-ser* (KELSEN, 1998, p. 52). Ou seja, estão fora do mundo concreto, como prescrições abstratas que servem a todas as pessoas. A segurança se resumirá ao mundo jurídico e se qualificará pela exata aplicação da norma. Sob essa perspectiva, a decisão judicial será *correta*, caso todos os passos sejam seguidos, pois a declaração dada ao final refletirá a *verdade* que já existia, desde sempre, e que apenas será declarada.

No Discurso do Método, publicado pela primeira vez em 1637, Descartes escreverá que é apenas o pensamento humano que permite a compreensão da nossa existência. E proporá, então, um método para *des*cobrir a verdade das coisas. Tal método pressupõe a absoluta separação entre sujeito e objeto de estudo, verdade e mentira, certo e errado (ARENDT, 2002, p. 188-291). O pressuposto é o de que, se a mente humana só pode conhecer aquilo que ela produz e retém, deve buscar o conhecimento matemático, "destituído do senso comum", que possa ser demonstrado. O problema é que as hipóteses formuladas pelos cientistas para conciliar seus experimentos são sucedidas pela experimentação que visa a comprovar tais hipóteses. A verdade se revela, supostamente, quando o *processo correto* é aplicado (*Ibidem*, p. 297). A questão é que sempre haverá alguém que escolhe *qual é* o processo correto.

Nas chamadas ciências exatas, como a matemática, esse método pode ter eficácia. Quando se trata da cultura, da produção de conhecimento sobre quem somos e nossa função no mundo, bem como da regulação do convívio social, a utilização desse racionalismo científico revela-se problemática. Há uma espécie de autovalidação que torna frágil todo fundamento dessa *verdade*.

No campo do processo judicial, isso aparecerá através da fórmula contida no código, que determinará a atuação do Estado, liberando-o de qualquer responsabilidade pelo resultado da discussão a ele submetida. E justificará, por exemplo, que um processo seja "extinto sem exame do mérito", já em grau de recurso, em razão da não observância de alguma formalidade. Por mais que tenha havido profunda modificação no que dizemos e fazemos acerca do processo judicial, ao longo do tempo que nos separa dos escritos de Descartes, ainda há uma clara vinculação a esses pressupostos.

Vários exemplos revelam isso: a dificuldade que temos em lidar com as tutelas de urgência; o número excessivo de recursos; a insistência em exigir requerimento da parte para cumprir uma decisão, como se esse não fosse o objetivo do processo desde o início; a definição de uma sentença como certa ou errada.

Para melhor compreender esse compromisso com uma suposta (mas sempre ausente) neutralidade do Estado, quando exerce a função jurisdicional, é preciso relembrar que sob o modelo feudal de organização social já havia processo, já havia juízes. Os juízes compravam ou recebiam tal título, em razão de sua condição social. As "regras do jogo" eram baseadas na tradição e nos costumes; o processo era oral, mas extremamente formal; as partes postulavam diretamente e a decisão do magistrado não podia ser alterada, senão pela autoridade religiosa. Não havia separação entre regras materiais e processuais, nem tampouco entre conhecimento e execução (CRUZ E TUCCI, 2001, p. 45). Também não havia separação entre os poderes com função de ditar as regras e de fazê-las valer. A noção de neutralidade, portanto, estava longe de ser reivindicada como condição para o exercício do poder judicial do Estado. Nos julgamentos pela prática de bruxaria, a prova era a submissão da mulher à fogueira (caso queimasse, estava comprovada a sua condição de bruxa). Há um belo livro sobre a história de Artemisia, uma das poucas mulheres reconhecidas como pintora, na Idade Média, que ao acusar o colega do pai de havê-la estuprado, teve de passar por uma verificação ginecológica na sala de julgamento, na presença de várias pessoas (VREELAND, 2010).

Com a alteração na forma de organização social, o conceito de jurisdição assim como o de processo, sofrem profunda transformação. De acordo com Baptista da Silva, o Direito moderno "utilizou-se, em sua formação, das fontes romanas dos últimos períodos de sua história, especialmente do direito romano justinianeo, perante o qual tornara-se mais acentuada a equivalência entre jurisdictio e declaração oficial do direito, com função de composição da lide, em oposição ao imperium" (BAPTISTA DA SILVA, 1997, p. 29). O conceito de jurisdição como declaração acerca de quem *está com a verdade* tem como pressuposto a suficiência do direito, para produzir efeitos. Ou seja, o pressuposto de que o Estado não é necessário para realizar o direito, transformar o mundo real. Havendo um julgamento que declare a existência do direito, o vencedor estará autorizado a torná-lo efetivo, e o fará através da execução privada (*Ibidem*, p. 63).

Na teoria da tripartição de poderes idealizada por Montesquieu no Espírito das Leis, cuja publicação original é de 1748, o Poder Judiciário aparece como um poder subordinado, cuja tarefa deve se resumir à mecânica reprodução das palavras da lei, destituindo a decisão judicial de seu caráter volitivo (BAPTISTA DA SILVA, 2004, p. 92). O conceito de princípio dispositivo, até hoje reproduzido, estudado e aplicado no âmbito da atuação jurisdicional, está intimamente relacionado a essa ideia de um poder inerte, que só atua quando provocado e deve fazê-lo para declarar algo já previsto no texto legal. A ordem jurídica, que é o estabelecimento das regras do jogo de convívio social, poderá, portanto, ser violada e, ainda assim, o Estado permanecerá inerte, até que haja provocação por parte de um dos sujeitos da relação. Essa imposição de inércia protege a propriedade privada (SATTA, 1973, p. 126). E mais, o processo passará a ser compreendido como uma espécie de "contrato judiciário", através do qual as partes criam uma relação obrigacional (BAPTISTA DA SILVA, 2004, p. 94-5).

Além de prestigiar uma visão individualista do conflito, essa nova concepção de processo despreza o fato em favor da norma e equipara relações processuais a relações de débito e crédito. Daí porque até hoje, por exemplo, há um senso comum que considera que a execução é a inserção do Estado no patrimônio *do devedor* para retirar a propriedade dele, em vez de compreender essa atuação como forma de restituição do patrimônio ao seu verdadeiro titular (credor). Uma regra como a do art. 805 do CPC de 2015[3] encontra aí sua justificativa. Não há como sustentar que o agressor da ordem jurídica, contra o qual já há título executivo, seja protegido como uma regra desse teor. A única justificativa é a ideia de proteção ao patrimônio, viabilizada por essa transformação nos conceitos essenciais do processo, para reduzi-lo à neutra declaração da verdade contida no código.

O conceito de ação, que parte da doutrina brasileira ainda busca em Savigny, é formulado como um vínculo "idêntico a uma obrigação", que tem por função remover o obstáculo imposto a quem é titular e quer fruir seu direito. Daí porque a ação processual será, em regra, repressiva e não preventiva (BAPTISTA DA SILVA, 2004, p. 96). Carnelutti afirma que a pretensão, ou seja, aquilo que justifica a provocação do Estado para que atue diante de um conflito, pode existir para quem tem ou para quem não tem o direito material. Pode, então, ser fundada ou infundada. Para ele, o direito não exige necessariamente a existência de pretensão. Assim como há pretensão sem direito, pode também existir direito sem pretensão (CARNELUTTI, 1942, p. 34).

A pretensão é, portanto, a exigência, mediante provocação do Poder Judiciário, de uma das partes, no sentido de que o interesse da parte contrária ao dela se subordine. Em sua famosa formulação, a lide é o conflito de interesses qualificado por uma *pretensão resistida*. É preciso pontuar que, mesmo limitando a pretensão ao campo formal, Carnelutti a relaciona ao interesse na dação do bem da vida pretendido (embora insista em referi-lo como elemento formal da relação jurídica). Então, é possível extrair do seu

---

(3) Art. 805. Quando por vários meios o exequente puder promover a execução, o juiz mandará que se faça pelo modo menos gravoso para o executado.

conceito o caráter instrumental do processo. Se a lide é resultado da resistência à satisfação voluntária de uma pretensão, a função jurisdicional está necessariamente ligada à satisfação dessa pretensão. Para o que aqui interessa, porém, importa compreender que para essa doutrina clássica europeia, da qual o Brasil importa a sua noção de processo, esse é definido como "uma cadeia de atos coordenados para a obtenção de uma finalidade" (CARNELUTTI, 1942. p. 34).

Daí porque Ovídio Baptista irá propor que o interesse para agir em juízo seja definido como "a necessidade que deve ter o titular do direito de servir-se do processo para obter a satisfação do seu interesse material, ou para, através dele, realizar o seu direito" (BAPTISTA DA SILVA, 2002, p. 106). Sob tal perspectiva, o processo se justifica na exata medida em que promova a satisfação de sua necessidade (direito material). Isso não resolve o problema da inércia do Estado nem da homogeneização das condições materiais de quem recorre ao processo judicial, como se todos partissem da mesma posição social e jurídica, quando na realidade isso não ocorre. De qualquer modo, põe em questão a visão meramente formal do processo, contribuindo para toda a discussão formulada ao longo do século XX, acerca do necessário caráter de instrumento de realização do direito material, de que o processo deve se revestir.

O que pretendo salientar, com esse breve resgate da doutrina clássica, é o fato de que na origem da construção teórica da noção que até hoje temos de processo está a redução do conceito de lide a um interesse qualificado por uma pretensão resistida. Isso não apenas reforça a noção de que as relações sociais são contratos realizados por indivíduos. Também posiciona todas as pessoas que convivem em sociedade e que se sujeitam à ordem jurídica como *litigantes*, seres em conflito.

O que, por sua vez, coloca o Estado na condição de um terceiro neutro que, detendo o monopólio da jurisdição, dirá de forma científica e descomprometida quem tem razão, *pacificando* os conflitos. As consequências dessa fórmula moderna de resolução das questões sociais extrapolam, portanto, o campo do Direito, algo que ficará mais claro quando tratarmos de algumas questões específicas do processo do trabalho. Por enquanto, importa perceber que essa noção de processo terá desdobramentos importantes.

O ato de julgar não se resume à declaração de uma verdade. Muitas decisões que não enfrentam o mérito e aparentemente resolvem-se a partir da análise formal dos requisitos desse procedimento cartesiano estão incidindo sobre a realidade material das relações sociais, promovendo uma cultura de respeito ou de boicote à ordem jurídica, reafirmando uma posição ideológica acerca de como as coisas devem ocorrer.

É exemplo a decisão que declara a competência do juízo da recuperação judicial para lidar com valores já disponibilizados em uma reclamatória trabalhista e que, em razão disso, acabarão sendo destinados ao pagamento dos credores lá habilitados, em prejuízo de credores trabalhistas. Essa decisão impedirá concretamente que o dinheiro chegue às mãos do(a) reclamante, reforçando uma cultura de descumprimento de direitos trabalhistas.

Do mesmo modo, uma decisão que suspende o andamento de processos em face da possibilidade de julgamento de uma determinada matéria, por parte do STF, estará concretamente determinando a imposição de tempo a titulares de crédito alimentar e desestimulando a busca da tutela jurisdicional. Tais decisões não estão fundadas no exame esterilizado e neutro de regras processuais, quanto à *forma processo*. Ao contrário, constituem escolhas políticas que reforçam uma determinada visão de mundo.

Toda decisão judicial produz mudanças na realidade e incide inclusive sobre o comportamento que as partes e terceiros terão a partir daí, formando cultura jurídica. É verdade que a concepção racional clássica do Direito e do Estado já sofreu profundas mudanças. O próprio Direito do Trabalho é prova disso, na medida em que parte do necessário reconhecimento de que existem opressões que precisam ser minimizadas pela atuação estatal, prevendo um processo que em larga medida tensiona os pressupostos do processo judicial cartesiano, já que não divide conhecimento e execução, nem tampouco normas materiais e processuais, como tentarei demonstrar mais a frente.

Ainda assim, a ideia fundante de uma sociedade de sujeitos livres e iguais segue determinando o olhar para (e mesmo a dificuldade em lidar com) a profunda desigualdade e violência que marca esse modelo de organização social. E o processo judicial explicita a persistência desse compromisso com o racionalismo cientificista que disfarça — através da neutralidade — o ostensivo compromisso do Estado com a manutenção desse sistema e das opressões que ele produz.

Como comentei anteriormente, o Código de Processo Civil de 2015 mantém uma regra, que já estava presente no código de 1973, dispondo:

> Art. 805. Quando por vários meios o exequente puder promover a execução, o juiz mandará que se faça pelo modo menos gravoso para o executado.
>
> Parágrafo único. Ao executado que alegar ser a medida executiva mais gravosa incumbe indicar outros meios mais eficazes e menos onerosos, sob pena de manutenção dos atos executivos já determinados.

Em seus comentários ao CPC de 2015, Marinoni, Mitidiero e Arenhart referem que "em regra o direito material realiza-se independentemente da intervenção do direito processual", mas muitas vezes essa atuação é necessária para "saber quem tem razão ou para impor determinada solução ao caso" (MARINONI *et al*, 2015, p. 89). Ao comentarem o art. 805 do CPC, esses autores concordam com seu conteúdo (*Ibidem*, p. 714-5). Didier chega a afirmar que esse dispositivo tem a função de impedir "abuso de direito pelo exequente" (DIDIER, 2017, p. 78).

Na Justiça do Trabalho, em que não há regra similar na parte processual da CLT, boa parte da doutrina e a maioria da jurisprudência entende aplicável o art. 805 do CPC, de forma subsidiária. Mesmo que advoga a restrição desse "princípio", acaba por reconhecer a aplicação da regra no âmbito do direito trabalhista (SCHIAVI, 2017).

Em um artigo de leitura imperdível, sobre o tema, Ben-hur Silveira Klaus chama a atenção para o fato de que a natureza alimentar do crédito trabalhista é elemento é decisivo para determinar a impossibilidade de aplicação de tal regra, discutida inclusive em âmbito cível (SILVEIRA KLAUS, 2014, p. 79-107). No âmbito do TST, porém, há uma aceitação praticamente unânime de que essa regra é aplicável ao processo do trabalho.

Percebe-se, portanto, que apesar de todo o avanço da doutrina processual, que passa a reconhecer o compromisso do Estado, através do processo, com a promoção de justiça e com a efetivação de direitos fundamentais (MARINONI et tal, 2015, p. 91), ainda há uma matriz racionalista e, portanto, individualista e patrimonialista, a determinar quais são e como são aplicadas as regras processuais.

Se o Estado deve permanecer inerte (princípio dispositivo) e atuar apenas mediante provocação, apontando quem tem razão, ele não está implicado no problema social que é trazido ao seu conhecimento. Não precisa reconhecer simpatia ou interesse em relação ao que está sendo discutido. Não agirá movido por paixões ou sentimentos. Será neutro e imparcial. Por consequência, seus agentes (juízes e juízas) estarão protegidos da consciência das injustiças de sua atuação.

Para quem pensa que esse falso pressuposto de neutralidade já foi superado, para além da leitura dos manuais de processo civil e processo do trabalho, cabe também lembrar de decisões como aquelas que determinaram o despejo de famílias durante a pandemia, pela falta de pagamento de aluguel. Ou, no âmbito do processo trabalhista, decisões como a que decretou a prisão dos membros diretores do Sindicato, considerando a greve, direito fundamental garantido no art. 9º da Constituição, um ato atentatório à segurança pública (Processo 0016055-88.2022.5.16.0000, disponível para consulta no site do TRT da 16ª Região). Trata-se de decisões proferidas desde uma pretensa fidelidade neutra e descomprometida para com a legislação, mas que em realidade traduzem uma clara ideologia(4) acerca da importância da propriedade privada e do trabalho como valores sociais.

---

(4) Ideologia é um conceito utilizado aqui no sentido marxiano. Em A Ideologia Alemã, Marx escreve: "A produção de ideias, de representações, da consciência, está em princípio, imediatamente entrelaçada com a atividade material e com o intercâmbio material e com o intercâmbio material dos homens, com a linguagem da vida real. O representar, o pensar, o intercâmbio espiritual dos homens ainda aparecem, aqui, como emanação direta de seu comportamento material. O mesmo vale para a produção espiritual, tal como ela se apresenta na linguagem da política, das leis, da moral, da religião, da metafísica etc. de um povo". MARX, Karl; ENGELS, Friedrich. *A ideologia Alemã*. São Paulo: Boitempo, 2007. p. 93-4.

Revelam, portanto, que não há neutralidade. E isso não é um problema em si, na medida em que a neutralidade é algo inalcançável, quando se trata de gerir conflitos sociais ou organizar a vida em comunidade. As regras são feitas por pessoas, cujas existências são necessariamente atravessadas por múltiplos fatores que determinam a forma como pensamos a vida e, pois, como atuamos.

Estudar e problematizar a questão da resposta jurisdicional e de seu maior ou menor comprometimento com o ordenamento jurídico, especialmente com os valores nele expressos, é algo que tem merecido atenção. Teorias da decisão e discussões sobre o ativismo judicial sem dúvida são relevantes. Não se trata, pois, de defender aqui a possibilidade de que a resposta estatal seja ditada pela vontade individual do sujeito que, investido no cargo de juiz, decide sobre determinada questão. Trata-se de reconhecer que não há uma atuação que possa ser definida desde a perspectiva cientificista cartesiana. Trata-se de afirmar a necessidade de superar a percepção das decisões judiciais como certas ou erradas e percebê-las como fruto da construção política e social de determinada comunidade em certo tempo histórico. Ao contrário do que pode parecer, a verdadeira superação da busca da "verdade real", da "resposta adequada", etc, poderia significar a construção de raciocínios que comprometessem realmente as juízas e juízes com a realização das promessas do Estado, expressadas em suas legislações.

O que podemos perceber, no entanto, é que ao longo dos anos que nos separam da instauração do modelo capitalista de sociedade e, pois, da concepção moderna de Estado e Direito, o processo, que inicialmente se apresenta como a fórmula pela qual o Estado descobre e declara quem tem razão, irá supostamente transformar-se em instrumento de realização do direito material. Isso, porém, ocorrerá sem que os pressupostos que disfarçam a opressão sejam sequer tangenciados. E sem que as bases racionais do processo sejam efetivamente superadas. O que explica, em grande medida, porque toda a virada hermenêutica que gera a compreensão da necessidade de aplicar o processo como instrumento de realização de direitos acaba confinada a uma espécie de eterno retorno à visão cartesiana da função judicial. E, portanto, porque seguimos tendo decisões que são proferidas como se não houvesse compromisso político na atuação judicial, como se o processo não atingisse a vida de pessoas reais, nem implicasse a formação de uma cultura acerca do (des)cumprimento da ordem jurídica e, pois, do tipo de sociedade que temos e do tipo de sociedade em que queremos viver.

Por isso é tão importante reconhecer a existência de uma teoria geral do processo do trabalho que tenha premissas diversas daquelas que informam a aplicação do processo civil e que desvelem essa racionalidade liberal. Como já alertamos em outro estudo, feito com Jorge Luiz Souto Maior, "se o modelo capitalista concedeu a possibilidade do advento do Direito do Trabalho, é mais que evidente que a instrumentalização desse direito não pode ser feita pela lógica liberal que invade o processo civil" (SEVERO; SOUTO MAIOR, 2015, p. 12):

> Há, portanto, um enorme equívoco histórico e de metodologia em buscar compreender o processo do trabalho a partir do processo civil. Mesmo partindo da questionável divisão do Direito por ramos que não se comunicam a partir de dois grandes grupos, o público e o privado, e, pior ainda, integrando o Direito do Trabalho ao campo do direito privado (o que é um total absurdo, mas enfim), o que se teria por consequência é o alinhamento do processo ao ramo do direito material que lhe é correspondente de forma específica. Assim, mesmo com tais pressupostos extremante reduzidos do alcance da atual fase do Direito o processo do trabalho seria derivado do direito do trabalho e não do processo civil.

É preciso reconhecer o quanto estamos distantes dessa compreensão do Direito e, portanto, do processo, como uma linguagem de poder que implica construção de cultura. O desapego às crenças, à tradição e mesmo à força divina, que marca esse período histórico em sua busca por uma outra racionalidade, científica, fundada na certeza que se obtém através da utilização da fórmula correta, será a base do processo judicial moderno. Se a verdade só pode ser obtida através da experimentação (da realização de um conjunto de atos capaz de demonstrá-la), e se a função do Estado é descobrir a verdade contida no texto de lei, será preciso prever um procedimento que garanta que a verdade poderá ser alcançada.

Essa racionalidade ainda está presente em decisões judiciais contemporâneas.

Recentemente, o TST condenou uma empresa por impedir a empregada negra de deixar seu cabelo crespo ao modo natural, ao argumento de que tal conduta contrariava o padrão da instituição, cujo manual de "padronização visual" continha apenas pessoas brancas[(5)].

Em outro processo, Andrey dos Santos, um trabalhador negro contratado como técnico em segurança do trabalho, reclamou por ter sido forçado, por três vezes, a cortar o cabelo que utilizava em estilo *"black power"*. Quando — na terceira vez — ele se recusou fazê-lo, sofreu a despedida. Então, ingressou com demanda judicial pleiteando reintegração e indenização. Na sentença, o juiz entendeu comprovada a "determinação reiterada de corte de seu cabelo, em três oportunidades". Como a empresa alegou que a determinação se deu em razão da dificuldade de uso do capacete de segurança, o juiz produziu prova técnica para demonstrar que o corte de cabelo não provocava problema algum para o uso

(5) Disponível em: <https://almapreta.com/editorias/o-quilombo/em-decisao-historica-tst-condena-empresa-por-racismo-institucional>. Acesso em: 10 dez. 2020.

desse EPI. Diante da conclusão pericial e da prova oral produzida, concluiu tratar-se de "determinação abusiva, com potencial de restrição indevida à identidade étnica e autodeterminação corporal". Não restituiu o emprego, mas condenou a empresa a indenizar o valor de R$ 35.000,00 a título de danos morais.

Em sede de recurso, o voto vencedor foi de que "embora tenha havido a determinação de corte de cabelo", a exigência estava justificada "em razões de segurança do trabalho pertinentes ao uso adequado dos EPIs", ainda que a prova pericial tenha concluído o contrário. Para a turma, em sua composição majoritária, não foi possível "concluir que a atitude da ré foi ilícita, uma vez que apenas teve o zelo de preservar pela segurança do empregado, que é sua obrigação". Há registro, no voto, de que "não parece ter havido constrangimento, que nas duas primeiras vezes o autor aceitou cortar o cabelo e fez a entrevista de emprego com o cabelo curto". A decisão não apenas exclui a condenação, mas também condena o trabalhador a pagar custas de R$ 9.904,56 e honorários de R$ 49.522,81 ao advogado da empregadora. O processo é o n. 0000634-56.2019.5.09.0130 (ROT) disponível para consulta do site do Tribunal Regional do Trabalho da 9ª Região.

Como ensina Ovídio Baptista, quando trata da origem do processo civil, a construção teórica que orienta e determina a resposta jurisdicional funda-se em abstrações construídas para dificultar a percepção da dominação e da forma como essa dominação é exercida pelo Estado, através do Direito. O resultado desse disfarce é "despir o homem concreto da riqueza do seu ser individual", formando e aplicando sistemas jurídicos que se assentam "na fuga do individual, como o seu pressuposto metodológico", de sorte a supor que "cada caso concreto seja a expressão individual de uma série de casos idênticos" (BAPTISTA DA SILVA, 2004, p. 303).

A racionalidade moderna, enquanto racializa, hierarquiza os gêneros e estimula a lógica da concorrência, também permite e estimula, segundo esse autor, que decisões como essas sejam proferidas, com pretensão de constituírem uma resposta juridicamente fundamentada a um conflito de interesses entre sujeitos em posição de paridade diante do Estado. Exemplos como o de Andrey revelam que muitas vezes nem mesmo quando a raça é a questão processual central, consegue-se obter do Poder Judiciário o reconhecimento de que essas diferenças são estruturais e determinantes para o modo como atuamos nas diferentes relações sociais. Ao contrário, a resposta é branca: o superior imediato preocupava-se com o uso do equipamento de proteção, o que torna justificada a sua intromissão no modo como trabalhador dispõe do próprio corpo.

Outros exemplos poderiam ser citados, mas parece já bastante claro o ponto que merece destaque neste tópico. A concepção moderna de processo (racional, individualista e fundada na proteção ao patrimônio), segue presente inclusive em instrumentos processuais como aqueles contidos na CLT, cuja origem e a existência é, como veremos no decorrer desse estudo, contraponto aos postulados do processo civil.

1.2. Algumas notas breves sobre elementos para uma perspectiva interseccional na resolução dos litígios trabalhistas

Antes de terminar essa primeira parte e com o objetivo de deixar clara a necessidade de que o Direito reconheça e dê conta das questões que decorrem da racialização, do capacitismo, da distinção binária dos corpos e de outras opressões, farei breve referência ao papel político da sexualidade, e suas consequências para o Direito.

O uso do termo "perspectiva interseccional", no título deste tópico, tem por objetivo facilitar a comunicação do que aqui pretendo. Essa expressão, cunhada por Kimberlé Crenshaw, uma jurista dos EUA (HILL COLLINS, 2021), já permeava os estudos de autoras brasileiras como Lelia Gonzalez e Heleieth Saffioti, antes mesmo de receber essa nominação. Não importa aqui o debate acadêmico sobre isso. Importa entender que, por interseccionalidade, o feminismo negro compreende a incidência — não hierárquica e somada — de diferentes opressões.

Então, nesse tópico, examinarei com brevidade alguns aspectos da nossa história e da história da regulação social acerca da relação de trabalho, sob essa perspectiva, dando atenção especial à questão do gênero, em razão, inclusive, da recente admissão, pelo sistema de justiça, da necessidade de que os julgamentos tenham essa perspectiva. Refiro-me ao Protocolo para Julgamento com Perspectiva de Gênero e à Recomendação aprovada pelo Conselho Nacional de Justiça, no dia 08.02.2022, que tem por objetivo promover uma "postura ativa de desconstrução e superação de desigualdades históricas e de discriminação de gênero"(6). Não será possível esse engajamento, sem a compreensão, por exemplo, do quanto a invasão portuguesa alterou a relação entre os gêneros

Nas Américas, assim como na África, muitas comunidades tribais eram matriarcais, reconheciam a homossexualidade como uma espécie de terceiro gênero, compreendiam os gêneros como equivalentes e assimilavam com naturalidade a transição de um corpo, do masculino para o feminino (ou vice-versa) (LUGONES, 2008). A imposição da binariedade e da heterossexualidade é apontada, então, como a outra face do processo de dominação (OYEWUMÍ, 2021). É importante notar, porém, que a categoria gênero, com todas as suas implicações políticas, não foi simplesmente transposta para as relações de dominação colonial, por exemplo. Ao contrário, para algumas autoras é fator essencial à compreensão das relações sociais em países colonizados o fato de que não se atribuiu gênero, do mesmo modo, às pessoas escravizadas e nativas. Para María Lugones, por exemplo, em um primeiro momento os povos originários foram "catalogados" apenas sob a perspectiva biológica, como os demais animais: fêmeas e machos (LUGONES, 2008). Por isso, as mulheres indígenas e negras não foram poupadas, nem foram consideradas

(6) Disponível em: <https://www.cnj.jus.br/recomendacao-orienta-juizes-brasileiros-a-seguirem-protocolo-de-perspectiva-de-genero/>. Acesso em: 20 out. 2022.

destinatárias do mito da fragilidade feminina, como denuncia o famoso discurso de Sojourner Truth[7].

A questão do ocultamento da importância estrutural do trabalho de cuidado, denunciado por feministas ativistas na década de 1970 do século passado (FEDERICI, 2019), é bastante simbólico para revelar essa singularidade na formação das relações sociais e das relações materiais e processuais de trabalho no Brasil. É através do cuidado (da criação e alimentação dos filhos, do asseio da casa e até mesmo da atividade sexual das mulheres) que a força de trabalho masculina é mantida e reproduzida, para seguir sendo "vendida" no "mercado". E é pela invisibilização desse trabalho que se mantém a dominação masculina. Afinal, desse modo as mulheres que realizam as atividades de cuidado não remuneradas se tornam dependentes dos salários recebidos pelos companheiros. Aquelas que cumulam trabalho remunerado e não remunerado estão muito mais exaustas e com o tempo de vida bem mais comprometido do que os homens. A prática de salários menores para as mulheres garantirá que, mesmo trabalhando fora, elas permaneçam sob dependência de seus companheiros.

Ao mesmo tempo, a invisibilização dessa realidade reforça a subjugação dos homens. Compreendidos como mantenedores das condições econômicas de sobrevivência da família, eles permanecerão dependentes do capital, pois perder o emprego significará não apenas sofrer privações, mas fazer com que toda a família as sofra. A negação do discurso do mito da fragilidade feminina, "verdadeiro requisito funcional da sociedade de classes" (SAFFIOTI, 1976, p. 72), às mulheres indígenas e negras as coloca, por sua vez, em posição completamente diversa das mulheres brancas europeias (e daquelas reconhecidas como *herdeiras* dessa tradição aqui no Brasil). As escravas de casa e as mucamas, cuja existência servia para "manter, em todos os níveis, o bom andamento da casa-grande: lavar, passar, cozinhar, fiar, tecer, costurar e amamentar as crianças" brancas (GONZALEZ, 2020, p. 53), as lavadeiras, as prostitutas (DAVIS, 2016), estavam sujeitas aos mais diversos tipos de abusos, inclusive por parte dos homens com os quais partilhavam a condição comum de oprimidas.

O Relatório "Visível e Invisível: a Vitimização de Mulheres no Brasil", realizado pelo Fórum Brasileiro de Segurança Pública, mostrou que apenas em 2022 cerca de 18,6 milhões de mulheres brasileiras foram vítimas de violência de gênero (FÓRUM DE SEGURANÇA PÚBLICA, 2023). Segundo a pesquisa, "as mulheres que foram vítimas de violência relataram ter sofrido quatro agressões ao longo do ano, mas entre as divorciadas a média foi de nove vezes"; "uma em cada três brasileiras com mais de 16 anos sofreu violência física e sexual provocada por parceiro íntimo ao longo da vida", ou seja, 33,4% da população feminina do país. 43% das mulheres brasileiras já foram vítimas

(7) Disponível em: <https://www.geledes.org.br/e-nao-sou-uma-mulher-sojourner-truth/>. Acesso em: 21 dez. 2022.

de violência psicológica pelo parceiro íntimo. A pesquisa ainda mostra que "mulheres negras, de baixa escolaridade, com filhos e divorciadas são as principais vítimas"[(8)].

É a demonstração prática do que significa o patriarcado como elemento central de configuração das relações sociais, em um país atravessado pela escravização das pessoas indígenas e negras, como é o Brasil. Mesmo no período após 1888, essas mulheres não brancas seguiram recebendo os piores trabalhos, exercendo as piores funções, em ambientes marcados pela precariedade ou mesmo pela exclusão absoluta de direitos trabalhistas, como é o caso dos espaços de estética, das casas de prostituição ou das situações de terceirização, até hoje.

O estudo mostra, ainda, que não são apenas as mulheres pobres, negras e indígenas que sofrem violência. E isso importa para percebermos que a ideologia de dominação masculina afeta a todas as pessoas. Como lembra bell hooks, os homens negros absorveram as ideias de masculinidade da sociedade branca e, mesmo que em sua relação com seus senhores também fossem tratados como animais, exerciam a violência de gênero como forma de suportar e de lidar com a "dimensão de sua amargura e de seu desespero pelo fato de a supremacia branca bloquear continuamente seu acesso ao ideal patriarcal" (HOOKS, 2019, p. 150).

As respostas do sistema de justiça para uma circunstância dramática como a revelada na pesquisa que acima referi ainda são incipientes, inclusive em âmbito trabalhista. A violência doméstica, que muitas vezes é causa de atrasos ou faltas por parte da empregada, em regra sequer chega a ser noticiada nos autos. Quando as questões envolvem pessoas que não se submetem ao padrão binário e cisnormativo de comportamento sexual há uma tendência em julgar a partir de padrões morais que as excluem. É comum a improcedência de pedidos ou mesmo a realização de conciliações por valores ínfimos, nas discussões processuais sobre discriminação no ambiente de trabalho ou violência contra a população LGBTQIA+.

O espaço em que esses corpos circulam já estão limitados. A maior parte das pessoas trans trabalha na prostituição. Algumas são admitidas em espaços de estética, mas é difícil encontrá-las dando aula em universidades, atuando nas fábricas ou lojas. Quando ousam habitar outros espaços, geralmente o sofrimento é maior. Nas palavras de Paul Beatrice Preciado, vivemos a partir da lógica perversa de um "universo inteiro cortado em dois e somente em dois", no qual tudo "tem um direito e um avesso". Nesse sistema de conhecimento, "somos humano ou animal. O homem ou a mulher. O vivo ou o morto. Somos o colonizador ou o colonizado. O organismo ou a máquina. Fomos divididos pela norma. Cortados em dois e forçados em seguida a escolher uma das partes". A subjetividade transforma-se em cicatriz, sobre a qual se assenta a propriedade, "funda-se a família

(8) Disponível em: <https://agenciabrasil.ebc.com.br/direitos-humanos/noticia/2023-03/mais-de-18-milhoes-de-mulheres-sofreram-violencia-em-2022>. Acesso em: 05 mar. 2023.

e lega-se a herança. Sobre essa cicatriz, escreve-se o nome e afirma-se a identidade sexual" (PRECIADO, 2020, p. 25-6).

Pois bem, trago essa questão aqui para enfatizar sua importância na constituição do que compreendemos como relação de trabalho e na forma como lidamos com o processo do trabalho. Já referi o quanto a modernidade assenta-se na ressignificação de valores sociais como igualdade e liberdade. O contrato é a fórmula jurídica que viabiliza o disfarce. Como refere Pateman, "um indivíduo livre e igual aos outros, deve, necessariamente, *concordar* em ser dominado" (PATEMAN, 2008, p. 67). Essa autora discute, a partir dos teóricos dessa ideia de liberdade contratual, como os papéis políticos de homens e mulheres serão diferenciados, de tal modo a reivindicar-se um "direito natural" do marido sobre a mulher (*Ibidem*, p. 83). O que ela irá então nominar "contrato sexual" é a naturalização da sujeição das mulheres através de instituições como o casamento ou a filiação, disfarçadas pela noção moderna de liberdade (*Ibidem*, p. 337). O ponto que nos interessa é a percepção de que questões como sexo, casamento, prostituição serão políticas e incidirão sobre a noção que temos de convívio social e o modo como aplicamos as regras jurídicas.

E não se trata apenas de situações em que a sexualidade é o tema central do processo, como naquele em que o STF, julgando a Ação Direta de Inconstitucionalidade n. 4.275, afirmou, em 2018, que pessoas trans podem mudar de nome sem necessidade de processo judicial e independentemente da realização de cirurgia de redesignação sexual.

Também são cada vez mais comuns discussões sobre a possibilidade de escolha do banheiro a ser utilizado no ambiente de trabalho, diante da realidade de que pessoas trans muitas vezes desenvolvem problemas no trato urinário, por terem o acesso ao banheiro negado ou evitarem a utilização por receio de ataques(9). Para além de questões processuais que versem diretamente sobre a sexualidade e sua interferência nas possibilidades de viver um ambiente saudável de trabalho, importa perceber a necessidade de considerar essas questões políticas para a aplicação das regras jurídicas em geral, independentemente do tema objeto da discussão judicial. Ou seja, o ponto aqui é perceber que regras sobre jornada, salário, ambiente de trabalho incidem de modo diferente sobre os diferentes corpos.

E isso não se dá por acaso. As investigações acerca da realidade de comunidades indígenas pré-invasão confirmam, segundo Rita Segato, a existência do gênero e inclusive de uma masculinidade forjada no enfrentamento da morte, ditada pelo imperativo "de ter que conduzir-se e reconduzir-se a ela ao longo de toda a vida sob os olhares e a avaliação

---

(9) O Tribunal Superior do Trabalho já proferiu, inclusive, decisão em que reconhece que pessoas trans têm direito de utilizar um banheiro condizente com sua identidade de gênero, embora referi-se à transexualidade como patologia (AIRR – 1275-95.2015.5.09.0029. 8ª Turma. Relatora Ministra Maria Cristina Irigoyen Peduzzi. Brasília, 03 de outubro de 2017).

de seus pares". Já havia a necessidade dos homens de provar habilidades de resistência, agressividade, capacidade de domínio, "exibir o pacote de seis potências — sexual, bélica, política, intelectual, econômica e moral" que lhes permitia serem reconhecidos e qualificados como sujeitos masculinos. Com a invasão, entretanto, há uma potencialização desse ideal masculino (SEGATO, 2012).

A racialização dos corpos, ao lado da disciplina do trabalho obrigatório e da reorganização dos discursos sobre sexualidade, família, sociedade faz com que o espaço doméstico na aldeia pré-invasão, que era "dotado de politicidade", por ser de consulta obrigatória e "porque nele se articula o grupo corporativo de mulheres como frente política"(SEGATO, 2012), passe a ser o espaço do não político.

O cruzamento dos discursos racista e patriarcal é central, portanto, na formação da cultura imposta pelos invasores nos países colonizados. No que concerne às relações de gênero, ao lado de uma "hiperinflação da posição masculina na aldeia", ocorre a "emasculação desses mesmos homens frente aos brancos, o que os submete ao estresse e lhes mostra a relatividade de sua posição masculina ao sujeitá-los ao domínio soberano do colonizador". O oprimido na relação com o branco é empoderado em sua condição de homem na aldeia, e praticamente obrigado a "reproduzir e a exibir a capacidade de controle inerente à posição de sujeito masculino no único mundo agora possível para restaurar a virilidade prejudicada na frente externa", o que irá comprometer suas relações com mulheres e filhos (SEGATO, 2012).

Por sua vez, as mulheres racializadas, tratadas "como homens" enquanto escravizadas/subordinadas, no âmbito do mundo-aldeia são confinadas ao espaço doméstico, com "consequências terríveis no que respeita à violência que as vitimiza". Com a invasão e o discurso da modernidade, as mulheres — ao adquirirem status de "iguais perante a lei" – têm sua relação com os homens supostamente gerida por um direito contratual que apenas disfarça (e reforça) a dominação patriarcal (PATEMAN, 2008, p. 17). Passam a ser propriedade do "seu homem", com o qual mantêm o "contrato", mas também de todos os homens, pois a noção pré-moderna que informa a possibilidade de dominação do corpo feminino se potencializa com a ruptura dos laços comunitários.

A violência de gênero estará, então, sustentada num *imperativo de agressão*. Os homens violentos precisam estar no controle. Isso lhes é ensinado desde a primeira infância. Quando esse núcleo de controle desaparece ou é colocado em dúvida, o que se produz é uma reação à vulnerabilidade. A violência deve então ser compreendia como uma forma de restaurar o status masculino: "não se trata de o homem *poder* violar, mas de uma inversão dessa hipótese: deve violar, se não através de ação, ao menos de maneira simbólica". Nesse cenário, a violência de gênero não deve ser compreendida como consequência de patologias individuais, mas como fruto de um *mandato de violação* (SEGATO, 2003, p. 37-9).

É interessante como Maria Rita Kehl apresenta hipótese semelhante em artigo, no qual argumenta que o superego nos freia, mas também nos determina. Então, diante da autorização pública para a violência, as pessoas se sentem convocadas a agir violentamente(10).

Do mesmo modo, o racismo funcionará como mecanismo social de estímulo à violência, especialmente sobre a mulher negra (GONZALEZ, 1984, p. 223-244). A outra face dessa estrutura social, que é a realidade do trabalho obrigatório como único modo de obter acesso aos alimentos, remédios, roupas, moradia, em uma estrutura na qual não há — nem haverá — trabalho remunerado para todas as pessoas, também divide e impõe solidão. Cada um deve se relacionar com os demais seres desde a lógica da compra e venda e da competição e acreditar que é o único responsável pelo próprio sucesso ou fracasso. Todos estão "escravizados" pelas mesmas "odiosas cadeias do capitalismo" que oprimem e privam "das alegrias e encantos da vida". A subjetividade será determinada pela dificuldade em reconhecimento e unidade entre quem sofre mais agudamente a exploração do próprio trabalho e aqueles ou aquelas que detêm alguma condição de conforto (REED, 2008).

A metáfora com que Marx conclui o raciocínio acerca do desmantelamento dos laços sociais pelo capitalismo é incrivelmente precisa: "se teu amar, enquanto amar, não produz o amor recíproco, se mediante tua externação de vida como homem amante não te tornas homem amado, então teu amor é impotente, é uma infelicidade" (MARX, 2004, p. 160-161).

O projeto da modernidade nos desampara, porque propõe a ruptura com a solidariedade, o encontro. Ao contrário, coloca todas as pessoas na posição de rejeitar a "ingênua confiança em que ele é como eu" (LACAN, 2008, p. 37). Não apenas pela útil dominação dos corpos racializados, femininos ou feminilizados, mas também por reforçar a concorrência, a visão do outro como inimigo. A partir daí, torna-se mais fácil identificar-se com o opressor, agir como "se não fosse vulnerável ao tipo de destruição que causa" (SAFATLE, 2020, p. 21- 39), como se "nunca pudesse vir a pertencer a uma população cujo trabalho e cuja vida são precários, que pode, de repente, ser privada de direitos básicos ou do acesso a moradia ou cuidados médicos, e que vive angustiada sem saber se o trabalho vai chegar algum dia" (BUTLER, 2018, p. 161).

A violência (de gênero, raça, etc) torna-se funcional. A funcionalidade dessas estruturas de violência pode ser percebida naquilo que a doutrina irá denominar divisão racial e sexual do trabalho. Há atividades em que determinados corpos não são aceitos, há condições de seleção (veladas ou ostensivas) que estimulam a falsa sensação de que existe

(10) Disponível em: <https://controversia.com.br/2022/07/25/maldade-se-banalizou-no-brasil-de-bolsonaro/>. Publicado em: 25 jul. 2022. Disponível em: <https://controversia.com.br/2022/07/25/maldade-se-banalizou-no-brasil-de-bolsonaro/>. Acesso em: 1º ago. 2022.

competição fundada no mérito individual. Os sujeitos *autônomos*, em realidade, estão em posição social extremamente desigual e seguem, desde o nascimento e sobretudo durante toda a vida adulta, lidando com o reforço do racismo, do capacitismo, do sexismo, através de requisitos como o da boa aparência ou dos estereótipos não apenas de gênero, mas de sexualidade, de sucesso profissional, de autoridade, etc.

Quando define a divisão social do trabalho, Marx a conceitua como "expressão nacional-econômica da sociabilidade do trabalho no interior do estranhamento", uma espécie de redução da atividade humana de trabalhar em atividade genérica, possibilitando, assim, tratá-la como mercadoria sujeita à troca (MARX, 2004, p. 149). Resgata toda a fundamentação dos economistas da época, para então concluir que a divisão do trabalho e troca são dois fenômenos que exprimem "num só fôlego, sem consciência, a contradição da sua ciência". Ou seja, a revelação de que a fundação da sociedade burguesa se dá "pelo interesse particular e não social". O que ele está evidenciando — e que a divisão racial e sexual aprofunda — é a constatação de que toda a base filosófica individualista da estrutura capitalista promove deliberadamente a violência, na medida em que segrega, divide, produz e esconde o caráter social (comunitário) de que o trabalho humano pode e deve se revestir. Ainda nas palavras de Marx, essa "grande diversidade dos talentos humanos" que se evidencia pela divisão social do trabalho é útil ao recalcamento da alienação diante do trabalho e diante da irracionalidade do modelo de convívio social capitalista.

A doutrina feminista irá apontar o quanto essa característica do sistema será mobilizada contra corpos femininos, negros e indígenas, "qualificando" a divisão social do trabalho a partir dos critérios de raça, sexualidade, capacidade. E, com isso, atomizando ainda mais a classe trabalhadora, de modo que a concorrência individual será potencializada pelas condições sociais que podem (ou não) ser usufruídas por esses corpos. Saffioti dirá que há uma "unidade do racismo e do sexismo" que, embora preexistente à sociedade capitalista, tornaram-se funcionais (SAFFIOTI, 2004, p. 129), de modo a criar um nó em que "patriarcado-racismo-capitalismo" passam a constituir um só metabolismo social.

Aqui interessa sublinhar o fato de que o Estado servirá para legislar essas divisões de espaço. Definirá o trânsito dos corpos nos diferentes lugares, inclusive reconhecendo direitos para as mulheres, acesso através de cotas, etc. E o fará exatamente porque interditou esse trânsito. A politicidade "sequestrada" pela esfera pública e suprimida do espaço doméstico, ocupado pelo "resto" (mulheres, pessoas não brancas, pessoas com sexualidade contrária ao padrão hegemônico...) é disciplinada para que se sustente uma aparência da igualdade.

O Direito do Trabalho está inscrito nessa mesma matriz de racionalidade, reforçada pela colonialidade, mas tensionada pela tentativa de criação de um capitalismo com face humana (SEVERO, 2020). Ainda está, então, inscrito na mesma sociabilidade, cujo metabolismo é a disseminação da violência, especialmente contra determinados corpos.

É fruto da organização da classe trabalhadora, tem o mérito de evidenciar a exploração coletiva, a perversidade da lógica que opõe os *com* e os *sem* propriedade. Já surge tensionando os dogmas do Direito comum, como a falácia da neutralidade. É fruto da identidade comunitária de uma classe de pessoas que se reconhece em uma mesma situação. Acontece que essa identidade se revela apenas parcialmente, em sua condição de pessoas que vivem do trabalho. As demais camadas da dominação (gênero, sexualidade, capacitismo, raça, etc) são silenciadas e naturalizadas. Exemplo disso, são as regras sobre licença maternidade e licença paternidade. O fato de a mulher trabalhadora ter direito à licença de 120 dias e o homem à licença de 05 dias é fruto de uma escolha política que naturaliza (e com isso invisibiliza) o fato de que o trabalho de cuidado é atribuído à mulher. Por outro lado, regras aplicáveis de forma geral, como aquelas relativas à jornada, acabam causando mais sofrimento e exigindo maior comprometimento de tempo por parte das mulheres, na medida em que propositadamente escondem/ignoram essa mesma realidade, de que as atividades de cuidado são realizadas pelas mulheres (FERRITO, 2021).

No Brasil, antes da CLT, o Código Civil de 1916 disciplinava a locação de pessoas e de serviços. As normas tipicamente trabalhistas, que são tanto resultado da luta de classes, quanto da imposição de uma "conformação dos trabalhadores à realidade do capital, desarticulando a possibilidade de realidades alternativas e fomentando o desenvolvimento industrial" (SEVERO, 2020, p. 110), terão a importância de inaugurar um novo discurso. Pela primeira vez, se reconhecerá — em um suposto contrato — a ausência de autonomia. Expressando essa opção política por reconhecer a inexistência de vontade autônoma e atuar para reduzir a assimetria na troca entre capital e trabalho, Evaristo de Moraes Filho, em obra publicada em 1946, afirmará que:

> No contrato de trabalho, tremendamente desigual, cuja existência é a própria razão de ser do empregado, que vive exclusivamente do salário auferido através dêsse contrato, deixar que as coisas continuassem entregues à livre manifestação das partes, seria o mesmo que assistir tranquilamente ao extermínio de tôda uma classe social, no caso, a dos trabalhadores (MORAES FILHO, 1946, p. 24).

Há, claramente, o reconhecimento de uma vulnerabilidade que independe da condição subjetiva ou financeira de quem vende força de trabalho. É objetiva, está fundada no imperativo da troca de capital por trabalho como condição para o acesso aos bens mais elementares para a existência humana. Entretanto, essa vulnerabilidade segue sem cor, raça, gênero ou qualquer outra característica que a humanize. E o reconhecimento da necessidade de imposição de deveres, ao Estado e ao empregador, a fim de que a condição de existência de quem vive do trabalho não seja de profunda vulnerabilidade, vai apenas até o limite em que o próprio metabolismo social não seja questionado.

Daí porque o discurso do Direito do Trabalho segue referindo-se ao "contrato" de trabalho, enquanto mantém regras como aquela do art. 468 da CLT, segundo a qual as alterações nas condições da troca são nulas, caso lhes tragam prejuízo, mesmo que anuídas pelo trabalhador ou pela trabalhadora. Isso não invalida a importância histórica que o reconhecimento da vulnerabilidade social, no discurso do Direito do Trabalho, tem no contexto das possibilidades transgressoras do discurso jurídico. O Direito do Trabalho coloca luz na ausência real de autonomia individual em uma sociedade de trabalho obrigatório, pois do contrário o conceito jurídico de subordinação não faria sentido, nem tampouco a retórica da proteção e da irrenunciabilidade dos direitos trabalhistas. Ou seja, o Direito do Trabalho explicita a falácia do discurso da autonomia individual, mas o faz mantendo o artifício do contrato. Toda a dificuldade para fazer valer as normas trabalhistas passa, portanto, pela inviabilidade concreta de compatibilizar o "contrato" de trabalho com o reconhecimento, pelo Direito do Trabalho, da necessidade de o Estado intervir na vontade de quem depende do trabalho para sobreviver, como condição para evitar a barbárie.

É também função de quem estuda e busca compreender o processo do trabalho não apenas decifrar os elementos dessa invisibilização, como suas consequências, a fim de compreender se há função para o Poder Judiciário, através de sua atuação jurisdicional, no recalcamento e/ou no desvelamento dessas questões.

2. Compreendendo o Processo do Trabalho

O processo do trabalho é parte do Direito do Trabalho. Tem a mesma matriz, idêntico princípio. Em outros países capitalistas, regras trabalhistas foram sistematizadas sem que houvesse preocupação em criar um mecanismo de tutela judicial diferenciado. Quando finalmente regras processuais próprias foram criadas para dar conta de conferir efetividade às normas trabalhistas, a doutrina discutiu amplamente tivessem elas ou não, a mesma razão de existência (a proteção a quem vive do trabalho). Na Itália, por exemplo, até hoje, o processo do trabalho está disciplinado em um capítulo do código de processo civil e a estrutura judicial, embora conte com varas especializadas em questões trabalhistas, é uma só.

Em nosso caso, é bastante simbólico que a sistematização da legislação trabalhista tenha ocorrido junto com a construção não apenas de um procedimento diferenciado para lidar com a questão social da troca entre trabalho e capital, mas inclusive com a criação de um Poder Judiciário separado.

O Brasil não é o único país no qual existe Justiça do Trabalho. É importante que se reconheça essa realidade. Alemanha, Israel, Nova Zelândia, Singapura, Suíça, Suécia, Noruega, Finlândia são alguns exemplos, assim como Chile e Argentina. Com alguma variação, porque funciona apenas com dois graus de jurisdição, também há Justiça do Trabalho na França e na Inglaterra (CARELLI, 2018, p. 93-7).

A Justiça do Trabalho nasce junto com a sistematização das regras trabalhistas. A opção, por exemplo, de fazer conviver regras materiais e processuais na CLT é algo até hoje notável, da perspectiva da dogmática processual. E torna ainda mais claro o equívoco de quem segue insistindo em ler e compreender o processo do trabalho como mero sucedâneo do processo civil.

Nesse capítulo, tratarei da origem (e, portanto, do princípio) do direito material e processual do trabalho no Brasil e dos elementos que o diferenciam do assim chamado direito comum. Antes de mencionar o que o direito material e processual do trabalho tem de diferente, vamos ao que tem de comum. Ou seja, ao que lhe garante a condição de Direito, no sentido moderno que essa palavra adquire.

2.1. O Direito (material e processual) do Trabalho tem compromisso com o capitalismo, mas também o tensiona

Não há direito ou processo do trabalho fora da realidade capitalista.

Esse é um dado importante, seja para afastar alguma perspectiva diretamente revolucionária para os direitos sociais trabalhistas, seja para evidenciar a sua importância.

Como antes afirmei, recorrendo à doutrina de Anibal Quijano, a "descoberta" da América constitui a Europa tal como a conhecemos e, pois, viabiliza o que se convencionou chamar modernidade. O sistema de trabalho obrigatório é resultado (ou elemento) desse processo histórico, que irá ressignificar o que compreendemos por Estado e Direito. Como já afirmava Marx, a "descoberta das terras auríferas e argentíferas na América, o extermínio, a escravização e o soterramento da população nativa nas minas, o começo da conquista e saqueio das Índias Orientais, a transformação da África numa reserva para a caça comercial de peles-negras caracterizam a aurora da era da produção capitalista". E segue concluindo que, para isso, sempre lançou-se "mão do poder do Estado, da violência concentrada e organizada da sociedade" (MARX, 2013, p. 809-820).

Ou seja, o Estado moderno é o instrumento de naturalização dessa violência, disfarçada pelo Direito. A concepção política do Estado moderno constitui uma forma de estabilizar os movimentos insurgentes, de naturalizar a troca de trabalho por capital, regular a acumulação de riqueza e, ao mesmo tempo, responder ao ideal de superação dos dogmas medievais, através do reconhecimento de uma igualdade formal para todas as pessoas. Especialmente durante o Século XX, esse Estado se apresenta como "uma estratégia de organização", um programa destinado a resolver conflitos individuais a partir da perspectiva da sociedade (CASTANHEIRA NEVES, 2007, p. 01-73). Para o que aqui estamos estudando, importa compreender que há uma organização política e social que tem por objetivo viabilizar determinado modelo de sociabilidade.

Nesse modelo, há um aspecto central. A principal relação entre os indivíduos deve ser a de troca de trabalho por capital, pois ela irá mediar o acesso aos bens indispensáveis à existência física, ao mesmo tempo em que permitirá o acúmulo de riqueza (pela extração da mais-valia).

O que estou afirmando é que a **relação social de troca entre capital e trabalho é a mais importante relação social no modelo capitalista de sociedade**. Mais importante até do que a compra e venda, pois é essa troca que irá viabilizar a produção e circulação de mercadorias (MARX, 2013). O fato de o trabalho em troca de salário se tornar uma *mercadoria* que é condição de possibilidade de sobrevivência não é algo lateral. É exatamente o que coloca a maioria das pessoas em condição de dependência, reformulando completamente a sociabilidade e o próprio conceito de indivíduo (sujeito de direitos), como vimos anteriormente.

Não se trata de uma forma de organização social que valoriza o trabalho como meio de realização individual, como modo de marcar nossa passagem no mundo. Isso também é algo, cuja compreensão é fundamental. Somos seres que se realizam, formam laços, deixam suas marcas no mundo através do trabalho. A diferença do sistema capitalista para as formas anteriores de sociabilidade não está na valorização desse aspecto positivo do trabalho. Ao contrário, está justamente em fazer dessa potencialidade humana uma condição para a vivência. Na síntese precisa de Ricardo Antunes, sobre a grande contribuição de Marx para a compreensão da questão central do modelo capitalista de sociedade: "o trabalho é um valor transformado em desvalor, para esconder sua função de produzir valor"(11).

É a *relação social* de trabalho, portanto, que se torna central. Prova disso é que a maioria das pessoas que depende do trabalho para viver não terá possibilidade de escolher qual atividade realizar. Precisará adaptar-se ao que conseguir arranjar de trabalho. Muitas pessoas, aliás, não conseguirão trabalho, pois também é elemento estrutural dessa forma de sociabilidade a "administração" do que Marx chamou "exército de reserva", o que significa a existência de um número cada vez maior de pessoas que ficará à margem do sistema e, pois, não conseguirá vender sua força de trabalho. A regra é crescer para trabalhar por remuneração, com a qual será possível pagar supermercado, aluguel, médico, roupas, etc. Trata-se de uma escolha política. Os alimentos poderiam ser produzidos e divididos de forma a garantir que ninguém sofresse com a fome. Do mesmo modo, se a moradia fosse compreendida como uma questão social, a necessidade de abrigo seria resolvida de modo coletivo, tal como até hoje ocorre entre alguns povos indígenas e africanos ou em experiências como a dos quilombos. Essa escolha política impõe a *necessidade* do trabalho. E, se isso é verdadeiro, a centralidade da *relação social* de trabalho só será abalada quando o próprio modelo de sociabilidade que adotamos for radicalmente superado. Estamos bem longe disso. O trabalho obrigatório segue sendo o modo de sobreviver para mais de 90% das pessoas que vivem em uma sociedade capitalista.

O fato de essa relação social ser tratada como um contrato é o que invisibiliza a violência da *necessidade de trabalhar para viver*. Desde que nasce, ou talvez desde antes do nascimento, cada pessoa é convocada constantemente a reproduzir a mesma prática, como se fosse *natural*. Se alguém tiver por objetivo ajudar os outros, fazer atividades voluntárias ou simplesmente conhecer o mundo, será logo identificado como um indivíduo disfuncional. E o que é pior: essa possibilidade de "se encaixar" e, portanto, passar toda a vida adulta vendendo força de trabalho em troca de remuneração não é algo acessível a todas as pessoas.

A venda da força de trabalho irá determinar a nova configuração das relações sociais em países da Europa. No Brasil, a configuração será gravemente diversa. O trabalho assalariado aparecerá como privilégio de alguns europeus que irão realizar atividades burocráticas ou ligadas ao pequeno comércio. Para a grande massa de trabalhadoras e

(11) Disponível em: <https://www.youtube.com/watch?v=K8V6MB42MQE>. Acesso em: 02 jul. 2022.

trabalhadores, a lógica será, por muito tempo, a da exploração de trabalho sem contraprestação de salário, na condição de *corpos-mercadoria*. Na história do Brasil, há mais tempo transcorrido sob um discurso de Estado que permitia que pessoas racializadas tivessem sua força de trabalho explorada sem contraprestação, na qualidade de mercadorias à disposição de seus senhores, do que tempo de regulação do trabalho assalariado. E esse também não é um dado lateral ou de menos importância, para quem estuda o Direito e, portanto, o processo do trabalho.

Em países colonizados e com seus povos racializados, portanto, a possibilidade de vender-se como mercadoria será até hoje compreendida como um privilégio. É preciso, então, inverter a perspectiva diante desse fenômeno social. É necessário, também, pensar de modo diverso as possibilidades de análise da forma como essa relação social é regulada pelo Estado e como regras de convívio social serão aplicadas a quem depende da força de trabalho para sobreviver. As peculiaridades do Brasil não param por aí. Passam, inclusive, por termos sido um país burocratizado, com instituições, antes mesmo de termos independência formal. A independência, declarada pelo herdeiro do trono em Portugal, não abalou a centralidade da escravização. Ao contrário, Ynaê Lopes dos Santos mostra o quanto a escravização atuou como verdadeiro projeto de nação (SANTOS, 2022, p. 119). O reconhecimento da centralidade dessa questão é fundamental.

Em termos estruturais, faz com que a relação de trabalho em países como o nosso não seja vista da mesma forma que ocorre em países que não passaram pelo processo de invasão colonizadora. O fato de o trabalho haver sido explorado sem pagamento, por mais de três séculos, é determinante para o olhar que até hoje temos para os diferentes institutos jurídico-trabalhistas. Um exemplo pode ser suficiente para demonstrar a veracidade dessa afirmação. A relação de trabalho no Brasil é disciplinada como um contrato. A legislação trabalhista, fundada que é — ao menos ao nível do discurso — na noção de proteção a quem trabalha, estabelece direitos "contratuais" diversos para quem toma e para quem vende trabalho. Não há, por exemplo, previsão de aplicação de penalidades no âmbito da relação de trabalho. Regra alguma autoriza o empregador a punir, seja advertindo ou suspendendo a(o) empregada(o). Ainda assim, o senso comum admite e estimula a prática de punições contra trabalhadores e trabalhadoras, na medida em que tanto a doutrina quanto a jurisprudência costumam valer-se de argumentos como "gradatividade da pena" para justificar ou afastar hipótese de despedida por motivo disciplinar (justa causa) (SEVERO, 2021).

Não se trata apenas de banalizar a perda do emprego, o que por si só já é algo bastante grave em uma sociedade de trabalho obrigatório. Trata-se de admitir e estimular a prática de punição em uma relação social tratada como contratual. Por óbvio, não há contrapartida. Sequer conseguimos imaginar hipótese em que a trabalhadora ou o trabalhador penalize o empregador. Ainda assim, sofrer advertência (verbal ou escrita) ou ser suspenso do trabalho (impedido de trabalhar e, portanto, de receber o salário) são práticas comuns e tratadas pelo sistema de justiça como absolutamente adequadas. Outros exemplos podem ser dados. A possibilidade de despedir por motivo disciplinar, impedindo o acesso até mesmo ao FGTS e ao sistema de seguro-desemprego, em uma sociedade, na qual é preciso trabalhar para ter o dinheiro necessário para a compra de bens vitais, é algo brutal. Perder o emprego e não ter acesso a alguma garantia social de renda imediata é uma dupla punição que pode comprometer concretamente a possibilidade de seguir existindo. O fato de que isso não seja questionado (as regras sobre justa causa não são consideradas inconstitucionais, por exemplo) diz muito sobre quem somos.

Não há como desconectar esse fato, da circunstância de que fomos o país que por mais tempo admitiu a escravização de pessoas na América Latina. Aliás, no período em que se discutia a necessidade de superar essa aberração jurídica, a principal questão girava em torno da necessidade ou não de o Estado indenizar os proprietários que perderiam suas *mercadorias* com a abolição. O que justificava racionalmente tudo isso era (ainda é) o fato de as relações sociais se estabelecerem, supostamente, através de contratos (acordos de vontades livres) (PATEMAN, 2008, p. 175). Se o contrato é produto do livre-arbítrio, expressão de uma "vontade idêntica" expressada por dois sujeitos livres, cujo objeto é "exterior e particular", passível de ser alienado, ao Estado compete apenas disciplinar a troca. Nessa relação social, segundo Hegel, o contrato é real, porque "cada um dos contratantes constitui a totalidade daqueles dois momentos", de aquisição e de alienação de propriedade e, portanto, cada contratante "vem a ser e continua a ser proprietário". Logo, é o contrato que revela o sentido da propriedade e permite o exercício da liberdade (HEGEL, 1997, p. 73). Ser empregado, portanto, é exercer a liberdade de vender a si mesmo em troca de remuneração.

A "explicação" filosófica de Hegel, quando sustenta que a força de trabalho é um elemento extrínseco ao ser humano e, portanto, passível de ser alienado, é a tentativa de conformação do fenômeno social da exploração do trabalho pelo capital, naturalizando-o. Até mesmo quem "trouxe sua própria pele ao mercado e, agora, não tem mais nada a esperar além da... despela" (MARX, 2013, p. 251), ao ser reconhecido como sujeito livre adquire o "direito" de vender tempo de vida e sua saúde, "livremente", em troca da necessidade de sobreviver. O fato de que a(o) trabalhador(a) deve sempre "poupar o suficiente quando os negócios vão bem", para poder "sobreviver bem ou mal nos períodos difíceis", ou seja, "restringir seus prazeres vitais a um mínimo e aliviar as crises para os capitalistas", e, desse modo, comportar-se como "pura máquina de trabalho, e se possível pagar, inclusive, pelo desgaste natural", constituem decorrência dessa naturalização ideológica de condições que são próprias de um modelo específico de organização social (MARX, 2011, p. 224-5).

Em um primeiro momento, portanto, o Direito atuou disciplinando a troca entre capital e trabalho como uma espécie de compra e venda. O Brasil, que importa a regulação jurídica europeia, terá por exemplo as figuras dos contratos de locação de pessoa e de locação de serviços no Código Civil de 1916. Será a realidade a se impor, para que os direitos sociais comecem a ser regulados, em países de diferentes histórias. É interessante perceber que por mais diferentes que fossem os países capitalistas que hoje possuem direito material e processual do trabalho, cada um deles com uma história própria, todos — assim como o Brasil — têm em comum três elementos em sua origem. Todos os Estados passam a produzir regras trabalhistas como forma de conter o tensionamento promovido pelas greves, ou seja, pela insurgência da classe trabalhadora organizada. Ao mesmo tempo, regras trabalhistas surgem, em diferentes países, para viabilizar a produção e circulação de mercadorias, seja respondendo à crise de superprodução, seja buscando industrializar-se. Por fim, respondem aos efeitos sociais deletérios gerados pelo significativo aumento do número de pessoas doentes ou despedaçadas pelo trabalho, em razão dos infortúnios que resultam das longas jornadas e das máquinas sem qualquer proteção, em que trabalhavam inclusive crianças.

É o Direito (material e processual) do Trabalho que será o protagonista no movimento de alteração da função do Direito e do Estado, sistematizado ao longo do século XX como teoria dos direitos fundamentais (CANARIS, 2009, p. 34). É o direito fundamental por excelência. Ainda que essa teoria seja formulada a partir de um olhar retrospectivo que busca catalogar os direitos dentro da realidade capitalista, reconhecendo como de primeira geração ou dimensão os direitos individuais de igualdade e liberdade e apresentando os direitos sociais como direitos de *segunda dimensão ou geração*, o fato é que a formulação teórica se justifica exatamente para dar conta da alteração substantiva na função que o Estado passa a assumir (de garantidor do acesso às condições de vivência *digna*) e do conteúdo de fundamentalidade que passa a ser reivindicado aos direitos sociais.

O que estou afirmando, portanto, é que a noção de Estado Social ou Democrático de Direito, na qual existe um dever de realização de uma vida que valha a pena ser vivida, dever que se materializa através da fundamentalidade dos direitos sociais, está umbilicalmente relacionada aos direitos trabalhistas. Há o reconhecimento de um imperativo de tutela que é condição de possibilidade para a continuidade do próprio sistema. Criar diques de contenção à exploração do trabalho pelo capital é o caminho encontrado pelos países capitalistas (GAMONAL, 2011). Em nível internacional, a criação da Organização Internacional do Trabalho ao final da primeira guerra mundial evidencia isso. Ali começa a ficar clara a identidade e a diferença do direito (material e processual) do trabalho em relação ao direito comum. Ambos estão inscritos na mesma matriz de racionalidade. E, portanto, operam através de uma linguagem que disfarça e naturaliza a opressão do trabalho obrigatório.

O Direito do Trabalho, porém, sintetiza as contradições do nosso tempo histórico. Exatamente porque tem sua razão de existência na evidência prática das incoerências intransponíveis da sociedade capitalista (HARVEY, 2016), existe e justifica-se como uma contenção. Pode, então, ser definido como a imposição de limites à exploração do trabalho pelo capital. Ao mesmo tempo, porém, é mecanismo que viabiliza a continuidade do sistema. Justamente por ser Direito, encontra limites na ordem social em que está inscrito. Não é por razão diversa, que lidar com normas trabalhistas é experimentar o eterno conflito entre o ideal que elas parecem preconizar (e que, levado a sério, implicaria a superação do sistema capitalista) e a realidade em que elas se inscrevem.

O Direito material e processual do trabalho surge dentro do mesmo modelo de Estado, tributário da mesma racionalidade. Surge, porém, em um momento diverso, no qual a lógica da proteção à propriedade privada e a noção de liberdade como a possibilidade de vender força de trabalho revelam-se já como falácias. Então, embora suponha "uma nova atitude diante das realidades do mundo do trabalho" e diante da função que o Estado deve exercer para efetivar os direitos que devem fundamentar um convívio social saudável (BARBAGELATA, 1995, p. 20), segue tendo conteúdo e aplicação intimamente comprometida com o paradigma racional (individualista, colonial e racista) a que antes me referi.

As primeiras leis trabalhistas brasileiras são fruto da luta de classes que se confunde com a luta contra a escravização (SOUTO MAIOR, 2000, p. 67). Há registro de irmandades femininas negras, "associações religiosas abrigadas no interior dos rituais cristãos, especialmente na religião católica hegemônica no período escravocrata", que criavam articulações de resistência ao regime escravista e se organizavam para estabelecer "condições materiais de subsistência para as mulheres de diferentes etnias africanas e para as afro-brasileiras" (WERNECK, 2009). Os quilombos são também exemplos de organização coletiva de resistência (MOURA, 1986). As leis que começam a ser editadas para regular de modo diferenciado a troca entre capital e trabalho são claramente resposta estatal a esse movimento coletivo. Há registro de movimento paredista de trabalhadores livres e escravizados já em 1857, em Ponta D'Areia, no "maior empreendimento privado do setor da construção de navios" (SOUTO MAIOR, 2017, p. 126). Vários jornais e organizações marcaram esse período histórico, impondo ao Estado a necessidade de regular juridicamente de forma diferenciada essas relações sociais.

O primeiro decreto sobre o tema sindical é o n. 1.637, de janeiro de 1903, ano em que ocorreu uma importante greve geral no Rio de Janeiro. Como mostra Goldmacher em sua tese de doutorado (GOLDMACHER, 2009), entre 1890 e 1920 foram registradas 316 greves apenas no Rio de Janeiro, dentre as quais destacaram-se a dos trabalhadores em estrada de ferro em 1982, dos sapateiros em 1906, dos gráficos em 1917, além é claro da greve geral de 1903. Em São Paulo, de 1917 a 1920, foram registradas 108 greves, motivadas pelo entusiasmo causado pela Revolução Russa (SOUTO MAIOR, 2017, p. 133). Na década de 1920, foram promulgadas leis, como a que reconhece responsabilidade objetiva por *acidente* de trabalho, a que regula aposentadoria e pensões para ferroviários e a que garante o direito às férias (SOUTO MAIOR, 2000, p. 66).

É importante referir a direta relação entre a força coletiva das trabalhadoras e trabalhadores e a regulação jurídica diferenciada, a fim de afastar qualquer possibilidade de que se siga reproduzindo o tal "mito da outorga", ou seja, a falsa ideia de que os direitos trabalhistas no Brasil constituíram-se como uma concessão do Estado (BIAVASCHI, 2007).

A importância de estudar o movimento sindical desse período histórico de formação do que compreendemos por direito e processo do trabalho no Brasil é justamente compreender como esses mitos, tal como o da outorga de direitos e mesmo o da democracia racial, foram deliberadamente criados para arrefecer a consciência da necessidade de luta contra a exploração do trabalho pelo capital.

No caso do Brasil há também, como segundo fator determinante para a edição de leis trabalhistas, a deliberada intenção de promover uma política de industrialização do país a partir de 1930. O Brasil era um país predominantemente rural. Em 1872, apenas 5% das pessoas empregadas estavam trabalhando na indústria; em 1920 esse número era de 13,8% (MATTOS, 2002, p. 14). Getúlio assume o poder propondo, pela primeira vez, um projeto de desenvolvimento nacional.

A noção de que os direitos trabalhistas foram concedidos pela generosidade desse estadista é parte de um processo político que será nominado como "trabalhismo". Angela de Castro Gomes faz uma análise bem interessante da força dos discursos e da energia deliberadamente colocada na formação de uma cultura que pretendia convencer as pessoas de que era o Estado o protagonista do progresso social e de que a classe trabalhadora era cordata e disposta a contribuir para o desenvolvimento econômico do país (GOMES, 2005).

No que tange à legislação processual trabalhista, embora encontre sua raiz na lei paulista de 1922 (SEVERO; SOUTO MAIOR, 2015, p. 18), começou a ser sistematizada em nível nacional em 1932. Havia um consenso acerca da necessidade de se apartar o máximo possível dos pressupostos e da forma de aplicação do processo civil. Então, embora seguisse sendo instrumento de uma mesma ordem capitalista, o processo do trabalho surge fundado no compromisso de realização do direito material que lhe corresponde. O pressuposto é o de que "a fome não respeita prazos processuais" (RUSSOMANO, 1966, p. 87-95) ou de que "recurso de decisões interlocutórias é luxo para gente rica, que pode esperar anos a decisão de um feito" (OLIVEIRA VIANA, 1938, p. 234).

Era clara a necessidade de regular de forma diferenciada a resposta estatal para as questões sociais que decorrem da troca entre capital e trabalho. Bem antes de os processualistas civis tratarem do processo como instrumento de realização do direito material, portanto, o processo do trabalho já foi pensado e materializado como um instrumento ágil de realização do direito alimentar de quem depende do trabalho para sobreviver. Comentando o Anteprojeto de Organização da Justiça do Trabalho, Oliveira Viana refere que se trata de "um domínio jurídico inteiramente especial e original, insuscetível de se subordinar aos conceitos clássicos do direito privado" (OLIVEIRA VIANA, 1938, p. 213).

No texto da Exposição de Motivos da Comissão elaboradora do projeto de organização da Justiça do Trabalho consta expressamente que "o processo do trabalho constituiu-se, como é sabido, justamente como uma reação contra a lentidão, a complexidade e o formalismo do processo comum", admitindo que aqui são "os interesses coletivos que preponderam e se manifestam, mesmo quando aparecem ocultos nas roupagens modestas dos conflitos individuais de trabalho" (*Ibidem*, p. 285-7). Waldemar Ferreira também reconhece a especificidade e a autonomia da Justiça do Trabalho e de suas regras, nascidas em oposição ao processo civil. Em ambos, porém, a fundamentação teórica, quando aparece, é europeia. E a ideia fundante de inércia do Estado, que precisa ser provocado, permanece, assim como a noção de imparcialidade e tecnicismo na produção das decisões (*Ibidem*, p. 273).

De lá para cá, a doutrina processual trabalhista faz um movimento de abandono das razões históricas contidas claramente no anteprojeto. Apenas para ficarmos com um exemplo entre a melhor doutrina, Bezerra Leite inicia o capítulo sobre a teoria geral do processo do trabalho referindo os primeiros artigos do CPC de 2015 e depois analisa praticamente todas regras processuais trabalhistas à luz do processo comum (BEZERRA LEITE, 2022). Aqueles que incluem uma parte inicial sobre o conceito de lide, ação ou pretensão irão buscar a doutrina europeia clássica (Calamandrei, Carnelutti, Liebman) para sustentar suas definições (NETO *et al*, 2018, p. 314).

É urgente, então, recuperar a razão de existência do direito e do processo do trabalho, para poder compreender a especificidade das regras processuais trabalhistas e, ao mesmo tempo, a necessidade de tensionamento desses compromissos estruturais com o sistema capitalista.

A racionalidade do processo do trabalho é intimamente relacionada à noção de Estado Social, em que há, portanto, um dever de realização dos direitos que permitem uma vida minimamente digna. A proteção a quem trabalha, que está no princípio do Direito do Trabalho, é também o que diferencia e identifica o processo do trabalho. De qualquer modo, antes de tratar das peculiaridades do processo do trabalho, é importante firmar aqui uma clara posição sobre a função jurídica (e também ideológica) que a noção de princípio assume no ordenamento jurídico, notadamente a partir de meados do século XX.

2.2. O que significa dizer que há um princípio no processo do trabalho?

Em capítulo anterior, referi a tentativa de depuração do Direito, separando fato e norma, processo e direito material, desde uma perspectiva que pretendia tratar o mundo jurídico como algo completamente desconectado da realidade, com todas as suas complexidades e, especialmente, com todas as suas diferentes formas de opressão. A noção que até hoje temos de processo judicial é ainda comprometida com esse ideal racionalista e cartesiano.

A proposta de isolar o elemento normativo do Direito, supostamente salvando-o de fatores ideológicos, acabou sendo abandonada por seus próprios defensores, como Hans Kelsen. Ao teorizar sobre o Direito e a forma como ele se expressa na realidade, esse autor admitiu maior ou menor grau de discricionariedade do Estado ao julgar (KELSEN, 2006, p. 390-5). Refere que a norma superior determina o processo em que a norma inferior e o ato de execução são postos e o seu conteúdo, mas essa determinação nunca é completa, fica sempre uma margem de livre apreciação. Por isso, a norma superior tem caráter de "um quadro ou moldura a preencher por este ato" (KELSEN, 2006, p. 364). Bem mais tarde, Dworkin irá teorizar que a discricionariedade pode se constituir como "uma forma virulenta de pragmatismo jurídico", que permite ignorar o texto da Constituição e a história da sua promulgação, ou seja, as tradições da cultura política (DWORKIN, 2007, p. 451-2).

O que nenhum deles questiona, porém, é a relação visceral da discricionariedade com a própria função política do Direito, com sua condição de forma jurídica necessária e atrelada ao sistema capitalista. Ou seja, não reconhecem ao Direito a condição de contingência histórica que o torna incapaz de deixar de ser — em certa medida — discricionário.

Ao contrário, as teorias que pretendem aproximar o Direito da realidade, de algum modo desvelando seu compromisso com a propriedade privada e com a falácia da igualdade que se realiza através de contratos, permitindo perceber o caráter ideológico da função judicial, sofrem a crítica de serem sociológicas ou ideológicas, descolando o Direito de sua função prática (HART, 2007, p. 160-1). Para o que aqui interessa, importa ressaltar que junto desse movimento de compreensão do que é a decisão judicial e de como garantir que o Estado responda às demandas de modo a efetivar o ordenamento jurídico e, pois, as escolhas políticas feitas por determinada sociedade, há uma ressignificação do conceito de princípio jurídico.

Antes de ingressar ns definições mais reproduzidas sobre princípios, é importante entender que há uma alteração profunda na construção teórica acerca do que é um princípio jurídico, no momento histórico em que está se alterando também a função atribuída ao Estado e ao Direito, ou seja, no momento em que estão surgindo direitos trabalhistas.

Enquanto inicialmente, os princípios eram identificados como regras gerais do Direito, durante o Século XIX, eles passam a assumir maior aplicabilidade prática e a identificar cada ramo ou porção do direito. Passam, portanto, a assumir a função de identificar um determinado conjunto de regras. É ao longo do Século XX, com o final da segunda guerra mundial, que o conceito de princípio sofrerá maior alteração, assumindo "toda sua carga política de conformação de uma nova sociedade e da possibilidade de instituição de um melhor governo, limitado e respeitador dos direitos fundamentais". Passam, portanto, a ter aplicação, ganhando inclusive, segundo alguns autores, autonomia em relação às regras (OLIVEIRA, 2008).

Humberto Ávila tem obra dedicada exclusivamente à definição e aplicação de princípios jurídicos, a qual inicia referindo definições de grandes autores, como Karl Larenz, para quem princípios são normas que estabelecem "fundamentos normativos para a interpretação e aplicação do direito, deles decorrendo, direta ou indiretamente, normas de comportamento" e Canaris, que os define como normas com conteúdo axiológico, que carecem de regras para a sua aplicação. Refere, ainda, Dworkin, para quem a diferença entre princípios e regras não é de grau, mas de estrutura lógica: enquanto as regras atuam no campo do tudo ou nada, os princípios contêm apenas fundamentos, que podem ser conjugados com os fundamentos de outros princípios. Por fim, cita Alexy, para quem princípios são normas que encerram "deveres de otimização", e devem ser aplicados ou afastados mediante critério de ponderação (técnica da proporcionalidade).

Após essa breve exposição da evolução doutrinária acerca do tema, Ávila propõe alguns critérios de dissociação entre princípios e regras. Refere que os princípios remetem a valores e devem ser examinados de modo a identificar as condutas necessárias à realização dos valores neles contidos, para um uso "racionalmente controlado". Propõe uma distinção "heurística" (portanto, comprometida com descobertas empíricas), em que um dispositivo pode conter dimensão de comportamentos, e portanto ser uma regra, mas pode também conter dimensão finalística (princípio) ou metódica (postulado). Pontua o caráter finalístico dos princípios, que segundo o autor "estabelecem um ideal de coisas a ser atingido", sem prescrever um comportamento específico. Termina por conceituar princípios como "normas imediatamente finalísticas, primariamente prospectivas e com pretensão de complementaridade e de parcialidade", cuja aplicação demanda "uma avaliação da correlação entre o estado de coisas a ser promovido e os efeitos daí decorrentes" (ÁVILA, 2009, p. 36-78). Ou seja, nada define, criando mais confusão do que esclarecimento.

Os demais autores e autoras brasileiros, como regra, apoiam suas construções sobre o conceito de princípios em dois autores: Ronald Dworkin e Robert Alexy.

Ronald Dworkin é um autor americano que escreve, especialmente, sobre a necessidade de comprometimento do Direito com determinada ordem de valores. Seu livro "Levando os Direitos a sério" busca construir uma teoria jurídica em que a decisão judicial de algum modo esteja "amarrada" pela construção histórica das regras jurídicas. Ele escreve que a diferença entre regras e princípios é de natureza lógica, "distinguem-se quanto à natureza da orientação que oferecem". Enquanto as regras são aplicáveis a partir da lógica do tudo ou nada, os princípios apenas apresentam uma "razão que conduz o argumento em uma certa direção", e que por isso mesmo, pode opor-se a outras razões que conduzem em sentido diverso. Admite, portanto, a colisão de princípios. Em seguida, acrescenta que "os princípios possuem uma dimensão que as regras não têm — a dimensão do peso ou importância" (DWORKIN, 2011, p. 39-45). Ou seja, o conceito de princípio estará atrelado à noção de moralidade: "princípios são proposições que descrevem direitos; diretrizes (políticas) são proposições que descrevem objetivos" O compromisso desse autor com a racionalidade liberal pode ser evidenciado pelo fato de que para ele os princípios se referem à defesa de direitos individuais, em oposição à política, que guarda relação com a coletividade (*Ibidem*, p. 90).

Robert Alexy é um autor alemão que escreve, portanto, desde a perspectiva de um sistema de justiça diferente do nosso, filiado ao chamado sistema da *common law*. Busca criar uma teoria da decisão judicial. Ele escreve que tanto regras quanto princípios são normas, porque ambos dizem o que deve ser. Para ele, a distinção entre regras e princípios é "uma distinção entre duas espécies de normas". "Princípios são normas que ordenam que algo seja realizado na maior medida possível dentro das possibilidades jurídicas e fática existentes. Princípios são, por conseguinte, mandamentos de otimização". Alexy, porém, reconhece em sua obra que "sempre que um princípio for, em última análise, uma razão decisiva para um juízo concreto de *dever-ser*, então esse princípio é o fundamento de uma regra, que representa uma razão definitiva para esse juízo concreto". A diferença, de extrema relevância, é que embora ele reconheça o princípio como fundamento de uma regra, também o reconhece como "mandado de otimização" a ser aplicado diretamente pelo intérprete, passível de ser afastado quando "colidente" com outro princípio (ALEXY, 2008, p. 87-116).

Tratam-se de formulações vagas e com possibilidade de uso autoritário, pois a partir delas é possível inclusive inventar princípios, como a doutrina aliás tem feito. Cada manual de processo ou de direito material do trabalho traz seu rol próprio de princípios e alguns deles acabam virando o fundamento de decisões judiciais, ainda quando não guardam relação alguma com tudo o que historicamente justifica a existência de regras trabalhistas, como é o caso do inventado "princípio da preservação da empresa", antítese, aliás, do que o direito material e processual do trabalho representa(12).

Como ensina Warat, no discurso jurídico, "o novo aparece como redefinição das palavras da lei" e de sua interpretação. Alteram-se os sentidos, redefinem-se os conteúdos, mas a estrutura segue igual. Essas alterações acabam sendo construídas "dentro de um determinado sistema instituído de relações sociais e de relações de produção". Foi assim com o Direito do Trabalho, que inova mas segue na mesma matriz, e também com

(12) Em consulta rápida ao *site* do Tribunal Regional do Trabalho da Quarta Região verifica-se que apenas no período de julho de 2021 a julho de 2022, aparecem 39 acórdãos nos quais utilizada a expressão "princípio da preservação da empresa" aparece em 32 acórdãos. Disponível em: <https://www.trt4.jus.br/portais/trt4/acordaos>.

toda a teoria dos direitos fundamentais e, pois, com a nova definição de princípios. O novo conteúdo para princípio jurídico irá surgir "sempre dentro e submetido ao mesmo poder de controle" de uma mesma estrutura de poder (WARAT, 1994, p. 26).

Há, pois, a intenção de conferir normatividade aos princípios e, com isso, amarrar melhor as decisões judiciais, comprometendo-as com a ordem constitucional que preconiza, por exemplo, a fundamentalidade dos direitos sociais. O resultado, porém, é uma profusão de princípios que passam a constituir fundamento de decisões que simplesmente se apartam do que estabelecem as regras jurídicas. A disputa pelo sentido de um princípio e a forma de sua aplicação é, sempre, uma disputa pela formação de determinada cultura jurídica, por isso Warat dirá, por exemplo, que vincular uma afirmação a um instituto jurídico é assegurar determinado valor de mensagem (*Ibidem*, p. 55). Daí porque é tão importante tratar disso, antes mesmo de buscar reconhecer e conceituar o princípio da proteção no processo do trabalho.

Pois bem, ao propor uma visão diversa daquela pela qual princípios são espécies de norma jurídica, ao lado das regras, Streck observa que princípios "são marcas que balizam a formação da história institucional do direito", ou seja, representam aquilo que justificou, em determinado momento, a criação de um conjunto específico de regras. A norma jurídica é o resultado dessa interpretação/aplicação da regra ao caso concreto, desde a perspectiva que lhe é indicada pelo princípio instituidor. Desse modo, princípios e regras são "condições de possibilidade da normatividade" e não duas espécies do gênero norma jurídica (STRECK, 2011, p. 545-50). A perspectiva de Streck tem compromisso com a construção histórica do Direito. Para ele, "uma regra é uma regra porque há um princípio que a institui" (STRECK, 2011, p. 582). Com isso, fundamentando sua compreensão na filosofia da linguagem, esse autor supera a ideia de separação entre regra e princípio, como duas espécies diferentes de norma jurídica. O que define o princípio é a história de determinado conjunto de regras.

Na disputa pelo significado dessa categoria jurídica na nova fase do Direito, essa é uma definição que serve, especialmente para o Direito do Trabalho. É interessante que a construção teórica de Streck, cuja leitura é valiosa (STRECK, 2011), não se endereça ao Direito do Trabalho. Ao contrário, no posfácio dessa obra há uma crítica à proteção como princípio no campo do direito trabalhista. Ainda assim, a leitura de sua exposição teórica revela uma contribuição valiosa para a construção de um conteúdo para o instituto *princípio jurídico*, que de algum modo o afaste da cilada a que a maioria da doutrina o submete.

As definições que conduzem ao raciocínio de que princípios são espécies de normas, ao lado das regras, acabam gerando conclusões pelas quais é possível decidir a partir de um princípio ou mesmo ponderar princípios que estejam em colisão.

Um exemplo tornará mais claro porque me refiro à cilada hermenêutica.

Em um dos tantos manuais de direito do trabalho, encontra-se o conceito de princípio da adequação setorial negociada. No livro, que tem como título essa mesma expressão, a autora – no capítulo "Surgimento do princípio" – escreve que "a primeira referência sobre o princípio da adequação setorial negociada foi realizada pelo Professor Mauricio Godinho Delgado, em artigo publicado" (TEODORO, 2018, p. 101), como se ele já existisse e tivesse sido descoberto. Na verdade, ele foi criado por esse doutrinador, que não apenas escolheu o nome, mas também atribuiu-lhe conteúdo próprio. Não se trata de discutir a intenção, nem tampouco de negar o caráter criativo da teoria. Trata-se de examinar o efeito prático dessa dissociação entre a razão histórica e o sentido político de determinado conjunto de regras, e seu(s) princípio(s). Ou seja, de analisar as consequências práticas da definição de princípio como um postulado genérico que pode ser criado, ponderado e aplicado diretamente pela intérprete aplicadora da lei. Pois bem, segundo a mesma autora, esse princípio prestigia o caráter protetivo do direito do trabalho, ao propor uma "nova hermenêutica constitucional", a ser aplicada pelos tribunais, quando examina "controvérsias relativas às relações entre normas trabalhistas negociadas e as normas legisladas pelo Estado", fixando barreiras e possibilidades de negociação pelas categorias organizadas (*Ibidem*, p. 102 e seguintes).

Ora, o que chamamos *negociação* coletiva nada mais é, historicamente, do que o resultado da pressão de uma categoria organizada sobre o capital, que se expressa pelo ajuste de normas que valem para aquelas trabalhadoras e trabalhadores. Desde o momento em que o Estado passa a regular a relação social de trabalho, estabelecendo os parâmetros da troca, essa atividade coletiva passa a ter como razão a melhoria das condições jurídicas já fixadas em lei. Nada de novo, portanto, exceto se a construção teórica servir para justificar o exato contrário. Ou seja, que normas menos favoráveis sejam ajustadas através de acordos ou convenções coletivas. Mas isso é renúncia e o Direito do Trabalho, exatamente porque se funda na intromissão do Estado na vontade individual a partir do reconhecimento de que essa vontade não é livre — antes, é ditada pela necessidade de trabalhar para sobreviver, é irrenunciável.

Aqui, é importante abrir um parágrafo para reforçar a importância da noção de irrenunciabilidade dos direitos trabalhistas. Se os direitos trabalhistas fossem disponíveis, a regra seria a renúncia. Como percebeu Marx, a imposição de uma sociabilidade em que tudo passa a ser adquirido desde que trocado por dinheiro faz da força do dinheiro a força do ser humano, torna-o o "vínculo que me liga à vida humana, que liga a sociedade a mim, que me liga à natureza e ao homem", é o "vínculo de todos os vínculos", que *ata e desata todos os laços*. O dinheiro (ou a necessidade de obtê-lo por meio do trabalho) passa a deter um "poder inversor" que reverte-se "contra o indivíduo e contra os vínculos sociais". É a "confraternização das impossibilidades, obriga os contraditórios a se beijarem" (MARX, 2004, p. 160-161). A construção de normas trabalhistas comporta o reconhecimento, por parte do Estado, dessa vulnerabilidade gerada pelo imperativo da troca, que independe da condição subjetiva ou financeira de quem vende força de trabalho. Trata-se do primeiro discurso do Direito a rejeitar a presença de autonomia em uma relação social que segue sendo denominada de contrato (de trabalho), afirmando claramente a inexistência de vontade livre. O que se reconhece, portanto, é a necessidade de impor limites à vontade individual, em razão do reconhecimento de que essa vontade está determinada pelas condições materiais de quem precisa vender força de trabalho para viver.

Ocorre que o "princípio" da adequação setorial negociada, desde um discurso que reconhece a proteção e a possibilidade de construção de normas pela própria categoria organizada, acaba por legitimar jornada de 12h, supressão de intervalo, acordo para despedida e outras práticas que se traduzem como perda/ renúncia de direitos estabelecidos na legislação trabalhista. Note-se que para especificar a possibilidade de construção autônoma de mais direitos, além daqueles já prescritos pelo legislador, não há necessidade alguma de um "novo princípio". Existe a regra. O art. 7º da Constituição, que garante normas coletivas como direito fundamental das trabalhadoras e trabalhadores, diz no *caput* que os direitos ali previstos não excluem outros, desde que visem a melhoria da condição social. Ou seja, é regra expressa que normas coletivas têm normatividade e podem definir condições de trabalho, desde que melhorem as condições de trabalho. Inventar um princípio para isso seria inútil, se não tivesse uma utilidade destrutiva.

Um exemplo pode tornar evidente o perigo dessa invencionice e, ao mesmo tempo, o quanto a racionalidade escravista ainda persiste. A jornada de 12 horas de trabalho é contrária ao limite legal de 8 horas de trabalho por dia, fixado no art. 7º da Constituição. Não é uma afirmação polêmica ou de difícil comprovação. Afinal, a Constituição literalmente estabelece como direitos fundamentais: "XIII – duração do trabalho normal **não superior a oito horas diárias e** quarenta e quatro semanais, facultada a compensação de horários e a **redução** da jornada, mediante acordo ou convenção coletiva de trabalho; XIV – jornada de **seis horas** para o trabalho realizado em turnos ininterruptos de revezamento, salvo negociação coletiva; XV – repouso semanal remunerado, **preferencialmente aos domingos**".

Se a duração normal não pode ser superior a 8h; a duração normal não pode ser de 12h. Simples assim. Aliás, esse limite é resultado da luta das trabalhadoras e trabalhadores, em âmbito internacional. Está consagrado na Convenção n. 01 da OIT, editada em 1919. A ideia de que trabalhar 12 horas é prática lícita começa a aparecer em normas coletivas ainda na década de 1990, antes mesmo de ser prevista em legislações específicas como a lei do motorista ou a lei sobre trabalho em âmbito doméstico. Algumas categorias, notadamente ligadas à saúde e à segurança, começaram a prever, em seus instrumentos coletivos, 12 horas de trabalho com 36 horas subsequentes de folga. A folga era a "desculpa" para que a doutrina e a jurisprudência resistissem em identificar aí a flagrante inconstitucionalidade. Ninguém fiscaliza, obviamente, se a trabalhadora ou o trabalhador possui mais de um vínculo de emprego, o que é extremamente comum nessas áreas.

Mais recentemente, essas normas coletivas passaram a dispor, também, que é possível que tal trabalho seja realizado com supressão do intervalo para repouso e alimentação. Em vez da folga, o pagamento de "hora intervalar" no contracheque. Ou seja, a categoria organizada constrói regra em que a situação das trabalhadoras e trabalhadores piora significativamente.

A possibilidade de supressão do intervalo é impressionante, pois vários estudos na área da medicina e da sociologia do trabalho demonstram que o intervalo é condição para evitar a fadiga, o adoecimento e a ocorrência de acidentes no ambiente de trabalho (ALVES, 2013, p. 131 e 173). Que isso ocorra na área da saúde e da vigilância diz muito sobre os valores que orientam o convívio social atualmente. Trabalhar em ambiente hospitalar por 8h consecutivas já seria uma temeridade. Uma prática que prejudica não apenas quem trabalha, mas quem é destinatário desse trabalho e, portanto, toda a sociedade. Na área da vigilância, não são poucas as pessoas que trabalham em pé, no tempo, portando arma de fogo. Essas categorias, como tantas outras, deveriam ter conquistado a redução da jornada para 6h ou 4h. Afinal, diante da tecnologia já desenvolvida, a jornada de 8h já não faz mais o menor sentido. Ao contrário, normas coletivas estendendo a jornada e suprimindo o intervalo começaram a aportar no Poder Judiciário trabalhista e foram chanceladas. O passo seguinte foi alterar a CLT, com a Lei n. 13.467/2017(13). Há uma completa dissociação com o texto constitucional, mas ainda assim sequer foi proposta ação direta de inconstitucionalidade contra essas regras. A assimilação da possibilidade desse impressionante recuo em relação à regulação do tempo de trabalho é, também, decorrência do mal uso das normas coletivas e dos princípios.

No julgamento do ARE n. 1.121.633, em 02.06.2022(14), analisando o Tema n. 1.046, o STF fixou a seguinte tese: "São constitucionais os acordos e convenções coletivas que, ao considerarem a *adequação setorial negociada*, pactuam limitações ou afastamentos de direitos trabalhistas, independentemente da explicitação especificada de vantagens compensatórias, desde que respeitados os direitos absolutamente indisponíveis".

---

(13) Art. 59-A. Em exceção ao disposto no art. 59 desta Consolidação, é facultado às partes, mediante acordo individual escrito, convenção coletiva ou acordo coletivo de trabalho, estabelecer horário de trabalho de doze horas seguidas por trinta e seis horas ininterruptas de descanso, observados ou indenizados os intervalos para repouso e alimentação. Parágrafo único. A remuneração mensal pactuada pelo horário previsto no *caput* deste artigo abrange os pagamentos devidos pelo descanso semanal remunerado e pelo descanso em feriados, e serão considerados compensados os feriados e as prorrogações de trabalho noturno, quando houver, de que tratam o art. 70 e o § 5º do art. 73 desta Consolidação. Art. 59-B. O não atendimento das exigências legais para compensação de jornada, inclusive quando estabelecida mediante acordo tácito, não implica a repetição do pagamento das horas excedentes à jornada normal diária se não ultrapassada a duração máxima semanal, sendo devido apenas o respectivo adicional. Parágrafo único. A prestação de horas extras habituais não descaracteriza o acordo de compensação de jornada e o banco de horas.

(14) Disponível em: <https://portal.stf.jus.br/processos/detalhe.asp?incidente=5415427>. Acesso em: 05 mar. 2023.

Na ânsia de teorizar, de inovar diante das expressões já utilizadas, a doutrina criou monstros. E, como no livro de Mary Shelley, a criatura virou-se contra o criador. Expressões, como adequação setorial negociada, passam a constituir razão de fundamento para que a ordem jurídica seja ignorada. A (falsa) autonomia da vontade coletiva converte-se em motivo suficiente para estimular sindicatos a serem algoz dos direitos trabalhistas.

A tese extraída do Tema n. 1046 afirma que há possibilidade de acordos e convenções que afastem ou limitem direitos trabalhistas mesmo sem contrapartida especificada. Ocorre que normas construídas por entidades sindicais não são fruto de negociação. Nunca foram. Não se trata de um negócio jurídico. Trata-se de mobilização coletiva, cujo resultado é a construção das regras para determinada categoria. E não há sentido algum para que essas regras sejam piores do que o que o Estado já estabelece. Não existe razão para que pessoas em condição similar de vida e de trabalho se reúnam, organizem um sindicato, contribuam, façam reuniões, se mobilizem para obter uma condição de trabalho pior do que a que teriam caso nada fizessem.

Ao longo dos anos, desde que o Estado começou a intervir no movimento sindical brasileiro, difundiu-se a ideia de que ao fazer greve e exigir melhores condições de trabalho, categorias organizadas não estavam promovendo a elevação dos padrões normativos da troca. Estavam apenas negociando. Essa palavra teve uma força simbólica importante. Especialmente após a Constituição de 1988 e, pois, o reconhecimento da fundamentalidade das normas coletivas. Disseminou-se a cultura que equipara norma coletiva a negócio jurídico e com isso, a possibilidade de ganhos e perdas que, com a decisão acima mencionada, passa para uma nova fase. Admite-se a perda sem o ganho.

Na linha da compreensão de Warat acerca da função do discurso jurídico, a definição que Streck faz de um princípio é não apenas valiosa, mas fundamental para que se reconheça a identidade histórica (e retórica) do Direito do Trabalho.

2.3. Proteção não é igualdade

Faço, aqui, uma pausa importante. Quando estudamos a proteção no Direito material e processual do Trabalho é comum lermos que as regras trabalhistas buscam reduzir desigualdades e, nesse sentido, atendem ao postulado da igualdade material ou substancial. Pois bem, a igualdade é valor fundante da ordem jurídica, tal como a compreendemos dentro de um contexto de sociedade capitalista. Liberdade e igualdade são ressignificadas como valores sociais para justificar o "avanço" de uma forma de convívio, pela qual não existem senhores e servos. Todos somos sujeitos de direito. Daí porque nossa Constituição, por exemplo, garante no art. 5º que "todos são iguais perante a lei"(15).

(15) Remeto, aqui, à leitura do capítulo 2 do livro Elementos para o uso transgressor do direito do trabalho. SEVERO, Valdete Souto. *Elementos para o uso transgressor do Direito do Trabalho*. 2. ed. *E-book*, São Paulo: ESA, 2020.

A noção de igualdade é, inicialmente, construída desde uma posição ideal, na qual todos nascem livres proprietários da força de trabalho e, portanto, iguais para contratar. Os laços sociais são compreendidos e disciplinados como contratos: acordos de vontades livres. Há, portanto, um entrelaçamento das noções de liberdade, igualdade e propriedade privada.

Na Declaração Universal dos Direitos *do Homem e do Cidadão*[16], de 1789, por exemplo, declara-se que "os homens nascem e são livres e iguais em direitos. As distinções sociais só podem fundar-se na utilidade comum". No art. 2º, está estabelecido que o objetivo da nação é garantir "liberdade, propriedade, segurança e resistência à opressão". Há igualdade, portanto, porque todos nascem sujeitos às mesmas regras jurídicas e dotados da propriedade força de trabalho. Interessante é que nem sob essa perspectiva formal seria possível tal afirmação, já que as mulheres, por exemplo, assim como as pessoas negras, não eram titulares dos direitos garantidos aos homens brancos.

Bem mais tarde, em 1948, a Declaração Universal dos Direitos Humanos irá estabelecer no primeiro artigo que "todos os seres humanos nascem livres e iguais em dignidade e em direitos". O atrelamento dos conceitos se mantém, mas a distinção dentre homem e cidadão desaparece e a dignidade se junta aos direitos, como condição para a aferição da liberdade e da igualdade. Ainda há, porém, uma visão claramente individualista e comprometida com a noção de propriedade. Diz o art. 7º: "Todos são iguais perante a lei e, sem distinção, têm direito a igual proteção da lei. Todos têm direito a proteção igual contra qualquer discriminação que viole a presente Declaração e contra qualquer incitamento a tal discriminação". A igualdade segue, portanto, vinculada ao conjunto de direitos supostamente garantidos pelo Estado.

Aqui, a doutrina irá identificar um outro conceito de igualdade, denominado como igualdade substancial ou material, e definido como igualdade de direito ao acesso aos bens e direitos. Alexy, no livro que antes citei, dirá que a fórmula "o igual deve ser tratado igualmente; o desigual, desigualmente" não é uma exigência dirigida às normas, mas sim ao conteúdo delas, gerando "um dever material de igualdade" (ALEXY, 2008. p. 399).

O Direito do Trabalho está inscrito na quadra da história em que já havia essa reivindicação por uma reformulação do conceito de igualdade, para a ele atrelar o dever do Estado (e dos particulares) de garantirem condições equivalentes de acesso a bens e direitos a todas as pessoas. Dentro dessa matriz se inscrevem os direitos fundamentais, a noção de antidiscriminação e, pois, a exigência de que o Estado atue para reduzir desigualdades.

---

(16) Disponível em: <chrome-extension://efaidnbmnnnibpcajpcglclefindmkaj/https://www.ufsm.br/app/uploads/sites/414/2018/10/1789.pdf>. Acesso em: 04 jul. 2022.

É importante perceber, porém, que reduzir não é eliminar, de modo que é um grande desafio argumentativo defender a ideia de igualdade, ainda que sob a perspectiva substancial de tratar desigualmente os desiguais, em uma ordem constitucional que expressamente admite ser objetivo da República a *redução* das desigualdades, e não a sua eliminação (art. 3º). Ou seja, inclusive no campo do discurso há a admissão de que igualdade é um ideal que dentro da realidade capitalista não será materializado, exceto em situações pontuais e específicas.

Claro, pois uma sociedade fundada na perspectiva de que é o mérito, o esforço individual, o que irá garantir acesso ao bem viver, precisa de um grau profundo de desigualdade. Estabelecer a necessidade de compra para acesso aos bens indispensáveis à sobrevivência e o trabalho por conta alheia como a forma para alcançar o dinheiro que viabiliza essa compra também depende de ter sempre mais gente precisando trabalhar do que trabalho assalariado a ser feito. A relação entre as classes dos possuidores e dos despossuídos não é, pois, uma escolha. É uma dinâmica necessária, uma das contradições do nosso sistema, que promete igualdade e se sustenta na desigualdade primária (determinada pela ausência ou presença de capital).

Como bem observa Marx em sua análise sobre a questão judaica, os direitos humanos, nesse cenário, apresentam-se como "os direitos do membro da sociedade burguesa, do homem egoísta, do homem separado do homem e da comunidade". Por consequência, a igualdade e a liberdade acabam equivalendo "ao direito humano à propriedade privada", de modo que "cada homem veja no outro homem não a realização, mas, ao contrário, a restrição de sua liberdade". A igualdade é "igualdade da liberdade", de modo que "cada homem é visto uniformemente como mônada que repousa em si mesma". Por fim, a segurança é a "asseguração do egoísmo", a proteção do proprietário contra todos os demais. Nesse contexto, o único laço que une os seres humanos passa a ser "a necessidade natural, a carência e o interesse privado, a conservação da sua propriedade e de sua pessoa egoísta" (MARX, 2013, p. 47-51).

O fato de que os direitos sociais, tendo o Direito do Trabalho como divisor de águas desse novo discurso, destinam-se a garantir acesso aos bens indispensáveis à vida boa (alimentação, saúde, moradia) não compromete esse conteúdo da igualdade. Daí porque é possível afirmar que o Direito do Trabalho não é revolucionário.

Então, mesmo sendo facilmente constatável o fato de que a necessidade social de proteção ao trabalho humano é o que está no *princípio* do Direito do Trabalho, nada nos autoriza pensar que esse conjunto de regras jurídicas tem alguma sustentação na ideia (ainda que falaciosa) da igualdade formal ou substancial. Ao contrário, as regras trabalhistas são editadas porque se reconhece a desigualdade entre os sujeitos da relação social de trabalho. E sustenta essas posições desiguais. Ou seja, as regras jurídicas trabalhistas atuam para manter a existência da relação social de trabalho, nos moldes em que ela é funcional para a sociedade trabalhista.

O Direito do Trabalho, portanto, não reproduz o ideal de igualdade do Direito Civil, sob novas bases. Não busca reestabelecer um equilíbrio material entre as partes. Não que a igualdade não esteja também aqui presente como um valor fundante, afinal esse "ramo" do direito está inscrito na mesma ordem política, social, econômica e jurídica. O valor igualdade, ao lado da liberdade, constituem as bases da existência do Direito e, nesse aspecto, estão em alguma medida presentes em todas as normas jurídicas. O princípio instituidor do Direito do Trabalho, porém, não é o da igualdade (formal ou material), mas o da proteção a quem trabalha, em razão da possibilidade de "vender" tempo de vida. Da proteção que se revela necessária em razão da desigualdade que não se quer eliminar.

A proteção que faz surgir o Direito do Trabalho é a proteção contra a exploração econômica, mas é também, desde o início, o reconhecimento social de que essa relação implica uma troca desigual: tempo de vida/força física em troca de remuneração/valor monetário. A história demonstra que muitas normas trabalhistas surgem como resposta a crises do sistema econômico, como já demonstrei com exemplos concretos. O fato, facilmente comprovável, de que o Direito do Trabalho sempre foi uma "pedra no sapato" do sistema capitalista, pode parecer paradoxal diante da afirmação de que o Direito do Trabalho serve ao sistema. O paradoxo, porém, é apenas aparente.

A proteção opera como medida de reconhecimento da condição de *sujeito de direitos* a quem vive do trabalho, mas sob uma perspectiva que o circunscreve a um campo de atuação radicalmente diversos daquele outorgado aos "patrões". Por isso mesmo, Supiot vai escrever que o Direito do Trabalho encontra-se no ponto de encontro entre pessoas e coisas, fazendo da relação de trabalho uma espécie *sui generis de contrato,* justamente para devolver à(o) trabalhador(a) a sua condição de sujeito, já que do contrário teríamos necessariamente de reconhecê-lo como mero objeto à disposição do empregador (SUPIOT, 2007, p. 43). Sob essa perspectiva, não se trata de considerar desigualmente os desiguais, mas de proteger a(o) trabalhador(a) enquanto tal. A igualdade, dita material, promove uma discriminação positiva para aproximar materialmente os sujeitos e suas posições na ordem jurídica. As normas trabalhistas não fazem nem objetivam isso. Reconhecem e estimulam a desigualdade material. Em uma linguagem usual, mantêm "cada um em seu lugar", e com isso facilitam a manutenção do próprio sistema. Reconhecer como *sujeito* não significa igualar, nem mesmo reduzir as diferenças objetivas em relação a quem emprega.

Justamente porque a diferença é objetiva (troca de tempo de vida por remuneração) não há como minimizá-la. E porque essa relação social de troca está na base do sistema econômico, alterá-la implicaria alterar a própria forma da sociabilidade. O Direito do Trabalho não objetiva isso, embora possa ter essa potência. Partindo do pressuposto de que quem trabalha em certa medida torna-se *coisa* no âmbito dessa relação social, reconhece tal pessoa como *sujeito de direitos*. Dentro da linguagem própria do Direito, portanto, o que as regras trabalhistas fazem é garantir limites à troca entre capital e trabalho, a partir de um discurso que reconhece a condição de sujeito de direitos, destinatário da ordem jurídica, a quem *precisa* vender-se em troca de salário para sobreviver.

Constitui, assim, uma espécie de concessão do sistema, um "mal necessário". E como qualquer mal necessário, é tolerado, mas constantemente combatido. Talvez daí possamos extrair um dos principais motivos pelos quais a história de construção e desenvolvimento do Direito do Trabalho, a exemplo da história em geral, caracterize-se como um pêndulo, que avança e se retrai em um constante e tenso movimento de vai e vem. Esse "mal", centrado no reconhecimento da necessidade de proteção a quem trabalha, tem como conteúdo resguardar a pessoa, em sua condição de *objeto-sujeito* de uma relação jurídica desigual, a fim de, assim, proteger também a sociedade. Como tal, mantém a racionalidade que fundamenta o que convencionamos chamar de modernidade e que sustenta o metabolismo do sistema capitalista, inclusive quanto à distinção sujeito-objeto, classificação da relação social de trabalho como um contrato, etc. Mas, ao impor limites à vontade individual, de algum modo acaba por reconhecer a falácia desse discurso.

Se essa é a razão pela qual regras trabalhistas foram construídas, é possível afirmar que *no princípio* está a proteção. Se a afastarmos, nós desconfiguraremos esse direito, não porque retiraremos a sua essência, mas porque retiraremos a razão pela qual ele foi criado e existe até hoje, sua *função*.

A linguagem social do Direito do Trabalho é a minimização dos efeitos nocivos que a troca desigual (dinheiro x vida), que o Estado permite e incentiva, provoca em quem trabalha e na sociedade em que essa pessoa está inserida. Então, todas as regras trabalhistas devem ser orientadas, contaminadas, pelo princípio que as institui, a proteção a quem trabalha. Por coerência, temos de negar a possibilidade de "ponderação" de princípios, na linha do pensamento de Alexy. O que realmente está no princípio e legitima a construção de um conjunto de regras não pode ser ponderado, sob pena de perda da razão mesma de ser desse microssistema.

A proteção não está, portanto, à disposição do intérprete, para ser afastada no caso concreto, a partir da ponderação com outra norma jurídica. A proteção é o que legitima a regra trabalhista, está nela necessariamente "grudada", sob pena de invalidade, em razão da quebra da função do ordenamento jurídico trabalhista.

A linguagem trabalhista é crítica em sua essência, e, portanto, jamais será neutra, porque constitui o modo de expressão desse conjunto especial de regras: seja para sublinhar as desigualdades no tratamento jurídico das partes dessa relação, seja para elevar quem depende do trabalho para sobreviver ao patamar de verdadeiro sujeito de direitos.

É justamente a linguagem que usamos para disfarçar o conteúdo das coisas. Aqui o primeiro indício das razões que levam os intérpretes/ aplicadores do Direito do Trabalho a agirem muitas vezes de forma oposta à ideia de proteção. A linguagem é o habitat do

Direito, por isso definir princípio e aplicá-lo de acordo com essa definição é tão importante. Com a linguagem vamos justificar nossas decisões, transformar a realidade social e interferir na cultura das relações sociais.

A desigualdade da relação material é o que permite a quem emprega força de trabalho o exercício de "autotutela", ou seja, a possibilidade definir não apenas os termos da relação social, mas também as consequências para eventual inobservância. Quem emprega força de trabalho pode descontar salário se houver falta, determinar a realização de horas extraordinárias e até aplicar penalidades, mesmo que não haja autorização legal para isso.

A lógica de assimetria na troca entre capital e trabalho é tão profundamente assimilada na sociedade capitalista, que o Poder Judiciário trabalhista admite com naturalidade que a(o) empregador(a) advirta e suspenda, sem qualquer previsão legal que autorize tal conduta. Poucas pessoas questionam, inclusive, como isso é possível, já que a legislação trabalhista não tem previsão autorizando essa prática de penalizar quem trabalha. Trata-se de um costume, ilegal diga-se de passagem, porque contrário à ideia de proteção, que sem dúvida está ligado à lógica escravista que ainda nos condiciona. Determina uma compreensão da ordem jurídica a tal ponto distorcida, que a jurisprudência majoritária refere-se à despedida por justa causa como "penalidade máxima"(17).

O que importa ressaltar é justamente essa condição que o tomador do trabalho tem de exercer sua tutela sem a intervenção do Estado. Isso não ocorre com a(o) empregada(o). Não há como exigir do empregador o pagamento de salário, a manutenção de condições salubres de trabalho e suspensão de condutas assediadoras. Quem depende do trabalho para viver precisa acionar o Poder Judiciário até mesmo diante da falta grave cometida pelo empregador e que torna insustentável a continuidade do vínculo.

2.4. No princípio do processo do trabalho, a proteção. Ou sobre o que a doutrina identifica como princípios do processo do trabalho

O pressuposto moral reconhecido pelo Direito, a partir da segunda metade do Século XX, para tentar lidar com as características do sistema, como a produção cada vez maior de violência, miséria e exclusão social, é o de que a preservação da dignidade humana constitui parâmetro para a construção e aplicação do ordenamento jurídico.

(17) "DISPENSA POR JUSTA CAUSA. REVERSÃO. A despedida por justa causa, prevista no art. 482 da CLT, é a penalidade máxima que pode ser aplicada ao empregado que pratica falta grave capaz de inviabilizar a continuidade da relação de emprego. Caso em que a reclamada não observou as formalidades para tal despedida, dentre elas a necessária gradação de penalidades". Processo n. 0021913-28.2017.5.04.0512. Relator: Roger Ballejo Villarinho. Disponível em: <https://www.trt4.jus.br/pesquisas/rest/cache/acordao/pje/qo0Y3IUXnm3hfy6O_nmlnw?&tp=justa+causa&em=penalidade>. Acesso em: 12 jan. 2021.

O Estado Social é bem mais uma solução de compromisso do capital do que uma tentativa de ruptura. Aceita-se um novo discurso, um novo conteúdo para o conceito de princípio, como forma de ressignificar a função do Estado, diante da "questão social", a fim de viabilizar sua própria continuidade (AVELÃS NUNES, 2013, p. 32).

Em razão da alteração da função do Estado, também o Direito, como forma jurídica que lhe corresponde, adquire nova finalidade: **intervir na vontade individual** para promover garantias sociais. Por fim, modifica-se o olhar para as "regras segundo as quais irão ser julgados os conflitos" (EWALD, 1986, p. 436). Alteram-se, embora apenas na superfície, as bases da dogmática jurídica. O Estado, inclusive, através do Direito, passa a assumir deveres de conduta: de proteção e de prestação. Abandona sua posição de "adversário" dos direitos fundamentais, para assumir uma postura de "garante", "guardião desses direitos" (FELDENS, 2008, p. 77).

O capital cede à racionalidade solidária apenas e na medida suficiente para a sua continuidade. E o faz menos em resposta à miséria social e ao esgotamento ecológico que gera, do que em razão das possibilidades para além do capital, que se tornam cada vez mais próximas e reais, em face da resistência organizada da classe trabalhadora; das doutrinas alternativas de convívio social que se disseminam e das necessidades econômicas advindas das crises cada vez mais agudas do sistema. Por isso, mesmo o avanço promovido pela Constituição de 1988, que pela primeira vez reconhece um catálogo de direitos fundamentais no centro do qual figuram direitos sociais trabalhistas, não é suficiente para fazer supor a existência sequer de uma pretensão de ruptura. É esse o limite que o Estado Social não ultrapassa.

O discurso jurídico segue cumprindo sua função ideológica, pois mesmo os direitos sociais existem para que tudo permaneça como está. Isso evidentemente não lhes retira importância. Em obra publicada em 1919, Evaristo de Moraes escreve: "Ora, ninguem nega, em princípio, a semelhança econômica do trabalho e da mercadoria; mas tem-se de attender a que, si o trabalho é mercadoria, distingue-se das outras por seus aspectos social, moral e jurídico". E segue:

> Andam, pois, errados os que, ainda hoje, pretendem attribuir ao Estado simples funcções de conservação, de coordenação e de segurança, querendo que o indivíduo, como unico e exclusivo motor do progresso, promova, por si só, a sua felicidade econômica. Os factos tornaram palpavel a inexactidão desta theoria; porque o que se observou foi o esmagamento do operariado, dada sua impotência para reagir contra a pressão do capitalismo. Chamar livre, economicamente falando, o productor que tem de se sujeitar, para não morrer de fome, a vender o seu trabalho por um salario insufficiente, ou a ficar desoccupado — é flagrante abominação. Louvar as condições do trabalho, sob a acção da ampla liberdade, quando se sabe a dominação effectiva

> em que vivem os trabalhadores — é escarnecer do infortúnio, é chasquear da penuria alheia (MORAES, 2009, p. 13-4).

As normas atinentes às relações de trabalho foram as primeiras a determinar essa alteração na função a ser assumida pelo Estado. Por isso, embora a relação entre capital e trabalho apresente-se na realidade da vida como uma espécie de compra e venda de força de trabalho, juridicamente não é mais concebida como tal. O discurso muda e sabemos que linguagem também é prática. Nesse sentido, a alteração da linguagem do direito do trabalho significa uma assunção de compromisso com a transformação da prática das relações sociais de trabalho.

A Constituição de 1988, por exemplo, traz a dignidade humana como fundamento da República, no item III de seu primeiro artigo. Todos os sistemas jurídicos atuais convergem para esse reconhecimento da moralidade como elemento do Direito, buscando compatibilizar as tendências da sociedade capitalista, com as possibilidades de seguirmos vivendo. A proteção aparece no texto constitucional, seja pela escolha dos valores sociais do trabalho como um dos fundamentos do Estado (art. 1º), seja pela inclusão dos direitos trabalhistas no Título II, Dos Direitos e Garantias Fundamentais, seja pela redação dada ao *caput* do art. 7º da Constituição. Ao fixar sejam os direitos ali elencados o mínimo a ser garantido a quem vive do trabalho, invocando expressamente o reconhecimento de outros que visem "a melhoria da condição social", esse dispositivo não apenas positiva a noção de proibição de retrocesso, como também torna manifesta a proteção mínima outorgada pelo Estado, como uma necessidade para a própria continuidade do sistema.

Logo, a proteção que está no início da criação de normas trabalhistas, como elemento justificador da necessidade social da edição de normas específicas que garantam direitos a quem trabalha e deveres a quem toma trabalho, ganha contorno de fundamentalidade, encontrando na Constituição um discurso jurídico reforçado, imperativo":

> A (re)construção da teoria geral do Direito, a partir da segunda metade do século XX, evidencia isso. A alteração da nossa noção de regras, princípios e valores, com a eleição de alguns direitos como aqueles que correspondem ao próprio fundamento do Estado, ocorre, sobretudo em razão dos horrores experimentados durante a Segunda Grande Guerra (...) Toda a estrutura do Estado (e do Direito) é construída sob uma perspectiva racional, iluminista, a partir da qual a moral deve distanciar-se das regras. Permite, portanto, uma cisão entre os valores de uma sociedade e suas normas de conduta social. A cisão é obviamente artificial e mal esconde a realidade de que as normas de organização e convívio serão sempre permeadas pelo elemento axiológico. O respeito à dignidade humana sempre foi essencial para o convívio, para o

> exercício de nossa dimensão plural. A anestesia que a sociedade do capital provoca, naturalizando situações contra as quais devíamos constantemente lutar, é historicamente uma das razões pelas quais a dignidade é transformda em norma. Em outras palavras: se efetivamente respeitássemos a dignidade de nossos semelhantes e agíssemos socialmente para garanti-la (a todos), seria completamente desnecessário falar de dignidade enquanto princípio/regra de convívio social (SEVERO, 2020, p. 98-9).

A formulação jurídica do que a maioria da doutrina denomina "**princípio da dignidade humana**" tem raiz em Kant, estando, pois, inscrita na ordem liberal, como já referi. Por isso mesmo, é considerada um atributo individual, representado especialmente sob a fórmula da autonomia da vontade. Ainda assim, tem o mérito de evidenciar que uma ordem jurídica não tem fundamento para sua existência, quando dissociada do objetivo básico de estabelecer o respeito concreto à dignidade de quem dela é destinatária.

A noção jurídica de dignidade humana encontra os mesmos limites que antes evidenciei. É muito mais retórica, do que prática. Se realmente a preservação da dignidade humana fosse o fundamento da nossa República, já teríamos reformulado todo o sistema, ultrapassando-o.

A realidade capitalista convive com o fato de que é possível trabalhar em contato com fumo ou amianto, apesar de serem comprovadamente cancerígenos. Convive com o fato de que não há trabalho para todas as pessoas, assim como não há casa, comida, medicamento. Convive com a realidade de que pessoas morrem de fome ou em fila de hospital, de que a população encarcerada é tratada pior do que tratamos os animais. A ordem do capital nega o sofrimento que gera, seja no âmbito da relação de trabalho, seja fora dele. Como afirma Marx, o capital, "que tem boas razões para negar os sofrimentos das gerações de trabalhadores que o circundam", é "em seu movimento prático, tão pouco condicionado pela perspectiva do apodrecimento futuro da humanidade e seu irrefreável despovoamento final quanto pela possível queda da Terra sobre o Sol". E, enquanto forma de convívio social sustenta-se na absoluta falta de consideração pela saúde e duração da vida de quem vive do trabalho, "a menos que seja forçado pela sociedade a ter essa consideração" (MARX, 2013, p. 342).

Isso torna inviável, na realidade concreta da vida, a possibilidade de tratar a dignidade humana como um princípio essencial ao convívio social, senão sob a perspectiva de um discurso necessário para um projeto em construção. Um projeto que implicará, para que se concretize, a superação das fórmulas de convívio social que hoje utilizamos.

A proteção que identifica o Direito material e processual do Trabalho tem de certo modo a **mesma base substancial da dignidade humana** e, por consequência, os mesmos limites. O mesmo ideal que determinou o reconhecimento de que a dignidade humana precisaria ser alçado à condição de princípio jurídico para que alguns outros limites fossem impostos à lógica da sociedade do capital, também justificou a construção jurídica do princípio da proteção.

As normas trabalhistas são resultado da impossibilidade de seguir negando as consequências nefastas da relação de trocas, em uma sociedade de pessoas doentes, que estavam trabalhando até o esgotamento e não tinham condições sequer para consumir. Portanto, resultam tanto da força organizada da classe trabalhadora, que exerceu sua pressão sobre o capital, quanto das necessidades do sistema, de expandir a capacidade de consumo e eximir-se da responsabilidade pelo adoecimento e pela morte precoce, que se haviam tornado crônicos.

Algumas leis esparsas acabaram abrindo caminho para a criação de um verdadeiro conjunto de regras, cujo discurso — embora inscrito na mesma ordem social — revelou-se contra hegemônico. Tais regras, portanto, tiveram já de início a função de conter a dominação do capital sobre o trabalho, impondo-lhe limites. A razão para isso é a necessidade de preservação de quem trabalha, seja para que continue trabalhando e consumindo (reproduzindo a lógica de trocas), seja para que tenha um convívio social saudável. As normas trabalhistas têm em sua origem a noção da necessidade histórica de proteção. A finalidade do Direito material e processual do Trabalho é exatamente a necessidade de proteger quem trabalha (MORAES, 1919).

O senso comum de que parte da magistratura trabalhista é "pró-empregado" ou "pró-empregador" é exemplo eloquente da capacidade que temos de usar a linguagem contra o Direito do Trabalho. A(o)s juíza(e)s não podem ser "pró" essa ou aquela parte, mas havendo optado por atuarem na seara trabalhista, têm dever de reconhecer e aplicar as regras a partir do **princípio da proteção**, com o qual assumem compromisso, ao jurarem aplicar a Constituição, que tanto no primeiro dos seus artigos, quanto em todo o seu texto, teima em insistir na necessidade de proteção à relação de trabalho. O faz quando declara que os valores sociais do trabalho constituem fundamento da República (art. 1º), quando refere que o trabalho é um direito social fundamental (art. 6º), quando elenca direitos trabalhistas trazendo-os para o capítulo dos direitos fundamentais (arts. 7º a 11º) e, especialmente, quando determina que a ordem econômica se subordina à função social (art. 170).

O reconhecimento de outros princípios, ao contrário do que se pode imaginar, não potencializa a força da proteção no âmbito das relações de trabalho. Antes, a fragiliza. Por isso, adotei aqui a posição de Streck, para quem **princípio + regra é igual a norma jurídica**. Sob essa perspectiva, não estamos diante de espécies, mas de partes de uma mesma norma.

O princípio da proteção (todo verdadeiro princípio) não será afastado nem entrará em colisão com nenhum outro. Afastar o princípio implicaria quebrar a ordem jurídica. Além dessa decorrência prática do reconhecimento do princípio da proteção como *O princípio* que se qualifica como razão de ser do Direito do Trabalho e o identifica como tal, está a ideia de que regras incompatíveis com a noção de proteção ao trabalho humano não se qualificam como normas trabalhistas. Falta-lhes o princípio que as justifique.

O prejuízo decorrente da "inflação" de princípios patrocinada pela bem-intencionada doutrina trabalhista é imenso e serve a um discurso de flagrante desmanche das conquistas históricas representadas pelo direito fundamental do trabalho, como procurei demonstrar com o exemplo concreto do Tema n. 1.046, no capítulo anterior. A criação de princípios "ad hoc" transforma princípio em regra, aplicando-o ou afastando-o de acordo com o caso concreto e, com isso, criando uma espécie de legislação paralela àquela escrita nos códigos.

A técnica da ponderação, mal importada para o Brasil a partir do livro de Robert Alexy (ALEXY, 2008) ganhou força em um ambiente que desconhece a verdadeira função do princípio. É da regra a função de determinar o comportamento em âmbito social, e bem por isso uma regra poderá ser afastada ou deixar de ser aplicada em determinado caso concreto. Essa regra, porém, estará sempre contaminada por um princípio. O princípio é o que legitimou a construção da regra. Não há como separar o princípio da regra, nem como aplicá lo diretamente. Mais do que uma segurança para quem deve atuar socialmente a partir de determinado ordenamento jurídico, essa compreensão de norma como *princípio mais regra* constitui certa garantia de consolidação do projeto constitucional.

A espinha dorsal do Direito do Trabalho é determinada pela noção de proteção ao trabalho humano. Aí encontramos a justificativa para a existência de regras que limitam a vontade, visando a proteção a quem trabalha. Se afastamos o princípio da proteção já não estamos mais falando de Direito do Trabalho. E não se trata de uma constatação apenas teórica. As decorrências práticas são inúmeras.

Historicamente, não faz sentido a existência de regra trabalhista que tenha por objetivo criar situação de máxima exploração do trabalho pelo capital, retrocedendo em relação aos limites já impostos a essa relação social. E se a regra não puder ser justificada no princípio que a institui, não poderá adquirir a condição de norma jurídica. A proteção a quem trabalha, portanto, não está relacionada à condição econômica, cultural, política ou técnica de determinada pessoa, nem ao tipo de contrato que ela firma com a(o) tomador(a) do seu trabalho. Também não pode ser justificada historicamente apenas considerando a "questão social" que legitimou as primeiras discussões acerca da necessidade de proteção.

Ao contrário, o conjunto de regras trabalhistas surgem historicamente sob a justificativa da necessidade de proteger quem trabalha (independentemente de quem seja e de suas características individuais) a fim de preservar-lhe uma existência minimamente boa, permitir o consumo e, com isso, viabilizar inclusive a continuidade do sistema. Como já escrevi: "O ponto de partida para identificar e compreender o que está no princípio do Direito do Trabalho é a investigação do conjunto de razões pelas quais o Estado, em determinado momento histórico, fez concessões e admitiu um estatuto jurídico que, mesmo de contrabando, deu voz à classe trabalhadora". Portanto, se há uma concordância geral de que o princípio da proteção constitui o elemento diferencial que torna o Direito do Trabalho um "Direito *do Trabalho*" (e não do capital), "então sua definição e seu modo de aplicação são extremamente valiosos àqueles que pretendem promover um uso crítico desse direito" (SEVERO, 2020, p. 121). E o faz em razão do reconhecimento de que há, nessa relação jurídica, uma troca objetivamente desigual.

O que se revela, historicamente, é a impossibilidade de sustentar inclusive os argumentos teóricos que justificam a sociedade capitalista e, ao mesmo tempo, incentivar a troca de tempo de vida por remuneração, sem uma rede de proteção estatal que minimize as diferenças objetivas dessa troca.

Quem vive do trabalho é considerado titular do direito ao lazer, à saúde e educação, à preservação de sua incolumidade física e mental, a ser feliz, a consumir e atuar politicamente em sociedade. Entretanto, quando se insere em uma relação de trabalho, cujas regras são (livremente?) pactuadas, até mesmo esses direitos são eliminados. Isso é decorrência da circunstância objetiva de que a compra da força de trabalho justifica a exigência de que a pessoa se comporte como máquina.

Então, fora do trabalho a pessoa é "livremente" pressionada pela fome e pelas dívidas a aceitar trabalho por 14, 16, 18 horas por dia. Enquanto "contrata", ela "livremente" aceita receber um salário que não permitirá moradia ou alimentação adequadas para si e para seus familiares. Dentro do ambiente de trabalho, ela deve subordinar-se às ordens do empregador e neutralizar ao máximo as características que a fazem humana.

Esta passagem do texto de Marx sintetiza tal realidade:

> O capitalista controla o trabalhador para que este não desperdice nenhum segundo de trabalho. Ele comprou a força de trabalho por um período determinado e insiste em obter o que é seu. Não quer ser furtado. Por fim — e é para isso que esse mesmo senhor possui seu próprio código penal — é vedado qualquer consumo desnecessário de matéria-prima e meios de trabalho, pois material e meios de trabalho desperdiçados representam o dispêndio desnecessário de certa quantidade de trabalho objetivado, portanto, de trabalho que não conta e não toma parte no produto do processo de formação de valor.
>
> (...) O capital é trabalho morto, que, como um vampiro, vive apenas da sucção de trabalho vivo, e vive tanto mais quanto mais trabalho vivo suga. O tempo durante o qual o trabalhador trabalha é o tempo durante o qual o capitalista consome a força de trabalho que comprou do trabalhador. Se

> este consome seu tempo disponível para si mesmo, ele furta o capitalista. O capitalista se apoia, portanto, na lei da troca de mercadorias. Como qualquer outro comprador, ele busca tirar o maior proveito possível do valor de uso de sua mercadoria (MARX, 2013, p. 272 e p. 307-8).

O resultado disso é a miséria, a falta de consumo suficiente, o assédio, a perda de referências e, por consequência a revolta organizada, o adoecimento e a morte precoces. Em resumo: o caos social, que, se em um primeiro momento permite lucro, a longo prazo torna insustentável o sistema. Portanto, mesmo sob a perspectiva liberal, a proteção a quem trabalha passou, em determinado momento histórico, a constituir condição para que haja certa coerência no sistema. O fato de que essa proteção é bem mais aparente do que efetiva revela, no fundo, que também as chamadas "promessas da modernidade" são falsas, mas esse já é outro assunto. Em uma frase: o Direito do Trabalho estabelece os limites da exploração possível.

Aldacy Rachid Coutinho escreve que a função precípua do Direito do Trabalho consiste em "criar limites ao capital, por meio do reconhecimento de direitos aos trabalhadores, fixando pautas de conduta para que a exploração seja controlada, minima e restrita ao trabalho enquanto força". Ou seja, para que a exploração possa de algum modo ser "não espoliativa e não violadora da dignidade da pessoa humana, mediante a incorporação dos direitos sociais fundamentais nas relações interpretadas obrigacionais, rechaçando o exercício do poder arbitrário exercido sobre a pessoa" (COUTINHO, 2016).

Por isso, o que a doutrina indica como princípios do processo do trabalho são formas de tentar explicar tudo o que justifica sua originalidade, tudo que o separa do processo civil. Em uma palavra, tudo o que explicita a presença da proteção a quem trabalha também quando do exercício do direito à tutela jurisdicional. **Simplicidade, informalidade, oralidade, inquisitorialidade, celeridade são pressupostos para um procedimento que atenda à urgência do direito material de que é instrumento.**

O reconhecimento da proteção como único princípio do Direito do Trabalho (e do direito processual ou coletivo do trabalho, que dele não se desconectam) não fragiliza preceitos como o da intangibilidade salarial, da irrenunciabilidade ou da primazia da realidade. Apenas os coloca em seu lugar: o de decorrências da noção de proteção.

A **imperatividade da norma trabalhista**, por exemplo, decorre diretamente da proteção que se opera inclusive contra a vontade de quem trabalha. Trata-se de significativa restrição à autonomia da vontade, centrada no caráter social do trabalho humano e que se justifica num ambiente de Estado interventor, responsável pelo bom convívio social. Como já referi, as regras trabalhistas inauguram uma visão diferente acerca da posição que o Estado deve adotar diante dos particulares. A posição de garantir do acesso a bens e direitos. Para isso, portanto, diante da constatação da desigualdade objetiva de posições nas diferentes relações sociais e, em especial, na relação social de trabalho, as normas são criadas para impor limites e, portanto, para intervir na vontade individual. Daí porque são imperativas.

Do mesmo modo, o que a doutrina denomina **princípio da indisponibilidade ou irrenunciabilidade dos direitos trabalhistas**, nada mais é do que mero corolário da noção de que é necessário proteger o trabalho humano e, por consequência, quem trabalha, por sua qualidade de *sujeito/objeto*, nessa relação jurídica especial. A irrenunciabilidade caracteriza-se como "a impossibilidade jurídica de privar-se voluntariamente de uma ou mais vantagens concedidas pelo direito trabalhista em benefício próprio" (PLA RODRIGUEZ, 2000, p. 142), e pressupõe a proteção ao trabalho como algo que interessa à sociedade, e não apenas ao titular do direito. É expressão disso, a impossibilidade de alteração contratual lesiva. Trata-se de norma explícita no direito constitucional brasileiro, seja na Constituição[18], seja no Código Civil, em que a natureza irrenunciável do direito alimentar está prevista no art. 1.707[19], seja na CLT. Os arts. 9º[20], 444[21] e 468[22] da CLT são exemplos disso.

A noção de **primazia da realidade**, também apresentada pela doutrina como princípio, é, igualmente, expressão direta da proteção. Determina que os elementos substanciais da relação trabalhista a identificarão, e não o manto jurídico ou formal que as partes pretenderem lhe emprestar. Traduz-se nas regras da CLT, que definem a relação de trabalho a partir dos sujeitos e referem a nulidade de qualquer ato tendente a dissimulá-la. Logo, o princípio que inspira e justifica essas regras, tornando-as norma jurídica, é exatamente o da proteção a quem trabalha.

O que a doutrina denomina **princípio da continuidade**, pelo qual a relação de trabalho é por sua vez, decorrência lógica dessa noção de primazia da realidade. Na medida em que adotamos o modelo capitalista de produção e concebemos a realidade de que a produção passa pela exploração da força de trabalho alheia, na mesma proporção em que o desenvolvimento econômico passa pela capacidade de consumo, concebemos uma relação basilar que naturalmente se protrai no tempo. É feita para durar. A duração da

(18) Art. 100, § 1º-A Os débitos de natureza alimentícia compreendem aqueles decorrentes de salários, vencimentos, proventos, pensões e suas complementações, benefícios previdenciários e indenizações por morte ou invalidez, fundadas na responsabilidade civil, em virtude de sentença transitada em julgado.

(19) Pode o credor não exercer, porém lhe é vedado renunciar o direito a alimentos, sendo o respectivo crédito insuscetível de cessão, compensação ou penhora.

(20) Serão nulos de pleno direito os atos praticados com o objetivo de desvirtuar, impedir ou fraudar a aplicação dos preceitos contidos na presente Consolidação.

(21) As relações contratuais de trabalho podem ser objeto de livre estipulação das partes interessadas em tudo quanto não contravenha às disposições de proteção ao trabalho, aos contratos coletivos que lhes sejam aplicáveis e às decisões das autoridades competentes.

(22) Nos contratos individuais de trabalho só é lícita a alteração das respectivas condições por mútuo consentimento, e ainda assim desde que não resultem, direta ou indiretamente, prejuízos ao empregado, sob pena de nulidade da cláusula infringente desta garantia.

relação de trabalho serve ao sistema capitalista, porque permite à empresa uma melhor organização e o maior aproveitamento da força de trabalho, que se qualifica com o decurso do tempo, e à(o) trabalhador(a), porque lhe dá condições de organizar o futuro próximo e de consumir com certa segurança (PLÁ RODRIGUEZ, 2000, p. 242).

Além desses pseudo-princípios, que nada mais são do que explicitações da noção de proteção, precisamos ainda referir o que Plá Rodriguez denomina "vertentes" do princípio da proteção e que, examinados de forma um pouco mais acurada, revelam-se técnicas de aplicação do princípio. A expressão *"in dubio pro operario"* representa a necessidade de que o intérprete / aplicador do Direito do Trabalho, diante da possibilidade de mais de uma interpretação de texto legal, resolva a questão pela interpretação mais favorável ao empregado (*Ibidem*, p. 132), enquanto a aplicação da norma mais favorável determina que, existindo norma de hierarquia diferente no campo formal tratando sobre idêntica matéria, preferir-se-á aquela que traga condições mais benéficas. Trata-se do que a doutrina também denomina relativização das fontes formais (hierarquia dinâmica das fontes). Por fim, a condição mais benéfica é aquela, preexistente e que beneficia quem trabalha. Nesse caso, a norma que lhe sobrevier e for em seu prejuízo não deve ser aplicada, justamente por sua contrariedade ao princípio da proteção. É fácil perceber que se tratam de três técnicas para a aplicação das normas de forma a efetivar o princípio da proteção. O doutrinador uruguaio, em realidade, reconhece a fragilidade da linguagem jurídica e concebe mecanismos que não se confundem com o que está no princípio do Direito do Trabalho, mas dão ao intérprete / aplicador as "armas" necessárias para aplicá-lo em toda situação concreta.

O processo do trabalho, como instrumento de realização do direito material do trabalho, existe para prestar tutela a quem depende do trabalho para sobreviver. Por isso, ele se consubstancia como um instrumento de luta da classe trabalhadora por seus direitos (URBINA, 1975, p. 328). Daí porque não é possível ler e compreender o processo do trabalho a partir do processo civil. Essa instrumentalidade é exatamente o que determina um olhar completamente diverso para as regras processuais trabalhistas, que reconheça a desigualdade material entre as partes, sob pena de negar aos direitos trabalhistas a possibilidade de realização concreta (TOSTES MALTA, 1993, p. 40).

Como referimos no livro sobre as ideias fora do lugar do CPC, "se os direitos trabalhistas são essencialmente direitos dos trabalhadores e se o processo serve à efetivação desses direitos", o processo do trabalho é "um instrumento a serviço da classe trabalhadora. Trata-se de um instrumento pelo qual os trabalhadores tentam fazer valer os direitos que entendem tenham sido suprimidos pelo empregador" (SEVERO, 2015, p. 09).

Vários exemplos podem ser dados, para evidenciar a presença da proteção em âmbito processual. Não apenas o fato objetivo de que a legislação processual trabalhista foi criada rompendo com o dogma da neutralidade, como antes referi, mas também a circunstância de que não há separação entre conhecimento e execução, o sistema de deveres materiais refletem diretamente na produção da prova e a irrenunciabilidade é o limite para as possibilidades de conciliação.

O caráter alimentar do Direito discutido na Justiça do Trabalho impôs historicamente a criação de um procedimento mais ágil, célere e apartado dos formalismos que identificam o processo civil (OLEA, 1972, p. 36). Nesse ramo especial do direito, é o trabalho humano que está em discussão. Essa é a razão pela qual o processo trabalhista é informado, em muitos aspectos, pela inquisitoriedade. Essa é, também, a razão porque constitui obrigação da magistratura trabalhista examinar a lide com olhos sempre voltados à máxima efetividade do direito.

A afirmação de que o processo do trabalho se diferencia radicalmente do processo civil, e por isso mesmo já nasce como um único procedimento, em que não há separação entre conhecimento e execução, assim como a íntima relação com o direito material, traduzida pela previsão legislativa única (CLT), nos conduz à conclusão de que também ele está fundado no princípio de proteção a quem trabalha. Esse princípio parte do reconhecimento da desigualdade material entre as partes, conferindo a quem trabalha uma proteção especial.

A irrenunciabilidade, por exemplo, implica concluir que também em âmbito processual a "permissão de renúncia representaria a ineficácia plena dos direitos trabalhistas, dado o estado de dependência e de submissão econômica do empregado frente ao poder do empregador". Mesmo que sob o "pressuposto de que o processo está necessariamente ligado à lógica principiológica do processo civil", admitir a renúncia em âmbito processual "equivaleria à concreta negação dos direitos trabalhistas". O "empregado, transformado em reclamante, poderia então renunciar aos seus direitos, o que seria o mesmo que dizer que, de fato, o princípio da irrenunciabilidade do Direito do Trabalho não é mais que uma solerte mentira". Daí porque sigo defendendo que "se o juiz não precisasse saber exatamente quais obrigações estão sendo transacionadas, as partes não precisariam recorrer ao Poder Judiciário Trabalhista para chancelar um acordo e a própria norma da irrenunciabilidade perderia completamente sua eficácia" (SOUTO MAIOR; SEVERO, 2015, p. 14). Mas falaremos mais disso no capítulo que trata especificamente da conciliação.

2.5. A Hermenêutica trabalhista

Como já disse nos capítulos anteriores, o Direito do Trabalho, embora inscrito na ordem liberal, é uma conquista da classe trabalhadora. Tem a faculdade de impor limites e de tensionar o sistema do capital. Nasce em razão da luta de classes, mas também da necessidade de manter o modo de organização social capitalista. Portanto, está historicamente comprometido com essa origem.

A hermenêutica trabalhista, ou seja, a forma como as regras serão interpretadas/aplicadas, deve ser, portanto, comprometida com essa historicidade.

Quando me referi ao princípio da proteção, defendi que princípios possuem força normativa, mas não são aplicáveis diretamente, porque não cabe ao intérprete "pular" a regra e ir direto ao princípio. Isso porque "todo princípio encontra sua realização em uma regra", ou seja, porque o princípio é essa razão axiológica fundante, a razão histórica pela qual determinado conjunto de regras foi criado. Essa compreensão do que está no princípio de determinado conjunto de regras jurídicas parte de uma concepção do Direito, comprometida com a noção de que a existência é um caminho ditado pela tradição e, portanto, de que "sempre estamos situados no meio. Literalmente, poderíamos dizer que a existência é sempre travessia. Travessia é caminho e esse caminho se torna percorrível a partir das marcas que são nele impressas pela tradição". Sob tal perspectiva, os princípios, como já se disse, são "marcas que balizam a formação da história institucional do direito" (STRECK, 2011, p. 545). O princípio é a formulação discursiva do que está na origem histórica de determinado conjunto de regras.

A noção de proteção a quem trabalha é o que está no início, o que justifica historicamente a criação de regras trabalhistas. Portanto, tratar da hermenêutica trabalhista é construir racionalidade de aplicação da legislação do trabalho que dê máxima eficácia ao seu caráter protetivo. É, ao mesmo tempo, afastar a aplicação de regras que neguem ou restrinjam proteção a quem trabalha.

O tema da hermenêutica assume especial relevância em âmbito processual. É a(o) juíz(a), quando fundamenta suas decisões, que define qual Direito do Trabalho efetivamente existe. Pensemos numa hipótese concreta. Uma das razões de justa causa para a despedida é a desídia. O art. 482 da CLT fala em desídia, mas não a conceitua. A justa causa autoriza, pelo discurso da CLT, não apenas a imposição da perda do emprego, mas também a perda de outros direitos que decorrem do vínculo. Deixemos de lado a questão da constitucionalidade de um tal dispositivo legal, para nos concentrarmos apenas na discussão processual. Se o conteúdo do que é desídia precisa ser preenchido pelo intérprete aplicador, deverá sê-lo considerando o princípio que institui todas as regras trabalhistas: o princípio da proteção.

Portanto, ao interpretar e aplicar a regra do art. 482 da CLT, é preciso considerar como promover maior proteção a quem depende do trabalho para sobreviver. Do contrário, a regra perderá sua condição de norma trabalhista, pois não servirá para o fim (objetivo) pelo qual o Direito do Trabalho existe e historicamente foi criado, qual seja o de proteger quem trabalha minimizando os efeitos que decorrem da condição objetiva de que o trabalho por conta alheia tornou-se obrigatório nesse modelo de organização social.

Ao admitirmos que norma jurídica é a regra aplicada em conformidade com o princípio que a inspira, outorgamos ao Poder Judiciário Trabalhista o dever de fundamentar sua decisão, demonstrando em que medida a regra aplicada cumpre essa função integrativa, resultando efetivamente uma norma jurídica. A função do princípio passa a ser a de inspirar e justificar um conjunto especial de regras, que existem e são válidas na exata medida em que lhe conferem efetividade.

No Brasil, o art. 1º da Constituição estabelece os fundamentos da nossa República, denominando-a um "Estado Democrático de Direito", razão porque os direitos e garantias fundamentais, assim como os princípios fundantes de nosso Estado, estão fixados já nos seus primeiros dispositivos. Assume, portanto, compromisso explícito com uma nova forma de conceber o Estado, como uma estrutura comprometida com a realização de uma vida decente para todas as pessoas que nele vivem. O reconhecimento da dignidade como fundamento da República, assim como os objetivos de erradicar a miséria, reduzir desigualdades ou evitar discriminações (art. 3º da Constituição) não deixam dúvidas quanto à adoção de uma racionalidade social, ainda que nunca completamente efetivada.

A partir disso, é preciso reivindicar uma nova leitura da noção de **devido processo legal**, que não pode mais ser compreendido como mero direito a um conjunto de procedimentos que assegurem o contraditório e a ampla defesa. É preciso que o processo assuma compromisso com a realização da pretensão de direito material. E é aqui que a especificidade do processo do trabalho adquire ainda maior relevância, assim como as regras (trabalhistas ou não) que garantem uma tutela mais ágil e eficaz.

O principal comando de uma hermenêutica trabalhista comprometida com a razão histórica pela qual o Direito material e processual do trabalho existe é o de que para terem validade, as regras "devem passar, necessariamente, pelo processo de contaminação constitucional". Mais: quem aplica o Direito "somente está sujeito à lei enquanto válida, quer dizer, coerente com o conteúdo material da Constituição" (STRECK, 1999, p. 218). Como salienta Lênio Streck, "mediante a utilização da principiologia constitucional (explícita ou implícita), é possível combater alterações feitas por maiorias políticas eventuais, que, legislando na contramão da programaticidade constitucional, retiram (ou tentam retirar) conquistas da sociedade" (*Ibidem*, p. 223).

A interpretação/aplicação das regras trabalhistas precisa levar em conta, portanto, o fato de que somos um Estado instituído a partir de um discurso de solidariedade, ao menos desde 1988. No âmbito trabalhista, essa racionalidade social é reforçada, e precede a assunção de um parâmetro constitucional de compromisso social. O art. 8º da CLT, quando estabelece as fontes do Direito do Trabalho como sendo a jurisprudência, a analogia, a equidade e "outros princípios e normas gerais de direito, principalmente do direito do trabalho, e, ainda, de acordo com os usos e costumes, o direito comparado", determina que eles devem ser considerados ***"sempre de maneira que nenhum interesse de classe ou particular prevaleça sobre o interesse público"***.

Nessa parte final está explicitada a hermenêutica trabalhista e materializado o princípio da proteção. Regra alguma deverá ser aplicada de modo a fazer prevalecer interesse de classe ou particular sobre o ***interesse público***. A compreensão do que é interesse público aqui é fundamental. Não se trata de atender aos interesses da administração pública que, aliás, contrata — inclusive de modo precário — e muitas vezes não paga ou permite, porque terceiriza, que as trabalhadoras e trabalhadores não recebam sequer suas verbas resilitórias, quando perdem o emprego. Tanto de forma direta quanto indireta, a administração pública é uma das grandes demandadas na Justiça do Trabalho.

Portanto, compreender interesse público como interesse da administração seria simplesmente anular toda a razão histórica pela qual existe o Direito material e processual do trabalho, pois equivaleria, na prática, a fazer prevalecer o interesse do *empregador público*. Essa não é, por isso mesmo, uma interpretação adequada. O interesse público de que trata o art. 8º é o interesse da comunidade jurídica para qual as regras trabalhistas são endereçadas. É o **interesse social**.

Ainda que essa compreensão não decorresse da simples análise histórica das razões pelas quais temos regras trabalhistas, estaria baseada pelos termos dos primeiros artigos da Constituição. Se nossa ordem jurídica está fundada na dignidade humana e nos valores sociais do trabalho e da livre iniciativa (art. 1º), a regra do art. 8º da CLT está apenas explicitando o comando constitucional. Os valores sociais prevalecem, porque condição para o respeito à dignidade humana, quando da interpretação/aplicação de uma regra trabalhista.

A noção de que o interesse público referido no art. 8º da CLT é o interesse social, decorre também dos termos expressos do art. 3º da Constituição, segundo o qual são objetivos fundamentais da República Federativa do Brasil: "I – construir uma sociedade livre, justa e solidária; II – garantir o desenvolvimento nacional; III – erradicar a pobreza e a marginalização e reduzir as desigualdades sociais e regionais; IV – promover o bem de todos, sem preconceitos de origem, raça, sexo, cor, idade e quaisquer outras formas de discriminação".

O Direito material e processual do trabalho, como todas as demais regras da ordem jurídica que estão constituídas a partir do projeto social contido na Constituição de 1988, precisa observar esses objetivos. Isso significa que é a solidariedade (valor comunitário e não individual) que está no objetivo da ordem jurídica brasileira. É evidente que, sendo o Direito uma manifestação cultural, o fato de a Constituição afirmar esses objetivos e estabelecer tais fundamentos não implica o compromisso com a sua realização. Basta pensarmos na esdrúxula Lei n. 13.874, de 2019, que "institui a Declaração de Direitos de Liberdade Econômica", como se não houvesse (ou fosse outra a) Constituição no Brasil, estabelecendo, entre outras coisas, que "interpretam-se em favor da liberdade econômica" as normas de "ordenação pública sobre atividades econômicas privadas" (§ 2º do art. 1º).

Essa disposição legal seria cômica, se não fosse trágica, porque nega de modo radical a integralidade da Constituição da República, seus valores, fundamentos e objetivos, razão pela qual existem três Ações Diretas de Inconstitucionalidade propostas em relação a essa lei: ADI n. 6.217; ADI n. 6.156; ADI n. 6.184, as quais até a finalização desta edição ainda não haviam sido julgadas e têm como relator o Ministro Ricardo Lewandowski.

No âmbito do Direito do Trabalho, essa lei nega também a literalidade da CLT, seja pelos termos do art. 8º antes reproduzido, seja pelo que estabelece o art. 9º (Serão nulos de pleno direito os atos praticados com o objetivo de desvirtuar, impedir ou fraudar a aplicação dos preceitos contidos na presente Consolidação). Sabemos, porém, que todo o discurso tem força e que a depender do que dirá o STF sobre o conteúdo dessa lei, podemos estar vivendo a hipótese de mutação constitucional que não deriva de uma mudança cultural profunda, pois a nossa Constituição é jovem demais para isso, mas da imposição de uma retórica ultraliberal, que "escamoteia o real, produz o ilusório e nega a historicidade dos conceitos" (WARAT, 1994, p. 104-5).

Um instrumento de ideologia, portanto, que bem demonstra a radicalidade do momento em que estamos vivendo. A ordem constitucional sequer efetivada vem sendo destruída por dentro. A Lei n. 13.874 não é o único exemplo, o próprio art. 8º da CLT sofreu alterações com a chamada "reforma" trabalhista (Lei n. 13.467/2017). Além de modificar a redação do que era o parágrafo único desse dispositivo (e se tornou o § 1º), a Lei n. 13.467 introduz outros dois parágrafos:

> Art. 8º, § 1º O direito comum será fonte subsidiária do direito do trabalho; § 2º Súmulas e outros enunciados de jurisprudência editados pelo Tribunal Superior do Trabalho e pelos Tribunais Regionais do Trabalho não poderão restringir direitos legalmente previstos nem criar obrigações que não estejam previstas em lei; § 3º No exame de convenção coletiva ou acordo coletivo de trabalho, a Justiça do Trabalho analisará exclusivamente a conformidade dos elementos essenciais do negócio jurídico, respeitado o disposto no art. 104 da Lei n. 10.406, de 10 de janeiro de 2002 (Código Civil), e balizará sua atuação pelo princípio da intervenção mínima na autonomia da vontade coletiva.

O parágrafo único do art. 8º reforçava a ideia de prevalência do interesse social, dispondo: "O direito comum será fonte subsidiária do direito do trabalho, *naquilo em que não for incompatível com os princípios fundamentais deste*". Essa parte final foi suprimida, o que em realidade nada altera quanto à hermenêutica trabalhista. E não altera porque a redação da primeira parte desse parágrafo já estabelece o direito comum como fonte *subsidiária*. O *caput* desse dispositivo fixa a primazia do interesse social. A Constituição da República dispõe sejam os valores sociais objetivos da ordem jurídica. A própria existência do Direito material e processual do Trabalho como ramo especializado justifica-se em razão da proteção a quem trabalha. Portanto, é certo que o direito comum só será fonte quando compatível com a proteção que fundamenta esse conjunto de regras. A aplicação do direito comum naquilo em que ele contraria a própria razão pela qual temos Direito do Trabalho equivaleria a negá-lo. Uma tal regra poderia ser qualquer coisa, menos uma norma trabalhista.

Quem lê este livro, pode estar pensando em uma miríade de regras que tem sido aplicadas ao Direito material e processual do Trabalho e que são absolutamente incompatíveis com a proteção que o inspira e justifica. Algumas delas são utilizadas, inclusive, em substituição a disposições expressas contidas na CLT. É o caso da regra que estabelece a possibilidade de aplicação de pena de confissão à parte autora que falta à audiência, da que dispõe seja a execução promovida pelo modo menos gravoso para o devedor, da que regula a exceção de suspeição, dentre tantas outras. Isso revela que para além do discurso comprometido com a coerência da ordem jurídica e com sua finalidade, que no Brasil está atrelada à construção de uma sociedade "livre, fraterna e solidária", existe o Direito como ele é interpretado e aplicado pelos tribunais, reproduzido nas faculdades de Direito e exercido nos ambientes de trabalho.

A prevalência do interesse público (social) precisa ser introjetada como parâmetro de conduta e verdadeiro objetivo da ordem social, cultural e jurídica. A realidade brasileira nos revela que apesar da literalidade da Constituição, ainda não há uma cultura de comprometimento com os valores lá fixados. Aliás, no âmbito do Direito material e processual do Trabalho, como vimos nos capítulos precedentes, há um hiato importante entre o discurso que o instaura e que se compromete com a proteção a quem trabalha, e a prática trabalhista.

Isso não desmerece o estudo crítico do processo do trabalho e de sua hermenêutica. Apenas evidencia que há uma disputa de narrativa que de um lado é sustentada pela racionalidade liberal reanimada e aprofundada nas últimas décadas. De outro, é sustentada pela racionalidade social que promove modificações importantes no conteúdo do Direito e do Estado, comprometendo-se com a realização dos direitos sociais como medida necessária, inclusive, para viabilizar o sistema. A escolha por um desses dois discursos, irá determinar, no limite, a possibilidade de o Direito do Trabalho, e da própria sociedade como tal, seguir existindo.

O comando do *caput* do art. 8º da CLT não deixa dúvida sobre qual dos discursos a legislação trabalhista alberga com mais coerência. Ele estabelece que os princípios, as normas gerais do direito, os usos e costumes e o direito comparado são fontes formais a serem consideradas pelo intérprete. Aqui, assim como em outras regras e formulações, o Direito do Trabalho rompe com a lógica do direito comum ao potencializar a conduta dos atores sociais na formação de direitos que visem à melhoria das condições de vida.

Sempre na perspectiva da proteção (seu princípio instituidor), o Direito do Trabalho atribui maior relevância ao que se passa no plano dos fatos, em detrimento da forma. Por isso mesmo, não faz nenhum sentido aplicar ao Direito do Trabalho uma técnica desenvolvida a partir de um raciocínio jurídico que esse novo Direito se propõe a superar, como pretende a tal lei da liberdade econômica, assim como as alterações introduzidas na CLT pela Lei n. 13.467. Se tentarmos compreender o Direito do Trabalho com a racionalidade do direito comum, ele perderá sentido. Essa perda de sentido será tanto maior, sob a perspectiva trabalhista, quanto mais essa técnica cientificista servir para diminuir os direitos sociais que compõem o Direito do Trabalho.

As normas trabalhistas surgem justamente para superar o "tecnicismo" civilista e sua lógica individualista (hoje já, em parte, superada inclusive pelo próprio Direito Civil), por isso mesmo prestigiam regras que decorram de costumes, usos ou tratados internacionais que promovam proteção a quem trabalha.

A tentativa de desconfigurar essa hermenêutica transformadora que a CLT promove, pela introdução de um § 2º, dispondo que súmulas e outros enunciados de jurisprudência "não poderão restringir direitos legalmente previstos nem criar obrigações que não estejam previstas em lei" e bem assim de um § 3º, segundo o qual "no exame de convenção coletiva ou acordo coletivo de trabalho", a Justiça do Trabalho deve analisar "exclusivamente a conformidade dos elementos essenciais do negócio jurídico", balizando sua atuação pelo "princípio da intervenção mínima na autonomia da vontade coletiva", pode (e deve) ser usada em favor da racionalidade social que informa e justifica o Direito do Trabalho.

Ora, se o § 2º do art. 8º pretende impedir que "súmulas e outros enunciados de jurisprudência" restrinjam direitos, temos um argumento literal para não mais aplicar as tantas súmulas que contrariam norma constitucional, rompendo com uma verdadeira tradição de erosão silenciosa que o Direito material e processual do Trabalho há muito vem sofrendo, através da edição de súmulas e orientações flagrantemente contrárias às normas constitucionais e internacionais de proteção.

A regra abre espaço para que a jurisprudência seja revista, afastando-se a legitimidade de entendimentos que favoreçam a extensão da jornada sem a respectiva remuneração ou a desconstituição do caráter remuneratório do valor recebido pelo trabalho, ou mesmo que impeçam os efeitos da proteção contra a despedida assegurada pelo art. 7º da Constituição.

As súmulas e orientações jurisprudenciais, assim como as regras, devem ser examinadas e aplicadas desde a perspectiva do sistema de proteção que caracteriza o Direito do Trabalho. Vale dizer: se a jurisprudência não pode restringir direitos, também a lei não detém essa faculdade, pois ambas estão submetidas a uma ordem jurídica composta por valores e princípios que são resultado de um processo histórico de integração e de coerência. Como afirma Dworkin, o "Direito como integridade é sensível às tradições e à cultura política de uma nação, e, portanto, também a uma concepção de equidade que convém a uma Constituição" (DWORKIN, 2007, p. 452).

A compreensão da linguagem do Direito, no contexto de uma sociedade capitalista de produção deve considerar que o mito do Direito (e do Direito do Trabalho) é o da liberdade como possibilidade de contratação e venda, inclusive, do próprio tempo de vida como mercadoria, e da igualdade como valor supremo (que, entretanto, não será nem poderá ser efetivado).

A premissa de que as normas trabalhistas protegem quem trabalha serve para que a subordinação seja naturalizada. O ser humano que trabalha deve se "adaptar" a circunstância objetivamente desigual da troca em que necessariamente se insere. Ainda quando reduzido à condição de coisa no ambiente de trabalho, deve continuar crendo-se um sujeito de direitos. Mesmo assim, esse mito tem extrema importância para a compreensão das possibilidades do discurso jurídico, exatamente porque introduz uma racionalidade solidária, na qual a vontade individual deve ceder em nome de um projeto social que garanta condições boas de vida para todas as pessoas (SEVERO, 2020).

O Direito do Trabalho instaura, portanto, um discurso que, desde o início, apresenta-se como uma possibilidade diversa de compreensão cultural da função do Direito Civil. Sabemos que a ideologia se reproduz na linguagem, que não se resume ao que é dito. Na sociedade do capital, essa instância mais profunda encontra-se com a produção para a troca, que faz de todos (seres humanos e elementos da natureza) "mercadorias"; está inscrita, portanto, na relação social que se estabelece entre capital e trabalho. Antecipa-nos e nos condiciona, de tal modo a tornar difícil mesmo perceber a "coisificação".

O Direito do Trabalho aparece no contexto dessa lógica capitalista como o limite da exploração possível, daí a razão pela qual em seu princípio instituidor encontramos a proteção a quem trabalha. Como ensina Warat, o discurso jurídico tem sempre um potencial subversivo, que atua como renúncia, resistência e crítica, exatamente como devem atuar as normas trabalhistas, reforçando sua "autonomia" em relação ao Direito Civil, exatamente para produzir "rachaduras" (WARAT, 1995, p. 113) que permitam não apenas o reconhecimento da "questão social" que está por trás das fórmulas jurídicas, mas também toda a perversidade que tais fórmulas permitem seja reproduzida na realidade cotidiana da vida dos trabalhadores e trabalhadoras.

É, portanto, a partir dessa hermenêutica comprometida com o que institui o Direito do Trabalho (a proteção a quem trabalha e o desvelamento das perversidades da troca que se efetiva entre capital e trabalho) que deve ser interpretado/aplicado também o novo § 3º do art. 8º da CLT.

Se o juiz deve examinar a norma coletiva atentando para as regras do Código Civil, só poderá extrair de lá os elementos que confirmem e reforcem a racionalidade da

CLT. E eles existem. Basta pensarmos na regra do art. 11 do Código Civil (Com exceção dos casos previstos em lei, os direitos da personalidade são intransmissíveis e irrenunciáveis, não podendo o seu exercício sofrer limitação voluntária) e em toda a doutrina que empresta aos direitos trabalhistas a qualidade de direitos da personalidade, exatamente por figurarem como fundamentos do Estado. Há, também, a regra do art. 12 do mesmo código, que autoriza, para além da condenação em perdas e danos, que o juiz fixe "outras sanções previstas em lei", na linha do que também dispõe o art. 652 da CLT. Poderá servir, também, a norma do art. 113 do Código Civil, segundo a qual "os negócios jurídicos devem ser interpretados conforme a boa-fé e os usos do lugar de sua celebração", e são nulos quando "não revestir a forma prescrita em lei" (IV, do art. 166).

Ora, a "forma prescrita em lei", para o "negócio jurídico" de compra e venda da força de trabalho é a relação de emprego (art.7º, I, da Constituição). Portanto, a aplicação desse § 3º do art. 8 da CLT pode nos fornecer mais um elemento para a declaração de nulidade de qualquer espécie de intermediação da força de trabalho. Do mesmo modo, podemos extrair do Código Civil a regra segundo a qual é nulo o negócio jurídico quando "tiver por objetivo fraudar lei imperativa" (art. 166, VI), o que ocorre, por exemplo, nas hipóteses denominadas de Pejotização, nos acordos para pagamento de salário como se fosse indenização, ou mesmo em qualquer pacto que permita renúncia, vedada tanto pelo art. 9º da CLT quanto pelo art. 1.707 do Código Civil.

Além das regras já mencionadas, poderá nos servir, inclusive para o afastamento das regras destrutivas da Lei n. 13.467, o art. 171 do Código Civil, quando estabelece que "além dos casos expressamente declarados na lei, é anulável o negócio jurídico por vício resultante de erro, dolo, coação, estado de perigo, lesão ou fraude contra credores"(II) pois sabemos que um(a) trabalhador(a) sem qualquer garantia contra a despedida está em constante estado de perigo, coagido a aceitar as regras impostas pelo empregador, para manter seu posto de trabalho.

Além do art. 8º, outros dispositivos sofreram alteração com a Lei n. 13.467, reforçando a tendência de subversão de uma hermenêutica comprometida com a proteção a quem trabalha. O art. 620 da CLT, segundo o qual as "condições estabelecidas em acordo coletivo de trabalho sempre prevalecerão sobre as estipuladas em convenção coletiva de trabalho", apresenta um texto que traduz a tentativa de eliminar a hierarquia dinâmica das leis. Terá, porém, de ser confrontado com a própria gênese da negociação coletiva, explicitada no aposto do *caput* do art. 7º da Constituição da República, que determina que as normas ali previstas não excluem outras desde que promovam "melhoria das condições sociais" de quem trabalha.

O pressuposto do "negociado sobre o legislado", mesmo da perspectiva da Lei n. 13.467/2017, é em si mentiroso, pois segue sendo a regulação estatal que controla o que pode e como deve ser negociado. Basta perceber que a "reforma" nada prevê para garantir efetiva liberdade sindical, apesar do discurso de que houve valorização dos atores sociais (SEVERO; SOUTO MAIOR, 2017). O limite à negociação coletiva é o conjunto de direitos fundamentais trabalhistas contidos na Constituição e explicitados pela CLT e por outras leis esparsas, pois se trata do modo como o capital e o trabalho estabelecem as regras de convivência pacífica. É através dela que os trabalhadores e as trabalhadoras garantem as condições para que essa convivência continue existindo, para além do mínimo concedido por um Estado declaradamente liberal. Pois bem, para que haja "negociação coletiva", é necessário um ambiente de plena liberdade sindical e de efetiva garantia contra a despedida. Admitir a possibilidade de dispensa sem qualquer motivação, apesar da literalidade do art. 7º, I, da Constituição, por exemplo, é impedir concretamente a organização coletiva. E sem organização, não há sindicato, nem — por consequência — "negociação".

No Brasil, o reconhecimento das normas coletivas como um direito fundamental, no art. 7º da Constituição, torna clara a opção do legislador originário em albergar a regra de inderrogabilidade dos direitos mínimos contidos em lei. O que a doutrina denomina **princípio da hierarquia dinâmica das fontes formais** traduz justamente a possibilidade (e o limite) que a norma coletiva tem, de promover melhorias e com isso superar a fonte formal estatal de direito, determinando uma interpretação que preserve os direitos positivados e agregue todos aqueles previstos em normas coletivas. O suposto negociado sobre o legislado instituído pela "reforma" é o avesso disso. Permite e estimula renúncia sistemática e coletiva a direitos fundamentais, negando, portanto, a própria função que as normas coletivas desempenham em um Estado de Direito. Não resiste, portanto, a uma análise hermenêutica comprometida com o princípio da proteção.

É preciso ainda tratar de duas regras fundamentais da CLT, que também tratam da hermenêutica trabalhista. O art. 769 refere que "nos casos omissos, o direito processual comum será fonte subsidiária do direito processual do trabalho, exceto naquilo em que for incompatível com as normas deste Título", enquanto o art. 889 dispõe que "aos trâmites e incidentes do processo da execução são aplicáveis, naquilo em que não contravierem ao presente Título, os preceitos que regem o processo dos executivos fiscais para a cobrança judicial da dívida ativa da Fazenda Pública Federal", ou seja, a Lei n. 6.830/1980.

Desses dois dispositivos se extrai, em primeiro lugar, a certeza de que a alteração havida no primeiro parágrafo do art. 8º não altera o modo de interpretar e aplicar a legislação trabalhista ou a possibilidade de uso de regras de outros diplomas jurídicos, de forma subsidiária. A aplicação das regras do Código de Defesa do Consumidor ou do Código de Processo Civil é possível apenas quando preenchidos os dois requisitos: tem que haver omissão e compatibilidade com as normas, ou seja, com o princípio da proteção que fundamenta as regras, gerando normas trabalhistas.

Em relação à omissão, as alterações sofridas pelo CPC, especialmente aquelas de 2005, flagrantemente voltadas à efetividade do processo, prevendo, por exemplo, a possibilidade de liberação de dinheiro em execução provisória, geraram um movimento de aproximação entre o processo do trabalho e o civil. A **teoria da lacuna axiológica** foi utilizada para sustentar o fato de que seria possível aplicar regras do CPC ou de outro diploma jurídico, mesmo quando a CLT tivesse disposição expressa a respeito de determinado tema, desde que a regra servisse à melhoria da condição social de quem trabalha, ou seja, representasse maior proteção do que a previsão celetista.

A lacuna axiológica, segundo Warat, "se encontra na esfera dos conflitos normativos intersistemáticos, determinados pela discrepância entre o rol de soluções dadas pelo direito positivo e as concebidas, em determinado momento e ao tempo da interpretação da lei" (WARAT, 2002, p. 23). O alcance dado ao art. 769 da CLT, com a referida tese, pode ter dado a falsa ilusão de que bastaria, então, ver no CPC quais regras implicariam maior proteção a quem depende do trabalho para sobreviver, aplicá-las e desprezar o restante das regras. Ou a ilusão de que seria possível obter o melhor de cada regra, conjugando duas ou mais disposições legais para aplicar ao caso concreto, como foi o entendimento de vária(o) s autora(e)s, quando da análise do confronto entre a regra do art. 475-J do CPC alterado em 2005 e a do art. 880 da CLT.

No entanto, a questão é bem mais profunda, exatamente em razão do compromisso que as regras do processo civil tem com a ordem do capital que, em sua essência, é avessa à proteção a quem trabalha. Ainda com Warat, aprendemos que por meio da argumentação realizam-se formas de controle social, que cumprem "uma função socializadora", já que "portam uma mensagem ideológica", constituindo-se como formas de reprodução de valores já estabelecidos (WARAT, 1977, p. 120). É por isso que essa teoria da lacuna axiológica acaba, no âmbito do Direito material e processual do trabalho, servindo bem mais para justificar a introdução de regras que desprotegem no âmbito do processo do trabalho, do que para fazer valer a proteção.

O que precisamos compreender, e isso toda a doutrina processual já admite, é que o processo está imbricado com o direito material que busca efetivar. O processo do trabalho, portanto, é a relação social entre capital e trabalho submetida à avaliação do Estado. Pressupõe, tal como ocorre no âmbito das normas materiais, regras inspiradas pelo princípio da proteção, pois só aí justifica sua existência. Logo, a regra do art. 769 da CLT precisa ser interpretada/aplicada a partir da necessidade de um processo efetivo, simples e orientado a promover a maior proteção possível a quem vive do trabalho que realiza. Se a norma "estrangeira" cumpre esse objetivo, sua aplicação ao processo do trabalho será possível e mesmo recomendada.

Em outras palavras, as regras processuais também precisam ser inspiradas na proteção, sob pena de comporem uma farsa. A aplicação, ao processo do trabalho, de regras inspiradas pela noção de (falsa) igualdade, como ocorre com a maioria das regras do processo civil, implicaria a absoluta impossibilidade de realização da razão histórica pela qual existe processo do trabalho.

Em relação ao art. 889 da CLT, a situação é outra. Aqui, o apego à literalidade do dispositivo é completamente esquecido. Tanto a doutrina, quanto a jurisprudência majoritária buscam no CPC as respostas para situações não reguladas na CLT, mesmo quando há previsão expressa na Lei dos Executivos Fiscais — LEF (Lei n. 6.830). A responsabilidade, por exemplo, é expressamente prevista como matéria de execução (art. 4º da LEF), portanto, como veremos posteriormente, em tópico específico, as regras do CPC que exigem a presença do responsável na fase de conhecimento não deveriam ser aplicadas ao processo do trabalho, como ocorre de modo recorrente.

3. O Poder Judiciário Trabalhista

Na atual quadra da história, em que a racionalidade liberal invade e contesta a importância e a função do Direito material e processual do Trabalho, é fundamental compreender a razão pela qual temos um Poder Judiciário trabalhista e, pois, um processo do trabalho. A opção por um procedimento próprio está fundada na necessidade, historicamente reconhecida, de permitir amplo acesso à justiça.

3.1. A criação da Justiça do Trabalho

A aposta na Justiça do Trabalho como ambiente ideal para "harmonizar os interesses em lucta", "em defesa da autoridade do Estado, que não pôde ser neutro, nem abstencionista, deante das perturbações collectivas, deixando as forças sociaes entregues aos proprios impulsos", conforme texto da exposição de motivos do Decreto n. 1.237, em 02 de maio de 1939, tem por pressuposto a facilitação do acesso à justiça àqueles e àquelas que não têm espaço para deduzir suas pretensões na chamada "justiça comum".

O acesso à justiça decorre da própria forma de organização do Estado. Ao instituirmos o monopólio da jurisdição, impedindo a chamada autotutela, necessariamente nos comprometemos, como sociedade, a garantir acesso à jurisdição. Essa é a razão pela qual ter efetivo acesso à justiça constitui direito fundamental, decorrência direta da cidadania, de cunho liberal, e inclusive está expressamente contido no art. 5º da Constituição. Nem precisaria estar ali previsto, pois decorre da própria forma como nos organizamos em sociedade. Se apenas o Estado tem a função de resolver os litígios sociais, na medida em que ele nega acesso à justiça, eliminando a possibilidade de processo sem eliminar o litígio, promove a ruptura do pacto social que o institui e justifica. Portanto, viver em um Estado Social e Democrático de Direito significa ter direitos e deveres, mas também contar com uma estrutura forte que os faça valer, sempre que violados.

A própria existência da Justiça do Trabalho está, portanto, diretamente relacionada à ideia de proteção e ao reconhecimento histórico da necessidade de viabilizar acesso à Justiça aos trabalhadores e às trabalhadoras, como uma decorrência da necessidade histórica (inclusive do próprio sistema) de efetivar a proteção a quem vive do trabalho. Também no âmbito processual, portanto, o princípio que institui o conjunto de regras a serem aplicadas no procedimento judicial é a **proteção**. Isso, porém, não tem sido observado, especialmente nas últimas décadas em que se verifica um claro retorno a concepções que, em decorrência da criação de regras de proteção como é o caso do Direito do Trabalho, pensávamos haver superado.

Ao assumir o poder, no início da década de 1930, Getúlio Vargas preocupou-se não apenas em criar um projeto pelo qual os direitos garantidos a determinadas categorias pudessem ser estendidos a toda a classe trabalhadora, como também uma estrutura de Poder para prestar a tutela jurisdicional diante do conflito entre capital e trabalho, a exemplo do que já existia em outros países, desde o século anterior, como a Alemanha e a França, cuja especialização ocorre a partir de 1890 e de 1806, respectivamente.

Não que já não existissem algumas regras prevendo a forma de "composição" do conflito entre capital e trabalho. O Decreto n. 1.637 de 1907, que criava sindicatos profissionais e sociedades cooperativas, em clara resposta estatal aos movimentos de greve que se intensificavam (DIAS, 1977, p. 219), tinha, por exemplo, regra dispondo sobre a existência de "conselhos permanentes de conciliação e arbitragem, destinados a dirimir as divergencias e contestações entre o capital e o trabalho" (art. 8º), que não chegaram a ser instalados. Do mesmo modo, a Lei n. 1.869 de 1922, do estado de São Paulo, criava os tribunais rurais, com a finalidade de "conhecer e julgar as questões, até o valor de quinhentos mil réis (500$000), decorrentes da interpretação e execução dos contractos de locação de serviços agricolas"[(23)].

A Justiça do Trabalho no Brasil tem sua origem definida a partir da criação do Conselho Nacional do Trabalho em 1923. Nos 20 anos seguintes, o Direito do Trabalho passou por diversas transformações ao ser ampliado, organizado e regulamentado. Esse processo culminou com a instalação da Justiça do Trabalho em 1941 e publicação da Consolidação das Leis do Trabalho (CLT) em 1943. Foi apenas na década de 1930 que a preocupação com uma estrutura judicial para cuidar do conflito entre capital e trabalho tornou-se política do Estado, portanto.

O Decreto n. 21.396, instituindo as Comissões Mistas de Conciliação, e o Decreto n. 22.132, que cria as Juntas de Conciliação e Julgamento, ambos no âmbito do Ministério do Trabalho, Indústria e Comércio, foram editados em 1932. A ideia era difundir a conciliação como forma de solução dos conflitos, regular a atuação sindical e apaziguar os ânimos que estavam exaltados em razão da organização coletiva da classe trabalhadora e dos movimentos por ela deflagrados nas duas primeiras décadas do século XX.

O Decreto n. 22.132/1932 foi pensado como modo de promover o "desapego às formalidades", distanciando o "procedimento trabalhista, que estava por nascer, da desconfortável demora na solução da lide que já causava o processo civil". Por isso, "nenhum requisito formal se exigia para a apresentação da reclamação. O art. 6º dizia apenas que as reclamações seriam apresentadas às Juntas por escrito ou verbalmente, sendo neste último caso, reduzidas a termo, com assinatura do reclamante ou a seu rogo. As provas

(23) Disponível em: <https://www.al.sp.gov.br/repositorio/legislacao/lei/1922/lei-1869-10.10.1922.html>.

do reclamante somente seriam apresentadas em audiência (§ 2º, do art. 7º)" (SEVERO, 2015, p. 18).

Anos mais tarde, iniciou-se um processo de construção da estrutura judicial para cuidar dos conflitos decorrentes das relações de trabalho. Na exposição de motivos do Decreto n. 1.237, em 02 de maio de 1939, elaborada por uma comissão liderada por Oliveira Vianna, com o intuito de pensar a Justiça do Trabalho, lê-se que a "repugnancia em reconhecer-se nos tribunaes do trabalho instituições judiciarias" decorria da "sobrevivencia deste velho pressuposto liberal – de que os conflictos do trabalho não interessam ao Estado". Entretanto, a reação "contra a lentidão, a complexidade e o formalismo do processo commum" impunha, segundo os autores do projeto, a necessidade de criação de um processo do trabalho, ditado pela oralidade, pela concentração e pela simplicidade (SEVERO, 2015, p. 19).

O Brasil tinha pela primeira vez, no Século XX, um governo preocupado em construir um projeto de desenvolvimento nacional, que apostava na industrialização. Ainda assim, é certo (e sempre importante reforçar) que a legislação social (material e processual) não foi fruto de benesse estatal, como pretendeu o disseminado "mito da outorga" (BIAVASCHI, 2007, p. 109-116), mas sim da conjuntura que uniu a pressão de categorias organizadas, cujo movimento foi extremamente significativo ao longo das duas primeiras décadas do século XX, e a percepção de que uma regulação social efetiva contribuiria para a circulação de riqueza, que mantém o sistema do capital.

Ao assumir a responsabilidade por harmonizar os interesses em luta, o Estado não o faz reconhecendo para si uma função transformadora, que adote claramente o lugar de fala da classe trabalhadora e, com isso, consolide-se como um espaço de resistência. Ao contrário, declara que a intervenção se dá "em defesa da autoridade do Estado". Portanto, em defesa do capital, de quem o Estado é nada mais do que forma política. Ainda assim, reconhece a impossibilidade de uma justiça trabalhista "neutra diante das perturbações coletivas". Ou seja, reconhece a necessidade de, em alguma medida, assumir uma ideologia contrária àquela que justifica a própria existência do Direito e do Poder Judiciário, tornando-se um núcleo de proteção dos "dominados".

O fato de termos Justiça do Trabalho no Brasil, portanto, não altera, antes potencializa as possibilidades de compreensão da função dialética que o Direito do Trabalho pode e deve exercer na sociedade do capital, qual seja a de revelar a dominação e quem a exerce. Por isso mesmo, é importante que o manejo das regras trabalhistas seja feito de modo a deixar que se perceba o caráter ideológico do Estado e do Poder Judiciário. De modo a reproduzir um discurso que, mesmo sem romper completamente com sua função conservadora, promova rupturas, avanços capazes de efetivamente gerar a melhoria da condição de vida da classe dominada.

Assim atuando, o Poder Judiciário Trabalhista estaria promovendo uma "inversão de poder", na linha do que defende Foucault. E, consequentemente, o primeiro passo para outras lutas contra o poder do capital. E quando se luta contra o poder, "todos aqueles sobre quem o poder se exerce como abuso, todos aqueles que o reconhecem como intolerável, podem começar a luta onde se encontram e a partir de sua atividade (ou passividade) própria" (FOUCAULT, 2015, p. 139; 141-2).

Então, mesmo que o Direito seja, como realmente é, instrumento de manutenção de uma certa ordem social, veiculando e estimulando relações de dominação, e que o Direito do Trabalho esteja inscrito na mesma racionalidade liberal pela qual o processo, por exemplo, tem a função precípua de garantir que a propriedade permaneça nas mesmas mãos, é possível a sua utilização consciente, com o objetivo de evidenciar que as questões sobre as quais incide constituem reflexos dessa dominação e sujeição. Trata-se, ainda com Foucault, de "captar o poder em suas extremidades", lá onde "ele se torna capilar", a fim de "ultrapassando as regras de direito que o organizam e delimitam", penetrar em instituições, corporificar-se em técnicas e em "instrumentos de intervenção material, eventualmente violentos" (*Ibidem*, p. 282).

O Poder Judiciário Trabalhista, que é a estrutura de Estado designada para lidar com os conflitos que decorrem das relações de trabalho, tem condições de atuar concretamente para alterar as condições materiais em que vivem a(o)s trabalhadora(e)s, dando-lhes possibilidade de reivindicação e de promoção de mudanças efetivas.

A greve talvez seja o fato social que melhor permita demonstrar essa afirmação. O Estado assimila a revolta organizada de quem vive do trabalho e procura inseri-la dentro de uma lógica de normalidade, na qual evidentemente não há como exercer a verdadeira resistência. Por isso, como afirma Edelman, o direito de greve "é um direito burguês aplicado à classe operária" e funciona como um modo de "enquadrar lutas operárias, de legalizá-las, em suma, de reproduzir por conta disso a relação capital/trabalho" (EDELMAN, 2016, p. 43).

Aliás, no âmbito das relações sociais, a única violência permitida é aquela que o próprio Estado exerce, em nome da classe dominante, ou a que pode ser por ela exercida, por autorização do Estado. Ainda com Edelman, "o capital exerce na empresa uma violência cotidiana sobre a classe operária", que é assimilada e transformada, ideologicamente, em Direito. A transformação do conflito entre trabalho e capital em uma "relação jurídica entre direito de propriedade e direito do trabalho" (*Ibidem*, p. 72) permite e estimula a violência, sem admiti-la claramente.

Por isso mesmo, ao longo de toda a história do capital, a greve foi tratada como um fenômeno sempre combatido, seja declaradamente, como delito, seja de modo disfarçado, como direito. A função do Estado, tanto em uma quanto em outra hipótese, revelou-se como a de instrumento do capital, massacrando e prendendo quem faz greve, determinando o retorno ao trabalho mediante corte do ponto, deferindo tutelas inibitórias sob pena de multa aos sindicatos ou estabelecendo parâmetros para a atuação grevista, que esvaziam a força reivindicatória da paralisação (HAZAN, 2016).

No Brasil, o primeiro direito trabalhista fundamental a ser regulado por lei, após a Constituição de 1988, foi o de greve, através da Lei n. 7.783/1989, exatamente para limitá-lo, acomodá-lo e, em larga medida, anulá-lo enquanto força social. A greve, como afirma Foucault, é a violência em favor dos interesses da classe trabalhadora e, exatamente por isso, ela poderá facilmente "desbordar da ordem jurídica existente, ou seja, burguesa, como algo que lhe é estranho e que contém em si a ameaça de destruição dessa mesma sociedade que a reconheceu" (FOUCAULT, 2015, p. 260). Daí porque, Foucault admite que "no dia em que a sociedade burguesa concordar com o direito de greve", ela em realidade "terá capitulado diante da classe trabalhadora, reconhecendo a esta última o direito de perturbar a paz social e a autonomia para declarar uma 'pequena guerra civil'". Ou seja, ao assimilar direitos sociais, o Estado não toma para si a função de torná-los efetivos, senão que cede à pressão e, inclusive, atua para assimilar tais direitos a ponto de torná-los, no mínimo, passíveis de serem controlados. A classe dominante, nesse aspecto, apenas "adere ao fato, pois não possui nenhuma outra saída (além da revolução, é claro)" (*Ibidem*, p. 266 e 274).

A consciência desse potencial revolucionário contido na mobilização coletiva é o que determina a necessidade de coibi-lo, com maior ou menor intensidade, de acordo com a capacidade da classe trabalhadora de organizar-se e de tensionar o sistema vigente. O Poder Judiciário é constantemente chamado a se manifestar acerca dos movimentos paredistas e tem, então, a chance de agir como instrumento de repressão, em favor da classe dominante, concedendo liminares e aplicando multas contra os sindicatos, ou de exercer a sua função contra hegemônica, garantindo o exercício pleno da resistência. Seu caráter paradoxal e, ao mesmo tempo, o seu potencial para exercer essa função de contraponto diante da lógica da dominação, se revela em decisões sobre esse direito fundamental.

Na decisão proferida no RE n. 693.456, com repercussão geral, em 2016, houve a formulação do Tema n. 531. O STF fixou tese nos seguintes termos: "A administração pública deve proceder ao desconto dos dias de paralisação decorrentes do exercício do direito de greve pelos servidores públicos, em virtude da suspensão do vínculo funcional que dela decorre, permitida a compensação em caso de acordo. O desconto será, contudo, incabível se ficar demonstrado que a greve foi provocada por conduta ilícita do Poder Público".

Na Reclamação n. 54.597, interposta em 04.07.2016, com pedido cautelar, e extinta por perda de objeto em 18.05.2018, houve decisão liminar proferida pelo Ministro Dias Toffoli, na qual ele afirma: "tal e qual é lícito matar a outrem em vista do bem comum, não será ilícita a recusa do direito de greve a tais e quais servidores públicos em benefício do bem comum.(...) Atividades das quais dependam a manutenção da ordem pública e a segurança pública, a administração da Justiça e a saúde pública não estão inseridos no elenco dos servidores alcançados por esse direito". A decisão originária naquele feito havia sido proferida pelo Tribunal Regional do Trabalho da 15ª Região, determinando a manutenção de 70% (setenta por cento) das pessoas trabalhando para a prestação dos serviços de todos os setores do hospital demandado durante o movimento paredista. Na reclamação constitucional, a ordem foi de que 100% do pessoal em greve permanecesse trabalhando. A situação é ainda mais grave do que a dos precedentes anteriores, seja porque nesse caso o STF sequer aguardou o exaurimento da instância própria, seja porque o impedimento (recusa) do exercício do direito de greve é referido claramente na ementa da decisão.

Em 13.06.2018, ao julgar as ADIs ns. 1.306 e 1.335, o STF declarou a constitucionalidade do Decreto n. 4.264/1995 do Estado da Bahia, que determina, em caso de paralisação de servidores públicos, sejam os grevistas "convocados' a reassumirem imediatamente seus cargos, haja instauração de processo administrativo disciplinar caso persista o afastamento, desconto dos dias de greves e exoneração imediata dos ocupantes de cargo de provimento temporário e de função gratificada que participarem do movimento grevista. A decisão foi tomada por maioria e a Presidente do STF, Ministra Cármen Lúcia, referiu em seu voto que o decreto não desrespeitou competência privativa da União. Segundo ela, a norma sequer cuida do direito de greve do servidor ou regulamenta o seu exercício, apenas dispõe sobre "questões relativas à administração pública"[24].

Em setembro de 2020, o TST se manifestou sobre a greve realizada pela(o)s trabalhadora(e)s dos Correios, adotando o voto do Ministro Ives Gandra Martins Filho, no sentido de que, apesar de legítima, a greve deveria terminar imediatamente, "sob pena de pagamento de multa de R$ 100.000,00 por dia de continuidade do movimento paredista" além de "autorização para dispensa por justa causa do empregado que prosseguir em greve no dia seguinte à data do julgamento do presente feito".

Mais recentemente, foi proferida decisão judicial que, diante do anúncio de deflagração de greve das trabalhadoras e trabalhadores do transporte público de São Luís, acolheu pedido formulado pelo município, para determinar que se mantivesse pelo menos 80% do efetivo atuando durante a paralisação. A decisão foi publicada dia 15 de fevereiro. A greve estava marcada para iniciar dia 16. Nesse dia, outro pedido foi formulado, indicando que a greve estava ocorrendo e que deveria ser declarada abusiva. Em decisão proferida na mesma data, foi concedida nova tutela de urgência, reforçando a necessidade de manter 80% da frota em circulação. No dia 18, foi realizada audiência, que não resultou conciliação. Então, nova decisão foi proferida, decretando a prisão dos membros diretores do Sindicato

(24) Disponível em: <http://portal.stf.jus.br/noticias/verNoticiaDetalhe.asp?idConteudo=381340>.

dos Trabalhadores em Transportes Rodoviários. A decisão fundamenta-se nos arts. 330 (crime de desobediência); 262 (atentado contra a segurança de outro meio de transporte) e 265 (atentado contra a segurança de serviço de utilidade pública), todos do Código Penal. A greve foi considerada, portanto, ato atentatório à segurança pública[(25)].

Não é difícil perceber, na breve análise dessas decisões sobre a greve, o quanto o Poder Judiciário volta a assumir, de modo mais despudorado, seu compromisso com a manutenção da ordem capitalista, revelando o caráter paradoxal do judiciário trabalhista. Todo o movimento de reconhecimento da importância dos direitos sociais, que no Brasil resultou a promulgação da Constituição de 1988, não encontra mais aderência na atuação judicial, ao menos naquela exercida pelas cortes superiores ou considerada majoritária.

Essa assimilação aparentemente tranquila da racionalidade (neo)liberal que é contrária à construção da teoria dos direitos sociais fundamentais guarda relação com o perfil de quem exerce a função julgadora e, portanto, acaba dizendo na prática o que vale ou não em termos de direito material e processual do trabalho.

3.2. Quem compõe o Poder Judiciário Trabalhista?

Dos três poderes do Estado, o Poder Judiciário é o único composto por membros que não são eleitos e que, portanto, não estão diretamente influenciados pelo jogo de poder do capital. Ao menos, é esse o discurso: são escolhidos mediante concurso público de provas e títulos e selecionados de acordo com a área em que pretendem atuar: Justiça comum, Justiça Federal ou Justiça do Trabalho.

> Constituição Federal, art. 93. Lei complementar, de iniciativa do Supremo Tribunal Federal, disporá sobre o Estatuto da Magistratura, observados os seguintes princípios: I – ingresso na carreira, cujo cargo inicial será o de juiz substituto, mediante concurso público de provas e títulos, com a participação da Ordem dos Advogados do Brasil em todas as fases, exigindo-se do bacharel em direito, no mínimo, três anos de atividade jurídica e obedecendo-se, nas nomeações, à ordem de classificação.

Desde 2004, em razão da Emenda Constitucional n. 45, estão obrigados a receber um curso "oficial ou reconhecido por escola nacional de formação" como etapa necessária do vitaliciamento (art. 93, IV) e devem residir na comarca em que atuam, "salvo autorização do tribunal" (art. 93, VII). A partir de 2017, o concurso para a magistratura do trabalho passa a ser nacional, realizado em Brasília, pela ENAMAT — Escola Nacional de Formação e Aperfeiçoamento de Magistrados do Trabalho. A determinação decorre de interpretação da regra do art. 111-A, § 2º, I, da Constituição da República, que atribui à ENAMAT o desempenho de "outras funções", além de regulamentar os cursos oficiais

(25) Disponível em: <https://g1.globo.com/ma/maranhao/noticia/2022/02/19/justica-decide-prender-membros-do-sindicato-dos-rodoviarios-durante-greve-da-categoria.ghtml>. Acesso em: 10 jul. 2022.

para ingresso e promoção na carreira, e os termos da Resolução n. 1.140/2006 do TST, que estabelece no art. 2º, I, como objetivo institucional da ENAMAT, a implantação do concurso público nacional unificado para ingresso na magistratura do trabalho. É a Resolução Administrativa n. 1.861, de 28 de novembro de 2016 que estabelece a realização de concurso nacional unificado e fixa as condições para as provas, dentre as quais chama atenção, no art. 3º, a previsão de uma "III – terceira etapa — de caráter eliminatório, com as seguintes fases: a) sindicância da vida pregressa e investigação social; b) exame de sanidade física e mental".

A exceção da seleção por concurso está no chamado "quinto constitucional", criado pela Constituição de 1967 (art. 136, IV), pelo qual membros do Ministério Público e da Advocacia passam a exercer a função de juízes, já em segundo grau de jurisdição, sem prestar concurso público:

> Art. 94 da Constituição. Um quinto dos lugares dos Tribunais Regionais Federais, dos Tribunais dos Estados, e do Distrito Federal e Territórios será composto de membros, do Ministério Público, com mais de dez anos de carreira, e de advogados de notório saber jurídico e de reputação ilibada, com mais de dez anos de efetiva atividade profissional, indicados em lista sêxtupla pelos órgãos de representação das respectivas classes.
>
> Parágrafo único. Recebidas as indicações, o tribunal formará lista tríplice, enviando-a ao Poder Executivo, que, nos vinte dias subsequentes, escolherá um de seus integrantes para nomeação.

Também os componentes dos órgãos de cúpula do Judiciário (STF, TST e STJ) são indicados pelo Presidente da República. Enquanto o STF deve ser composto por "cidadãos com mais de trinta e cinco e menos de sessenta e cinco anos de idade, de notável saber jurídico e reputação ilibada" e que, portanto, sequer precisam ser juízes de carreira, o STJ e o TST são formados, respectivamente, por 33 e 27 membros. No caso do STJ, um terço pode ser formado por pessoas estranhas à carreira da magistratura, e o restante por juízes de carreira. No TST, o percentual de pessoas estranhas à carreira da magistratura que podem assumir a função de Ministro é de um quinto (art. 101 da Constituição).

Aqui, a ideia principal é de que a participação da Advocacia e do Ministério Público na magistratura promova uma oxigenação no sistema, algo que sequer pode ser mensurado, pois as indicações e o processo de escolha da(o)s candidata(o)s por vezes retrata um jogo político de poder que pouco dialoga com esse discurso democrático. Aliás, é de se pontuar que mesmo o concurso público, por depender da forma (dogmática, crítica, simples ou complexa) como as provas são editadas e, sobretudo, por contar com uma fase final constituída de prova oral, na qual a(o) candidata(o) é identificada(o) e deve responder a questionamentos escolhidos livremente por seus interlocutores (os membros da banca), acaba por renunciar à impessoalidade que o justifica. Nessa fase, os vínculos pessoais, a trajetória, os compromissos políticos, assim como toda a carga ideológica (mesmo inconsciente) de quem está sendo selecionado e dos arguidores serão elementos que de algum modo irão interferir nas escolhas.

A identidade de quem atua na magistratura com o ramo que escolhe (justiça federal, justiça comum ou trabalhista) é fator determinante para que compreenda e atue em consonância com sua função de agente de efetivação dos direitos fundamentais contidos na Constituição. Por isso, a forma como o concurso público é realizado é um dos elementos importantes para compreender quem julga e como julga, especialmente no âmbito da Justiça do Trabalho.

A estratégia de realizar concurso único, em Brasília, por exemplo, certamente eliminará da "concorrência" pessoas pobres, que não tenham condições de pagar hospedagem e passagens aéreas, para se submeter ao certame. A adoção da chamada "nota de corte" e a realização de provas objetivas que privilegiam o conteúdo de súmulas e textos legais também pode constituir entrave para o ingresso, na magistratura do trabalho, de pessoas cujo perfil realmente se identifique com a "questão social" que ali é tratada.

Evidentemente, o problema não está no concurso em si, que privilegia a ideia de moralidade, que deve permear a atuação pública, pois a concorrência se dá em situação de (pelo menos aparente) igualdade e são selecionadas, pelo menos nas três primeiras fases, provas sem qualquer identificação, o que sem dúvida contribui para evitar favorecimentos ou exclusões. Ainda assim, é certo que a forma como é realizado o concurso terá influência no perfil da magistratura, assim como é socialmente relevante o fato de que nossas faculdades de Direito atribuem peso claramente diferenciado para as regras comuns em detrimento daquelas trabalhistas.

Há, portanto, uma espécie de formatação dos atores do discurso jurídico, que inicia na faculdade de Direito, com a clara opção pelo estudo do direito comum, e é potencializada em concursos que selecionam quem melhor decora textos. Essa opção sem dúvida facilita o convencimento de uma disciplina judiciária que busca anestesiar a capacidade crítica.

A proposta de vida em sociedade, contida na Constituição de 1988, é de respeito às diferenças, busca de inclusão social e de redução da miséria. Como já vimos, esses são problemas que o próprio sistema do capital reproduz e potencializa. Por isso, tal proposta de sociedade solidária e inclusiva é, em alguma medida, utópica. Ainda assim, afigura-se o melhor caminho para viabilizar eventual transição para um modelo de organização social diverso.

Em obra escrita logo após a promulgação da Constituição, Plauto Faraco de Azevedo observa que "o juiz tem que abrir-se ao mundo", ou seja "deve ele interessar-se pelo que se passa a seu redor", "conhecer os fatos que constituem a trama histórica de seu tempo, através da leitura e da observação". Ao mesmo tempo em que poderá inclusive afastar a regra aplicável ao caso concreto, se reconhecê-la como contrária à ordem constitucional, deverá aplicá-la, quando comprometida com essa mesma ordem, fazendo-o a partir de um "fio condutor da verossimilhança histórica do jogo ideológico reprodutor de condições econômicas indefensáveis e de privilégios encastelados na ordem estabelecida". O autor conclui que "para bem julgar, é preciso saber colocar-se na situação de outrem, imaginar-se na situação do jurisdicionado, para poder avaliar sua situação, compreendendo impulsos e motivações indispensáveis ao deslinde do processo" (FARACO DE AZEVEDO, 1989, p. 71).

Uma pesquisa realizada em 2008, pelas sociólogas Elina Pessanha e Regina Morel, da Universidade Federal do Rio de Janeiro, e pela pesquisadora Angela de Castro Gomes, da Fundação Getúlio Vargas do Rio, após entrevistar 2.746 juíza(e)s trabalhistas no país, revelou que 43% eram mulheres, sendo que em segundo grau de jurisdição esse número cai para 36,5%. Metade tinha menos de 40 anos, 86% se declararam de cor branca. Apenas 1,2% se diziam pessoas negras. A maioria afirmou acreditar que sua função é especialmente relevante para o equilíbrio entre o capital e o trabalho[26].

Esses dados, embora sejam um recorte que talvez não reflita a exata realidade, são importantes por indicarem a classe social de onde vem — em regra — quem atua no processo em nome do Estado. Se a maioria absoluta é branca, do sexo masculino e de cor branca, em um país formado por uma maioria de negros e pardos, e de mulheres[27], não é difícil concluir haja direta relação entre a classe social e as chances de passar em um concurso para a magistratura do trabalho. Confirma essa percepção o conjunto de resultados apresentados pelo Censo dos Magistrados, realizado pelo Conselho Nacional de Justiça (CNJ) em 2013, também apontou que 64% dos juízes são do sexo masculino e que eles representam 82% dos ministros dos tribunais superiores. A maioria da magistratura é casada ou está em união estável (80%) e tem filhos (76%). A idade média de juízes, desembargadores e ministros é de 45 anos. 84,5% dos juízes entrevistados declararam ser brancos, 14% se consideram pardos, 1,4%, pretos e 0,1%, indígenas. O estudo foi realizado pelo Departamento de Pesquisas Judiciárias (DPJ/CNJ) entre 4 de novembro e 20 de dezembro de 2013[28].

Outro estudo ainda mais recente, publicado em 2022 pelo IPEA, mostra que, quanto "ao perfil social e educacional, a análise mostra que o aprovado no CPNU é residente do Sul/Sudeste, com idade entre 27 e 31 anos, não negro, solteiro, sem deficiência, oriundo de um estrato social mais elevado e com título de pós-graduação *lato*

(26) Disponível em: <http://www.conjur.com.br/2008-mai-04/juiz_trabalhista_jovem_branco_progressista>. Acesso em: jul. 2017.

(27) Os dados do IBGE revelam que em 2015, são oito pessoas brancas, em cada dez que figuram entre os 1% mais ricos da população. Entre os mais pobres, "três em cada quatro são pessoas negras". Além disso, mais da metade da população brasileira (54%) é formada por pretos ou pardos. Disponível em: <http://agenciabrasil.ebc.com.br/geral/noticia/2016-12/ibge-negros-sao-17-dos-mais-ricos-e-tres-quartos-da-populacao-mais-pobre>. Acesso em: ago. 2017.

(28) Disponível em: <http://www.cnj.jus.br/noticias/cnj/61806-pesquisa-do-cnj-aponta-perfil-dos-magistrados-brasileiros>. Acesso em: jul. 2017.

sensu (especialização)". O estudo do IPEA também mostra que "o aprovado no concurso é tipicamente um indivíduo com experiência prévia como assalariado — especialmente no setor público e, mais ainda, no próprio Poder Judiciário, inclusive na própria Justiça do Trabalho"[(29)].

A questão relevante aqui é *de onde falam* as pessoas que acabam sendo selecionadas para a magistratura. Basta ver quais são os ambientes que elas frequentam, com quem convivem, o que fazem seus parentes e amigos, para perceber que a identificação ideológica com o capital será muito mais fácil, quase inconsciente e percebida como "natural", enquanto a capacidade de empatia com a classe trabalhadora será sempre um desafio. É evidente que esse não é um dado definitivo, mas fornece pistas importantes para compreender a dificuldade que a Justiça do Trabalho por vezes revela, em fazer valer a ordem constitucional de proteção a quem trabalha.

Daí porque é tão importante e merece destaque a iniciativa da Justiça do Trabalho, de reservar vagas no concurso público para magistratura trabalhista de 2023: "As pessoas com deficiência têm assegurado o direito à reserva de 5% (cinco por cento)" e "20% (vinte por cento) serão providas aos(às) candidatos(as) negros(as)"[(30)].

O modo como são selecionadas as pessoas que atuam na magistratura reforça a reprodução de um mesmo discurso, que por vezes se apega aos formalismos do processo comum, para justificar decisões que ferem a razão de existência do Direito do Trabalho, e outras tantas vezes simplesmente abandonam a formalidade para beneficiar quem detém capital. A análise que farei nos capítulos subsequentes, das regras processuais trabalhistas e do modo como elas são aplicadas explicitará isso. Como diz Dalmo Dallari, "fanatizados pela lógica aparente do positivismo jurídico", muitas vezes a(o)s juíza(e)s não conseguem sequer perceber que o excessivo apego a exigências formais torna-se empecilho à efetividade dos direitos envolvidos no processo:

> Não se sensibilizam pelas mais graves violações de direitos humanos, desde que sejam respeitadas as formalidades. Por isso se pode dizer que os juízes formalistas são cúmplices inconscientes dos violadores de direitos humanos e concorrem de maneira significativa para garantir sua impunidade (DALLARI, 2002, p. 40).

---

(29) O resultado disso, em termos de perfil da magistratura trabalhista, pode ser observado no estudo: <http://repositorio.ipea.gov.br/bitstream/11058/9899/1/NT_35_Diest_Perfil%20dos%20Candidatos%20Aprovados%20no%20Primeiro%20Concurso%20Publico%20Nacional%20Unificado%20da%20Magistratura%20de%20Trabalho.pdf> e <https://www.migalhas.com.br/arquivos/2019/2/art20190211-04.pdf>. Acesso em: 10 jul. 2022.

(30) Disponível em: <https://www.csjt.jus.br/web/csjt/editais-2023>. Acesso em: 05 mar. 2023.

Quando indefere uma tutela de urgência, por exemplo, a(o) juiz(a) "imaginará que sua imparcialidade será preservada", porque manter as coisas exatamente como elas estão é, para o pensamento conservador, um "modo de não ser ideológico". Entretanto, quem indefere uma tutela de urgência para o autor está outorgando "uma liminar idêntica ao demandado, apenas de sinal contrário", pois está permitindo que ele "continue a desfrutar do *status quo* a custo zero" (BAPTISTA DA SILVA, 2004, p. 16).

Outra questão que tem relevância na escolha e seleção da(o)s juíza(e)s é a importância que assumem as prerrogativas da magistratura, diante de um quadro de instabilidade econômica em que o serviço público, embora siga sendo demonizado, apresenta-se muitas vezes como caminho para a segurança econômica. Esse é um fator que tem contribuído para que muitas pessoas escolham carreiras públicas, para obter alguma segurança em uma realidade de tamanho desamparo, e não porque reconhecem na carreira sua forma de melhor contribuir com o mundo.

A(o)s juíza(e)s estão garantida(o)s pela vitaliciedade, inamovibilidade e irredutibilidade dos vencimentos (art. 95 da Constituição). Essas prerrogativas constituem garantia de que poderá exercer sua função sem sucumbir a pressões externas. Não poderá ter seu local de trabalho alterado porque desagradou alguém, nem perderá seu cargo, senão pelo cometimento de falta grave, devidamente apurada. A imparcialidade almejada pelo sistema depende de uma magistratura independente, inclusive para que haja possibilidade de afastar a lei que se revelar contrária ao Direito, compreendido histórica e constitucionalmente:

> Para que o Juiz possa ser imparcial, precisa ser independente e subordinado ao direito, por ser possível, contrariamente ao que propala o discurso positivista, a existência de leis contrárias ao direito: a técnica da justiça começa por enfrentar dois temas difíceis — o da independência dos juízes e o da subordinação dos juízes à lei. Teremos ensejo de ver que a subordinação é ao direito e não à lei, por ser possível a lei contra o direito. Não se deve de modo nenhum confundir a imparcialidade do Juiz, que se refere ao objeto do litígio e às pessoas nele envolvidas, com a neutralidade em face dos valores (FARACO DE AZEVEDO, 1989, p. 76).

O nosso sistema mantém, entretanto, algumas amarras que buscam afastar a magistratura dessa realidade concreta. A proibição de cumular trabalho, com exceção apenas para o magistério, e de realizar atividades político-partidárias (art. 95, parágrafo único) constituem clara opção ideológica. Decorrem de uma noção clássica da atividade judicial, pela qual tem a(o) Juíz(a) por função analisar o caso concreto e a ele aplicar a previsão normativa, sem preocupar-se com a justiça ou as consequências políticas que daí decorram. Então, quanto mais afastada(o) da vida política estiver, tanto melhor.

Até hoje, juíza(e)s que se posicionam acerca de matérias políticas são alvo de críticas e, não raro, de perseguições, de algum modo referendadas por resoluções que claramente limitam a liberdade de expressão de quem exerce a magistratura, como o Provimento 71 e a Resolução n. 305 do Conselho Nacional de Justiça. As limitações impostas hoje, em âmbito nacional, mesmo considerando a Constituição de 1988, precisam ser aplicadas à luz do parâmetro internacional fixado pela Convenção Americana de Direitos Humanos (Pacto de San José da Costa Rica):

> Art. 1º Os Estados-partes nesta Convenção comprometem-se a respeitar os direitos e liberdades nela reconhecidos e a garantir seu livre e pleno exercício a toda pessoa que esteja sujeita à sua jurisdição, sem discriminação alguma, por motivo de raça, cor, sexo, idioma, religião, opiniões políticas ou de qualquer outra natureza, origem nacional ou social, posição econômica, nascimento ou qualquer outra condição social.

O Art. 13 da Convenção Americana de Direitos Humanos estabelece que a liberdade de pensamento e de expressão "inclui a liberdade de procurar, receber e difundir informações e ideias de qualquer natureza, sem considerações de fronteiras, verbalmente ou por escrito, ou em forma impressa ou artística, ou por qualquer meio de sua escolha", direito que "não pode estar sujeito à censura prévia", nem a restrições "por vias e meios indiretos, tais como o abuso de controles oficiais ou particulares de papel de imprensa, de frequências radioelétricas ou de equipamentos e aparelhos usados na difusão de informação, nem por quaisquer outros meios destinados a obstar a comunicação e a circulação de ideias e opiniões".

A Corte Interamericana de Direitos Humanos tem decisões no sentido de que deve ser garantida a liberdade de pensamento de quem exerce a magistratura, como elemento do próprio Estado Democrático de Direito. Em uma decisão proferida em 27.08.2020, o Estado do Chile foi condenado, porque o Poder Judiciário havia imposto sanção disciplinar ao juiz Daniel Urrutia Laubreaux, em razão de trabalho acadêmico em que o magistrado formulou críticas à atuação judicial durante o período do regime de ditadura militar naquele país. Na decisão consta:

> La primera dimensión de la libertad de expresión "no se agota en el reconocimiento teórico del derecho a hablar o escribir, sino que comprende además, inseparablemente, el derecho a utilizar cualquier medio apropiado para difundir el pensamiento y hacerlo llegar al mayor número de destinatarios". En este sentido, la expresión y la difusión de pensamientos e ideas son indivisibles, de modo que una restricción de las posibilidades de divulgación representa directamente, y en la misma medida, un límite al derecho de expresarse libremente (...)
>
> Con respecto a la segunda dimensión del derecho a la libertad de expresión esto es, la social, es menester señalar que la libertad de expresión es un medio para el intercambio de ideas e informaciones entre las personas; comprende su derecho a tratar de comunicar a otras sus puntos de vista, pero implica también el derecho de todos a conocer opiniones, relatos y noticias vertidas

por terceros. Para el ciudadano común tiene tanta importancia el conocimiento de la opinión ajena o de la información de que disponen otros, como el derecho a difundir la propia(31).

É importante compreender que a independência judicial, a liberdade de expressão e a possibilidade de julgar a partir do que se convencionou chamar "livre convicção fundamentada" não constituem privilégios de quem exerce a magistratura. Ao contrário, sob o discurso dos direitos fundamentais a serem garantidos em uma sociedade democrática, essas prerrogativas afiguram-se condição de possibilidade da efetividade dos direitos, sobretudo daqueles que, como os direitos trabalhistas ou penais (duas faces de uma mesma moeda) devem ser afirmados quase sempre contra o poder do capital.

Como afirma em nota a Associação Juízes para a Democracia:

> Apenas juízes independentes, que tenham a certeza da impossibilidade de criminalização pelo simples teor de seus pensamentos e posições políticas, podem decidir com base na Constituição, mesmo quando o resultado disso desagradar a quem detém o poder. A independência judicial constitui a segurança de que todas as pessoas podem contar com um Judiciário forte, que garanta a realização do modelo de sociedade contido na Constituição. Beneficia a todas e a todos que precisam se sujeitar às decisões judiciais, em uma realidade na qual o Estado detém o monopólio da jurisdição. Não há efetividade do Direito quando os juízes e juízas estão sob qualquer tipo de ameaça, ainda mais vinda do próprio poder, por meio da utilização indevida, ilegal, inconstitucional e abusiva, da instauração de procedimentos disciplinares, viabilizada através de regulações como essa que se propõe a limitar o uso de redes sociais. A tentativa de amedrontar juízas e juízes é um grave sintoma de que nos estamos distanciando, cada vez mais, da civilidade que deve orientar o convívio social. E ausência de civilidade é barbárie(32).

A idealização de um Estado formado por três poderes, dos quais certamente o Judiciário era o menos relevante, teve a finalidade de desatrelar a atividade de definir quem tem razão diante das regras do jogo, de questões ligadas à casta ou à condição econômica dos litigantes. Nas palavras de Montesquieu, "nos Estados despóticos, não existe lei: a regra é o próprio Juiz. Nos Estados monárquicos existe uma lei e, onde esta é exata, o Juiz a observa; onde não existe, ele procura-lhe o espírito. Nos governos republicanos é da natureza da constituição que os Juízes observem literalmente a lei" (MONTESQUIEU, 1979, p. 83). Em tal contexto, o poder judicial é concebido para ser subserviente à ordem,

(31) Disponível em: <https://www.ajd.org.br/decisoes/2732-corte-interamericana-de-derechos-humanos-caso-urrutia-laubreaux-vs-chile>. Acesso em: 12 jan. 2021.

(32) Disponível em: <https://www.ajd.org.br/noticias/2454-cnj-redes-sociais>. Acesso em: 12 jan. 2021.

como já vimos em capítulo anterior. A recente investida em regras que buscam silenciar a magistratura é mais uma evidência de retorno a essa racionalidade liberal que revela-se como evidência de um compromisso liberal que subsiste a todo o avanço experimentado desde o século XVII.

A Lei Orgânica da Magistratura Nacional (LC 35/1979), editada no período da Ditadura Civil-Empresarial-Militar, já é reflexo disso. Quando regulamenta os deveres e as prerrogativas da magistratura, estabelece, por exemplo, o dever de "VIII – manter conduta irrepreensível na vida pública e particular" (art. 35), e veda ao magistrado "III – manifestar, por qualquer meio de comunicação, opinião sobre processo pendente de julgamento, seu ou de outrem, ou juízo depreciativo sobre despachos, votos ou sentenças, de órgãos judiciais, ressalvada a crítica nos autos e em obras técnicas ou no exercício do magistério" (art. 36). Mesmo assim, garante, no art. 41, que "salvo os casos de impropriedade ou excesso de linguagem o magistrado não pode ser punido ou prejudicado pelas opiniões que manifestar ou pelo teor das decisões que proferir", uma prerrogativa que vem sendo desconsiderada em decisões disciplinares mais recentes(33).

Por sua vez, a Constituição da República, no art. 111, refere que "o juiz do trabalho é órgão da Justiça do Trabalho", e "órgão do Poder Judiciário" (art. 92), ou seja, é poder de Estado. Tem, portanto, não apenas a possibilidade, mas o dever de ser politicamente comprometido. Isso não significa filiar-se necessariamente a partido político, mas conhecer e participar da vida pública na comunidade em que está inserido, preocupar-se com as consequências de suas decisões, reconhecendo o conteúdo político e ideológico que elas transmitem. Como alerta Dallari, é extremamente perigoso o Juiz que acredita exercer sua atividade de modo isento:

> Foram eles os que aceitaram, passivamente e sem qualquer perturbação de consciência, os "atos institucionais" impostos como leis superiores pelas ditaduras da América Latina em décadas recentes. São eles os que, em todo o mundo, aplicam sem reflexão, como se fosse indiscutivelmente normal, a "lei do governo", sem importar-lhes de que governo, nem tampouco a justiça ou a injustiça da imposição, desde que tenha uma aparência legal. Esse é o comportamento que mais frequentemente compromete o prestígio do Poder Judiciário, contribuindo muito para que ele seja visto como "uma forma legal de promover injustiças", segundo a palavras de Marcel Camus e James Baldwin. Também esses juízes são cúmplices, não tão inconscientes, da impunidade dos violadores de direitos humanos (DALLARI, 2002, p. 40).

(33) Disponível em: <https://www.justificando.com/2020/11/24/editorial-cacada-e-censura-do-tjsp-contra-o-juiz-corcioli-pode-ter-fim-no-cnj/>.

E segue afirmando que a "cumplicidade e a indiferença" são elementos com os quais "contam os governos injustos para assegurar a impunidade dos violadores de direitos humanos". Sem juíza(e)s bem informada(o)s, "conscientes de sua responsabilidade social e verdadeiramente comprometidos com a justiça", não há como pretender a efetividade dos direitos humanos e fundamentais (*Ibidem*, p. 41).

Todo o compromisso histórico e ideológico que determina a possibilidade de que uma Lei de 1979 ainda dite as regras de conduta da magistratura, referindo-se à necessidade de "conduta irrepreensível" na vida particular e no âmbito público, sem dúvida também irá determinar, em vários aspectos, a forma de atuação da magistratura e, pois, de construção do Direito. Como escreve Dallari, "ainda é comum ouvir-se um juiz afirmar, com orgulho vizinho da arrogância, que é 'escravo da lei'. E com isso fica em paz com sua consciência, como se tivesse atingido o cume da perfeição, e não assume responsabilidade pelas injustiças e pelos conflitos humanos e sociais que muitas vezes decorrem de suas decisões". O autor ainda conclui, de forma irônica, que "com alguma consciência esse juiz perceberia a contradição de um juiz-escravo e saberia que um julgador só poderá ser justo se for independente. Um juiz não pode ser escravo de ninguém nem nada, nem mesmo da lei" (DALLARI, 2002, p. 82).

As alterações legislativas mais recentes parecem, entretanto, pretender reforçar a ideia de uma magistratura ideologicamente comprometida com a manutenção da ordem vigente. A Lei n. 13.467/2017 positiva questões como o uso do uniforme, insere na CLT regras contrárias a entendimento jurisprudencial consolidado e busca alterar a compreensão e o conteúdo da própria relação social de trabalho, por meio de seu texto. Pretende, inclusive, estabelecer o "negociado sobre o legislado", fixando por lei os parâmetros para a negociação, o que deve e o que não deve ser alvo de ajuste e como esse ajuste deve ser realizado. É, portanto, exemplo de uma crença na neutralidade do(a) juiz(a) e na força constitutiva do texto de lei, apesar da realidade dos últimos séculos insistentemente demonstrar que essa neutralidade não existe, sobretudo em ramos especiais criados em função da necessidade de proteção a uma das partes, como é o caso do Direito do Trabalho, e que o texto de lei é simplesmente um texto, que precisará ser interpretado, tornando-se norma. Interpretação/aplicação que evidentemente não é infensa aos preconceitos, à tradição e à ideologia de suas e seus intérpretes.

Como dizia Warat, "não existem palavras inocentes". O discurso é produzido em um espaço social que se caracteriza por "relações simbólicas de poder". Na relação de trabalho e mesmo na sua judicialização, quando entra em cena a(o) Juíz(a) do Trabalho, a importância da dimensão política da sociedade como "um jogo de significações", do qual o Estado, através dele, necessariamente participa, é vital (WARAT, 1985, p.100). Toda decisão judicial refletirá na sociedade e, em alguma medida, determinará a atuação desses atores sociais. Uma atuação judicial politicamente comprometida promoverá alterações não apenas na vida dos litigantes, mas também das empresas, das famílias, da própria comunidade.

A(o) Juíz(a) que se reconhece como agente político sabe que sua função não se resume a produzir sentenças. Ela(e) ajuda a "transformar a realidade social". Como afirma Márcio Túlio Viana, se o Juiz não cumpre essa função, "não será sequer eficiente — por mais recordes que possa quebrar" (VIANA, 2016, p. 64). E observa que o comprometimento político da atuação judicial não é um privilégio ou uma faculdade, é um dever.

Tudo isso precisa ser compreendido dentro de uma lógica social que na aparência declara-se democrática e inclusiva, reconhece a fundamentalidade dos direitos sociais e empresta ao Poder Judiciário o rótulo de "guardião das promessas" da Constituição, mas que em sua essência é autoritária, raciocina a partir da posição social do destinatário da norma e tem no Judiciário uma representação muito clara dos interesses do capital. E que garante a hegemonia dos interesses da classe dominante através de mecanismos de controle e assujeitamento, que tentam impedir a magistratura de exercer sua função política, tornando-a burocrata carimbadora de pilhas virtuais.

3.3. Composição da Justiça do Trabalho

A Justiça do Trabalho é a porção do Poder Judiciário que cuida diretamente da judicialização de questões que decorrem da relação social de trabalho. Está descrita nos arts. 111 e seguintes da Constituição.

Na CLT, o art. 644 ainda se refere às Juntas de Conciliação e Julgamento ou os Juízos de Direito, assim como todo o Capítulo II (arts. 647 a 649), sendo curioso perceber que esses dispositivos não foram atualizados pela "reforma" (Lei n. 13.467), cujo discurso era justamente no sentido da modernização do texto legal trabalhista. O art. 645 refere que o "serviço da Justiça do Trabalho é relevante e obrigatório, ninguém dele podendo eximir-se, salvo motivo justificado", enquanto o art. 646 dispõe que "os órgãos da Justiça do Trabalho funcionarão perfeitamente coordenados, em regime de mútua colaboração, sob a orientação do presidente do Tribunal Superior do Trabalho".

A Justiça do Trabalho tem como órgãos o Tribunal Superior do Trabalho (TST), os Tribunais Regionais do Trabalho (TRT) e as Varas do Trabalho. A composição desse ramo especial do Poder Judiciário, prevista nos arts. 111-A a 113 da Constituição, foi praticamente toda reformulada pela Emenda Constitucional n. 45/2004.

No Decreto n. 1.687, de 1907, que disciplinava os sindicatos de trabalhadores rurais, já havia a previsão de criação de "conselhos permanentes de conciliação e arbitragem". Esses conselhos não chegaram a funcionar.

Em 1911, em São Paulo, a Lei estadual n. 1.299-A regulamentada pelo Decreto n. 2.215 de 1912 criou o Patronato Agrícola, subordinado à Secretaria de Agricultura e com a função de, entre outras coisas, "resolver dúvidas entre operários agrícolas e patrões", "intentar e patrocinar as causas para cobrança de salários". Em 1922, o Decreto n. 3.548, também de São Paulo, criou o Tribunal Rural, por reconhecer que a justiça comum não dava conta da necessidade de rapidez e efetividade na cobrança dos salários dos operários agrícolas. O juiz de direito presidia o Tribunal Rural e existiam outros dois participantes, um indicado pelo patrão outro pelo empregado (locatário da força de trabalho). A exposição do conflito era feita de forma oral, os dois representantes do capital e do trabalho davam seus votos e o juiz de direito decidia e executada a própria decisão. Não precisava de advogado e a parte devia levar junto quem seria o juiz que representaria os interesses do trabalho, bem como suas testemunhas.

Também essa foi uma iniciativa que enfrentou dificuldades. Como refere Waldemar Ferreira, além de precisarem se deslocar para se submeter ao Tribunal Rural, os operários ainda tinham dificuldade na indicação de um juiz, pois haviam de "procurá-lo no círculo de seus amigos e entre os de sua classe. Poucos se disporiam a romper a sua natural timidez, reflexo da sua condição social, para coparticipar de um tribunal em que teriam de hombrear com o juiz de Direito e, em face dele, manifestar, de público, o seu juízo" (FERREIRA, 1938, p. 49).

Em maio de 1932, o o Decreto n. 21.396 cria as Comissões Mistas de Conciliação, atreladas ao Ministério do Trabalho, Indústria e Comércio, com a função de "dirimir os dissídios entre empregadores e empregados". A Comissão Mista de Conciliação foi estabelecida com mandato de um ano (renovável por mais um), devendo ser constituída por dois, quatro ou seis vogais, com igual número de suplentes, dos quais a metade representava os empregadores e a outra metade os empregados, tendo um presidente nomeado pelo Ministro do Trabalho (art. 2º). Os membros não eram remunerados, as sessões eram secretas e o principal objetivo era chegar a uma conciliação. Na ausência de conciliação, as partes deveriam se submeter ao juízo arbitral. O descumprimento do laudo implicava imposição de multa e, havendo "recusa de uma das partes" ou de ambas em se submeter ao juízo arbitral, os motivos seriam encaminhados ao Ministro do Trabalho, Indústria e Comércio, "para a respectiva solução" (art.15). Uma espécie de recurso, portanto.

É ainda interessante salientar que na forma do art. 19 desse Decreto, o "processo perante as Comissões de Conciliação é gratuito e não poderá sofrer a menor delonga, sendo isentos de selo as petições, documentos e outros papéis que lhes forem encaminhados".

Em agosto de 1932, foi editado o Decreto n. 21.761, definindo convenção coletiva de trabalho e estabelecendo, em seu art. 13, que as "divergências e dissídios resúltantes da inobservância ou infração de qualquer cláusula contratual de uma convenção coletiva, antes de levados ao conhecimento do Ministério do Trabalho, Indústria e Comércio, para os efeitos do presente decreto, serão salvo estipulação em contrário na convenção, submetidos às Comissões de Conciliação".

Por sua vez, o Decreto n. 22.132, de 25 de novembro de 1932, estabelecia a possibilidade de o Ministério do Trabalho criar Juntas de Conciliação e Julgamento, "a requerimento de qualquer sindicato interessado", formada por dois vogais, indicados respectivamente pelos empregadores e pelos empregados, e um presidente nomeado pelo Ministro, "de preferência" entre juízes ou advogados atuantes. Os vogais tinham garantia contra a despedida "até um ano após o desempenho do cargo" (art. 5º). As reclamações podiam ser formuladas diretamente pelos empregados (sindicalizados), de forma verbal, sendo reduzidas a termo. Intimado o reclamado era marcada a audiência em que o reclamante deveria comparecer "com as provas que tiver" (art. 7º). Havia previsão expressa da possibilidade de reconvenção (art. 16), o julgamento poderia fundar-se em "indícios e presunções" ou serem proferidos "segundo os usos e costumes locais". A instância era única e as decisões só podiam ser discutidas "nos embargos à sua execução" (art. 18), exceto se o Ministro o avocasse (art. 29). O prazo para cumprir a decisão era de 05 dias e a execução ocorria "perante o foro federal".

Seu surgimento não foi comemorado pelos sindicatos. Ao contrário, a legislação trabalhista criada na década de 1930 e a institucionalização das formas de mediação estatal entre trabalho e capital através do processo do trabalho e da criação de estruturas destinadas a resolver os conflitos foram consideradas fascistas, "sobretudo em razão da imposição de atrelamento do sindicato ao Estado" (SOUTO MAIOR; SEVERO, 2018, p. 14).

A Constituição de 1934 estabeleceu:

> Art 122 – Para dirimir questões entre empregadores e empregados, regidas pela legislação social, fica instituída a **Justiça do Trabalho**, à qual não se aplica o disposto no Capítulo IV do Título I (que tratava do poder judiciário...)
>
> Parágrafo único – A constituição dos Tribunais do Trabalho e das Comissões de Conciliação obedecerá sempre ao princípio da eleição de membros, metade pelas associações representativas dos empregados, e metade pelas dos empregadores, sendo o presidente de livre nomeação do Governo, escolhido entre pessoas de experiência e notória capacidade moral e intelectual.
>
> Art 123 – São equiparados aos trabalhadores, para todos os efeitos das garantias e dos benefícios da legislação social, os que exerçam profissões liberais.

Também em 1934, o Conselho Nacional do Trabalho, que havia sido criado pelo Decreto n. 16.027, de 30 de abril de 1923, como um órgão consultivo dos poderes públicos, encarregado de promover "estudo de outros assumptos que possam interessar á organização do trabalho e da previdencia social", além de ocupar-se de: "dia normal de trabalho nas principaes industrias, systemas de remuneração do trabalho, contractos collectivos do trabalho, systemas de conciliação e arbitragem, especialmente para prevenir ou resolver as paredes, trabalho de menores, trabalho de mulheres, aprendizagem e ensino technico, accidentes do trabalho, seguros sociaes; caixas de aposentadorias e pensões de ferro-viarios, instituições de credito popular e caixas de credito agricola" (art. 2º), foi reformulado pelo Decreto n. 24.784, de 14 de julho de 1934, que lhe atribuiu competência para "decidir, funccionando como tribunal arbitral e irrecorrível, os dissidios entre empregados e empregadores, quando houver falhado o recurso legal da conciliação"(34).

Em 1935, foi enviado ao Congresso **o Anteprojeto da lei que instituiu e organizou a Justiça do Trabalho.** Na Exposição de Motivos do Anteprojeto da Justiça do Trabalho, de 11 de novembro de 1936, consta:

> (...) repugnancia em reconhecer-se nos tribunaes do trabalho instituições judiciarias" decorre da "sobrevivencia deste velho pressuposto liberal — de que os conflictos do trabalho não interessam ao Estado.
>
> (...) a reação "contra a lentidão, a complexidade e o formalismo do processo commum" impõe a necessidade de criação de um processo do trabalho, ditado pela oralidade, pela gratuidade, pela concentração e pela simplicidade adoptámos uma legislação social de base syndicaiista, que exige disciplina e tribunaes de justiça de acção rapida e efficaz (...).
>
> necessidade de harmonizar os interesses em lucta, como em defesa da autoridade do Estado, que **não pôde ser neutro, nem abstencionista**, deante das perturbações collectivas, deixando as forças sociaes entregues aos proprios impulsos

O Anteprojeto estabelece também os princípios da Justiça do Trabalho:

a) composição paritaria das comissões e tribunaes;

b) identidade de juiz — isto é, um só juiz preparador e julgador;

c) processo oral;

d) prova immediata, não havendo dilação;

e) concentração processual, isto é, todos os incidentes e meios de prova são feitos em conjunto e, tanto quanto possivel, na mesma audiencia;

f) instancia unica, quando possivel, não havendo recurso das decisões, incidentes ou interlocutorias, e só se permittindo a appellação das sentenças definitivas com effeito suspensivo em casos restrictos;

g) gratuidade de processo até 1:000$000 (um conto de réis) e pagamento das custas somente afinal;

h) execução, pela Justiça do Trabalho, das proprias decisões.

---

(34) A Constituição de 1937, manteve a referência à Justiça do Trabalho, vinculada ao poder executivo: "Art 139 – Para dirimir os conflitos oriundos das relações entre empregadores e empregados, reguladas na legislação social, é instituída a Justiça do Trabalho, que será regulada em lei e à qual não se aplicam as disposições desta Constituição relativas à competência, ao recrutamento e às prerrogativas da Justiça comum".

Quando criada, pertencia, portanto, ao poder executivo, tendo sido incorporada ao Poder Judiciário, a partir da Constituição de 1946, que já a estabeleceu como órgão desse poder (art. 94) e a disciplinou nos arts. 122 e seguintes. O art. 123 estabelecia como competência da Justiça do Trabalho "conciliar e julgar os dissídios individuais e coletivos entre empregados e empregadores, e, as demais controvérsias oriundas de relações do trabalho regidas por legislação especial". Os dissídios relativos a acidentes do trabalho seguiram sendo da competência da Justiça ordinária.

A escolha por ter uma estrutura separada para cuidar do conflito entre capital e trabalho parte do reconhecimento de que quem depende do trabalho para sobreviver experimenta, ao longo da vida, a sensação de frustração que decorre das impossibilidades com as quais cotidianamente convive, de consumir, de se sentir seguro, de alterar a realidade ou de fazer valer sua vontade no ambiente de trabalho. Um processo trabalhista efetivo, ético, em que se reconhece e pratica a proteção que orienta e justifica a existência de normas trabalhistas, além de promover distribuição (ou reposição) de renda, confere dignidade a quem vive do trabalho.

Para isso, é necessária uma estrutura criada para que a racionalidade social do processo do trabalho prevaleça. Há, portanto, um conteúdo simbólico importante nessa separação de competência, que diz com o reconhecimento de que a relação entre capital e trabalho precisa ser examinada pelo Estado desde outra perspectiva.

A Justiça do Trabalho não tem sequer a pretensão de promover igualdade entre capital e trabalho ou de estabelecer condições para a superação do sistema, como já disse. Ao contrário, ao aplicar a legislação de proteção social a quem trabalha, promove a contenção da luta de classes, estabelece limites à exploração, evitando o caos. Além disso, acaba por ser parâmetro para uma concorrência mais leal entre os empregadores, pois ao fiscalizar e exigir o cumprimento das normas trabalhistas acaba por prestigiar quem respeita os direitos fundamentais trabalhistas.

A Justiça do Trabalho nasce com a missão de pacificar o conflito entre capital e trabalho, como se isso fosse possível sob a lógica da troca que equipara tempo de vida a dinheiro. Constitui lugar privilegiado de explicitação do sofrimento que decorre da violência estrutural da troca entre capital e trabalho e tem justamente a função de desvelá-la e limitá-la. Isso representa bem mais do que determinar o pagamento de horas extras ou das verbas resilitórias. Ocorre que ao longo do tempo, essa função de contenção e de tensionamento (de *com-tensão* em relação ao sistema capitalista, portanto) acaba sendo em parte anestesiada por uma forte investida liberal, que se promove através do ensino jurídico e da seleção de juízes, e se efetiva como verdadeira política de estado, especialmente a partir da década de 1990.

Há uma estrutura, portanto, destinada apenas a analisar as questões controvertidas que decorrem da relação entre capital e trabalho, como já vimos nos capítulos anteriores.

Até 2004, não havia muita divergência, na doutrina ou na jurisprudência, acerca do objeto do Poder Judiciário Trabalhista: relação de emprego. Nem tampouco parecia haver dificuldade em definir diferenças entre a relação de emprego (em que há trabalho subordinado) e relação de trabalho (autônomo).

3.4. Competência da Justiça do Trabalho

O art. 114 da Constituição foi alterado pela Emenda Constitucional 45, fruto de um amplo movimento em favor da Justiça do Trabalho. A Emenda refere que à Justiça do Trabalho compete processar e julgar "ações oriundas das relações de trabalho". Antes o artigo mencionava "dissídios individuais e coletivos entre trabalhadores e empregadores", além de "na forma da lei, outras controvérsias decorrentes da relação de trabalho".

A nova redação é uma clara resposta a todo o movimento que, durante a década de 1990, dividiu o mundo jurídico do trabalho em dois discursos. De um lado, a flexibilização, inclusive com a importação de doutrinas como a da flexissegurança, propugnando a autonomia de trabalhadores que, sobrevivendo do trabalho realizado, firmam "novos" contratos de trabalho para os quais são reconhecidos alguns, mas não todos, direitos previstos na legislação laboral. De outro, o discurso da fundamentalidade dos direitos sociais trabalhistas, animado pela circunstância objetiva de a Constituição de 1988 haver incluído tais direitos, pela primeira vez, no Capítulo II dos Direitos e Garantias Fundamentais.

A denominada flexissegurança surge na Europa, sob o discurso da promoção de novos empregos, fomento ao empreendedorismo, capacidade de adaptação ao mercado e iguais condições de acesso ao trabalho para as diferentes classes sociais. De acordo com Luciano Gallino, o resultado não atinge as causas da flexibilização, mas apenas aposta na *"bizarra idea di curare gli effetti senza minimamente proporsi di incidere sulle cause"* (GALLINO, 2007).

As *cooperativas de trabalho,* verdadeiras empresas que exploram força de trabalho sem reconhecer os mínimos direitos previstos na legislação trabalhista, são exemplos desse discurso flexibilizante. O art. 442 da CLT sofreu alteração em 1994, com a Lei n. 8.949, para dispor em seu parágrafo único que "qualquer que seja o ramo de atividade da sociedade cooperativa, não existe vínculo empregatício entre ela e seus associados, nem entre estes e os tomadores de serviços daquela", revelando essa intenção de retirar de quem trabalha por conta alheia através de uma cooperativa, os direitos trabalhistas mínimos.

Outra alteração promovida na CLT em 1998, pela Lei n. 9.601, mudando o conceito de compensação de jornada, com a criação da esdrúxula hipótese de que o cansaço decorrente do trabalho extraordinário seja compensado em até um ano ("banco" de horas), é outro exemplo disso.

Esse é o contexto social em que surge a Emenda Constitucional n. 45. Aparentemente, trata-se de um reforço da importância dessa instituição. Entretanto, já há época vozes importantes alertavam para o fato de que a ampliação da competência só iria se consagrar como elemento da luta histórica pela legitimação deste campo do direito se o princípio da proteção seguisse sendo observado para a aplicação de todas as regras (SOUTO MAIOR, 2004).

Passadas quase duas décadas desde a alteração constitucional, o que se tem assistido é o esvaziamento do conceito de relação de emprego, com a multiplicação de hipóteses em que a suposta autonomia do trabalho justificaria a ausência de direitos trabalhistas.

A Lei n. 11.442, de 2007, que cria a figura do "transportador autônomo de carga e descarga — TAC, pessoa física que tenha no transporte rodoviário de cargas a sua atividade profissional" e o "auxiliar autônomo de carga de descarga", é exemplo desse processo destrutivo, que busca esvaziar o conceito de relação de emprego. A lei preocupou-se em fixar que:

> Art. 5º As relações decorrentes do contrato de transporte de cargas de que trata o art. 4º desta Lei são sempre de natureza comercial, não ensejando, em nenhuma hipótese, a caracterização de vínculo de emprego.
>
> Parágrafo único. Compete à Justiça Comum o julgamento de ações oriundas dos contratos de transporte de cargas.

Uma alteração promovida em 2015, no texto dessa lei, ainda acrescenta que as "relações decorrentes do contrato estabelecido entre o Transportador Autônomo de Cargas e seu Auxiliar ou entre o transportador autônomo e o embarcador não caracterizarão vínculo de emprego" (art. 4º, § 5º).

A Lei n. 12.690, de 2012, que institui as cooperativas de prestação de serviços, é um elemento desse processo de esvaziamento do conceito mesmo de relação de emprego. Uma cooperativa, em que pessoas se unem para "com proveito comum, autonomia e autogestão" obterem "melhor qualificação, renda, situação socioeconômica e condições gerais de trabalho", como diz o art. 2º dessa legislação, é a antítese do que ocorre nesse tipo de cooperativa.

Se o(a)s trabalhadore(a)s se organizam para prestar serviços a terceiro, como ocorre na cooperativa *de prestação de serviços*, a figura do empregador (nos moldes do art. 2º da CLT) estará presente, "ainda que sob o eufemismo de tomador dos serviços. Há quem 'admite, assalaria e dirige a prestação pessoal de serviço', já que sequer é possível cogitar de prestações de atividade de limpeza, por exemplo, realizadas de forma autônoma". O que a lei faz é simplesmente retirar do tomador do trabalho a responsabilidade pelos riscos da atividade econômica, transferindo-a à(o)s trabalhadora(e)s. Como já afirmei em outro texto, "quando o trabalho se insere na atividade desenvolvida pela empresa, o que temos é um modo, mesmo que disfarçado, de subordinação" (ALMEIDA, SEVERO; 2013).

A lei estabelece que a cooperativa de serviço é constituída "por sócios para a prestação de serviços especializados a terceiros, *sem a presença dos pressupostos da relação de emprego*" (art. 4º), embora o art. 7º institua jornada, direito ao repouso e ao recebimento de adicional para atividades insalubres ou perigosas, entre outros direitos tipicamente trabalhistas.

A Lei Complementar n. 150, comemorada como uma conquista das trabalhadoras domésticas em razão da incorporação, pelo Brasil, da Convenção n. 189 da OIT, estabelece que "empregado doméstico" é quem presta serviços "por mais de 2 (dois) dias por semana", negando, portanto, direitos sociais mínimos a todas as mulheres (maioria) e homens que prestam serviços domésticos por um ou dois dias da semana, também "de forma contínua, subordinada, onerosa e pessoal".

Esses são apenas alguns exemplos que revelam um movimento aprofundado desde a Emenda Constitucional n. 45/2004, no sentido de retirar direitos de uma parcela cada vez maior da população que sobrevive com o salário que recebe em troca da força de trabalho que entrega. Todas as vezes em que a lei precisa afirmar que determinada relação jurídica não é algo, há certamente razões para que desconfiemos de que é exatamente daquilo que se trata. Uma relação de autonomia não se confunde com o vínculo de emprego, não porque há uma regra fixando isso, mas porque o fenômeno social é radicalmente outro.

A autonomia constitui conceito jurídico que se opõe à subordinação. E essa, por sua vez, foi definida pelo direito a partir da realidade de que em uma sociedade capitalista, todo o trabalho inserido em determinado empreendimento, ou seja, toda a compra/venda de força de trabalho em troca de remuneração, como forma de subsistência, é trabalho subordinado.

Em um modelo de sociedade baseado na troca de trabalho por capital, para viver "os não proprietários são obrigados a por-se direta ou indiretamente a serviço dos proprietários, sob a sua dependência". Precisarão "alugar seu trabalho", "emprestar trabalho", "trabalhar no lugar do outro" (MARX, 2004, p. 33).

O reconhecimento jurídico da relação de emprego, com tudo o que daí decorre em termos de dever de proteção, por parte do Estado e do particular que emprega força de trabalho, constitui uma espécie de acordo tácito, na tentativa de continuação da sociedade capitalista, buscando minimizar seus males. Nessa perspectiva, a doutrina trabalhista reconhece que o trabalho, na relação de troca por salário, é objetivamente subordinado (VILHENA, 2005). Reconhecer que o trabalho subordina-se à atividade é, por via inversa, reconhecer que aquele que compra e utiliza esse trabalho é o empregador: o que emprega o trabalho em sua atividade empresarial (ALMEIDA, 2018).

A necessidade desse reconhecimento e da construção de normas de proteção a quem trabalha destina-se a minimizar efeitos reconhecidos e tolerados, que decorrem objetivamente dessa relação de trocas, como a perda da saúde em razão do ambiente de trabalho, por exemplo. Há, portanto, uma alteração na função que o Estado e o Direito assumem diante da realidade do capital. A partir de 1988, portanto, no Brasil, não é mais possível sustentar juridicamente o discurso do Estado Liberal, que pressupõe a autonomia plena da vontade e a igualdade de todos. O Direito Social do Trabalho, inscrito nessa ordem, reconhece e incentiva a troca, em que há equiparação da pessoa à mercadoria e na qual a desigualdade é pressuposta e mesmo necessária. Entretanto, reconhece também que o capitalismo promove uma negação da dignidade que precisa ser minimizada, exatamente para que continue existindo como modo de reprodução social (RODRIGUEZ, 2000, p. 35).

A lógica do Estado Social é incompatível, portanto, com qualquer forma de precarização do trabalho, porque implicaria o retrocesso social que a Constituição coíbe. Implicaria um retorno à realidade do final do século XVIII, ou do início do século XX no Brasil. Uma realidade que já se revelou historicamente insustentável, inclusive sob a perspectiva estritamente econômica. A consequência lógica é que a alteração de competência promovida pela EC n. 45/2004 deveria haver sido compreendida e aplicada da perspectiva de fortalecer a proteção na troca entre capital e trabalho, inclusive para o efeito de neutralizar as tentativas de legislação destrutiva.

Ao contrário, porém, mesmo a redação do art. 114 da Constituição acaba revelando-se estímulo à ampliação do movimento de desmanche. É exemplo a previsão do § 1º do art. 114 da Constituição ("Frustrada a negociação coletiva, as partes poderão eleger árbitros"). A ideia de cooperação, reforçada pela exigência de "comum acordo" para ajuizamento de dissídio coletivo no § 2º do mesmo artigo, mascara a realidade de que o empregado "imerso num mundo invisível de coação e premido pela necessidade de identidade coletiva, muda sua referência e percepção de identidade coletiva, diminuindo sua identificação com os sindicatos e aumentando-a com as empresas, cujos laços de dependência tornam-se mais sólidos do que nunca" (DELGADO, *in* FREIRE PIMENTA, 2004, p. 139).]

Como refere Boaventura de Souza Santos, o regresso ao "princípio do mercado" nas duas últimas décadas do Século XX representou "a revalidação social e política do ideário liberal e, consequentemente, a revalorização da subjectividade em detrimento da cidadania" (SANTOS, 2005, p. 255). A partir disso, criou uma tal situação em que a articulação "entre o isolamento político do operariado e a difusão social da força de trabalho assalariada" passou a ser responsável pela "situação paradoxal de a força de trabalho assalariada ser cada vez mais crucial para explicar a sociedade contemporânea e o operariado ser cada vez menos importante e menos capaz de organizar a transformação não capitalista desta" (*Ibidem*, p. 272).

A centralidade da relação de troca entre capital e trabalho como condição para a sobrevivência de quem vive do trabalho é confirmada o tempo todo pela realidade ao nosso redor. O que se modifica é o olhar do Direito e do Estado e a forma pela qual ambos disciplinam esse fenômeno.

O art. 114 da Constituição refere que compete à Justiça do Trabalho processar e julgar "as ações oriundas da relação de trabalho, abrangidos os entes de direito público externo e da administração pública direta e indireta da União, dos Estados, do Distrito Federal e dos Municípios". Em lugar de gerar efetivamente a ampliação da competência, o que se tem visto é a sua restrição cada vez maior, como na decisão publicada em fevereiro de 2021, que fixa a Tese n. 992, pelo STF:

> Compete à Justiça Comum processar e julgar controvérsias relacionadas à fase pré-contratual de seleção e de admissão de pessoal e eventual nulidade do certame em face da Administração Pública, direta e indireta, nas hipóteses em que adotado o regime celetista de contratação de pessoas, salvo quando a sentença de mérito tiver sido proferida antes de 6 de junho de 2018, situação em que, até o trânsito em julgado e a sua execução, a competência continuará a ser da Justiça do Trabalho (EMB. DECL. NO RECURSO EXTRAORDINÁRIO N. 960.429)

Tão logo operada a alteração constitucional, o STF foi provocado e firmou entendimento de que as lides envolvendo administração pública direta ou indireta, sempre que a contratação se der sob regime estatutário, seguiriam sendo da competência da Justiça estadual ou federal comum.

> CONSTITUCIONAL E TRABALHO. COMPETÊNCIA DA JUSTIÇA DO TRABALHO. ART.114, I, DA CONSTITUIÇÃO FEDERAL. EMENDA CONSTITUCIONAL N. 45/2004. AUSÊNCIA DE INCONSTITUCIONALIDADE FORMAL. EXPRESSÃO "RELAÇÃO DE TRABALHO". INTERPRETAÇÃO CONFORME À CONSTITUIÇÃO. EXCLUSÃO DAS AÇÕES ENTRE O PODER PÚBLICO E SEUS SERVIDORES. PRECEDENTES. MEDIDA CAUTELAR CONFIRMADA. AÇÃO DIRETA JULGADA PARCIALMENTE PROCEDENTE.
>
> 1. O processo legislativo para edição da Emenda Constitucional n. 45/2004, que deu nova redação ao inciso I do art. 114 da Constituição Federal, é, do ponto De vista formal, constitucionalmente hígido.
>
> 2. A interpretação adequadamente constitucional da expressão "relação do trabalho" deve excluir os vínculos de natureza jurídico estatutária, em razão do que a competência da Justiça do Trabalho não alcança as ações judiciais entre o Poder Público e seus servidores.
>
> 3. Medida Cautelar confirmada e Ação Direta julgada parcialmente procedente.
>
> (ADI n. 3.395, DISTRITO FEDERAL, relator Ministro ALEXANDRE DE MORAES, 2020)

No que tange ao inciso II do art. 114 da Constituição, que fixa a competência material em relação às ações que envolvam exercício do direito de greve, há também entendimentos cristalizados que reduzem o campo de atuação da Justiça do Trabalho[35]. Apesar da Súmula n. 189 do STF, anterior à EC n. 45/2004, fixar que "A Justiça do Trabalho é competente para declarar a abusividade, ou não, da greve"[36], houve uma restrição importante imposta a partir da decisão proferida no RE n. 846.854, em 1º.08.2017, publicada em 07.02.2018. A partir dessa decisão, foi fixada a Tese n. 544, com repercussão geral:

> A justiça comum, federal ou estadual, é competente para julgar a abusividade de greve de servidores públicos celetistas da Administração pública direta, autarquias e fundações públicas.

Quanto ao item VI do art. 114, que atribui à Justiça do Trabalho competência material para processar e julgar as "ações de indenização por dano moral ou patrimonial, decorrentes da relação de trabalho", a Súmula n. 392 do TST estabelece que tal competência abrange inclusive as indenizações que decorrem de "acidente de trabalho e doenças a ele equiparadas, ainda que propostas pelos dependentes ou sucessores do trabalhador falecido". O STF já firmou tese com repercussão geral no mesmo sentido:

> Tese n. 242 (RE n. 600.091): Compete à Justiça do Trabalho processar e julgar as ações de indenização por danos morais e patrimoniais decorrentes de acidentes de trabalho propostas por empregado contra empregador, inclusive as propostas pelos sucessores do trabalhador falecido, salvo quando a sentença de mérito for anterior à promulgação da EC n. 45/2004, hipótese em que, até o trânsito em julgado e a sua execução, a competência continuará a ser da Justiça Comum.

Essa é outra característica identificada em algumas decisões do STF: a fixação da competência material dividida a partir do marco temporal da promulgação da EC n. 45/2004, como se a matéria se alterasse junto com a regra (processual) de competência.

Quanto à competência para a "execução, de ofício, das contribuições sociais previstas no art. 195, I, *"a"*, e II, e seus acréscimos legais, decorrentes das sentenças que proferir" (VIII), o TST editou a Súmula n. 368, segundo a qual a "competência da Justiça do Trabalho, quanto à execução das contribuições previdenciárias, limita-se às sentenças condenatórias em pecúnia que proferir e aos valores, objeto de acordo homologado, que integrem o salário de contribuição". E também a Súmula n. 454, segundo a qual "compete à Justiça do Trabalho a execução, de ofício, da contribuição referente ao Seguro de Acidente de Trabalho (SAT), que tem natureza de contribuição para a seguridade

---

(35) O § 3º do art. 114 dispõe que "Em caso de greve em atividade essencial, com possibilidade de lesão do interesse público, o Ministério Público do Trabalho poderá ajuizar dissídio coletivo, competindo à Justiça do Trabalho decidir o conflito".

(36) A competência em relação às ações possessórias ajuizadas em decorrência do exercício do direito de greve pelos trabalhadores da iniciativa privada foi reconhecida à Justiça do Trabalho, através da Súmula Vinculante n. 23.

social (arts. 114, VIII, e 195, I, *"a"*, da CF), pois se destina ao financiamento de benefícios relativos à incapacidade do empregado decorrente de infortúnio no trabalho (arts. 11 e 22 da Lei n. 8.212/1991)".

O STF, por sua vez, tem a Súmula Vinculante n. 53:

> A competência da Justiça do Trabalho prevista no art. 114, VIII, da Constituição Federal alcança a execução de ofício das contribuições previdenciárias relativas ao objeto da condenação constante das sentenças que proferir e acordos por ela homologados.

E a Tese n. 505 (RE n. 595.326), que repete a competência para executar, de ofício, as contribuições previstas no art. 195, incisos I, alínea a, e II, da Constituição, "relativamente a títulos executivos judiciais por si formalizados em data anterior à promulgação da Emenda Constitucional n. 20/1998".

O inciso que mais controvérsia gerou foi o IX do art. 114, que estabelece a competência da Justiça do Trabalho para "outras controvérsias decorrentes da relação de trabalho".

3.5. A história mais recente: a tentativa de asfixia da Justiça do Trabalho

A Justiça do Trabalho historicamente enfrenta um processo de ataque, que se aprofunda nos últimos anos. Esse processo pode ser emblematicamente representado pela exposição de motivos da lei que fixou o orçamento da Justiça do Trabalho para o ano de 2016 (Lei n. 13.255/2016), feita pelo relator Deputado Ricardo Barros:

> As regras atuais estimulam a judicialização dos conflitos trabalhistas, na medida em que são extremamente condescendentes com o trabalhador.
>
> (...) É fundamental diminuir a demanda de litígios na justiça trabalhista (...) Sem a revisão e reforma dessa legislação, continuaremos alimentando esse ciclo em que há cada vez mais demandas, que exigem cada vez mais magistrados e servidores
>
> (...) Nesse sentido, estamos propondo cancelamentos de despesas de maneira substancial, como forma de estimular uma reflexão sobre a necessidade e urgência de tais mudanças.

O corte promovido foi de 24,9% das despesas já previstas (custeio) e 90% dos investimentos (novas despesas). E foi claramente realizado para que a magistratura trabalhista repensasse sua forma de decidir os conflitos trabalhistas, ou seja, como uma espécie de punição declarada. Submetida ao crivo do STF, a referida lei foi considerada constitucional. O fundamento para a improcedência da ADI n. 5.468, julgada em 03.06.2019, no voto do Relator Ministro Luiz Fux, foi de que não cabe ao Judiciário interferir na função do Poder Legislativo de debater e votar as leis orçamentárias. O relator chega a mencionar em seu voto que embora "ostente confessadamente uma motivação ideologicamente enviesada", a fundamentação do relatório final da Comissão

Mista de Planos, Orçamentos Públicos e Fiscalização não vincula os parlamentares, que votam o orçamento em sessão conjunta das duas Casas Legislativas(37).

O Ministro presidente do TST, Ives Gandra Martins Filho, que assumiu a gestão desse tribunal para o período de 2016/2018, em seu discurso de posse, em fevereiro de 2016, referiu que "a finalidade da Justiça do Trabalho é fundamentalmente a harmonização das relações trabalhistas, pacificando os conflitos sociais" e que as regras trabalhistas devem ser interpretadas e aplicadas "imparcialmente"(38). Essa fala é de extrema importância para a compreensão da revitalização de uma racionalidade liberal, especialmente no âmbito do direito material e processual do trabalho.

Em entrevista, em 2016, ao Conjur, Ives afirmou que não tirava inteiramente a razão de Ricardo Barros. Nessa mesma entrevista, Ives chegou a defender o uso do amianto, dizendo acreditar em um "meio termo possível" que "minimizasse a insalubridade no trabalho". O amianto, banido em quase todos os países, causa câncer e asbestose. O STF, na ADI n. 3.937, ajuizada pela Confederação Nacional dos Trabalhadores na Indústria (CNTI), contra a Lei n. 12.687/2007, do Estado de São Paulo, que proíbe o uso de "produtos, materiais ou artefatos que contenham quaisquer tipos de amianto no território estadual" julgou a demanda improcedente. Outras ADI'S de leis estaduais de banimento do uso de amianto, nos estados do Rio de Janeiro, Pernambuco e Rio Grande do Sul também foram propostas, porque se trata de um produto que causa dano efetivo à saúde. O asbesto (amianto) é um mineral que causa asbestose, doença que afeta os pulmões criando uma fibrose que dificulta ou até impede a respiração, além de câncer de pulmão e outras doenças pleurais. Segundo estudo, "75% a 80% dos casos de mesotelioma maligno de pleura estão associados à exposição ao asbesto"; cerca de 80% ocorrem "em trabalhadores expostos ao asbesto no ambiente de trabalho e o restante em membros de sua família ou pessoas que moram próximo à mineração ou a fábricas que utilizam o asbesto"(39).

Ives também fez crítica aberta à magistratura trabalhista, ao afirmar que devem atentar "às implicações socioeconômicas de suas decisões", não podem ser "apenas juízes de gabinete, que extraem pura e simplesmente suas conclusões de processos lógicos a partir de premissas principiológicas" ou pretender "transformar o mundo através de despachos e sentenças"(40). Em evento na Federação do Comércio de Bens, Serviços e Turismo do

(37) Disponível em: <http://www.stf.jus.br/portal/cms/verNoticiaDetalhe.asp?idConteudo=319997>. Acesso em: ago. 2017.

(38) Disponível em: <http://www.tst.jus.br/documents/10157/a89b6a31-571a-4d25-bdef-95ca94f395fa>. Acesso em: ago. 2017.

(39) Disponível em: <https://apmtsp.org.br/o-amianto-e-suas-graves-consequencias-para-a-saude-do-trabalhador/>. Acesso em: 10 jul. 2022. A decisão definitiva foi tomada apenas em fevereiro de 2023.

(40) Disponível em: <http://www.conjur.com.br/2016-mai-15/entrevista-ives-gandra-silva-martins-filho-presidente-tst>. Acesso em: ago. 2017. Em outubro de 2016, Ives, sem sequer consultar seus pares, pediu à

Estado de São Paulo (FecomercioSP), Ives voltou a afirmar que há um grande "ativismo" do Poder Judiciário em todas as instâncias, do STF ao primeiro grau, o que — segundo ele — cria insegurança jurídica e desnorteia o empresariado, que não sabe qual será a decisão do juiz, afetando investimentos e empregabilidade[41]. No dia 17 de maio de 2017, Ives Gandra afirmou que o deferimento de indenizações elevadas poderiam levar o(a) trabalhador(a) a "acabar provocando um acidente ou deixando que aconteça porque para ele vai ser melhor"[42].

A afirmação de que as trabalhadoras e os trabalhadores brasileiros se autoflagelam apenas para receber indenizações nos leva a duas conclusões possíveis. Ou essa afirmação é mentirosa, e apenas distorce a real intenção por trás de todo o movimento de desmanche trabalhista, ou é verdadeira e revela um flagelo social. No primeiro caso, é perversa, por atribuir a razão da perda da saúde (física e mental) a quem a experimenta. Ao mesmo tempo, por entender que em razão disso é preciso reduzir o valor da reparação jurídica por essa perda. Ou seja, a trabalhadora ou o trabalhador tornam-se seus próprios algozes. O fato de que os acidentes existem e crescem assustadoramente no Brasil, especialmente nas atividades terceirizadas, passa a constituir decorrência de suas escolhas individuais, redimindo-se, assim, o empregador que não fiscaliza, não atualiza suas máquinas, impõe jornadas estendidas, nega direito aos intervalos, etc. No segundo caso, é ainda pior. Se vivemos em um país no qual um único trabalhador tenha algum dia pensado que vale a pena perder parte do corpo para receber um valor de indenização, falhamos como sociedade. Precisamos repensar o sistema, alterar radicalmente as bases do convívio social. Ou, no mínimo, aumentar significativamente a remuneração paga pelo trabalho assalariado e reduzir em muito o tempo de trabalho, para permitir que essa pessoa conviva mais com sua família, possa estudar, ler e pensar sobre o que realmente importa durante seu tempo de vida na Terra.

De acordo com o Observatório de Segurança e Saúde no Trabalho, do Ministério Público do Trabalho (MPT) em cooperação com a Organização Internacional do Trabalho (OIT), no âmbito da Iniciativa SmartLab de Trabalho Decente, apenas nos últimos dez anos (2012-2021), 22.954 mortes no mercado de trabalho formal foram registradas no Brasil. Apenas em 2021, foram comunicados 571,8 mil acidentes e 2.487 óbitos associados ao trabalho, com aumento de 30% em relação a 2020. No mesmo período (2012-2021) foram 6,2 milhões de Comunicações de Acidentes de Trabalho (CATs)

Câmara a retirada de todos os projetos de lei em tramitação na Câmara dos Deputados que dispõem sobre a criação de Varas do Trabalho, cargos e funções nos Tribunais Regionais do Trabalho e no CSJT. Ao todo, eram 32 projetos, prevendo a criação de aproximadamente 100 Varas do Trabalho, 200 vagas para juízes e 8.000 vagas para servidores (http://www.trt6.jus.br/portal/noticias/2016/10/05/na-camara-presidente-do-tst-pede-retirada-de-projetos-que-criam-cargos-e-funcoes. Acesso em: 29. maio 2017).

(41) Disponível em: <http://www.em.com.br/app/noticia/economia/2017/05/17/internas_economia,869558/presidente-do-tst-critica-excessos-da-justica-do-trabalho.shtml>. Acesso em: jul. 2017.

(42) Disponível em: <http://nossapolitica.net/2017/05/ives-gandra-filho-trabalhadores/>. Acesso em: jul. 2017.

e o INSS concedeu 2,5 milhões de benefícios previdenciários acidentários, incluindo auxílios-doença, aposentadorias por invalidez, pensões por morte e auxílios-acidente. O gasto previdenciário ultrapassou os R$ 120 bilhões somente com despesas acidentárias. E isso considerando a subnotificação cada vez mais expressiva. Segundo o mesmo relatório, apenas em 2021, não houve comunicação prévia de acidentes de trabalho em cerca de 20% dos benefícios acidentários concedidos pelo INSS, percentual muito próximo da média da série histórica de dez anos considerada, de 21,7%[(43)]. Nesse quadro, discursos que desconstituem as trabalhadoras e os trabalhadores, atribuindo-lhes a responsabilidade pelo trágico destino de sobreviver do trabalho em um país com poucos direitos e nenhuma garantia de emprego, e ainda pretender com isso justificar novas perdas, são inaceitáveis, do ponto de vista ético.

Em outra fala, o mesmo Ministro reforçou que "excessos protecionistas" da Justiça do Trabalho "criaram a necessidade da reforma trabalhista". Afirmou, também, que considera que a Justiça do Trabalho age com "parcialidade, paternalismo e intervencionismo", em evento realizado em 10.02.2017, na Fundação Fernando Henrique Cardoso, em São Paulo[(44)]. Já sugeriu, inclusive, que a justiça tem dado "de mãos beijadas" direitos a quem vive do trabalho[(45)]. Mais recentemente, Ives, que é entusiasta apoiador do governo Bolsonaro, disse em evento público que o STF não respeita a Constituição, quando restringe a aplicação da "reforma" trabalhista, reconhecendo inconstitucionalidades[(46)]. Evidentemente não demorou para que a sua voz fizesse coro entre aqueles que rejeitam a racionalidade do Direito do Trabalho e, portanto, a própria existência da Justiça do Trabalho. Várias foram (e tem sido) as manifestações no mesmo sentido, tendo inclusive sido vencedor o discurso hostil aos direitos sociais na eleição de 2018. O Ministro da economia Paulo Guedes vem, desde então, manifesta-se insistentemente em favor do desmanche dos direitos trabalhistas[(47)].

Em 15 de dezembro de 2016, foi aprovada Emenda n. 95 à Constituição, que congela os gastos com "despesas primárias" pelos próximos vinte anos, em todas as áreas que envolvem prestação de serviço público. Como efeito imediato, apenas em 2019, o contingenciamento de gastos resultou a perda de R$ 20 bilhões em investimento na

(43) Disponível em: <https://brasil.un.org/index.php/pt-br/178950-acidentes-de-trabalho-e-mortes-acidentarias-voltam-crescer-no-brasil-em-2021>. Acesso em: 10 jul. 2022.

(44) Disponível em: <http://economia.estadao.com.br/noticias/geral,justica-trabalhista-e-intervencionista-diz-ives-gandra,70001661728>. Acesso em: jul. 2017.

(45) Disponível em: <https://www.cartacapital.com.br/politica/ives-gandra-martins-filho-entendo-a-posicao-dos-empresarios>. Acesso em: jul. 2017.

(46) Disponível em: <https://www.migalhas.com.br/quentes/363144/stf-nao-respeita-a-constituicao-diz-ministro-do-tst-em-evento>. Acesso em: 10 jul. 2022.

(47) Disponível em: <https://www.correiodopovo.com.br/not%C3%ADcias/pol%C3%ADtica/guedes-defende-nova-modalidade-de-contrata%C3%A7%C3%A3o-trabalhista-1.318177>.

saúde[48]. Resultou, também, significativa piora nas condições de oferta e qualidade do Sistema Único de Saúde — SUS, o retorno de doenças que já estavam praticamente erradicadas como sarampo e dengue, além do aumento da mortalidade infantil e materna e da mortalidade precoce em doenças crônicas como câncer. Tudo isso teve grande impacto na capacidade de gestão da pandemia pelo serviço público de saúde.

Na mesma linha do desmanche, foi aprovada a Lei n. 13.429/2017, sancionada por Michel Temer, e publicada em edição extra, no fim da sexta feira, 31 de março de 2017, exatamente 47 anos depois do golpe de 1964. Essa lei, oriunda do PL n. 4.302, que sequer estava tramitando ou era alvo de discussões[49], chancela a prática da terceirização que, sabidamente, não gera empregos. Ao contrário, pulveriza a classe trabalhadora, abre flancos para a defesa de "Pejotização"; promove redução de salários e aumento do número de acidentes. A mesma lei prevê, ainda, contratos temporários mais longos, que suprimem a possibilidade de buscar novo posto de trabalho com um mínimo de dignidade.

A Lei n. 13.467/2017, apelidada de "reforma" trabalhista também está imbuída da mesma racionalidade. Busca de tal modo descaracterizar o direito material e processual do trabalho, que se qualifica como um verdadeiro golpe à classe trabalhadora. Não pode, portanto, sequer ser tratada como mera alteração legislativa. Sabemos que a CLT tem problemas, bastando lembrar a forma como disciplina a justa causa do trabalhador e aquela do empregador. Ainda assim, qualifica-se como instrumento de proteção à classe trabalhadora.

Como refere Roberto Lyra Filho: a " CLT — basta olhar em torno — jamais atuou como eficaz "tranquilizante", pois as contradições econômicas do sistema, em si mesmas, impedem que o trabalhador "adormeça", tão grande é o barulho dos roncos da barriga vazia, do desemprego e da espoliação" (LYRA, 1982, p. 17).

Nos dois relatórios acerca do PLC n. 38, que resultou a Lei n. 13.467/2017, aprovada em 13 de julho, tanto o Deputado Rogério Marinho quanto o Senador Ricardo Ferraço insistiram na suposta necessidade de controlar o "populismo judicial", ou seja, a atuação da Justiça do Trabalho em prol do respeito e da efetividade de direitos trabalhistas. É claro, portanto, que o capital admite a existência de uma legislação social, desde que ela nunca passe de mera retórica.

Qualquer inclinação no sentido de sua efetividade, por mais tímida que seja, merece uma repressão extrema. Mesmo quando essa efetividade é parcial, tardia e obviamente

---

(48) Disponível em: <https://www.brasildefato.com.br/2020/02/21/orcamento-da-saude-perdeu-r-20-bilhoes-em-2019-por-conta-da-emenda-do-teto-de-gastos>. Acesso em: jul. 2020.

(49) Ao contrário, o PL n. 4.330 estava em tramitação e sua ampla rejeição pela opinião pública e pelas entidades de classe, fez com que o parlamento desengavetasse o PL n. 4.302 e votasse, em regime de urgência, sua aprovação. Esse projeto havida sido aprovado pelo Senado em 2002 e, sob esse argumento, não retornou àquela casa.

insuficiente, como no caso brasileiro, em que a(o)s trabalhadora(e)s não tem reconhecido sequer o direito à motivação da despedida e, portanto, não conseguem exercer realmente seus direitos no ambiente de trabalho. De acordo com o relatório do Conselho Nacional de Justiça, chamado "Justiça em Números", de 2016, a Justiça do Trabalho, recebeu, apenas em 2015, "um total de aproximadamente 4 milhões de processos"[50].

O relatório aponta que "o número de casos novos vem crescendo historicamente", mesmo em um contexto social de desemprego estrutural e nenhuma garantia contra a despedida, no qual ajuizar um processo é um ato de coragem. Os pedidos mais recorrentes na Justiça do Trabalho, de acordo com o mesmo relatório, são férias, remuneração, verbas resilitórias e horas extras, que perfazem cerca de 49% das demandas. É o que mostra, também, outro estudo realizado pela Justiça do Trabalho do Rio Grande do Sul, no qual há registro de que do "total de pedidos que chegam à Justiça do Trabalho gaúcha, 54% referem-se a verbas resilitórias (saldo de salários não pagos, 13º salário e férias proporcionais, 40% dos depósitos do FGTS etc.). A pesquisa apresentada pelo TRT da Quarta Região mostra, ainda, que 25% das demandas ajuizadas na Justiça do Trabalho são julgadas improcedentes. Em 2015, os juízes do trabalho do RS apreciaram 184.043 ações. "Em mais de 46 mil desses processos, nenhum dos pedidos do autor foi atendido". Os processos julgados "procedentes em parte", em que o reclamante ganha alguns pedidos e outros não, chegaram a 57,3 mil, ou seja, 31% do total das ações solucionadas. "Em menos de 2% das ações (3,2 mil), a decisão atendeu a todos os pedidos feitos pelo autor.

As alterações impostas à CLT pela Lei n. 13.467/2017 direcionam-se visivelmente a combater a atuação da Justiça do Trabalho. Uma de suas principais alterações, que será melhor examinada mais adiante, diz com regras de vedação do acesso à justiça, seja facilitando a despedida e evitando que o sindicato verifique as irregularidades havidas durante o vínculo de emprego, seja onerando quem é reconhecidamente pobre e aciona o Poder Judiciário, com o dever de pagamento de custas, honorários de perito(a) e de advogado(a).

Aprovada dia 11 de julho, pelo Senado Federal, a referida lei foi sancionada no dia 13 do mesmo mês, por Michel Temer. Tramitou em injustificável regime de urgência e com um conteúdo que não é original. Surge com onze dispositivos e ao voltar da comissão liderada por Rogério Marinho tem mais de cem dispositivos que alteram mais de 200 artigos da legislação trabalhista. Boa parte do texto da Lei n. 13.467/2017 não é senão a cópia do que há de pior em súmulas do TST ou em entendimentos minoritários já professados no âmbito das relações de trabalho judicializadas. Em alguns pontos, a lei vai além, disciplinando maldades que não seriam compreendidas, senão em um contexto de política pública agudamente liberal (SOUTO MAIOR, 2019).

---

(50) Disponível em: <http://www.cnj.jus.br/files/conteudo/arquivo/2016/10/b8f46be3dbbff344931a933579915488.pdf>. Acesso em: abr. 2017.

Muitas autoras e autores têm apontado o quanto o discurso favorável ao desmanche que vem sendo praticado com os direitos sociais trabalhistas no Brasil é fascista. Adorno e Horkheimer identificam a figura do "fascista potencial" como a do sujeito com quem é difícil conversar, porque o diálogo não se estabelece. Na Dialética do esclarecimento, referem-se à rejeição das diferenças em relação a grupos que são "intercambiáveis segundo a conjuntura: vagabundos, judeus, protestantes, católicos", cada uma dessas categorias pode "ocupar o lugar do assassino, na mesma volúpia cega do homicídio, tão logo se converta na norma, e se sinta poderosa enquanto tal" (ADORNO, HORKHEIMER, 1985, p.160), inclusive a classe trabalhadora.

Quem atua sob a perspectiva fascista apenas repete suas próprias ideias, olhando o mundo à luz de sua própria vida. No campo jurídico, quem defende as "reformas" (trabalhista, previdenciária, política, etc) pressupõe que a função do Estado é proteger os eleitos, deixando à margem, para que morram de fome, todas aquelas pessoas que não conseguirem inserção social. Essa inserção será dedicada a um número cada vez menor de pessoas, mas isso não será diagnosticado como "culpa" do sistema, e sim como responsabilidade de quem vive do trabalho, pois "emprego não cai do céu". Aliás, quem anda por aí defendendo os benefícios da reforma trabalhista, intitulando-se o "pai da reforma", não tem constrangimento em afirmar que sequer entende o que significa justiça social(51). De novo, retorna à memória a figura do fascista, descrita por Márcia Tiburi(52): alguém sem capacidade para compreender, para se colocar no lugar do outro.

O fascismo não é novidade no Brasil. Em 1932, foi fundada a Ação Integralista Brasileira (AIB), um partido conservador, católico e de extrema-direita, inspirado no fascismo italiano. Contou com mais de 1 milhão de filiados. Extinto após a instauração do Estado Novo, ressurgiu posteriormente e ainda hoje tem adeptos, dentre os quais estão os que compõem a Frente Integralista Brasileira (FIB), fundada em 2005. A FIB diz buscar o "resgate da herança cultural, cívica, política e ideológica da Ação Integralista Brasileira, principalmente no que se refere à trilogia Deus, Pátria e Família"(53).

Na década de 1960, a *Marcha da Família com Deus pela Liberdade* foi estimulada por uma campanha que contou com a intervenção direta dos EUA. Visava a fragilizar o governo de João Goulart e o diálogo por ele estabelecido com movimentos sociais que buscavam inclusão social e redução das desigualdades, notadamente através das chamadas reformas de base. O golpe militar que deu início à ditadura também utilizou-se do discurso da lei e da ordem. Dois golpes haviam sido tentados anteriormente, em 1954 e em 1961, esse último "adiado", por conta da campanha da legalidade deflagrada por Leonel

(51) Ver debate em: <https://www.youtube.com/watch?v=7L0IiiN3teg&feature=share>. Acesso em: 03 set. 2017.

(52) Disponível em: <https://www.youtube.com/watch?v=R71v-akXmxA>. Acesso em: 03 set. 2017.

(53) Disponível em: <https://www.integralismo.org.br/apresentacao/>. Acesso em: 10 jan. 2022.

Brizola. A abertura democrática lenta, gradual e conciliada, não retirou do poder os políticos que foram decisivos para a reprodução do autoritarismo nos chamados anos de chumbo. Nem a Constituição de 1988 conseguiu alterar o fato de que as mesmas pessoas e famílias seguiram comandando a política brasileira que, sob regime democrático, manteve práticas autoritárias bem identificadas na repressão estatal aos movimentos sociais, no encarceramento massivo de pessoas negras e pobres, na concentração de riquezas, na criminalização da greve, na produção de miséria.

Em texto escrito em 1923, Clara Zetkin refere que o fascismo propunha-se como uma espécie de "asilo para todos os desabrigados políticos, os socialmente desenraizados, os destituídos e desiludidos". E embora envolvesse forças que podiam ser "extremamente desconfortáveis e mesmo perigosas para a sociedade burguesa", despertava e arrastava consigo "amplas massas sociais que perderam a segurança sobre a garantia de sua existência e, com isso, a sua crença na ordem social" (ZETKIN, 1923).

Rosa Luxemburgo já havia escrito que a ordem capitalista funda-se na violência e, como tal, convive muito bem tanto com a democracia quanto com o autoritarismo, que segue presente em períodos democráticos, sob a forma de exploração do trabalho, repressão aos movimentos sociais e disciplinamento dos corpos, através de seus diversos mecanismos de controle social (FROLICH, 2019, p. 84).

Essas reflexões dialogam com a realidade brasileira. A afirmação de Zetkin de que os reformistas "impulsionaram uma política de coalizão", cujos custos foram suportados "não apenas por proletários e assalariados, mas também pelos funcionários públicos e os intelectuais", provocando a perda da fé na democracia e, por consequência, a aposta no autoritarismo (ZETKIN, 1923), faz pensar nas décadas de governo democrático no Brasil. A despeito das realizações em termos de direitos sociais, tratou-se de um período prenhe em acordos que desaguaram nas escolhas políticas de 2018 (SOUTO MAIOR, 2019). Basta lembrar Belo Monte[(54)], para que se compreenda a atualidade da análise de Clara Zetkin e sua importância para a compreensão do que vivemos hoje no Brasil.

A afirmação de Rosa de que a legalidade burguesa "é uma forma social de manifestação da violência política" e que a incompreensão dessa dimensão autoritária e, por consequência, a crença nessa legalidade, pode implicar a entrega do "campo de batalha" à "dominação irrestrita da violência do reacionarismo" (FROLICH, 2019, p. 85-6) também faz refletir sobre a aposta que ainda hoje se tem na institucionalidade, quando claramente foram rompidas as barreiras que ainda constrangiam a algum comprometimento com o que estabelece nossa Constituição.

---

(54) Disponível em: <https://www.ihu.unisinos.br/186-noticias/noticias-2017/573646-sera-que-vamos-continuar-morando-aqui-o-impacto-de-belo-monte-para-os-povos-indigenas?gclid=Cj0KCQjw8amWBhCYARIsADqZJoXkHUHu_---szVewNm5VWeDYHPhnALfoO91ehibtxlv-GxCBi71pDEaAq9JEALw_wcB>. Acesso em: 10 jul. 2022.

O desencanto com a política liberal, com as promessas não cumpridas da democracia, ao lado da perda de um horizonte de transformação radical foram, para Zetkin, realidades percebidas pela burguesia que, empenhada em manter a dominação, encontrou o modo perfeito para intensificar a exploração e a opressão sobre a classe trabalhadora, aliando-se com o fascismo (ZETKIN, 1923).

Em 2016, houve a ruptura com a democracia em seu elemento mais primário (o respeito ao voto), com o golpe jurídico-parlamentar que pode ser simbolicamente lembrado pela declaração de voto de Jair Bolsonaro, homenageando um militar condenado pelo crime de tortura. Em 2017, a aprovação de leis como a 13.467 e a 13.429 precarizando, ainda mais, as condições de trabalho. Em 2018, a vitória de um discurso violento e ultraliberal. Em 2019, mais alterações legislativas que alteram a espinha dorsal do sistema de proteção social no Brasil, como a EC 103, sobre a previdência social (SOUTO MAIOR, 2019).

Os últimos anos da nossa história tem revelado de forma ainda mais clara a estrutura colonial, patriarcal e racista em que vivemos, e que sempre esteve presente. A tentativa de superar ou pelo menos transformar essa estrutura, feita por governos alinhados a uma perspectiva mais democrática e social de convívio, como foram os governos de Lula e Dilma, sofreram uma espécie de reação catártica, viabilizada pela crise política, econômica e ambiental (BRAGA, 2017). Com a pandemia, havia a possibilidade de uma mudança de curso, que não ocorreu. Ao contrário, desde o início ficou evidente que a crise sanitária seria utilizada como subterfúgio retórico para o aprofundamento de políticas de supressão de direitos, concentração de renda e aumento, portanto, de nosso secular déficit democrático.

A pandemia da Covid-19 chega a um Brasil desalentado, criando um quadro similar, da perspectiva subjetiva e trágica, ao de uma guerra civil, capaz de fazer com que a sedução do autoritarismo reacenda, tornando interessante o revisitar de teorias como a de Zetkin.

Há, também, uma análise interessante sobre o fato de que a inclusão social produzida nos governos mais alinhados com a democracia constitucional também gera uma sensação de segurança que facilmente pode se deixar seduzir pelo discurso da lei e da ordem. Como observou Florestan Fernandes, o "estilo democrático de vida" torna-se um fator de acomodação que aprofunda a "identificação do explorado com o explorador", tornando ainda mais facilmente crível a mística do "inimigo", identificado como tudo que está "fora do capitalismo" (FERNANDES, 2019, p. 68-79). O aumento da capacidade de consumo gera a ilusão de que não existe mais luta de classes e sim mútua cooperação. Em um tal contexto, qualquer proposta mais radical de alteração social passa a pertencer ao campo da insegurança que gera medo (LUXEMBURGO, 2019).

As hipóteses não são excludentes. Seu ponto comum parece ser a subjetividade capitalista que, enquanto aliena, também individualiza as perspectivas de vida e de superação dos desafios que são cada vez mais exigentes em uma sociedade que destrói o ambiente e permite a acumulação da riqueza e a consequente produção de miséria. A ideia de que o pertencimento a um pensamento hegemônico é sempre mais "seguro" da perspectiva da confirmação das próprias ideias, do menor risco de importunação pela dissidência (ARENDT, 1999, p. 121) acaba tornando-se uma saída para manter a sanidade.

Não há como compreender justiça social desde a perspectiva fascista. Logo, não há como compreender direito material e processual do trabalho desde essa perspectiva. Por isso, para quem advoga essa forma de convívio social, o Brasil precisa de "uma reforma liberal", que acabe com qualquer hostilidade em relação aos empreendedores. Afirma-se até mesmo que "não tem esse negócio de juiz do capital e juiz do trabalho" e que "a CLT é completamente desequilibrada", por tratar como hostilidade pequenos empreendedores, esquecendo-se que o próprio Decreto que institui a Justiça do Trabalho reconhece que esse ramo do Direito dedica-se à proteção de quem trabalha e não é neutro, exatamente porque há uma necessidade (tanto do capital quanto do trabalho) de impor limites a essa relação social(55).

No discurso de quem se declara (neo)liberal preocupado com os empregadores, o pressuposto para a fragilização do depósito recursal, por exemplo, é o de que a magistratura, em regra, julga sem qualidade. Fica mais uma vez claro o compromisso com o mesmo racionalismo iluminista que identifica a construção do chamado Direito moderno, pelo qual a "segurança" passa a ser valorizada desde a perspectiva da previsibilidade das decisões. Busca-se a eliminação do *ineliminável* conteúdo volitivo do ato de julgar através da simulação de um silogismo que seguiria o modelo matemático (BAPTISTA DA SILVA, 2004, p. 115). Como o ato de julgar é realmente volitivo, a impossibilidade de alcançar esse ideal racionalista e, pois, de eliminar a insegurança de obter decisões diferentes gera, nessa nova fase da exaltação do paradigma liberal, a construção de leis que tolhem a atuação judicial.

O discurso de quem defende a "reforma" justifica o fato de que existem mais de 14 milhões de desempregados na existência de leis de proteção a quem trabalha. A existência de 11 mil novas ações no Brasil todo ano não é decorrência do descumprimento de direitos fundamentais, segundo esse mesmo discurso. É culpa da Justiça do Trabalho, como se todas as demandas fossem baseadas em fatos irreais e todos a(o)s juíza(e)s os admitissem como verdadeiros apenas para prejudicar os bons empregadores. A técnica recorrente de invocar problemas reais, como a burocracia, o valor dos impostos ou o número de crimes de homicídio sem julgamento adequado, em uma fala na qual se defende a "reforma" trabalhista, tem o claro objetivo de confundir, desviar o discurso.

---

(55) Ver debate em: <https://www.youtube.com/watch?v=7L0IiiN3teg&feature=share>. Acesso em: 03 jul. 2017.

Há também uma inversão do argumento, quando a defesa da "reforma" é feita em nome dos pequenos empresários que sofrem para manter funcionando suas empresas, que dedicam sua vida ao empreendimento e são surpreendidos por ações milionárias, como se essa fosse a regra, e não a exceção. Transformando a exceção em regra, esse discurso distorce a realidade de que a maioria absoluta das demandas trabalhistas é proposta em razão do não pagamento de verbas resilitórias, de salário. E de que as empresas que mais possuem contra si demandas trabalhistas são instituições financeiras, multinacionais e o próprio estado.

Outra técnica discursiva bastante recorrente neste discurso neoliberal fascista, e utilizada por quem não tem argumentos para enfrentar o debate, é o ataque subjetivo. Em vez de discutir argumentos, busca-se desqualificar o interlocutor. É nesse sentido, que nos debates acerca da "reforma", sempre ouvimos a afirmação de que é preciso "despir-se de discursos ideológicos", como se existisse discurso despido de ideologia, ou identifica-se a fala do interlocutor com propostas partidárias que lhe são estranhas, como subterfúgio para criar animosidade com o conteúdo da fala. Durante a veloz tramitação da "reforma", essa foi a técnica utilizada pela grande mídia, para obscurecer o que efetivamente deveria ser debatido: o desmanche proposto para a legislação trabalhista. De acordo com o discurso fascista, a "reforma" foi feita para criar "liberdade, segurança jurídica e simplificação na vida das pessoas" e dá ao Brasil uma das "mais modernas e melhores leis do mundo".

O discurso se mantém e sustentou a retórica da MP 881, depois convertida na Lei n. 13.874, de 2019, apresentada dia 1º de maio de 2019, em ato claramente simbólico de desrespeito à memória da luta da(o)s trabalhadora(e)s. Essa legislação se autodenomina "lei da liberdade econômica" e fixa princípios contrários à ordem constitucional que, em resumo, estabelecem a supremacia dos contratos e liberdades individuais, em lugar da solidariedade e da inclusão social. De novo, fica nítido o retorno a mesma racionalidade que sustentou a consolidação do modelo capitalista de sociedade no Século XVII. Como afirma Ovídio, "a marca registrada do pensamento conservador é justamente essa 'naturalização' da realidade que ele próprio elabora, de modo que todo aquele que procura questioná-la torna-se, a seus olhos, ideológico" (BAPTISTA DA SILVA, 2004, p. 16).

A Lei n. 13.874, de 2019, faz parte, portanto, de uma política de agressão aos direitos sociais e de alta intervenção, inclusive na economia, para garantir especialmente a atividade de especulação financeira. Está dentro do conjunto de reformas legislativas que afetam o mundo do trabalho não apenas por seu aspecto simbólico, mas também porque o art. 15 dessa lei altera vários dispositivos da CLT. Entre outras coisas, aumenta o prazo para o registro do vínculo de emprego na CTPS — Carteira de Trabalho Previdência Social — e altera o § 2º do art. 74 da CLT, dispositivo que fixa o dever de registro escrito da jornada de trabalho. A alteração é para dispor que esse dever aplica-se apenas para "os estabelecimentos com mais de 20 (vinte) trabalhadores", enquanto a norma até então vigente dispunha que a obrigação de registro se aplica a todas as empresas com mais de 10 empregados. Ainda, cria a possibilidade de "registro de ponto por exceção à jornada regular de trabalho" (§ 4º inserido no art. 74 da CLT). Trata-se de uma prática já adotada por grandes empresas, de manter apenas registro da jornada extraordinária, quando realizada, o que inviabiliza qualquer possibilidade de controle por parte de quem trabalha, pois basta não permitir o registro para que as horas extraordinárias supostamente não existam.

Também faz parte do pacote de alterações na legislação social, a chamada "reforma" da previdência. As alterações inseridas no texto constitucional pela Emenda Constitucional n. 103/2019 tornaram necessária contribuição pelo tempo mínimo de 20 anos se homem e 15 se mulher, para que possa obter aposentadoria com renda igual a 60% da média de todos os salários de contribuição, assegurado o salário mínimo. A forma de cálculo faz com que praticamente todos os aposentados recebam apenas o mínimo. A aposentadoria integral é obtida apenas após a mulher trabalhadora contribuir por 35 anos e o homem, por 40 anos. Deverá, também, ser observada a idade mínima de 62 e 65 anos, respectivamente. Ou seja, na prática ficará quase impossível obter aposentadoria no Brasil.

Segundo estudo de José Dari Krein e Vitor Araújo Filgueiras, seria possível aumentar a receita da Previdência Social com o mero respeito à lei trabalhista: formalização do trabalho assalariado sem carteira assinada resultaria receita de R$ 47 bilhões; o fim das remunerações «por fora» resultariam mais R$ 20 bilhões; o reembolso pelas empresas das despesas com acidentes de trabalho, R$ 8,8 bilhões; a extinção do enquadramento de acidentes de trabalho como doenças comuns, R$ 17 bilhões; a eliminação das perdas de arrecadação por subnotificação de acidentes, R$ 13 bilhões. Krein e Filgueiras apontam, ainda, que apenas em 2014 foram extraídos do patrimônio da classe trabalhadora: R$ 1,1 bilhão, com isenção para a Fifa; R$ 2,1 bilhões, em desvios na Petrobrás; R$13,2 bilhões, com desonerações na folha de pagamento; R$ 2 bilhões, não recolhidos nas lides trabalhistas e R$ 104 bilhões, em isenções tributárias (KREIN, 2019). Isso sem mencionar a sonegação institucionalizada através de acordos realizados todos os dias na Justiça do Trabalho, lançando verbas salariais como indenizatórias apenas para que não incidam encargos previdenciários. Além disso, o mecanismo das Desvinculações de Recursos da União (DRU) para pagamento de dívida pública, vem desviando, para o pagamento da dívida pública, receitas que seriam da Seguridade Social: só em 2015, essa desvinculação foi da ordem de R$ 63 bilhões(56).

A Comissão Parlamentar de Inquérito (CPI), que investigou o sistema de previdência pública, para buscar entender que déficit era esse que o governo tão zelosamente pretendia

(56) Disponível em: <https://www.cartacapital.com.br/economia/dru-mais-um-ataque-a-seguridade-social/>. Acesso em: jan. 2020.

sanar, produziu um relatório de 253 páginas, aprovado por unanimidade, relatando a inexistência do déficit. Conforme o relatório, as empresas privadas devem R$ 450 bilhões de reais à Previdência, e que parte importante do valor arrecadado é utilizada para pagar outras dívidas, através da DRU. Ao final, a CPI propõe "o aumento do teto dos benefícios pagos pelo INSS para 10 salários mínimos, o equivalente hoje a R$ 9.370,00, quase o dobro do valor atual"[(57)]. Aponta, ainda, que seria suficiente criar mecanismos de combate às fraudes, ter mais rigor na cobrança dos grandes devedores e estancar o desvio de recursos para outros setores, para que tudo funcione de maneira inclusive a economizar recursos para o Estado[(58)]. Há trecho do relatório que salienta haver inconsistência de dados e de informações anunciadas pelo Poder Executivo, que «desenham um futuro aterrorizante e totalmente inverossímil», com o intuito de acabar com a previdência pública e criar um campo para atuação das empresas privadas[(59)].

O sistema de seguridade previsto na Constituição de 1988 está pautado na ideia de solidariedade, ou seja, de que aqueles que conseguem atuar dentro do sistema capitalista, vendendo sua força de trabalho, ajudarão a formar a reserva que permitirá a sobrevivência de quem não tem essa condição, porque nasceu com problemas graves de saúde, porque se acidentou no trabalho ou porque sofre de algum adoecimento que o impede de seguir trabalhando. Esse é o aspecto fundamental, que a Emenda Constitucional n. 103 de 2019 altera. Nem todas as pessoas que nascem em um sistema capitalista conseguem dele fazer parte, atuando como fonte de riqueza. A noção de seguridade social parte justamente desse pressuposto: existe um dever social de sustentabilidade de todas e todos, independentemente de sua "utilidade" para o capital. O sistema de seguridade social instituído no Brasil e em outros países capitalistas reconhece essa necessidade de manutenção da sobrevivência de quem, em princípio, não serve ao sistema, como forma de viabilizar o convívio social.

Tudo isso se agrava de forma brutal com a pandemia.

Em 26 de fevereiro de 2020, o primeiro caso de contaminação por Covid-19 no Brasil foi registrado. Em 16 de julho já contabilizavam-se, pelos índices oficiais, 75.697 óbitos e 1.978.236 pessoas infectadas no país[(60)]. Em janeiro de 2021 foi atingida a terrível marca de mais de 220 mil pessoas mortas.

---

(57) Disponível em: <https://www12.senado.leg.br/noticias/audios/2017/10/cpi-da-previdencia-propoe-fim-da-dru-e-teto-de-9-mil-reais-para-beneficios-do-inss>. Acesso em: mar. 2019.

(58) Disponível em: <https://www12.senado.leg.br/noticias/materias/2017/10/25/cpi-da-previdencia-aprova-relatorio-final-por-unanimidade>. Acesso em: mar. 2019.

(59) Disponível em: <https://www12.senado.leg.br/noticias/materias/2017/10/23/empresas-privadas-devem-r-450-bilhoes-a-previdencia-mostra-relatorio-final-da-cpi>. Acessado em: mar. 2019.

(60) Disponível em: <https://oglobo.globo.com/sociedade/coronavirus/brasil-tem-1888889-casos-72950-mortes-por-covid-19-mostra-consorcio-de-veiculos-da-imprensa-no-boletim-das-8h-24531289>. Acesso em: jul. 2020.

De acordo com pesquisa da UFPEL — Universidade Federal de Pelotas, para cada caso confirmado oficialmente de Covid-19 no Brasil, existem pelo menos sete casos reais na população dos principais centros urbanos brasileiros[61]. A discrepância se dá em razão da subnotificação e da inexistência de política de testagem. Até o final de 2020, já havia mais de 1,8 milhão de pessoas mortas no mundo por Covid-19. 2021 encerrou com mais de 22 milhões de casos no Brasil e mais de 619 mil pessoas mortas[62]. Em julho de 2022, quando a maioria dos países já não registra mortes por Covid-19, o Brasil ainda tinha uma realidade de pelo menos 214 vidas perdidas a cada 24h, mais de 674 mil pessoas mortas e 32,8 milhões de casos[63].

O número chegou a 700 mil pessoas mortas e mais de 36,9 milhões de contaminadas[64]. O Brasil, sob a gestão do governo Bolsonaro, negou-se por meses a comprar vacina (BURGOS, 2022). Quando o fez, o governo federal iniciou uma verdadeira campanha de boicote à imunização, ao distanciamento e ao uso de máscara (CASTRO, 2020). Todas as legislações editadas a partir da crise sanitária provocada pela pandemia seguiram a linha da chamada "reforma" de 2017: aumento de jornada, redução de salário, facilitação da despedida, criação de obstáculos para o acesso à justiça e fragilização dos sindicatos (SOUTO MAIOR, 2019).

A destruição da indústria nacional e da produção agrícola familiar, em favor do agronegócio e da importação de produtos estrangeiros já era realidade bem antes da chegada da Covid-19 ao país (STEDILE, 2012). Ainda assim, durante a pandemia, houve recorde no número de agrotóxicos liberados para uso (562 apenas em 2021), por exemplo (TELES, 2022). Não houve o reconhecimento da soberania e dos territórios dos povos originários, como prevê a Constituição da República. Como resultado desse insistente descaso, os povos originários passaram nos últimos anos a ser alvo de uma verdadeira política genocida[65].

O governo do Brasil, diante da pandemia, decretou estado de calamidade pública[66]. A partir disso, publicou inúmeras medidas provisórias, duas delas especialmente

---

(61) Disponível em: <https://agenciabrasil.ebc.com.br/educacao/noticia/2020-06/pesquisa-da-ufpel-estima-subnotificacao-de-casos-de-covid-19-no-brasil>. Acesso em: jul. 2020.

(62) Disponível em: <https://www.cnnbrasil.com.br/saude/brasil-fecha-2021-com-mais-de-22-milhoes-de-casos-e-619056-mortes-por-covid-19/>. Acesso em: 10 mar. 2022.

(63) Diponível em: <https://especiais.g1.globo.com/bemestar/coronavirus/estados-brasil-mortes-casos-media-movel/>. Acesso em: 10 jul. 2022.

(64) Disponível em: <https://www.poder360.com.br/brasil/com-3-269-mortes-de-covid-por-milhao-brasil-e-18o-em-ranking/>. Acesso em: 05 fev. 2023.

(65) Disponível em: <https://ds.saudeindigena.icict.fiocruz.br/bitstream/bvs/3802/1/CP9_08521%20Ci%C3%AAncia%20Hoje%20_%20Genoc%C3%ADdio%20ind%C3%ADgena%20e%20ecoc%C3%ADdio%20no%20Brasil.pdf>. Acesso em: 1º fev. 2023.

(66) Disponível em: <http://www.planalto.gov.br/ccivil_03/portaria/DLG6-2020.htm>. Acesso em: 10 jan. 2021.

voltadas à questão do trabalho, ambas carentes de regras que efetivamente auxiliem o enfrentamento da crise. Ao contrário, ambas revelando uma clara opção pela política de eliminação de pessoas. Necropolítica, nas palavras de Achile Mbembe (2018). A MP n. 927 autoriza teletrabalho sem que o empregador garanta condições técnicas e ergonômicas para a realização do trabalho; férias sem pagamento; compensação do período de isolamento com horas de trabalho; extensão sem limites da jornada dos profissionais de saúde, entre outras alterações. Apenas a extensão da jornada para profissionais da saúde, que implica maior tempo de exposição à Covid-19 e mais exaustão, já tem provocado, como efeito prático, o afastamento de profissionais da saúde, já contaminados. Pessoas que precisam recorrer ao sistema de previdência social e que não podem mais fazer o atendimento e o cuidado da saúde em postos e hospitais.

De acordo com o Boletim Epidemiológico do governo federal, até o final de junho de 2020, 173.440 profissionais ligados à saúde foram contaminados; 1.219 foram internados com crise respiratória aguda e 176 faleceram(67). Em junho de 2021, os dados apontavam pelo menos 115 mil trabalhadores e trabalhadoras da saúde mortos por Covid-19 no mundo(68). No Brasil, em meados de 2021, um profissional da saúde morria por dia e o número oficial chegava a 470 mortes(69), isso considerada a subnotificação, a alteração de dados pela anotação de diferente causa para a morte (como síndrome respiratória aguda) e o número de infectados e pessoas que desenvolveram sequelas em razão da doença. Não é só a jornada exaustiva em contato com alta carga viral a responsável por esses números. Há também falta de equipamentos de proteção, um modo perverso de aprofundar ainda mais o desamparo. Essa MP n. 927 foi aprovada na Câmara dos Deputados em regime de urgência. No Senado, em razão de ampla movimentação de entidades ligadas ao mundo do trabalho, foi retirada de pauta e perdeu a vigência no último dia 19 de julho.

A outra medida adotada pelo governo federal (MP n. 936) já foi aprovada nas duas casas do Congresso Nacional e sancionada (Lei n. 14.020). Essa lei autoriza redução de salário e jornada, por acordo individual, oferecendo em troca um valor indenizatório e irrisório de complementação emergencial de renda. Sob o argumento de que com isso o governo evitaria o desemprego, a lei autoriza a perda de até 70% do salário, por meio de acordo individual, ou suspensão completa do pagamento, enquanto durar a pandemia, de modo que o vínculo se mantém, mas a renda não. Mesmo assim, o Brasil atingiu nos últimos meses o recorde em número de pessoas desempregadas e de pessoas que simplesmente pararam de procurar emprego.

---

(67) Disponível em: <http://saude.gov.br/images/pdf/2020/July/08/Boletim-epidemiologico-COVID-21-corrigido-13h35.pdf>. Acesso em: jul. 2020.

(68) Disponível em: <https://noticias.r7.com/saude/ao-menos-115-mil-profissionais-da-saude-morreram-de-covid-19-29062022>. Acesso em: 10 jul. 2022.

(69) Disponível em: <https://noticias.r7.com/saude/ao-menos-um-profissional-de-saude-morre-por-dia-de-covid-no-brasil-29062022>. Acesso em: 10 mar. 2022.

Pela primeira vez desde que esse índice é considerado, o Brasil teve mais pessoas economicamente ativas (PEA) desempregadas do que contratadas. São 88 milhões de adultos sem emprego e 86 milhões empregados. A taxa oficial de desemprego subiu para 12,9% no trimestre encerrado em maio/2020, atingindo 12,7 milhões de pessoas. Foi registrado um fechamento de 7,8 milhões de postos de trabalho em relação ao trimestre anterior(70). Até o dia 29 de junho de 2021, o Ministério da Justiça havia registrado acordos de redução de salário envolvendo 11.698.243 de trabalhadoras e trabalhadores(71). Pessoas que estão certamente contingenciando gastos básicos com alimentação e vestimenta, quando não contraindo empréstimos bancários para dar conta das despesas ordinárias. O endividamento das famílias brasileiras já estava, em 2019, no patamar de 66%. Esse número chegou a 77,7% no início de 2022(72). Não há como desconhecer, porém, que mesmo para quem tem a possibilidade de se isolar, permanecer em casa traz, como consequência imediata, aumento de gastos ordinários com alimentação, água, luz. Para quem tem a possibilidade de realizar o teletrabalho, pode também implicar mais gastos com internet. Nesse contexto, torna-se ainda mais ilógico promover redução de salário, pouco importando que isso ocorra através de acordo individual ou norma coletiva.

A Lei n. 14.020 ainda altera a Lei n. 8.213, que trata de benefícios previdenciários, dispondo que "empresas, sindicatos e entidades fechadas de previdência complementar poderão realizar o pagamento integral dos benefícios previdenciários devidos a seus beneficiários, mediante celebração de contrato com o INSS, dispensada a licitação" (art. 117-A). Estimula, pois, a privatização do sistema previdenciário, na linha da já referida Emenda Constitucional 103. Atende a interesse do setor financeiro, pois promove a abertura de um nicho de exploração econômica para as empresas gestoras de previdência privada. Os dez maiores fundos de previdência do país são administrados pelo Banco do Brasil (BrasilPrev), Bradesco e Itaú.

As alterações legislativas realizadas contaram não apenas com uma atuação comprometida do governo federal, mas também com o decisivo empenho dos outros poderes. O parlamento atuou fortemente para converter em lei, em curto período de tempo, o texto da MP n. 936. O STF, por sua vez, chamado a se manifestar sobre os termos da MP n. 936/2020, na Ação Direta de Inconstitucionalidade — ADI n. 6.363(73), decidiu que "em razão do momento excepcional, a previsão de acordo individual" para redução de

(70) Os dados são da Pesquisa Nacional por Amostra de Domicílios Contínua Mensal (PNAD Contínua) divulgada nesta terça-feira (30) pelo Instituto Brasileiro de Geografia e Estatística (IBGE). Disponível em: <https://www.ibge.gov.br/estatisticas/sociais/trabalho/17270-pnad-continua.html>. Acesso em: jul. 2020.

(71) Disponível em: < https://agenciabrasil.ebc.com.br/economia/noticia/2020-06/programa-de-reducao-de-salario-preserva-117-milhoes-de-empregos>. Acesso em: jul. 2020.

(72) Disponível em: <https://g1.globo.com/economia/noticia/2022/05/02/endividamento-e-inadimplencia-das-familias-batem-novo-recorde-em-abril.ghtml>. Acesso em: 10 jul. 2022.

(73) Disponível em: <http://www.planalto.gov.br/ccivil_03/_ato2019-2022/2020/mpv/mpv936.htm>. Acesso em: maio 2020.

salário e jornada "é razoável, pois garante uma renda mínima ao trabalhador e preserva o vínculo de emprego ao fim da crise".

Segundo sua linha de raciocínio, a "atuação do sindicato, abrindo negociação coletiva ou não se manifestando no prazo legal, geraria insegurança jurídica e aumentaria o risco de desemprego". Tudo isso a despeito da regra constitucional expressa no art. 7º, inciso VI, segundo o qual é direito fundamental das trabalhadoras e dos trabalhadores "irredutibilidade salarial, salvo negociação coletiva".

A decisão, proferida no dia 17.04.2020, diz que a regra que autoriza acordo individual para reduzir salário e jornada não fere a referida norma constitucional porque "não há conflito entre empregados e empregadores, mas uma convergência sobre a necessidade de manutenção da atividade empresarial e do emprego". O voto de Alexandre de Moraes foi acompanhado por Luis Roberto Barroso, Luiz Fux, Cármen Lúcia, Gilmar Mendes, Marco Aurélio e Dias Toffoli. Apenas o Ministro Fachin, seguido pela ministra Rosa Weber, votou pelo deferimento integral da cautelar e foi seguido pela ministra Rosa Weber. Fachin afirmou em seu voto que "ainda que admita a possibilidade de acordos individuais, a Constituição Federal assegura que a redução salarial só pode ocorrer mediante negociação coletiva. Para Fachin, não há espaço para que a legislação ordinária substitua a regra constitucional que prevê a participação sindical em acordos com essa finalidade"(74). Nega-se a literalidade do texto e o conflito histórico que o embasa.

Além das medidas legislativas já referidas, o presidente da Câmara Rodrigo Maia tem defendido publicamente a redução dos salários dos servidores públicos, como forma de manutenção do auxílio emergencial por um período maior de tempo. O Ministro da economia Paulo Guedes concedeu entrevistas defendendo nova legislação para prever contratação por hora trabalhada, com supressão do FGTS e do recolhimento previdenciário(75).

Em janeiro de 2021, representantes de setores econômicos anunciam que irão pressionar o governo para seguir reduzindo salários (SOUTO MAIOR, 2021). Percebe-se que o argumento não muda, mas a perversidade aumenta: quem vive do trabalho deve ser sacrificado, levado ao endividamento, como se esse fosse o único caminho para que alguma renda seja alcançada a quem está na miséria e como se houvesse alguma garantia de trabalho em um país como o Brasil, no qual não há estabilidade (senão para servidores públicos) nem dever de motivação da despedida.

Os efeitos sociais de todas essas escolhas políticas já são mensuráveis. Em 2019, a população que trabalha e empreende sofreu uma redução de sua capacidade de consumo,

(74) Disponível em: <http://portal.stf.jus.br/noticias/verNoticiaDetalhe.asp?idConteudo=441651&ori=1>. Acesso em: maio 2020.

(75) Disponível em: <https://economia.uol.com.br/noticias/estadao-conteudo/2020/07/03/verde-amarela-simplifica-contratacao.htm>. Acesso em: jul. 2020.

que se acentuou nos primeiros meses de 2020. Em 2022, o Boletim Desigualdade nas Metrópoles apontou que a perda de renda da classe trabalhadora, em razão da inflação, é da ordem de 40%(76). Não se trata de uma necessária consequência da pandemia, mas da ausência de renda, da perda de emprego e dos cortes de salário, frutos de opções políticas comprometidas com o setor financeiro da economia e que se materializaram nas alterações legislativas antes referidas. O consumo das famílias brasileiras representa mais de dois terços do Produto Interno Bruto (PIB). Esse consumo caiu 1,5% nos três primeiros meses deste ano(77).

A realidade brasileira, antes mesmo da Covid-19 e em larga medida por conta das perdas suportadas pela classe trabalhadora nos últimos anos, é atravessada por uma desigualdade extrema. Mais de 1/3 da população não tem acesso à internet, 31,1 milhões de pessoas não tem acesso à água encanada; 74,2 milhões de pessoas (37% da população) vivem em áreas sem coleta de esgoto e 5,8 milhões de famílias não tem banheiro em casa(78).

A PNAD Contínua 2019 mostra que o rendimento do 1% de pessoas que ganha mais em nosso país equivalia a 33,7 vezes o da metade da população que ganha menos. A PNAD Contínua relativa ao primeiro trimestre de 2022 aponta que esse 1% mais rico recebeu "38,4 vezes a renda da metade da população com os menores rendimentos, cuja média foi de R$ 415"(79). Enquanto isso, o lucro líquido das instituições financeiras no Brasil em 2018 foi o maior desde 1994(80), da ordem de 98,5 bilhões, perdendo apenas para 2019. Entre julho de 2018 e junho de 2019, de acordo com o diretor de Fiscalização do Banco Central, os bancos lucraram R$ 109 bilhões(81). O crescimento do lucro líquido, em 2019, foi da ordem de 18% e apenas quatro instituições acumularam um lucro de R$ 81,5 bilhões(82). Em 2021, foi de R$ 81,63 bilhões(83).

---

(76) Disponível em: <https://www.cnnbrasil.com.br/business/inflacao-e-a-principal-causa-para-queda-da-renda-dos-40-mais-pobres-diz-boletim/>. Acesso em: 10 jul. 2022.

(77) Disponível em: <https://www.istoedinheiro.com.br/pib-do-1o-trimestre-de-2020-cai-15-ante-4o-trimestre-de-2019-revela-ibge/>. Acesso em: jul. 2020.

(78) Disponível em: <https://economia.ig.com.br/2020-03-28/desafios-brasil-tem-313-milhoes-de-pessoas-sem-agua-encanada-e-casas-lotadas.html>. Acesso em: maio 2020.

(79) Disponível em: <https://www.ibge.gov.br/estatisticas/sociais/trabalho/17270-pnad-continua.html?=&t=resultados>. Acesso em: 10 jul. 2022.

(80) Disponível em: <https://g1.globo.com/economia/noticia/2019/04/11/rentabilidade-de-bancos-brasileiros-e-a-maior-em-7-anos-revela-banco-central.ghtml>. Acesso em: jul. 2020.

(81) Disponível em: <https://economia.uol.com.br/noticias/redacao/2019/10/10/bancos-lucraram-r-109-bilhoes-ate-junho-de-2019-informou-bc.htm>. Acesso em: jul. 2020.

(82) Disponível em: <https://g1.globo.com/economia/noticia/2020/02/13/lucro-dos-maiores-bancos-do-brasil-cresce-18percent-em-2019-e-soma-r-815-bilhoes.ghtml>. Acesso em: maio 2020.

(83) Disponível em: <https://conteudos.xpi.com.br/acoes/relatorios/lucro-banco-do-brasil-bbas3-bradesco-bbdc4-itau-itub4-santander-sanb11/>. Acesso em: 10 jul. 2022.

O cruzamento desses dados informa o aprofundamento da desigualdade no Brasil. Enquanto quem vive do trabalho empobrece, perde condições de consumo e, portanto, de vida digna; quem lida com financeirização, beneficiando-se inclusive do endividamento das famílias brasileiras, concentra cada vez mais renda.

Nos últimos dois anos, a taxa de desemprego não parou de subir, chegando ao assustador patamar de mais de 14 milhões de pessoas desocupadas[(84)] e um total de 27,9 milhões de pessoa subutilizadas, eufemismo para caracterizar o conjunto de pessoas que estão desocupadas, trabalham menos de 40 horas semanais ou "estão disponíveis para trabalhar, mas não conseguem procurar emprego por motivos diversos". Esse é o maior índice desde 2012. Apenas no primeiro trimestre de 2019, mais de 1,2 milhão de pessoas entraram para a população desocupada, na comparação com o último trimestre de 2018[(85)]. É significativo o fato de que a partir de 2018, o IBGE tenha passado a utilizar também como indicador o desalento. No primeiro trimestre deste ano, o contingente de desalentados foi de 4,8 milhões de pessoas[(86)]. Entre 2015 e 2016, a economia brasileira enfrentou a segunda maior recessão da história, com queda acumulada do PIB de 7%. Em 2017, o PIB (Produto Interno Bruto) cresceu 1,1% e, em 2018, também. Este ano, segundo o DIEESE, "as expectativas do mercado têm se reduzido. Se em meados de janeiro a expectativa de crescimento era de 2,53%, em abril, já estava em 1,71%. Em maio já caiu duas vezes: primeiro, para 1,45%, e depois para 1,24%".

Em junho, o Relatório de Mercado Focus, publicou que a expectativa para a economia brasileira passou de retração de 6,54% para queda de 6,50%[(87)]. Em 2022, o número de desempregados subiu para 10,6 milhões e para 4,6 milhões o número de pessoas que pararam de procurar trabalho (são os desalentados). De cada 10 trabalhadores, pelo menos 4 estão na informalidade (40,1% da população ocupada). A cesta básica aumentou e em abril de 2022 o salário mínimo, fixado em R$ 1.212,00, teria de ser de R$ 6.754,33 para dar conta de uma vida minimamente digna[(88)].

(84) Disponível em: <https://exame.com/economia/brasil-tem-desemprego-de-143-no-tri-ate-outubro-diz-ibge/>. Acesso em: 10 jan. 2021.

(85) Disponível em: <https://agenciadenoticias.ibge.gov.br/agencia-noticias/2012-agencia-de-noticias/noticias/24283-desemprego-sobe-para-12-7-com-13-4-milhoes-de-pessoas-em-busca-de-trabalho>. Acesso em: maio 2019. Disponível em: <https://agenciadenoticias.ibge.gov.br/agencia-sala-de-imprensa/2013-agencia-de-noticias/releases/24486-pnad-continua-trimestral-desocupacao-cresce-em-14-das-27-ufs-no-1-trimestre-de-2019>. Acesso em: maio 2019

(86) Disponível em: <https://agenciadenoticias.ibge.gov.br/agencia-sala-de-imprensa/2013-agencia-de-noticias/releases/24486-pnad-continua-trimestral-desocupacao-cresce-em-14-das-27-ufs-no-1-trimestre-de-2019>. Acesso em: maio 2019.

(87) Disponível em: <https://economia.uol.com.br/noticias/estadao-conteudo/2020/07/06/projecao-de-pib-2020-sai-de--654-para--650-aponta-focus.htm%22>. Acesso em: julho 2020.

(88) Disponível em: <https://www.dieese.org.br/>. Acesso em: 10 jul. 2022.

A "reforma" trabalhista tem influência nesses dados. É preciso ter coragem para ir até a Justiça do Trabalho, provar lesões cujas provas são em regra difíceis e, de plano, inacessíveis a quem trabalha. É preciso ter coragem para ser testemunha e, sem qualquer garantia contra a despedida, comparecer à Justiça do Trabalho para prestar depoimento e correr o risco, em razão da "reforma", de ser condenado ao pagamento de multa.

A extinção da Justiça do Trabalho e a destruição dos direitos trabalhistas constituem objetivos perseguidos pelo capital desde sempre, justamente porque a Justiça do Trabalho, com suas limitações, complexidades e idiossincrasias, representa o único local em que os trabalhadores e trabalhadoras conseguem fazer valer, ainda que de forma tardia e parcial, seus direitos trabalhistas.

É também uma oportunidade única de exercício de cidadania para quem, durante a relação de trabalho, não tem sequer condições materiais concretas de expressar sua vontade. Em uma audiência trabalhista, o(a) trabalhador(a) se vê diante do empregador ou de seu preposto, com plena possibilidade de fala e de reivindicação de seus direitos. Muitas vezes, a simples oportunidade de dizer como se sentiu durante o vínculo e o que experimentou, é já suficiente para que sinta um alívio que permite superar aquilo que o processo não consegue expressar: alguns dos efeitos do sofrimento gerado pelo trabalho.

A ausência de qualquer garantia contra a despedida, na prática das relações de trabalho no Brasil, faz com que nenhuma trabalhadora ou trabalhador tenha condições reais de exigir do empregador que respeite o intervalo para descanso; que conceda o direito à amamentação; que mantenha um ambiente de trabalho saudável. Não existem no Brasil elementos que permitam, na realidade das relações de emprego, possibilidade alguma de que os direitos trabalhistas tenham eficácia, senão pela vontade de quem, no ambiente de trabalho, faz as vezes do empregador. À(o)s trabalhadora(e)s resta recorrer ao Poder Judiciário Trabalhista, pois no ambiente de trabalho, precisam necessariamente seguir as ordens de quem toma seu trabalho, sob pena de sofrerem despedida. Isso revela a importância da Justiça do Trabalho no contexto atual.

A Constituição de 1988 é uma mudança importante de patamar para os direitos trabalhistas no Brasil e, de certo modo, potencializa essa promessa de um espaço de cidadania em que seja possível enfrentar o capital em situação de menor desigualdade. Temos que reconhecer, entretanto, que a carta constitucional foi, em certo sentido, um oásis no deserto neoliberal. Exatamente por isso, tão logo promulgada, enfrentou grave resistência. Basta pensarmos que até hoje vários dispositivos relacionados a direitos sociais sequer foram regulamentados e seguem sendo solenemente ignorados pelos intérpretes do Direito do Trabalho. O direito fundamental à relação de emprego com garantia de motivação para a despedida, o adicional de penosidade, a destinação de recursos para a previdência social e o imposto sobre grandes fortunas, são alguns exemplos.

Em um tal quadro, em que a racionalidade autoritária tende a se aprofundar, em um sistema que se exaure diante de suas próprias contradições objetivas e de suas consequências perversas (SAFATLE, 2021), é preciso ressignificar o Direito e o processo. Se o problema é estrutural, como a análise até aqui realizada aponta, seu enfrentamento também precisa ser. E o sistema de justiça tem sua função nesse processo histórico. A Constituição de 1988 já estabelece parâmetros de convívio social que podem levar a uma realidade menos desigual e que, portanto, tem condição de dar início à construção de práticas sociais que possam ser chamadas democráticas.

A facilidade com que regras jurídicas que fundamentam o que denominamos democracia foram rompidas, a exemplo do golpe jurídico-parlamentar de 2016 ou, em outra dimensão, do modo como a "reforma" trabalhista foi aprovada, demonstra a fragilidade do que experimentamos após o fim da ditadura civil midiático empresarial e militar. Auxilia muito nesse debate, a contribuição de Chantal Mouffe acerca da democracia radical, fundada em uma ruptura com o padrão de pensamento racional, que é maniqueísta e pautado pelo individualismo próprio da modernidade. Pensar a coletividade e as outras formas de vida, compreendendo as relações sociais como teias que se sobrepõem, formando uma realidade em que a vida deva ser boa para a maioria das pessoas, é ponto de partida para um raciocínio que reivindique uma outra democracia (MOUFFE, 1996).

A crise sanitária materializou diante de nós a impossibilidade de futuro, com que já flertávamos há tempo. Isso significa que pensar um processo do trabalho que materialize o propósito de redução de desigualdade contido na Constituição depende de um outro olhar e de um outro nível de compromisso com o Direito material e processual do Trabalho. Um dos principais efeitos desse movimento fascista de desmanche aos direitos trabalhistas é a limitação, cada vez maior, do acesso à justiça. Sobre isso será o nosso próximo capítulo.

3.6. O Documento 319 do Banco Mundial: propostas para um Judiciário "eficiente"

A ideologia que dá à classe dominante, sem que precise sustentá-lo pela coerção direta, um poder tão sólido que "nenhuma substituição, nem de pessoas, nem de instituições, nem de partidos na república democrática" poderá abalá-lo, tudo para "convencer que o poder do Estado não é um simples fenômeno de força, mas que está baseado no direito, que não possui um caráter cobiçoso de classe, mas que está direcionado exclusivamente aos interesses comuns" como afirma Pachukanis (PACHUKANIS, 2017, p. 278-9), está descrita com muita clareza no Documento Técnico n. 319, do Banco Mundial. O título do documento é "O Setor Judiciário na América Latina e no Caribe — Elementos para Reforma", elaborado por Maria Dakolias, denominada "especialista no

Setor Judiciário da Divisão do Setor Privado e Público de Modernização" (tradução de Sandro Eduardo Sardá, publicado em junho de 1996)[89].

Um documento que orgulharia Montesquieu, Hobbes ou John Locke, pois reaviva o compromisso do Poder Judiciário e, portanto, do processo, com a manutenção da sociedade capitalista, com todas as suas incoerências, seus privilégios e suas injustiças. No documento consta a necessidade de "repensar do papel do estado", que deve atuar "como um importante facilitador e regulador das atividades de desenvolvimento do setor privado". Para isso, segundo o texto, as instituições públicas precisam ser mais eficientes. O Poder Judiciário, que deve ser "ideal", tem de julgar de modo previsível, garantindo "recursos processuais adequados"[90].

A preocupação deve ser o atendimento das necessidades do "mercado" e do setor privado. Sem um Poder Judiciário previsível e atento às "necessidades" do mercado "o desenvolvimento no setor privado e a modernização do setor público não será completo".

A proposta abrange desde a remodelação dos cursos jurídicos, para que sejam voltados à formação de profissionais "treinados" para a aplicação de técnicas tendentes a favorecer a lógica de mercado, até a disciplina judiciária, a ser obtida inclusive com o uso da tecnologia. Isso evidencia o fato de que o Processo Judicial Eletrônico (PJe), por exemplo, não é uma consequência natural do desenvolvimento tecnológico, em um país no qual audiências ainda são realizadas em barcos e 1/3 da população não tem acesso à internet[91]. É, em realidade, um mecanismo propositadamente desenvolvido para tornar o processo ainda mais "racional" e sintonizado com esse ideal iluminista de redução da atividade judicial à mera declaração do direito.

O Documento 319 apresenta-se como decorrência da "necessidade de reformas para aprimorar a qualidade e eficiência da Justiça, fomentando um ambiente propício ao comércio, financiamentos e investimentos". Em relação à magistratura, reafirmando o pressuposto clássico de criação do processo, o documento refere a importância da criação de um relatório anual "visando *educar* os juízes sobre os comportamentos que não são aceitáveis, e informar o público dos processos disciplinares" (sem grifo no original).

---

(89) Disponível em: <https://www.anamatra.org.br/attachments/article/24400/00003439.pdf>. Acesso em: 10 jan. 2021.

(90) "... em muitos países da região, existe uma necessidade de reformas para aprimorar a qualidade e eficiência da Justiça, fomentando um ambiente propício ao comércio, financiamentos e investimentos. A reforma econômica requer um bom funcionamento do judiciário o qual deve interpretar e aplicar as leis e normas de forma previsível e eficiente. Com a emergência da abertura dos mercados aumenta a necessidade de um sistema jurídico". Disponível em: <https://www.anamatra.org.br/attachments/article/24400/00003439.pdf>. Acesso em: 10 jan. 2021.

(91) Disponível em: <https://agenciabrasil.ebc.com.br/geral/noticia/2018-07/mais-de-um-terco-dos-domicilios-brasileiros-nao-tem-acesso-internet>. Acesso em: 10 jan. 2021.

A partir dessa palavra de ordem, tivemos no Brasil a edição de três Pactos Republicanos por um Poder Judiciário célere e eficaz, em 2004, 2009 e 2011, nos quais as mesmas premissas estavam presentes: controle externo do Poder Judiciário e revisão processual capaz de garantir a "necessária" previsibilidade das decisões; necessidade de um processo judicial eletrônico, que desse uniformidade aos procedimentos, e necessidade de retirar o Estado do cenário de resolução dos conflitos sociais(92).

A preocupação imediatista com números e resultados distorce e compromete a razão de haver um sistema de normas e um "poder de Estado" incumbido de aplicá-las. Como escreve Pachukanis, certo grau de morosidade e de ineficiência, por parte do Estado, e bem assim a mudança, mesmo que radical, na linha da compreensão de como gerir o que é público, não é somente aceitável para o capital e para o proprietário privado. É necessária, "para a defesa contra intromissões excessivamente bruscas em seus direitos de proprietário privado, intromissões que podem ocorrer em virtude de concessões à pressão da classe trabalhadora, por exemplo, no sentido da legislação social". Claro, porque quem domina não precisa de um aparato estatal para fazer valer sua vontade. O proprietário privado "coloca ao aparato de Estado, sobretudo, as seguintes exigências: intrometa-se menos, regulamente menos e até defenda-me menos, eu mesmo saberei me defender, dispondo do poder econômico, que dá uma vantagem significativa em relação aos que nada possuem". É por isso, segundo o autor, que "a morosidade judicial, para o empresário privado, para o capitalista, serve, amiúde, como um meio de se esquivar, de se subtrair das obrigações que correspondem à sua propriedade privada" (PACHUKANIS, 2017, p. 313-314).

O Código de Processo Civil que entrou em vigor em 2015 está alinhado com essa racionalidade. Introduz uma série de incidentes e de mecanismos de uniformização de jurisprudência, no claro intuito de esvaziar a atividade judicial de base. Além disso, aumenta as possibilidades de recurso, tornando o processo ainda mais moroso. Estimula a conciliação, inclusive extrajudicial, e insiste na lógica do positivismo clássico do juiz "boca da lei" ao prever em um longo e exaustivo dispositivo tudo o que não é fundamentação de uma decisão judicial, como já referi.

O Poder Judiciário acaba contribuindo para a crise de legitimidade do Direito material e processual do trabalho, apoiando o uso das regras do Código de Processo Civil ao processo do trabalho, mesmo quando não há lacuna; proferindo decisões contrárias à legislação social protetiva. Para citar apenas alguns exemplos: o STF declarou a inconstitucionalidade da Lei n. 8.036 (posterior à Constituição) quando estabelece prazo (mais favorável) para a prescrição do FGTS (ARE n. 709.212, relator Ministro Gilmar Mendes); considerou válida cláusula de "quitação geral" em norma coletiva que estabelece plano de demissão voluntária (RE n. 590.415, relator Ministro Roberto Barroso); declarou

(92) Disponível em: <http://www2.stf.jus.br/portalStfInternacional/cms/verConteudo.php?sigla=portalStfDestaque_pt_br&idConteudo=173547>. Acesso em: maio 2017.

a impossibilidade de greve dos servidores públicos, apesar da literalidade do art. 9º da Constituição (Reclamação Constitucional n. 24.597, relator Ministro Dias Toffoli). Mais recentemente, autorizou redução de salário por acordo individual (ADI n. 6.363), acabou com a correção monetária dos créditos trabalhistas (ADC n. 58, relator Ministro Gilmar Mendes), declarou a possibilidade de norma coletiva restringir ou retirar direito previsto em lei (Tema n. 1.046, ARE n. 1.121.633 de relatoria do Ministro Gilmar Mendes).

O legislativo também tem contribuído com a edição de um número expressivo de leis que contrariam o caráter protetivo da legislação social. A Emenda Constitucional n. 45, de 2004, quando cria o Conselho Nacional de Justiça e a possibilidade de súmula vinculante acaba iniciando um processo de profunda alteração na forma como o Direito é compreendido e aplicado.

O aumento de competência resultou falsa conquista para o Poder Judiciário Trabalhista, pois acabou por legitimar o discurso de que não há mais razão em uma estrutura própria para lidar com as relações entre capital e trabalho. Como refere Souto Maior, em artigo sobre o tema: "ampliar a competência sem antes criar estrutura compatível, é matar por asfixia". Alertou para o fato de que a(o) trabalhador(a) subordinada(o), para quem a Justiça do Trabalho foi realmente criada, ficaria então mais desprotegido(a), pois sequer conseguíamos à época (como até hoje) dar conta da demanda já própria a esse ramo do Judiciário, tornando efetivas todas as execuções. E revelou a preocupação, por mim desde sempre partilhada, de que a Justiça do Trabalho acabasse por "perder seu foco" (SOUTO MAIOR, 2005, p. 179-190).

O poder conferido às súmulas, permitindo a produção de uma legislação paralela por parte do Poder Judiciário, embora aparentemente o fortaleça, em realidade o esvazia de sentido. Enquanto as decisões dos Ministros tornam-se lei, criando uma nova ordem jurídica, infensa ao filtro democrático, a possibilidade de criação do Direito a partir dos fatos e do contato direto com as partes, especialmente no primeiro grau de jurisdição, torna-se cada vez mais difícil. Esse esvaziamento da função do Juiz de primeiro grau não tem efeito negativo apenas para quem atua na jurisdição. Afeta a forma de produzir o Direito e, por consequência, o modo como as relações sociais são geridas. No contexto atual, representam, ainda, uma clara forma de neutralizar a Constituição, mesmo sem alterar seus dispositivos, boicotando o projeto de inclusão social estabelecido na Constituição de 1988.

O argumento da previsibilidade como algo a ser obtido por meio da cristalização de entendimentos em súmulas é facilmente refutado, pela constatação de que tais entendimentos sequer são coerentes entre si. As súmulas, como verbetes que são, que se dissociam do fato concreto, são interpretáveis; estão sujeitas ao "jogo de significações" do Direito. E isso é suficiente para acabar de vez com toda ilusão de previsibilidade.

Prova disso é que temos súmulas regionais contrárias às nacionais, como no exemplo da Súmula n. 61 do TRT4 e da 219 do TST, ambas acerca dos honorários de advogado na Justiça do Trabalho. Do mesmo modo, a própria Súmula n. 97 do TRT4 é contrária ao que estabelece a Súmula n. 450 do TST. Também temos súmulas absolutamente contraditórias entre si, em âmbito nacional, como a Súmula n. 327 do STF e a 114 do TST, a primeira referindo a existência de prescrição intercorrente no processo do trabalho e a segunda dispondo o exato contrário. Ou, ainda, súmulas que dizem o contrário do que pretendem dizer, como é o caso da Súmula Vinculante n. 04 do STF, que veda a utilização do salário mínimo como base para cálculo de adicional de salário e é utilizada para que o salário mínimo siga sendo a base para o cálculo do adicional de insalubridade. E o que dizer de súmulas que contrariam literalmente normas jurídicas válidas e vigentes?

Para quem lê a Constituição, claro está que a jornada máxima de trabalho no Brasil é de oito horas. E se trabalhar em turnos de revezamento, tem direito à jornada de seis horas. Na CLT, há disposição de que essa jornada máxima poderá ser estendida apenas excepcionalmente, e no máximo por 2h a mais por dia. Seria razoável admitirmos que é expressão de segurança jurídica a certeza de que o Poder Judiciário, ao examinar eventual litígio trabalhista, deverá cumprir a Constituição, fazendo respeitar esses limites máximos da exploração do tempo de trabalho. Essa previsibilidade poderia ser reivindicada. Não é o que ocorre, porém. Os parâmetros — constitucional e legal — são diariamente desrespeitados, como aliás já referi em capítulo anterior. Aqui, quero acrescentar a existência de súmula, como a Súmula n. 444 do TST, que estabelece que "é válida, em caráter excepcional, a jornada de doze horas de trabalho por trinta e seis de descanso, prevista em lei ou ajustada exclusivamente mediante acordo coletivo de trabalho ou convenção coletiva de trabalho". A contrariedade ao parâmetro constitucional é literal e reveladora da insuficiência das súmulas ou das leis para garantir coerência ou "segurança jurídica" ao Direito.

Como já referia, com ironia, Ovídio Baptista, em 2004, "se a norma pudesse comportar duas ou mais interpretações válidas e legítimas, como obter a segurança procurada pelo nascente Estado industrial? E como justificar nossa interminável cadeia recursal?". A necessidade de submeter a atividade judicial à vontade da lei afeta exatamente a compreensão do Direito como discurso, um discurso que funda determinada ordem e que, portanto, acaba constituindo-se como instrumento de manutenção de uma certa forma de organização social.

A aposta nas súmulas é também elemento desse processo de esvaziamento da atividade judicial, transferindo a autoridade (quase divina, pois insuscetível de erro) do texto legal para o texto da súmula, construída pelos tribunais superiores (BAPTISTA DA SILVA, 2004, p. 97-8).

A Emenda Constitucional n. 95, que congela gastos sociais por vinte anos, e a Lei n. 13.467/2017, que tenta desconfigurar completamente o processo do trabalho e a forma de aplicação do Direito do Trabalho, são outros exemplos desse mesmo movimento de aprofundamento da racionalidade liberal, cujos efeitos em âmbito processual, muitos dos quais serão aqui discutidos, sequer foram completamente sentidos e assimilados. Não há dúvida de que essas medidas estão ordenadas em um mesmo sentido e dialogam entre si.

A forma de trabalhar com o processo e acessar a prestação jurisdicional foi profundamente afetada pelas ideias ultraliberais advindas do Documento 319 do Banco Mundial. Exemplo disso é o processo judicial eletrônico, produzido e colocado em funcionamento, num país no qual pelo menos um terço da população não tem acesso à internet e boa parte vive em regiões nas quais as audiências precisam ser realizadas de barco.

3.7. Processo Eletrônico e gestão por metas: uma nova fase da Justiça do Trabalho

O processo judicial eletrônico qualifica-se como um modelo fordista de produção judicial, que elitiza o acesso à justiça e praticamente impõe preocupação maior com a forma do que com o conteúdo, além de adoecer juíza(e)s e servidora(e)s. Lançado oficialmente em 21 de junho de 2011, vem sendo utilizado de modo exclusivo desde 03 de fevereiro de 2014, para o trâmite de novos processos. Os processos em andamento também estão sendo migrados do sistema e-CNJ para o PJe[(93)]. Esse sistema utiliza nomenclatura do Código de Processo Civil. Seus comandos não são intuitivos e a quantidade de informações que precisam ser registradas, quando do ajuizamento da demanda ou da apresentação da defesa, revelam a possibilidade, já inclusive enunciada por seus entusiastas, de que o programa "evolua" para uma versão em que apresentará proposta de minuta de sentença.

O PJe estimula o trabalho por produção, chegando mesmo a eliminar o tempo de descanso, pois acessível 24h por dia, 7 dias por semana, além de facilitar significativamente a padronização das decisões e, pois, a previsibilidade buscada pelos liberais que firmam o Documento 319 do Banco Mundial. Como objetivo central está a ideia de tornar o Poder Judiciário mais "eficiente", sob a perspectiva do mercado.

A principal armadilha do processo eletrônico é a de condicionar a pensar o processo a partir de trilhos, sujeitando o conteúdo à forma, e sob a perspectiva e a linguagem do processo civil (inclusive quanto à nomenclatura das peças processuais e seus andamentos). Com isso, reforça um discurso que nega a existência do processo do trabalho. Não se refere mais a decisão, mas sim a sentença. A consequência é a naturalização da

---

(93) Disponível em: <http://www.cnj.jus.br/tecnologia-da-informacao/processo-judicial-eletronico-pje>. Acesso em: ago. 2017.

assimilação das regras do CPC, que tem como horizonte último a ideia de que o processo do trabalho é desnecessário e, como ele, a própria Justiça do Trabalho. Tudo passa a funcionar a partir de "caixas" e, portanto, de modo estandardizado, não há espaço para o que é diferente.

Além disso, o processo eletrônico nos distancia dos autos. O distanciamento que se dá quando entre quem interpreta e os autos existe uma máquina (e um sistema) tem consequências práticas que extrapolam nosso estranhamento pessoal ou nossa dificuldade em lidar com novas tecnologias. Na realidade, o processo eletrônico em alguma medida sujeita a pessoa ao "sistema". Se a internet não funcionar, por exemplo, o primeiro impulso será pensar: nada há a ser feito, cancelem-se as audiências, aguarde-se até que o sistema permita que voltemos a atuar. O processo integralmente eletrônico nos condiciona a pensar que não podemos agir sem que a máquina possa intermediar nossas ações, algo que se torna ainda mais profundo em uma realidade de necessidade de isolamento social, como o que vivenciamos nos anos de 2020 e 2021, em razão da pandemia.

Essa tendência de assujeitamento ao sistema evidentemente não foi criada pelo PJe. O processo eletrônico apenas aprofunda, potencializa a burocratização dos procedimentos, pois nos afasta um pouco mais dos autos e, consequentemente, das pessoas nele representadas. Existem vantagens. É possível trabalhar em casa, no meio da noite, aonde quer que estejamos. A essa vantagem, porém, corresponde outra grave armadilha. Sem alterar o texto constitucional, estamos acabando com o direito à desconexão, pois o sistema funciona em tempo integral. O efeito social e humano disso é devastador.

O advento da pandemia mundial de Covid-19 em 2020, que imediatamente provocou o deslocamento de trabalhos presenciais para a modalidade "*home office*", inclusive no âmbito do Poder Judiciário trabalhista, tem demonstrado de maneira ainda mais clara as consequências da perda do direito à desconexão. Sob a perspectiva do trabalho, a sensação que temos (e não se trata de mera sensação, é fato) é a de que não conseguimos mais dar conta do que temos a fazer. Se antes terminávamos a jornada com a possibilidade de compreender cumpridas as tarefas do dia, hoje temos a certeza de que as "caixinhas" do PJe estarão sendo abastecidas 24h por dia, 7h por semana. O fato de trabalharmos em casa compromete a separação do espaço familiar com aquele de trabalho, retirando tempo e qualidade do convívio com a(o)s filha(o)s e de realização de outras atividades efetivamente desconectadas do trabalho obrigatório. Aliados: gestão por metas, PJe e teletrabalho, o potencial destrutivo da qualidade de vida e da saúde psíquica são imensos.

O efeito psicológico de impotência diante do volume de trabalho e da capacidade do PJe de estar sempre disposto a receber novas demandas já vem sendo sentido e mensurado pelo número de pessoas que se afastam do trabalho, por doenças, tais como: doenças decorrentes da exposição excessiva dos olhos à luz do computador (dor e ardência, ressecamento e cansaço da vista, além de embaralhamento e desfoque), deficiências osteomusculares (problemas no pescoço, costas, ombros, braços e pernas); sofrimentos de ordem mental, que os levam a recorrer ao uso de antidepressivos, ansiolíticos, remédios para dormir e para acordar, fisioterapia e outros tipos de tratamentos.

Um estudo realizado em 2011, sobre a Situação de Saúde e Condições para o exercício do trabalho da magistratura trabalhista de Minas Gerais, feito pela Dra. Ada Avila Assunção, da UFMG(94), revelou que há uma rotina de trabalho intenso, inclusive em finais de semana e férias (70,4% das pessoas entrevistadas declarou que trabalha em fins de semana, mesmo quando está muito cansada; 69,5% se alimentam em horários irregulares por causa do trabalho). Além disso, 33,2% das entrevistadas havia fruído licença médica nos últimos 30 dias; 17,5% fazem uso de medicação para depressão e ansiedade. 41,5% tem diagnóstico médico de depressão; 53,8% dormem mal; 50,9% são vítimas frequentes de insônia; 37,8% sentiam-se tristes no momento em que foram entrevistadas e 15,1% declararam estar chorando mais do que de costume nos últimos tempos. Tudo isso, bem antes da realidade da Covid-19 e do PJe.

Já em abril de 2017, o CNJ divulgou resultados de pesquisa feita durante o ano de 2016, em relação à saúde de quem atua no Poder Judiciário, indicando que as doenças mais recorrentes entre a categoria são as do sistema osteomuscular e do tecido conjuntivo (10,96%), seguidas das doenças do aparelho respiratório (10,42%); transtornos mentais e comportamentais (9,37%); doenças infeccionais e parasitárias (4,77%) e doenças do aparelho digestivo (4,45%)(95). As armadilhas do teletrabalho em tempos de PJe são emblemáticas de um contexto bem maior, no qual a virtualização da realidade nos distancia da vida real. Menos convivência com os amigos; menos tempo para ler ou estudar os clássicos, quase nenhuma possibilidade de ouvir música ou apreciar a paisagem: estamos submersas em uma realidade que nos atropela, suprime nosso tempo de lazer e, com ele, nossa capacidade de raciocinar, de sentir indignação e de pensar e agir de modo saudável. Uma realidade que afeta bem mais as mulheres, que ainda são as responsáveis pelo trabalho de cuidado não remunerado em âmbito doméstico(96).

Para ficarmos apenas com a realidade do processo eletrônico trabalhista, é possível concluir que se nos rendermos à linguagem uniformizante do PJe, que de resto vem dentro de um pacote de medidas (legislativas, jurisprudenciais e políticas) estaremos contribuindo para o fim do processo do trabalho. O PJe, com sua linguagem civilista, junto com o CPC e com a atuação dos nossos tribunais uniformizando tudo a partir de

(94) Disponível em: <https://www.anamatra.org.br/attachments/article/54/00002920.pdf>. Acesso em: ago. 2017.

(95) Disponível em: <http://www.cnj.jus.br/noticias/cnj/84609-estudo-aponta-causas-de-doencas-entre-magistrados-e-servidores>. Acesso em: ago. 2017.

(96) De acordo com o IBGE, são 10,4 horas por semana a mais do que os homens, sendo dedicadas ao trabalho doméstico e ao cuidado de pessoas. Disponível em: <https://agenciadenoticias.ibge.gov.br/agencia-sala-de-imprensa/2013-agencia-de-noticias/releases/27877-em-media-mulheres-dedicam-10-4-horas-por-semana-a-mais-que-os-homens-aos-afazeres-domesticos-ou-ao-cuidado-de-pessoas>. Acesso em: 11 jan. 2021.

uma lógica única, dentro da qual não tem espaço para a proteção que justifica a existência do processo do trabalho, poderá acabar com a Justiça do Trabalho, com o processo do trabalho e, naturalmente, com o Direito do Trabalho.

Ainda, se seguirmos permitindo que o PJe condicione o nosso trabalho, ditando seu ritmo e volume, em pouco tempo (se já não é assim) o processo se tornará uma formalidade, distanciada da vida de pessoas "de carne e osso" e Juíza(e)s e servidora(e) s se tornarão agentes da burocracia, atuando em nome de uma ordem (que sabemos bem qual é), como cumpridores de metas, em uma espécie de realização do sonho da ideologia burguesa do Século XVII. Além disso, teremos cada vez mais pessoas doentes, isoladas, sofrendo com a incapacidade de dar conta do volume de trabalho, com a inadequação dos meios de trabalho. Isso tudo sem falar no lixo eletrônico que esse sistema produz, no gasto público que decorreu de sua implantação e que a manutenção ainda exige, e na elitização do acesso à Justiça que essa informatização impõe.

A cobrança de metas é a outra face desse mesmo processo de burocratização e de redução do conteúdo da atividade judicial. Uma forma de "gestão de pessoal" própria da atividade privada, cujo "sucesso" se verifica especialmente a partir da década de 1970, com a reestruturação dos empreendimentos (gestão em rede) e a invasão da lógica japonesa de produção e cobrança nas atividades (ALVES, 2008, p. 223-239).

No Poder Judiciário, as consequências dessa gestão são desastrosas: processos julgados em tempo recorde nem sempre traduzem o exame crítico e profundo das graves questões sociais que envolvem; quem atua com o processo sofre com a insatisfação constante que decorre da impossibilidade de cumprir metas irreais. Os tribunais, pressionados pelos órgãos de cúpula, pressionam juíza(e)s. A(o)s juíza(e)s, pressionada(o) s pelos tribunais, pressionam a(o)s servidora(e)s. Todas as pessoas, submetidas a mesma regra da "Justiça em números"[(97)], enquadram-se ou adoecem[(98)].

Embora na apresentação do relatório de 2016, relativo ao ano de 2015, a Ministra Cármen Lúcia admita que "o tempo do processo é um objeto de pesquisa de difícil apuração, pois são quase infinitas as combinações de situações de fato e de direito a caracterizarem cada ação judicial no Brasil", do que decorre sua conclusão de que não há como saber "quais as causas para as maiores delongas, tampouco aclarará por completo o que faz com que muitos casos sejam bastante céleres", a possibilidade de aferição dos resultados do Poder Judiciário a partir de critérios numéricos é exortado como um

(97) O Relatório Justiça em Números é regido pela Resolução CNJ 76, de 12 de maio de 2009, e compõe o Sistema de Estatísticas do Poder Judiciário (SIESPJ. No portal do CNJ consta: "Principal fonte das estatísticas oficiais do Poder Judiciário, anualmente, desde 2004, o Relatório Justiça em Números divulga a realidade dos tribunais brasileiros, com muitos detalhamentos da estrutura e litigiosidade, além dos indicadores e das análises essenciais para subsidiar a Gestão Judiciária brasileira".

(98) Já foram contabilizadas mais de seis mortes no Tribunal Regional do Trabalho da 2° Região. Cometeram suicídio no local de trabalho. Disponível em: <http://epoca.globo.com/tempo/noticia/2016/08/mais-uma-morte-no-predio-dos-suicidas-em-sao-paulo.html>. Acesso em: 20 out. 2016.

avanço. Não considera a complexidade dos processos, o número de pedidos ou mesmo as demais atividades que envolvem o mister da magistratura e da advocacia trabalhista.

Consolidada a partir da alteração constitucional que cria o Conselho Nacional de Justiça, a gestão por metas é apresentada a partir da fixação de objetivos nacionais para o Poder Judiciário, definidos em 2009(99). A evolução apresentada no site do CNJ dá a medida exata do objetivo dessa espécie de gestão do Poder Judiciário: aumento da produtividade e, pois, da quantidade de processos "resolvidos"(100).

Entre as prioridades, não estão questões relacionadas à realização dos direitos sociais fundamentais. A preocupação direciona-se à modernização, agilidade e eficiência. A Justiça deve julgar "uma quantidade de processos maior do que o número que entrou" no ano anterior. Esse senso comum de que é possível prever tudo (e resolver tudo) através da fixação de metas está diretamente relacionado à noção de previsibilidade e homogeneização do "viver humano", que é própria da modernidade (BAPTISTA DA SILVA, 2004, p. 267).

A realidade da vida, entretanto, desafia constantemente os números. Não é possível prever tudo. Não é possível programar sempre, nem é razoável pretender que todos deem respostas homogêneas e similares aos problemas que enfrentam, seja no ambiente de trabalho ou em suas relações pessoais.

---

(99) "Ao final do Encontro, os tribunais brasileiros traçaram 10 metas de nivelamento para o Judiciário no ano de 2009. O grande destaque foi a Meta 2, que determinou aos tribunais que identificassem e julgassem os processos judiciais mais antigos, distribuídos aos magistrados até 31.12.2000". Disponível em: <http://www.cnj.jus.br/gestao-e-planejamento/metas>. Acesso em: 16 out. 2014.

(100) "Com a Meta 2, o Poder Judiciário começou a se alinhar com o direito constitucional de todos os cidadãos brasileiros que estabelece a duração razoável do processo na Justiça. Foi o começo de uma luta que contagiou o Poder Judiciário do país para acabar com o estoque de processos causadores de altas taxas de congestionamento nos tribunais. Também foram definidas outras metas importantes para organizar o trabalho nas varas de Justiça, informatizar o Judiciário e proporcionar mais transparência à sociedade".

4. Acesso à Justiça do Trabalho

O direito de acesso à justiça não se limita à possibilidade de ingressar com uma demanda. Inclui o direito à prestação tempestiva e efetiva de tutela. Inclui a possibilidade de discutir e reconhecer as diferentes opressões que atravessam um processo judicial. Nesse sentido, o Protocolo para julgamento com perspectiva de gênero estabelece que o sistema de justiça esteja "atento(a) às desigualdades estruturais que afetam a participação dos sujeitos". O documento sugere perguntas e trabalha com exemplos que permitem perceber a importância da adoção de uma postura que permita à(o) juiz(a) efetivamente compreender os elementos processuais e extraprocessuais que atravessam o conflito[(101)].

Como já afirmei, no nível do discurso a ordem constitucional claramente abandona a perspectiva individual, para adotar uma compreensão do Direito e da função estatal, pela qual todas as regras de conduta têm caráter social, interessam à coletividade (BOLZAN DE MORAIS, 2000, p. 14). Sendo um discurso, é certo que não opera de imediato alterações na realidade prática, mas se propõe a interferir na cultura de convívio social, razão da importância de seu conteúdo simbólico.

Retomo aqui essa afirmação, para sustentar que o direito de acesso à justiça no Brasil, especialmente a partir da Constituição de 1988, não é um direito individual. Não se esgota na possibilidade de ajuizar uma demanda e nem de receber, como indivíduo, uma resposta definitiva para o que está discutindo no processo. Ao assumir compromisso com a racionalidade social, o que a Constituição faz é determinar a compreensão/ interpretação de toda a ordem jurídica a partir da noção de solidariedade. Logo, o direito de acesso à justiça assume, também, viés social.

Trata-se de uma tentativa de superação da lógica do individualismo que tem uma importância histórica e política, na medida em que o constitucionalismo desempenha "papel fundamental, se não para o desenvolvimento, para o asseguramento de parâmetros mínimos de vida social democrática" (*Ibidem*, p. 13). Uma das consequências desse discurso é a necessidade de um olhar diferenciado para o processo e para todo o ordenamento jurídico infraconstitucional (STRECK, 1999, p. 215). Assim como a CLT faz em relação ao direito material e processual do trabalho, a Constituição de 1988 assume posição, de tal modo que não há mais como seguir sustentando, diante de suas normas,

---

(101) Disponível em: <https://www.cnj.jus.br/wp-content/uploads/2021/10/protocolo-18-10-2021-final.pdf>. Acesso em: 06 mar. 2023.

um discurso de neutralidade. Há compromisso com o acesso à justiça, com a efetividade dos direitos sociais e com a minimização dos efeitos do capitalismo, o que pressupõe o reconhecimento e o enfrentamento das diferentes formas de opressão.

O pressuposto é o de que a não efetivação das pretensões de direito material, por meio de um processo ágil e comprometido com o ideal de justiça, nega a possibilidade de sobrevivência digna, subtraindo de quem vive nessa sociedade, todas as promessas da modernidade. Esse pressuposto materializa-se, inclusive, como tentativa de resolver uma contradição insuperável: a existência de um modelo de organização social que promete dignidade, igualdade e acesso a bens que tornem a vida decente, mas que não tem condições de garantir isso para a maioria das pessoas. E essa ausência de condições não se dá por falta de recursos (há alimento suficiente para toda a humanidade, por exemplo), mas porque o sistema é fundado na concorrência, no acúmulo de riquezas, no uso predatório dos recursos naturais e na interdição do acesso aos bens necessários à sobrevivência. Essa é a contradição: garantir vida digna em um sistema, cujas bases impedem essa possibilidade para a maior parte das pessoas.

O acesso à justiça pressupõe a efetividade do processo, a partir de regras que permitam que o resultado final de uma demanda dependa somente da análise do *mérito* dos direitos discutidos e não de forças externas.

A própria noção de **monopólio da jurisdição** pressupõe que se tenha acesso ao Estado, que nesse contexto seria supostamente um *terceiro*, cuja função seria a de garantir a aplicação das "regras do jogo". Essas afirmações são, sem dúvida, recheadas de conteúdo ideológico e em larga medida destituídas de veracidade, pois bem sabemos que o Estado assume claro compromisso com a manutenção da ordem e, portanto, com aqueles que estão na posição de dominação. Ainda assim, nosso pacto de convívio social pressupõe a crença na capacidade estatal de resolver litígios. O Poder Judiciário, nesse contexto, tem precisamente o objetivo de garantir a efetividade dos direitos contra o poder de uma minoria que dita as regras nas relações sociais.

Por isso, mais do que perceber a importância da transformação filosófica que a Constituição de 1988 pretende inaugurar, temos de compreender as implicações práticas advindas desse compromisso, a fim de pelo menos utilizarmos o discurso hermenêutico de máxima efetividade da Constituição como algo que influencie e determine a prática das relações materiais e processuais.

A doutrina tem demasiada simpatia por assuntos tais como a necessidade de uso racional do tempo no processo e de atribuição de máxima eficácia à ciência processual. Entretanto, ao enfrentar as questões que chegam aos foros diariamente, termina por reafirmar seu pacto silencioso com o paradigma racionalista e, por consequência, com o referencial liberal-individualista que a Constituição, ao menos teoricamente, se propõe a superar.

Por isso, convive com regras que promovem clara intimidação e mesmo vedação do acesso à justiça, agindo para restringir em lugar de ampliar as possibilidades de discussão judicial de temas relevantes para a efetividade do projeto constitucional.

O acesso efetivo à justiça precisa ser compreendido, então, como condição de possibilidade da cidadania, de tal modo que mesmo sob a perspectiva estritamente liberal, sua supressão implica ruptura com a própria noção de Estado Democrático de Direito.

O parâmetro constitucional do direito de acesso à justiça é a regra do art. 5º, XXXIV, quando estabelece que "são a todos assegurados, independentemente do pagamento de taxas" o "direito de petição aos Poderes Públicos em defesa de direitos ou contra ilegalidade ou abuso de poder", bem como no inciso XXXV, quando prevê que "a lei não excluirá da apreciação do Poder Judiciário lesão ou ameaça a direito". A Emenda Constitucional n. 45/2004 procura reforçar ainda mais isso, introduzindo no art. 5º o inciso LXXVIII, segundo o qual "a todos, no âmbito judicial e administrativo, são assegurados a razoável duração do processo e os meios que garantam a celeridade de sua tramitação".

Em uma sociedade que reconhece direitos sociais fundamentais, mas é absolutamente desigual, segregaria e concentradora de renda, como a brasileira, é evidente que as demandas se multiplicam. Isso torna ainda mais importante a garantia de acesso à justiça, pois para a maioria da população brasileira o Poder Judiciário acaba sendo o único caminho para que os direitos sejam respeitados.

No âmbito das relações sociais de trabalho essa afirmação é ainda mais fácil de ser demonstrada. Além de não poder exercer autotutela em razão da assimetria objetiva na relação de troca entre capital e trabalho, quem depende do trabalho para sobreviver está à mercê da vontade daquele para quem presta o serviço.

A despedida, por exemplo, que no Brasil, apesar da literalidade da Constituição, continua sendo praticada de modo voluntarista, sem que se exija do empregador sequer a razão lícita pela qual pôs fim ao vínculo, coloca a(o) trabalhador(a) em situação de perigo material de morte (GAULEJAC, 2007, p, 206-7). Afinal, é apenas através do salário recebido pelo trabalho que a maioria da(o)s brasileira(o)s consegue comprar alimentos, pagar remédio, roupa ou moradia. Como escrevi em um livro sobre a perda do emprego, em nossa realidade de desemprego estrutural cada vez mais expressivo, "o ato de despedida é, por si só, uma violência, que tem efeito imediato na vida de quem a sofre, mas também em toda a dinâmica de uma sociedade que tem na troca entre capital e trabalho a relação social que está na centralidade da vida pública" (SEVERO, 2021, p. 24).

A pessoa que perde o emprego e não recebe os valores devidos pela dispensa tem como única medida o ajuizamento de uma demanda trabalhista. Sem a possibilidade de acesso à justiça, estará condenada a contrair dívidas, a sofrer limitações drásticas em seu modo de vida e, no limite, a morrer. Logo, ter ações judiciais tramitando pode significar a falha na realização do projeto social contido na Constituição, algo a ser compreendido e enfrentado, mas não da perspectiva simplista e superficial de eliminar processos.

Se muitas pessoas estão buscando tutela jurisdicional é porque uma quantidade muito grande de direitos está sendo desrespeitada. É porque a cultura que a Constituição de 1988 propõe ainda não penetrou nas relações sociais. É, enfim, porque precisamos alterar o nosso modo de compreender a importância dos direitos sociais.

A própria noção de segurança jurídica, que tem sido utilizada para promover uniformização de decisões, burocratização do processo e distanciamento da sua função social, precisa ser ressignificada. Afinal, segurança jurídica só existirá se houver acesso à justiça e a uma decisão judicial em tempo hábil a evitar danos irreversíveis. Não existe segurança jurídica, em um Estado que convive com ações que tramitam por mais de dez anos, nas quais não haja o cumprimento material da decisão. Também não há falar em segurança jurídica, quando o ato de ajuizar uma demanda torna-se perigoso, porque pode representar o risco de ser condenado, mesmo sendo pobre, a um custo que comprometerá a subsistência física e, pois, a própria vida.

A dignidade que aparece como fundamento desse modelo de República só será preservada se houver um Estado que não apenas edite normas que permitam a vivência de forma digna, mas garanta sua efetividade. E isso passa por uma atuação ainda mais firme, no sentido de tornar o desrespeito aos direitos um péssimo "negócio", o que significa o exato contrário de aplicar técnicas e regras que impeçam o acesso ao Poder Judiciário.

Essa pode parecer uma afirmação óbvia, mas a análise de algumas regras e decisões mais recentes revelam o resultado da absorção da ideologia explicitada no Documento 319 do Banco Mundial, que tem promovido vedação do acesso à justiça exatamente em relação a quem mais necessita de um Estado que garanta direitos sociais.

Nesse documento, sobre o qual já fiz referência em capítulo anterior, há expressa menção à importância do acesso à justiça, pontuando, entre outras coisas, que:

> A ampliação do acesso à justiça também depende das custas processuais, bem como dos honorários do advogado que são cobrados da parte. Os programas de reforma do judiciário devem rever as custas processuais determinado se são suficientemente altas ao ponto de deter demandas frívolas e condutas antiéticas, e se proporcionam o acesso aos que não tem condições econômicas e financeiras de demandar em Juízo. Neste sentido, também devem ser revistos os honorários advocatícios arbitrados pelo juiz.

Mais adiante, o documento se refere aos CUSTOS DA LITIGÂNCIA, observando que:

> É importante que as custas sejam razoáveis, justas e compatíveis com a renda, para que não obstem o acesso ao sistema . As pessoas que apresentam uma demanda legítima tem esse o direito de acesso à justiça, e as custas processuais não devem impedi-las de postular seus direitos. Mas também não é o caso de defender a supressão das custas processuais. Ao contrário, elas são necessárias em diversos tipos de processos e podem produzir recursos ao Judiciário.(102)

Em lugar de exigir que sejam respeitados, tornando um problema sério o ajuizamento de ações judiciais, a opção tem sido a de facilitar ainda mais o descumprimento dos direitos sociais. E, sob o argumento circular e falacioso de que a defesa do acesso à justiça desestimula o acesso à justiça, especialmente no âmbito do Poder Judiciário trabalhista.

A verdade é que os efeitos dessa receita liberal do Banco Mundial, intimamente ligada ao que se convencionou chamar neoliberalismo, podem ser identificados na alteração deletéria de regras processuais trabalhistas. E, para compreender o caráter internacional e profundo desse receituário e de suas implicações na vedação do acesso à justiça, convém sempre lembrar que o que se denomina neoliberalismo é um processo de aprofundamento das características do sistema capitalista. Dentre as tantas crises vivenciadas nesses mais de dois séculos de vigência do capitalismo, aquela que os historiadores identificam como sendo a primeira a atingir simultaneamente todas as grandes potências mundiais, Estados Unidos da América, Japão e Reino Unido, é a do ano de 1973. Tal período, iniciado após a 2ª Guerra Mundial, caracterizou-se por uma forte intervenção do Estado na economia. A forma de governar conhecida como Welfare State foi a solução encontrada pelos países capitalistas, a iniciar pelo norte-americano, para superar a crise de 1929, considerada ainda hoje como a maior crise de superprodução por que já passou o sistema capitalista em toda a sua história. Para superá-la, Franklin Roosevelt, inspirado pelos princípios do economista John Maynard Keynes, reergueu a economia norte-americana mediante o pacote de medidas denominado New Deal. Esse plano econômico implantou uma série de ações que buscavam conciliar questões econômicas e sociais, notadamente o investimento em setores básicos da indústria e a criação de políticas de proteção ao emprego. Nas palavras de Balanco e Costa Pinto:

> Essa acentuada inflexão relacionada às atribuições socioeconômicas do Estado capitalista baseou-se em dois elementos fulcrais, quais sejam,

(102) Disponível em: <https://www.anamatra.org.br/attachments/article/24400/00003439.pdf>.

> (i) um inquestionável aparato de regulação com o propósito principal de enquadramento do capital financeiro e seu direcionamento para o financiamento da produção através do planejamento, considerado necessário à própria dinâmica do capital naquele momento histórico; e (ii) uma acomodação das contradições entre capital e trabalho por meio de certas concessões, por parte do capital, aos trabalhadores dos países centrais (compromisso keynesiano-fordista ou estratégia de harmonização) e de forte coerção, por parte das ditaduras militares, dos frágeis movimentos operários dos países periféricos (destaques no original) (BALANCO, PINTO, 2007, p. 32).

Segundo alguns autores, tratou-se de uma das tantas tentativas de "humanização do sistema capitalista", uma tentativa de torná-lo viável, enquanto modelo de sociedade. As quedas das taxas de juros e o crescimento regular do desemprego, claramente anteriores ao encarecimento pronunciado do petróleo decorrente da Guerra do Yom Kippur, foram fatores importantes para a crise enfrentada nesse período. Com isso, "a inflação deixa progressivamente de ter um efeito estimulante sobre a atividade produtiva capitalista no seu conjunto e começa a ter efeitos perversos". Por outro lado, se, comumente, toda crise de superprodução é caracterizada pela superabundância geral de mercadorias (decorrente, na verdade, da queda do poder aquisitivo da população), também é comum o seu início se dar em alguns setores-chave e, posteriormente, se difundir gradualmente ao conjunto da produção. Assim, Mandel pontua, por exemplo, que a recessão iniciou no setor automobilístico e no da construção civil, somente depois expandindo-se para os demais setores para finalmente atingir o petroquímico. Aponta que "a recessão generalizada estava inscrita no ciclo que começou com a recessão ainda parcial de 1970/71 e que se prolongou com o boom especulativo dos anos 1972/73". Fatores estes que precederam o aumento do preço do petróleo realizado pelos países árabes organizados na OPEP (MANDEL, 1990, p. 29-38).

A guerra, ocorrida no mês de outubro de 1973 entre uma coalizão de Estados árabes liderados pelo Egito e pela Síria contra Israel, é comumente apontada com uma das principais causas da crise de 1974/75, pelo boicote que os países árabes fizeram aos Estados Unidos e aos países europeus, que apoiavam Israel, aumentando o preço do barril de petróleo em até 400% (MANDEL, 1990, p. 23-26). Nesse mesmo sentido, Silva e Carneiro sustentam que, "embora importante, o aumento de preços do petróleo explica menos de um quarto da inflação nos principais países desenvolvidos". Os autores consideram as causas mais profundas da crise "a expansão monetária acelerada (...) em grande parte relacionada com a inadequação, ou má administração, do sistema monetário internacional" (SILVA, CARNEIRO, 1998, p. 198). Além das contradições estruturais do sistema capitalista, fenômenos conjunturais relacionados à taxa de inflação e excessivo aumento da oferta de mercadorias, especialmente no setor automobilístico e da construção civil, também foram, portanto, determinantes para essa crise.

A crise dos anos 1973/75, assim como as demais crises econômicas enfrentadas nos últimos séculos, tem como principais fatores as contradições inerentes ao próprio sistema. Portanto, não é possível, de forma alguma, atribuir as causas da crise à falência do Estado Social ou ao excesso de direitos trabalhistas como propagado pelos "velhos defensores do individualismo" (HOBSBAWM, 1995, p. 398) e pelos atuais defensores da "reforma". Pelo contrário, como a história já demonstrou, em tempos de crise, é necessário reforçar os direitos sociais e, em especial, os direitos dos trabalhadores. Se as causas da crise são justamente as contradições (estruturais ou conjunturais) do capitalismo, que conduzem à extrapolação da exploração, a forma mais adequada de superação é o fortalecimento dos direitos sociais capazes de inibir esses fatores.

A resposta a essa crise da década de 1970, entretanto, foi (nova) retração do papel do Estado, que deixa o controle da economia, mais uma vez na "mão invisível" do mercado. O Brasil, após ingressar em seu período político mais obscuro, com a instauração do regime ditatorial militar em 1º de abril de 1964, passa por uma sensível expansão econômica no período de 1969 até 1973, o chamado "milagre econômico brasileiro". Houve crescimento da economia nacional, mas ele não pode ser percebido pela maioria da população, porque acompanhado de alta concentração de renda. Dados de 1970 mostram que os 5% mais ricos da população aumentaram sua participação na renda nacional em 9% (em relação a 1960) e detinham 36,3% da renda nacional; já a faixa dos 80% mais pobres diminuíra sua participação em 8,7% no período, e ficara com 36,8% da renda (SINGER, 1972).

Já no início da década de 70 não se percebe mais a euforia dos "anos de glória". Em junho de 1971 estoura a segunda maior bolha especulativa da história brasileira. Contrastando com a alta ocorrida nas bolsas de valores brasileiras, especialmente as do Rio de Janeiro e de São Paulo, durante o final da década de 1960, que chegaram a registrar altas de até 400%, verifica-se uma queda que perduraria até 1973 (BARCELLOS, 2010, p. 55). O ano de 1974 marca a transição do governo de Emílio Garrastazu Médici para o de Ernesto Geisel, ocorrida a 15 de março. Seguindo a "linha dura" dos governos anteriores, Geisel usa e abusa dos poderes concedidos pelo AI-5. Inúmeros movimentos grevistas e manifestações populares são severamente reprimidos. Ainda assim, a classe operária desenvolve ao longo dos cinco anos de presidência de Geisel uma série de lutas isoladas que culminam no conhecido "Movimento Contra o Custo de Vida" realizado no dia 27 de agosto de 1978, na praça da Sé, em São Paulo. Organizado por donas de casa e apoiado pela Igreja Católica, o protesto foi reprimido com bombas e cães pela Polícia Militar, fazendo os manifestantes trancarem-se na catedral da Sé. Em maio desse mesmo ano, o movimento operário já havia sido retomado com toda a força, com a greve de dois mil operários da Saab Scania de São Bernardo do Campo e onze mil trabalhadores da Ford Brasil, que reivindicavam reposição salarial, "cujos índices estavam sendo manipulados desde 1973" (SEGATTO, 1987, p. 75), melhoria das condições de transporte e assistência médica oferecidos pela empresa (SILVA, CARNEIRO, 1998, p. 113). Com a aplicação da Lei n. 4.330/1964 (editada logo após a instauração do regime ditatorial), a greve é declarada ilegal. Em 1974, o Brasil experimenta um déficit impressionante. Mandel coloca o Brasil no topo da lista dos países dependentes e semicoloniais devedores naquele ano, com um déficit de US$ 7 bilhões, seguido pelo México com US$ 2,5 bilhões (MANDEL, 1990, p. 45). Em lugar de adotar medidas de incentivo à economia mediante o reforço dos direitos sociais, como fizera o governo Roosevelt diante da crise de 1929, o governo brasileiro escolhe a via "moderna" do neoliberalismo e passa a flexibilizar/retirar direitos trabalhistas.

É nesse contexto que as reformas neoliberais são promovidas e altamente incentivadas pela grande mídia, como medidas indispensáveis à economia. Basta lembrar a ampla propaganda feita em 2019, em favor de uma alteração do sistema de seguridade social (que resultou a EC n. 103/2019) extremamente nociva para as possibilidades de realização do Estado Social. A chamada "reforma" trabalhista (Lei n. 13.467/2017), sobre a qual também já fiz referências, é talvez o exemplo mais simbólico dessa racionalidade destrutiva.

O projeto de lei que iniciou com 11 artigos e retornou da comissão coordenada pelo Deputado Rogério Marinho com mais de 100 dispositivos, alterando no total 372 dispositivos (entre artigos, parágrafos, incisos e alíneas) da legislação trabalhista e previdenciária, e revogando 23. A tramitação, iniciada no dia 12 de abril de 2017, se encerrou em três meses, nas duas casas do Congresso Nacional. Enquanto a Câmara aceitou 850 emendas ao texto original, o Senado rejeitou todas as 193 emendas apresentadas. Aprovada pelo Congresso, a Lei n. 13.467/2017 foi sancionada por Temer, sem vetos. A Medida Provisória prometida para sanar os problemas da lei veio três dias após a sua entrada em vigência (MP 808), alterando 87 artigos. Criou tamanha confusão que sequer foi submetida à votação. E nela há dispositivos, cuja função é promover a redução do número de demandas ajuizadas, conforme deixam claro tanto Rogério Marinho (Câmara) quanto Ricardo Ferraço (Senado) em seus relatórios (SOUTO MAIOR, SEVERO, 2017).

4.1. Gratuidade da Justiça

A gratuidade da justiça é talvez o elemento primeiro a determinar a possibilidade de acesso ao Poder Judiciário, por parte das pessoas que dele efetivamente necessitam. Sob o dogma da completude e do monopólio da jurisdição, que caracteriza a noção contemporânea de Estado, como já vimos nos capítulos precedentes, torna-se um dever público fazer com que os conflitos e bem assim as agressões à ordem jurídica cheguem ao conhecimento do Poder Judiciário. Por isso, que até mesmo as Ordenações Filipinas de 1603, que tinham vigência em território brasileiro, tratavam da assistência judiciária.

Em artigo apresentado em 1968, Peter Messitte refere a importância da gratuidade para o acesso à justiça e a participação da Ordem dos Advogados do Brasil, criada em

1930, no processo de construção desse direito fundamental. No Regulamento da Ordem, em seu art. 91, havia a previsão da prestação de assistência judiciária (MESSITTE, 1968).

A Constituição de 1934, no art. 113, que estabelecia os direitos e garantias individuais, havia regra determinando que "32) A União e os Estados concederão aos necessitados assistência judiciária, criando, para esse efeito, órgãos especiais assegurando, a isenção de emolumentos, custas, taxas e selos". Essa previsão foi suprimida quando da alteração constitucional promovida em 1937, e retornou na Constituição de 1946, no art. 141, com a redação "§ 35 – O Poder Público, na forma que a lei estabelecer, concederá assistência judiciária aos necessitados".

A Constituição de 1946 ainda estabelecia que "a lei não poderá excluir da apreciação do Poder Judiciário qualquer lesão de direito individual" (art. 141, § 4º). A mesma disposição estava prevista na Constituição de 1967 (art. 150, § 4º) e na Emenda Constitucional n. 1, de 1969 (art. 153, § 4º).

Todas remetiam à lei, que existia desde o Século XIX (Lei n. 241, de 1841; Regulamento 120, de 1842; Decreto n. 1.030, de 1890; Decreto n. 2.457, de 1897). Nesse último, havia inclusive a definição de pobre, como sendo "toda pessoa que, tendo direitos a fazer valer em Juizo, estiver impossibilitada de pagar ou adeantar as custas e despezas do processo sem privar-se de recursos pecuniarios indispensaveis para as necessidades ordinarias da propria manutenção ou da família" (art. 2º). Havia, também, a definição da abrangência da gratuidade: "prestação de todos os serviços necessarios para a defesa de seus direitos em Juizo, independentemente de sellos, taxa judiciaria, custas e despezas de qualquer natureza" (art. 4º)[(103)].

A CLT disciplina a questão das custas e das demais despesas processuais nos arts. 789 e seguintes. Em sua redação original, o art. 789 dispunha que "§ 4º As custas serão pagas pelo vencido ou, em se tratando de inquérito administrativo, pelo empregador, antes de seu julgamento pela Junta ou Juizo de Direito. Sempre que houver acordo, se de outra forma não for convencionado, o pagamento das custas será feito em partes iguais pelos litigantes".

Em 1946, a redação desse dispositivo foi alterada, tendo sido incluído pelo Decreto-lei n. 8.737, um § 7º: "É facultado aos presidentes dos tribunais do trabalho conceder ex-ofício o benefício da Justiça gratuita, inclusive quanto a traslados e instrumentos, aqueles que perceberem salário igual ou inferior ao dobro do mínimo legal ou provarem o seu estado de miserabilidade".

Na década de 1950, a Lei n. 1.060 disciplina a assistência judiciária gratuita, fixando expressamente que seus "benefícios" compreendem "todos os atos do processo até decisão final do litígio, em todas as instâncias" (art. 9º)[(104)].

---

(103) Disponível em: <https://www2.camara.leg.br/legin/fed/decret/1824-1899/decreto-2457-8-fevereiro-1897-539641-publicacaooriginal-38989-pe.html>.

(104) Diponível em: <http://www.planalto.gov.br/ccivil_03/leis/l1060.htm>.

Em 1970, a Lei n. 5.584 passou a dispor que "a assistência judiciária a que se refere a Lei n. 1.060, de 5 de fevereiro de 1950, será prestada pelo Sindicato da categoria profissional a que pertencer o trabalhador" (art. 14). Disciplinava também seu âmbito de aplicação; "§ 1º A assistência é devida a todo aquêle que perceber salário igual ou inferior ao dôbro do mínimo legal, ficando assegurado igual benefício ao trabalhador de maior salário, uma vez provado que sua situação econômica não lhe permite demandar, sem prejuízo do sustento próprio ou da família".

Em razão disso, o art. 789 da CLT foi alterado em 2002 e parou de se referir à gratuidade, já disciplinada na Lei n. 5.584. No art. 790, foi incluído um § 3º:

> É **facultado** aos juízes, órgãos julgadores e presidentes dos tribunais do trabalho de qualquer instância conceder, a **requerimento ou de ofício**, o benefício da justiça gratuita, inclusive quanto a traslados e instrumentos, àqueles que perceberem salário igual ou inferior ao dobro do mínimo legal, **ou declararem, sob as penas da lei, que não estão em condições de pagar as custas do processo sem prejuízo do sustento próprio ou de sua família.**

Essa compreensão extensiva do que seria alguém sem condições de demandar em juízo atende ao caráter protetivo do Direito do Trabalho, reconhecendo o fato, de resto evidente, de que os reclamantes via de regra só propõem a ação depois que perdem o emprego. São, portanto, em sua maioria, pessoas desempregadas, sem fonte alguma de renda.

A Constituição de 1988 deu um salto em relação aos textos anteriores, colocando o direito de acesso à justiça gratuita no rol dos direitos fundamentais do art. 5º. O inciso LXXIV dispõe:

> O Estado prestará assistência jurídica integral e gratuita aos que comprovarem insuficiência de recursos.

O texto é claro: a assistência será **integral** e gratuita. Essa é uma medida indispensável para que outro direito fundamental se concretize, o de acesso à justiça, previsto no art. 5º, XXXV: "a lei não excluirá da apreciação do Poder Judiciário, lesão ou ameaça a direito".

Após a Constituição, várias alterações na CLT foram realizadas, entre elas a do art. 790, que ganhou nova redação em 2002:

> Art. 790. Nas Varas do Trabalho, nos Juízos de Direito, nos Tribunais e no Tribunal Superior do Trabalho, a forma de pagamento das custas e emolumentos obedecerá às instruções que serão expedidas pelo Tribunal Superior do Trabalho.
>
> § 1º Tratando-se de empregado que **não tenha obtido o benefício da justiça gratuita, ou isenção de custas**, o **sindicato que houver intervindo no processo responderá solidariamente** pelo pagamento das custas devidas.

§ 2º No caso de não pagamento das custas, far-se-á execução da respectiva importância, segundo o procedimento estabelecido no Capítulo V deste Título

§ 3º É **facultado** aos juízes, órgãos julgadores e presidentes dos tribunais do trabalho de qualquer instância conceder, a **requerimento ou de ofício**, o benefício da justiça gratuita, inclusive quanto a traslados e instrumentos, àqueles que perceberem salário igual ou inferior ao dobro do mínimo legal, **ou declararem, sob as penas da lei, que não estão em condições de pagar as custas do processo sem prejuízo do sustento próprio ou de sua família**.

O texto foi adequado ao que dispunha a Lei n. 1.060/1950 e a Constituição da República.

A Lei n. 13.467, porém, alterou esse § 3º e incluiu um 4º:

§ 3º É **facultado** aos juízes, órgãos julgadores e presidentes dos tribunais do trabalho de qualquer instância conceder, **a requerimento ou de ofício**, o benefício da justiça gratuita, inclusive quanto a traslados e instrumentos, **àqueles que perceberem salário igual ou inferior a 40% (quarenta por cento) do limite máximo dos benefícios do Regime Geral de Previdência Social.**

§ 4º O benefício da justiça gratuita **será concedido** à parte que comprovar insuficiência de recursos para o pagamento das custas do processo.

Em lugar de quem não tem "condições de pagar as custas do processo sem prejuízo do sustento próprio ou de sua família" aparece a expressão "comprovar insuficiência de recursos para o pagamento".

A justificativa apresentada pelo Deputado Rogério Marinho para o acolhimento das emendas ao PL para a alteração desse dispositivo é:

Um dos problemas relacionados ao excesso de demandas na Justiça do Trabalho é a falta de onerosidade para se ingressar com uma ação, com a ausência da sucumbência e o grande número de pedidos de justiça gratuita. Essa litigância sem risco acaba por estimular o ajuizamento de ação trabalhista.

A assistência jurídica integral e gratuita é um direito assegurado constitucionalmente, porém o texto da Constituição Federal garante essa assistência "aos que comprovarem insuficiência de recursos" (art. 5º, LXXIV).

A redação sugerida aos §§ 3º e 4º do art. 790 da CLT visa justamente a dar efetividade ao princípio da gratuidade, transcrevendo os termos da Constituição no § 4º, enquanto o § 3º exclui a presunção de insuficiência de recursos, admitida na parte final da redação atual.

Ressalte-se que o objetivo não é dificultar o acesso à Justiça, mas, pelo contrário, torná-la efetiva, evitando-se as ações em que se solicita, e muitas vezes é concedida, a justiça gratuita para pessoas que dela não poderiam usufruir, mediante mero atestado de pobreza. Com essa medida, afastam-se as pessoas que não se enquadram nos requisitos de "pobreza" e se garante que o instituto seja utilizado por aqueles que realmente necessitam.(105)

---

(105) Disponível em: <https://www.camara.leg.br/proposicoesWeb/prop_mostrarintegra?codteor=1544961>.

O § 3º dizendo que o benefício da justiça gratuita poderá ser alcançado apenas a quem perceber salário igual ou inferior a 40% (quarenta por cento) do limite máximo dos benefícios do Regime Geral de Previdência Social busca restringir o alcance desse direito. Evidentemente, tal regra não impede que se defira tal benefício, tal como inclusive refere o § 4º do mesmo dispositivo, a toda pessoa que "comprovar insuficiência de recursos para o pagamento das custas do processo". Na realidade das relações de trabalho judicializadas, essa prova pode ser o próprio TRCT ou qualquer outro documento que demonstre a perda da fonte de subsistência.

O conceito legal de assistência judiciaria gratuita previsto na Lei n. 1.060 segue em vigor. Portanto, abrange todas as despesas do processo. É, aliás, o que estabelece o CPC, em seu art. 98, § 1º, em que elenca o que está abrangido pela assistência judiciária gratuita e em seu rol aponta, inclusive, "os honorários do advogado e do perito".

A CLT, a partir da Lei n. 13.467, ficou pior que o CPC. O art. 790-B tinha uma redação de 2002, na qual estabelecia:

> A responsabilidade pelo pagamento dos honorários periciais é da parte sucumbente na pretensão objeto da perícia, salvo se beneficiária de justiça gratuita.

Em razão disso, criou-se inclusive a Resolução n. 66 de 2010, do Conselho Superior da Justiça do Trabalho, disciplinando a aplicação das regras inseridas pela Lei n. 13.467, quanto ao pagamento de honorários do perito, do tradutor e do intérprete, no caso de concessão à parte do benefício de justiça gratuita, determinando a existência de rubrica própria isso, quando autor(a) for titular do direito à gratuidade.

O TST também manteve a Súmula n. 457:

> HONORÁRIOS PERICIAIS. BENEFICIÁRIO DA JUSTIÇA GRATUITA. RESPONSABILIDADE DA UNIÃO PELO PAGAMENTO. RESOLUÇÃO N. 66/2010 DO CSJT. OBSERVÂNCIA (conversão da Orientação Jurisprudencial n. 387 da SBDI-1 com nova redação) – Res. 194/2014, DEJT divulgado em 21, 22 e 23.05.2014
>
> A União é responsável pelo pagamento dos honorários de perito quando a parte sucumbente no objeto da perícia for beneficiária da assistência judiciária gratuita, observado o procedimento disposto nos arts. 1º, 2º e 5º da Resolução n. 66/2010 do Conselho Superior da Justiça do Trabalho — CSJT.

O artigo foi alterado pela Lei n. 13.467:

> Art. 790-B A responsabilidade pelo pagamento dos honorários periciais é da parte sucumbente na pretensão objeto da perícia, **ainda que beneficiária da justiça gratuita**.
>
> §4º Somente no caso em que o beneficiário da justiça gratuita **não tenha obtido em juízo créditos capazes de suportar a despesa referida no *caput*, ainda que em outro processo**, a União responderá pelo encargo.

A interpretação absolutamente tranquila na Justiça do Trabalho, até o advento dessa legislação, era no sentido de que mesmo havendo responsabilidade, o pagamento dos honorários de perito seria dispensado, exatamente em face do benefício da gratuidade.

No TST, os processos que estão sendo examinados ainda têm sentenças proferidas em período anterior à "reforma":

> HONORÁRIOS PERICIAIS. JUSTIÇA GRATUITA. Constitui fato incontroverso nos autos que a reclamante é beneficiária da justiça gratuita, razão pela qual não pode ser compelida ao pagamento dos honorários periciais, consoante expressa dicção do art. 790-B da CLT e da diretriz perfilhada pela Súmula n. 457 desta Corte. Registre-se, por oportuno, que eventuais créditos trabalhistas reconhecidos na presente demanda, por si sós, não são capazes de afastar o estado de hipossuficiência econômica declarado pela parte, cuja declaração tem presunção de veracidade. Recurso de revista conhecido e provido. (RR-1947-74.2015.5.09.0653, 8ª Turma, relª. Minª. Dora Maria da Costa, *DEJT* 30.11.2018)

> HONORÁRIOS PERICIAIS. JUSTIÇA GRATUITA. AÇÃO AJUIZADA ANTERIORMENTE AO ADVENTO DA LEI N. 13.467/2017. Hipótese em que o Tribunal Regional determinou que a União arcasse com o pagamento dos honorários periciais até o limite de R$ 1.302,00 e, quanto ao valor restante, condenou o reclamante ao pagamento por ser sucumbente no objeto da perícia. Ocorre que, nos termos da Súmula n. 457 do TST, a União é responsável pelo pagamento dos honorários de perito quando a parte sucumbente no objeto da perícia for beneficiária da assistência judiciária gratuita, observado o disposto nos arts. 1º, 2º e 5º da Resolução n. 66/2010 do Conselho Superior da Justiça do Trabalho. Recurso de revista conhecido e provido. (RRAg-6-24.2015.5.09.0125, 2ª Turma, relatora Ministra Maria Helena Mallmann, *DEJT* 18.12.2020)

O art. 95 do CPC, que não está fundado na noção de proteção a quem trabalha, estabelece no § 3º que quando o pagamento da perícia for de responsabilidade de beneficiário de gratuidade da justiça, ela poderá ser custeada com recursos alocados no orçamento do ente público e realizada por servidor do Poder Judiciário ou por órgão público conveniado, tal como já ocorre na Justiça do Trabalho.

Portanto, a disposição enxertada na CLT, no § 4º do art. 790, no sentido de que "somente no caso em que o beneficiário da justiça gratuita não tenha obtido em juízo créditos capazes de suportar a despesa referida no *caput*, ainda que em outro processo, a União responderá pelo encargo", é incompatível com a própria noção de gratuidade que, aliás, é decorrência lógica da proteção.

Nesse sentido, o TRT da 4ª Região, nos autos do Processo n. 0020044-76.2018.5.04.0841 – ROPS, de relatoria da Desembargadora Beatriz Renck, na data de 26.06.2019, declarou a inconstitucionalidade do art. 790-B da CLT com a redação que lhe foi dada pela Lei n. 13.467/2017:

> É inconstitucional parte da norma inserida no art. 790-B, *caput* e § 4º da CLT, por força da Lei n. 13.467 de 13.07.2017, na medida em que impõe ao trabalhador beneficiário do instituto da assistência judiciária gratuita limitação ao exercício do amplo direito de ação e aos efeitos da

concessão da justiça gratuita de forma integral, como garantem os preceitos constitucionais expressos nos incisos XXXV e LXXIV do art 5º da CF/88, *in verbis*: 'o Estado prestará assistência jurídica integral e gratuita aos que comprovarem insuficiência de recursos.' e 'a lei não excluirá da apreciação do Poder Judiciário lesão ou ameaça a direito.

Além disso, há que ser considerado, ainda, o fato de que o crédito alimentar é insuscetível de renúncia, cessão, compensação ou penhora (art. 1.707 do Código Civil), cuja aplicação subsidiária a Lei n. 13.467 exorta o(a) juiz(a) a fazer (nova redação do art. 8º). Os créditos trabalhistas são alimentares, conforme redação do art. 100 da Constituição, em seu § 1º, segundo o qual tem natureza alimentícia os créditos "decorrentes de salários, vencimentos, proventos, pensões e suas complementações, benefícios previdenciários e indenizações por morte ou por invalidez". Logo, não podem ser compensados, como sugere a redação dada pela Lei n. 13.467.

Outra regra que veda o acesso à justiça e que foi introduzida pela Lei n. 13.467 é a do:

Art. 791-A. Ao advogado, ainda que atue em causa própria, serão devidos honorários de sucumbência, fixados entre o mínimo de 5% (cinco por cento) e o máximo de 15% (quinze por cento) sobre o valor que resultar da liquidação da sentença, do proveito econômico obtido ou, não sendo possível mensurá-lo, sobre o valor atualizado da causa.

§ 1º Os honorários são devidos também nas ações contra a Fazenda Pública e nas ações em que a parte estiver assistida ou substituída pelo sindicato de sua categoria.

§ 2º Ao fixar os honorários, o juízo observará:

I – o grau de zelo do profissional;

II – o lugar de prestação do serviço;

III – a natureza e a importância da causa;

IV – o trabalho realizado pelo advogado e o tempo exigido para o seu serviço.

§ 3º Na hipótese de procedência parcial, o juízo arbitrará honorários de sucumbência recíproca, vedada a compensação entre os honorários.

§ 4º Vencido o beneficiário da justiça gratuita, desde que não tenha obtido em juízo, ainda que em outro processo, créditos capazes de suportar a despesa, as obrigações decorrentes de sua sucumbência ficarão sob condição suspensiva de exigibilidade e somente poderão ser executadas se, nos dois anos subsequentes ao trânsito em julgado da decisão que as certificou, o credor demonstrar que deixou de existir a situação de insuficiência de recursos que justificou a concessão de gratuidade, extinguindo-se, passado esse prazo, tais obrigações do beneficiário.

§ 5º São devidos honorários de sucumbência na reconvenção.

Quanto a esse dispositivo, Rogério Marinho faz constar em seu relatório:

A inclusão do art. 791-A na CLT tem por objeto disciplinar o pagamento dos honorários advocatícios na Justiça do Trabalho.

> O entendimento corrente no TST é o de que não são admissíveis os honorários de sucumbência na Justiça do Trabalho, nos termos da Súmula n. 219, em face do jus postulandi, ou seja, o direito de as partes ajuizarem reclamação sem a assistência de advogado.
>
> A ausência histórica de um sistema de sucumbência no processo do trabalho estabeleceu um mecanismo de incentivos que resulta na mobilização improdutiva de recursos e na perda de eficiência da Justiça do Trabalho para atuar nas ações realmente necessárias.
>
> A entrega da tutela jurisdicional consiste em dever do Estado, do qual decorre o direito de ação. Todavia trata-se de dever a ser equilibrado contra o impulso da demanda temerária.
>
> Pretende-se com as alterações sugeridas inibir a propositura de demandas baseadas em direitos ou fatos inexistentes. Da redução do abuso do direito de litigar advirá a garantia de maior celeridade nos casos em que efetivamente a intervenção do Judiciário se faz necessária, além da imediata redução de custos vinculados à Justiça do Trabalho.
>
> Além disso, o estabelecimento do sistema de sucumbência coaduna-se com o princípio da boa-fé processual e tira o processo do trabalho da sua ultrapassada posição administrativista, para aproximá-lo dos demais ramos processuais, onde vigora a teoria clássica da causalidade, segundo a qual quem é sucumbente deu causa ao processo indevidamente e deve arcar com os custos de tal conduta.

Já o Senador Ricardo Ferraço, relator do PLC n. 38 deu origem à Lei n. 13.467, já inicia seu relatório afirmando:

> Nossa avaliação é radical: o direito ao acesso à Justiça é cláusula pétrea de nossa Constituição. A proposta aqui analisada o consagra e respeita também o inciso LXXIV, do mesmo art. 5º, que prevê que "o Estado prestará assistência jurídica integral e gratuita aos que comprovarem insuficiência de recursos". Não há, e não poderia haver, na reforma trabalhista qualquer dispositivo que impeça o acesso dos mais pobres à Justiça do Trabalho, como teremos oportunidade de esclarecer reiteradamente neste relatório. Mais uma vez: não se altera uma garantia constitucional por lei ordinária.(106)

Mais adiante, porém, justifica a previsão do art. 791-A desse modo:

> Ainda a fim de coibir que o processo trabalhista seja usado para "aventuras judiciais", o PLC traz para o Direito do Trabalho algo que já existe em outros ramos do Direito: a previsão de que a parte que perder a demanda pague honorários de sucumbência.
>
> Ressaltamos: fica protegido desta previsão o beneficiário da gratuidade, extinguindo-se em dois anos esta obrigação, se o beneficiário da gratuidade não obtiver em juízo créditos para pagar a despesa e demonstrar neste prazo que permanece a situação de insuficiência de recursos que justificou a concessão da gratuidade.
>
> Percebe-se que estas medidas aproximam o custo privado de demandar o Judiciário com seus custos sociais, tornando a quantidade de processos mais racional. Ao mesmo tempo, é primordial ressaltar: não há qualquer custo em demandar a Justiça Trabalhista para aqueles que forem comprovadamente pobres.

---

(106) Disponível em: <https://legis.senado.leg.br/sdleg-getter/documento?dm=5302372&ts= 1594038754821& disposition=inline>.

Trata-se de uma flagrante inverdade. A previsão legal esvazia o conteúdo da gratuidade ao permitir que o(a) trabalhador(a) pague com seus créditos alimentares o advogado da empresa. Impor custas ou despesas com honorários a quem é pobre implica concretamente impedir essa pessoa de acessar o Poder Judiciário e, portanto, subtrai desse poder a análise de lesão ou ameaça de lesão.

É preciso, antes mesmo de entrar nessa discussão, pontuar que o limite de 15% revela-se completamente dissociado da prática atual, inferior inclusive aos percentuais fixados em tabela pela OAB e, certamente, se mantidos em decisão judicial, implicarão a cobrança de outros valores, a serem suportados diretamente pelo(a) trabalhador(a). Revelam o desprestígio que os autores da Lei têm em relação a quem milita na esfera trabalhista. O CPC não faz essa limitação.

O § 3º desse dispositivo, quando refere que na hipótese de procedência parcial, o juízo arbitrará honorários de sucumbência recíproca, vedada a compensação entre os honorários, traz para dentro do processo do trabalho um instituto com ele incompatível.

A sucumbência recíproca é a antítese da razão de existência mesma de um processo do trabalho. A Justiça do Trabalho tem por pressuposto a facilitação do acesso à justiça, o que inclui a noção de jus postulandi e de assistência gratuita. Essa última, como se viu, abrange todas as despesas do processo.

A ideia de sucumbência dentro do processo liga-se à racionalidade liberal que monetariza o resultado de sucesso, previsto por sua vez como algo matemático, a ser obtido desde que o(a) Juíz(a) siga todos os preceitos estabelecidos no código. Trata-se de premiar aquele que justificou a intervenção estatal para a solução de um litígio, com resultado positivo de sua tese (autor ou réu). Pauta-se, então, no assim denominado pela doutrina "princípio da causalidade". Ocorre que Direito não é matemática e o resultado do processo não depende apenas da subsunção de fatos à previsões legislativas abstratas.

Além disso, quem aciona o Poder Judiciário, nesta lógica liberal que faz do monopólio da jurisdição um salvo conduto para o descumprimento das regras do jogo, o faz no mais das vezes porque não tem alternativa.

Quem não detém autotutela em uma sociedade desigual, precisa do Poder Judiciário para fazer valer seus direitos. E quando inicia uma demanda, não tem (nem jamais terá) a certeza do sucesso de sua pretensão, pois dependerá de fatores de ordem objetiva (possibilidade e capacidade de convencimento da prova que produzirá) e subjetiva (todo o arcabouço ideológico, ditado por pré-conceitos e vivências, que inconscientemente determina a interpretação judicial) que interferirão no resultado da causa. Nenhuma disciplina judiciária para aplicação literal do texto legal ou das súmulas eliminará isso.

Essa compreensão, por si só, coloca em xeque a ideia de sucumbência em qualquer âmbito do Poder Judiciário. Na Justiça do Trabalho soma-se ainda o fato de que quem trabalha não possui os documentos que devem instrumentalizar o vínculo de emprego, nem tem condições concretas de produzir, muitas vezes, provas de suas alegações.

A cobrança da sucumbência ou mesmo a simples inserção de uma tal regra no texto da CLT gera razoável receio de ajuizamento de uma reclamatória trabalhista. Esse efeito simbólico, que impede concretamente o ajuizamento de demandas pelo temor do risco da sucumbência é, ao mesmo tempo, estímulo ao descumprimento da ordem jurídico-trabalhista.

O empregador, ciente dos riscos que farão com que seus empregados temam e, portanto, evitem, o recurso ao Poder Judiciário, terá tranquilidade para burlar a legislação trabalhista. Trata-se de um efeito que já está sendo evidenciado pela narrativa de trabalhadores e trabalhadoras que desistem de discutir em juízo direitos dos quais creem-se titulares, pelo medo do custo do processo judicial.

Há ainda a circunstância de que uma ação trabalhista em que reconhecidos direitos à(o) trabalhador(a) implica sempre a reposição tardia e parcial de uma lesão a direito fundamental, exatamente porque o conteúdo desse direito extrapola a esfera patrimonial. Vale dizer: ao obter o reconhecimento judicial de uma pretensão, a pessoa nada mais recebe do que a possibilidade de se ressarcir parcialmente de um prejuízo que já suportou.

O ressarcimento será sempre parcial, exatamente porque a relação de trabalho envolve o tempo de vida de quem trabalha. Desse modo, o pagamento das horas extras exigidas e não remuneradas durante o contrato, não implicará a devolução do tempo de vida perdido no ambiente de trabalho e, pois, subtraído do convívio familiar, das possibilidades de estudo, lazer, diversão ou mesmo ócio criativo. Permitir que o valor daí decorrente ainda seja utilizado para o pagamento dos honorários do advogado da empresa, em face da improcedência de outras pretensões, é, por via transversa, reduzir ainda mais a reparação do dano, estimulando, desse modo, a sua repetição.

Não podemos esquecer também que esse crédito, que apenas repõe parcialmente danos já sofridos, tem caráter alimentar por força do art. 100 da Constituição. Não se trata, portanto, de patrimônio do devedor que é repassado à(o) autor(a) da demanda em caso de procedência. Trata-se da devolução de um crédito que já pertence à(o) demandante. Logo, mesmo sob a mais rasteira perspectiva positivista, não pode ser subtraído do patrimônio jurídico de quem é seu titular, para o pagamento de honorários.

Além disso, os litígios trabalhistas contemplam quase sempre um cúmulo objetivo de ações processuais. A causa de pedir de uma ação trabalhista se assenta em alegação de violação à relação de trabalho que, por suas características e especificidades, bem como pela assimetria objetiva entre as partes desse vínculo, em regra é múltipla.

Exatamente por isso, a demanda trabalhista se ramifica em vários pedidos. Se algumas das pretensões apresentadas como direitos violados, indicadas como pedidos na reclamação trabalhista, não forem acolhidas, isso não significa que a provocação do Poder Judiciário se deu de modo indevido.

Ao contrário, havendo parcial procedência dos pedidos formulados em uma ação trabalhista, o que o Estado está afirmando é que lesões a direitos fundamentais foram praticadas. Lesões que apenas através do Poder Judiciário podem ser reparadas. A possibilidade de que o Poder Judiciário reconheça que o empregador praticou lesões a direitos fundamentais, mesmo podendo exercer autotutela no âmbito da relação processual, e ainda assim condene a parte autora ao pagamento de honorários de sucumbência em face dos pedidos não acolhidos, é o mesmo que negar a prestação jurisdicional.

Basta pensar na hipótese de uma empregada que formula dois pedidos, que se desdobram em vários outros (pagamento das verbas resilitórias R$ 5.000,00 e pagamento do adicional de insalubridade com integrações R$ 8.000,00) e consegue produzir prova convincente de dois deles, mas após a inspeção pericial obtém a conclusão de que seu ambiente de trabalho não é insalubre. Uma conclusão, diga-se de passagem, a que apenas um perito técnico pode chegar, por força de comando legal expresso (art. 195 da CLT). Da reclamante a lei não exige, e nem poderia, um conhecimento técnico que reconhecidamente nem o(a) juíz(a) detém. Eis porque esse dispositivo exige a prova técnica para a comprovação da existência de um ambiente insalubre ou perigoso de trabalho. Nessa situação, a trabalhadora reclamante — pela lógica do art. 791-A (alinhado ao art. 790-B) da CLT, não terá o direito ao pagamento do adicional de insalubridade e suas integrações reconhecido como havido pelo Poder Judiciário Trabalhista. Em razão disso, poderá ser condenada a pagar R$ 1.200,00 de honorários de sucumbência para o advogado da empresa, porque recorreu ao Poder Judiciário (única alternativa possível para a aferição das condições do ambiente de trabalho) e honorários de perito que, digamos, seja fixado em R$ 2.500,00. Se restar provado o não pagamento das verbas resilitórias, restará apenas R$ 1.300,00 de crédito. Se o(a) advogada(o) por ela contratada(o) cobrar 20% (ou 30% como muitos efetivamente fazem), ou seja, R$ 800,00 ou R$ 1.200,00, praticamente nada lhe sobrará.

Ao final do processo, o Poder Judiciário terá reconhecido a lesão de R$ 5.000,00 perpetrada pelo empregador, em relação a verbas indispensáveis à sobrevivência física, de uma pessoa desempregada, mas em realidade o empregador pagará apenas R$ 1.300,00 para a trabalhadora lesada. O valor dos honorários do advogado da empresa representará verdadeiro prêmio ao inadimplemento das verbas resilitórias.

O Estado terá reconhecido a lesão a direitos fundamentais diretamente relacionados à sua possibilidade de sobrevivência física e à qualidade de seu tempo de vida na terra, mas o resultado do processo será praticamente igual a zero. A empresa, por sua vez, tendo lesado direitos fundamentais, terá ainda reduzida a despesa com os honorários do advogado que contratou para defendê-la, mesmo tendo violado a ordem jurídica.

Em outras situações concretas, a(o) trabalhador(a) poderá inclusive sair devendo do processo, mesmo tendo lesões contra o seu patrimônio jurídico reconhecidas pelo Estado. Trata-se, portanto, de incentivo ao contumaz desrespeito da ordem jurídica, o que sob a perspectiva sistêmica implica a ruptura do pacto social que justifica a criação de normas jurídicas e o monopólio estatal da jurisdição.

É importante observar que sequer o CPC, que também busca esvaziar o conceito de gratuidade em seu art. 98, possibilita o uso de outros créditos do mesmo processo para o pagamento dos honorários.

> Art. 98. A pessoa natural ou jurídica, brasileira ou estrangeira, com insuficiência de recursos para pagar as custas, as despesas processuais e os honorários advocatícios tem direito à gratuidade da justiça, na forma da lei.
>
> § 2º A concessão de gratuidade não afasta a responsabilidade do beneficiário pelas despesas processuais e pelos honorários advocatícios decorrentes de sua sucumbência.
>
> § 3º Vencido o beneficiário, as obrigações decorrentes de sua sucumbência ficarão sob condição suspensiva de exigibilidade e somente poderão ser executadas se, nos 5 (cinco) anos subsequentes ao trânsito em julgado da decisão que as certificou, o credor demonstrar que deixou de existir a situação de insuficiência de recursos que justificou a concessão de gratuidade, extinguindo-se, passado esse prazo, tais obrigações do beneficiário.
>
> § 4º A concessão de gratuidade não afasta o dever de o beneficiário pagar, ao final, as multas processuais que lhe sejam impostas.
>
> § 5º A gratuidade poderá ser concedida em relação a algum ou a todos os atos processuais, ou consistir na redução percentual de despesas processuais que o beneficiário tiver de adiantar no curso do procedimento.
>
> § 6º Conforme o caso, o juiz poderá conceder direito ao parcelamento de despesas processuais que o beneficiário tiver de adiantar no curso do procedimento.

A única perspectiva que estimula a observância da ordem jurídica é a que reconhece o cúmulo objetivo de ações processuais, típico do processo do trabalho, como decorrência lógica do fato de que as lesões discutidas em juízo decorrem, todas elas, de um mesmo vínculo de trabalho. Por consequência, o reconhecimento de que houve violação a qualquer direito originário do contrato de trabalho, importa em compreender que a parte autora não pode ser considerada sucumbente, porque provocou adequadamente o Poder Judiciário.

A autorização, contida nesse mesmo dispositivo, para compensação com créditos obtidos em juízo, "ainda que em outro processo" também esbarra nas disposições dos art. 1.707 do Código Civil e no art. 100 da Constituição.

O efeito deletério que o descumprimento reiterado de direitos gera em um Estado que se pretende democrático (crescimento exponencial de demandas judiciais), pode ser enfrentado de dois modos. De um lado, levando a sério o descumprimento e reconhecendo à demanda judicial a gravidade que deve ter, a fim de que quem descumpre a legislação seja punido e, portanto, incentivado a não repetir esse ato de boicote à ordem jurídica e comprometimento da segurança de quem vive em uma tal sociedade. De outro, dificultando o acesso à justiça e, com isso, fazendo do descumprimento de direitos fundamentais um ótimo negócio. Esse é o caminho adotado pela "reforma".

A conclusão lógica é que a regra da sucumbência recíproca, para que seja compatibilizada com a ordem constitucional vigente e com o princípio da proteção, implicará a fixação e a dispensa do pagamento dos honorários, por parte de quem é beneficiário da gratuidade da justiça.

O § 4º desse mesmo dispositivo, quando menciona que o beneficiário da justiça gratuita terá as obrigações decorrentes de sua sucumbência "sob condição suspensiva de exigibilidade", durante dois anos, nos quais o credor poderá provar que "deixou de existir a situação de insuficiência de recursos que justificou a concessão de gratuidade" estabelece uma contradição que não poderá ser resolvida, senão pela inaplicabilidade dessa disposição legal.

É que a gratuidade se dá em razão da situação da pessoa que vive do trabalho, no momento em que demanda. E se ela abrange, inclusive sobre a exegese do CPC que, repita-se, sequer tem por princípio a proteção a quem trabalha, todas as despesas do processo, não há como sustentar tal condição suspensiva sem negar, por via oblíqua, a própria gratuidade.

O raciocínio dos "reformadores" em realidade penaliza quem ousa discutir direitos em juízo.

Além disso, tornam o exercício do direito fundamental de acesso à justiça um ato ilícito. Não se trata simplesmente de reconhecer dever de pagamento de custos decorrentes do processo ao litigante que sucumbe na demanda. Trata-se de reconhecer o dever de pagamento dessas despesas ao litigante para quem o Estado reconhece condição de pobreza incompatível com tal exigência.

Esse é um ponto importante.

Os dispositivos acima referidos determinam que o trabalhador ou trabalhadora que são reconhecidamente pobres e sem condições da arcar com os custos do processo, sejam onerados com despesas que deverão pagar com os créditos que receberem em juízo, no mesmo ou em outro processo.

Logo, o que o Estado faz, nesses dispositivos, é criar uma espécie de penalidade para quem aciona o Poder Judiciário trabalhista e não consegue convencer o Juiz da procedência de todas as suas alegações.

O texto de lei acaba por tratar o direito fundamental de acesso à justiça como ato ilícito, pois a consequência do não acolhimento de alguma pretensão será a aplicação de uma penalidade: a apropriação de (parte ou totalidade) dos créditos alimentares que lhe foram reconhecidos pelo Estado. E o que é pior: o valor que decorre dos créditos alimentares que o Estado lhe reconhece como devidos, serão devolvidos justamente ao autor do ato ilícito.

Pensemos outro exemplo prático, de um trabalhador técnico em segurança, negro, constrangido a cortar os cabelos por três vezes, sob o argumento de que seu visual *"black power"* atrapalharia o uso do EPI (capacete). Imaginemos que esse trabalhador ingressa na Justiça do Trabalho pleiteando dano de ordem extrapatrimonial pela conduta da empregadora, que qualifica como racista, pois nenhum outro colega foi admoestado a manter o cabelo de determinado jeito, nem o corte era efetivamente necessário para viabilizar o uso do capacete. Imaginemos, ainda, que o preposto da empresa, ouvido em juízo, tenha referido "que foi comentado com o autor pelo gestor e pelo líder dos técnicos de segurança do trabalho para que ele reduzisse o tamanho do cabelo a fim de não atrapalhar o uso do capacete; que isso ocorreu uns 6 ou 7 meses depois da admissão do autor sendo que o autor prontamente atendeu a solicitação"; "que posteriormente o cabelo do autor voltou a crescer e foi novamente solicitado a ele que cortasse o cabelo e então que ele veio essa afirmação de que não estava gostando dessa solicitação e então apresentou uma carta para a gerente da empresa". Imaginemos, também, que o preposto ainda admita que a empresa tem orientação expressa ou código de conduta relativo à apresentação do empregado quanto ao cabelo. Digamos que o autor tenha apresentado três testemunhas que confirmaram a exigência, por três vezes, de corte do cabelo. E que o juiz ainda tenha determinado a realização de perícia, que comprovou que o trabalhador usava adequadamente o capacete e que "não existe nenhuma exigência técnica para prevenir riscos de segurança no uso do capacete nos casos de trabalhadores com cabelos volumosos".

E que em razão de tudo isso a empresa tenha sido condenada, mas insatisfeita, interponha recurso. E que o Tribunal Regional, apreciando-o, chegue à conclusão de que

> Embora tenha havido a determinação de corte de cabelo, as testemunhas que participaram dessa determinação, afirmaram que estaria justificada em razões de segurança do trabalho pertinentes ao uso adequado dos EPIs, ainda que prova pericial posterior tenha concluído que "não é possível afirmar que no caso especifico do Reclamante há evidente comprometimento na eficiência do seu uso. Apenas observar este diferente grau de reatividade não permite afirmar que o capacete poderia escapar da sua cabeça por causa do volume de cabelos, causando problemas de segurança", entendo não ser possível concluir que a atitude da ré foi ilícita, uma vez que apenas teve o zelo de preservar pela segurança do empregado, que é sua obrigação.
>
> Tanto não parece ter havido constrangimento, que nas duas primeiras vezes o autor aceitou cortar o cabelo e fez a entrevista de emprego com o cabelo curto.

E como decorrência dessa conclusão, condene o trabalhador, reconhecidamente pobre e beneficiário da gratuidade da justiça, ao pagamento de "honorários advocatícios sucumbenciais" de 10% do valor dos pedidos julgados integralmente improcedentes (R$ 49.522,81), além de custas de R$ 9.904,56.

O trabalhador foi discriminado, buscou o Poder Judiciário trabalhista porque acreditou na Constituição e no que ela estabelece em seus arts. 3º, 5º e 7º, mas saiu do processo devendo mais de cinquenta mil reais. Será possível dizer que em tal caso tratava-se de demanda temerária? Ou exigir que o trabalhador saiba, de antemão, qual será o resultado do processo?

Esse é um caso real. A sentença de primeiro grau é oriunda da 05ª Vara do Trabalho de São José dos Pinhais, TRT da 9ª Região (ATOrd 0000634-56.2019.5.09.0130). E nos mostra o quanto a certeza do direito é a antítese do processo. Vale dizer: se esse trabalhador tivesse a certeza da procedência dos pedidos, não precisaria do processo de conhecimento para exigi-los. Se ingressa com demanda trabalhista é exatamente porque precisa que o Estado reconheça a lesão que denuncia. E o Estado reconheceu, no primeiro grau de jurisdição. Mas a decisão não foi confirmada em grau de recurso. Isso não só é algo possível, como cotidiano na realidade dos foros, inclusive trabalhistas.

O acesso à justiça foi claramente desestimulado e mesmo punido. E não há ilicitude do trabalhador. O ato de ajuizar demanda é decorrência do exercício do direito fundamental de acesso à justiça, previsto tanto no art. 5º quanto no inciso XXIX do art. 7º, ambos da Constituição.

É o que acontece também com a alteração promovida no art. 844 da CLT:

> § 2º Na hipótese de ausência do reclamante (à audiência), este será condenado ao pagamento das custas calculadas na forma do art. 789 desta Consolidação, ainda que beneficiário da justiça gratuita, salvo se comprovar, no prazo de quinze dias, que a ausência ocorreu por motivo legalmente justificável.
>
> § 3º O pagamento das custas a que se refere o § 2º é condição para a propositura de nova demanda.

Além de não dizer o que seria um motivo legalmente justificável, o dispositivo legal claramente penaliza o acesso à justiça, dificultando-o e mesmo impedindo-o, exatamente às pessoas para as quais o benefício da assistência judiciária gratuita foi direcionado para que pudessem exercer seus direitos.

É evidente tratar-se de penalidade, algo que se revela não apenas nos termos do dispositivo legal, mas especialmente nos fundamentos que constam no relatório de Rogério Marinho como justificativa para tais regras, e sobretudo nas declarações feitas pelo Ministro Luís Roberto Barroso, quando da apresentação do voto relator na ADI n. 5.766, no dia 10.05.2018.

A primeira Ação Direta de Inconstitucionalidade proposta contra a Lei n. 13.467/2017, pela Procuradoria Geral da União (ADI n. 5.766), discute exatamente as alterações antes referidas. Distribuída ao Ministro Luís Roberto Barroso, foi incluída em pauta de julgamento, sem que o pedido liminar tivesse merecido apreciação. Em sessão realizada em maio de 2018, o Ministro Relator proferiu oralmente seu voto, posicionando-se pela constitucionalidade dos dispositivos. O Ministro Fachin registrou voto divergente, reconhecendo a inconstitucionalidade dos arts. 790-B, 791-A e seu parágrafo quarto, bem como do art. 844, § 2º, da CLT. Em seguida, o Ministro Luiz Fux pediu vista. Enquanto este livro é produzido, ainda não há notícia da posição que adotará o Ministro Fux em relação à matéria. A ementa lida por Barroso ao final de sua exposição tem o seguinte conteúdo:

> As normas processuais podem e devem criar uma estrutura de incentivos e desincentivos que seja compatível com os limites de litigiosidade que a sociedade comporta. O descasamento entre o custo individual de postular em juízo e o custo social da litigância faz com que o volume de ações siga uma lógica contrária ao interesse público. A sobreutilização do Judiciário congestiona o serviço, compromete a celeridade e a qualidade da prestação jurisdicional, incentiva demanda oportunistas e prejudica a efetividade e a credibilidade das instituições judiciais, vale dizer afeta, em última análise, o próprio direito constitucional de acesso à justiça. Dessa forma, é constitucional a cobrança de honorários sucumbenciais dos beneficiários da gratuidade de justiça, como mecanismo legítimo de desincentivo ao ajuizamento de demandas ou de pedidos aventureiros. A gratuidade continua a ser assegurada pela não cobrança antecipada de qualquer importância como condição para litigar. O pleito de parcelas indevidas ensejará, contudo, o custeio de honorários ao final, com utilização de créditos havidos no próprio feito ou em outros processos. Razoabilidade e Proporcionalidade da exigência. Todavia, em resguardo de valores alimentares e do mínimo existencial, a utilização de créditos havidos em outros processos observará os seguintes critérios: 1) Nao exceder a 30% do valor líquldo recebido por aplicação analógica das normas que dispõem sobre o desconto em verbas alimentares; 2) Não incidir sobre valores inferiores ao teto do Regime Geral da Previdência Social, atualmente R$ 5. 645,80. Também é constitucional a cobrança de custas judiciais dos beneficiários da justiça gratuita que derem ensejo ao arquivamento do feito em razão do não comparecimento injustificado à audiência. Respeito e consideração à justiça e à sociedade que a subsidia, ônus que pode ser evitado pela apresentação de justificativa para a ausência. Por fim, e igualmente constitucional o condicionamento da propositura de novação ao pagamento das custas judiciais decorrentes do arquivamento. Medida adequada a promover o objetivo de acesso responsável à justiça. Dispositivo: Interpretação conforme a Constituição dos dispositivos impugnados para assentar como teses de julgamento: 1) O direito à gratuidade de justiça pode ser regulado de forma a desincentivar a litigância abusiva, inclusive por meio da cobrança de custas e de honorários aos seus beneficiários. 2) A cobrança de honorários sucumbenciais poderá incidir: 1. Sobre verbas não alimentares, a exemplo de indenizações por danos morais em sua integralidade. 2. Sobre o percentual de até 30% do valor que exceder ao teto do Regime Geral de Previdência Social, quando pertinentes a verbas remuneratórias. 3) É legítima a cobrança de custas judiciais em razão da ausência do reclamante à audiência, mediante sua prévia intimação pessoal para que tenha a oportunidade de justificar o não comparecimento.

Ao referir que a "intenção do legislador, inequívoca intenção do legislador, foi a de enfrentar um problema que é a sobreutilização do Judiciário de uma maneira geral, da litigiosidade excessiva de uma maneira geral e particularmente na Justiça do Trabalho", admite que tais dispositivos pretendem mesmo acarretar a redução do número de ações trabalhistas, agindo como uma forma de penalidade para quem tenha como resultado a improcedência de suas pretensões, ainda que parcial.

Sabemos que a litigância de má-fé já está disciplinada no CPC e foi incluída expressamente na CLT, em razão da mesma Lei n. 13.467. A agressão à gratuidade da justiça, se utilizada para o objetivo de "coibir a sobreutilização do Judiciário" ou a "litigiosidade excessiva" estará, portanto, promovendo uma dupla punição que, aliás, parte de um pressuposto invertido: o de que todas as demandas não acolhidas pelo Poder Judiciário são ajuizadas de má-fé.

Na verdade, não há litigiosidade excessiva. No relatório do CNJ, Justiça em Números, de 2016, relativo aos dados do ano de 2015, consta que a Justiça Estadual recebeu, naquele ano, 18,9 milhões de processos. Enquanto isso, a Justiça do Trabalho, recebeu, no mesmo ano, "um total de aproximadamente 4 milhões de processos". Menos de ¼ dos processos ajuizados na justiça comum. Segundo esse mesmo relatório, na Justiça do Trabalho, "o número de casos novos vem crescendo historicamente, muito embora a elevação, especialmente nos três últimos anos, tenha sido discreta se comparada com o número de processos baixados", o que desmente o argumento de que há uma busca maior pelo Poder Judiciário Trabalhista, em face da simples vontade dos de ganhar dinheiro, como se fosse fácil para alguém que depende do trabalho para sobreviver, perder seu tempo e dinheiro, deslocando-se para buscar um advogado que o represente e comparecendo à Justiça do Trabalho para tentar demonstrar as lesões que sofreu, como se não houvessem as tais "listas sujas" que, uma vez ajuizada uma demanda, dificultariam a obtenção de novo posto de trabalho no mesmo ramo explorado pelo demandado. O mesmo estudo do CNJ revela que os assuntos mais recorrentes na Justiça do Trabalho são férias, remuneração, verbas resilitórias e horas extras, que perfazem cerca de 49% das demandas(107).

No Rio Grande do Sul, esse número é ainda mais significativo. Estudo realizado pela Justiça do Trabalho do RS constata que do "total de pedidos que chegam à Justiça do Trabalho gaúcha, 54% referem-se a verbas resilitórias (saldo de salários não pagos, 13º salário e férias proporcionais, 40% dos depósitos do FGTS, etc)"(108). Portanto, a maior parte das demandas é ajuizada apenas para que se obtenha o valor da rescisão.

O Ministro Barroso refere os "custos da máquina judiciária" e afirma que "apenas 11% do custeio da justiça é recuperado por meio de taxa judiciária, custas e emolumentos.

---

(107) Disponível em: <http://www.cnj.jus.br/files/conteudo/arquivo/2016/10/b8f46be3dbbff344931a933579915488.pdf>.

(108) Disponível em: <http://www.trt4.jus.br/portal/portal/trt4/comunicacao/noticia/info/NoticiaWindow?cod=1445050&action=2&destaque=false&filtros=>.

Isso significa que cerca de 90% da atuação do Poder Judiciário são 90% subsidiados pela sociedade, isto é, quem paga a fatia mais larga deste custo não são os litigantes, é a sociedade como um todo. Em última análise, é o povo brasileiro e portanto dinheiro que vai para o custeio do Judiciário, importante como seja o papel do Judiciário, é dinheiro que não vai para a educação, é dinheiro que não vai para a saúde, é dinheiro que não vai para o saneamento, é dinheiro que não vai para melhorar estradas".

Esquece-se de considerar a relevância dos valores arrecadados pela Justiça do Trabalho para a Previdência Social. Em 2016, a Justiça do Trabalho arrecadou R$ 2.385.672.884,90 para a Previdência Social. Em 2017, já sob a égide e o medo provocado pela nova lei, esse número foi reduzido para R$ 1.356.057.399,35(109). De acordo com o site do TST, em 2019, mais de R$ 3 bilhões foram destinados à Previdência Social e R$ 623,7 bilhões (15,41%) correspondem a Imposto de Renda(110).

O Relatório Geral da Justiça do Trabalho também revela que, em 2015, antes, portanto, do corte orçamentário que tirou 29% da verba de custeio e 90% da verba de investimentos, os custos totais para a estrutura de 24 TRTs, 1.587 varas do trabalho em todo o país, quase 4 mil juízes e cerca de 45,5 mil servidores na ativa, além do TST e CSJT, eram de R$ 17,1 bilhões; o total distribuído nos processos trabalhistas chegou a R$ 17,4 bilhões, fora a arrecadação de outros R$ 2,8 bilhões em tributos, custas e emolumentos aos cofres públicos. Portanto, a Justiça do Trabalho devolve, diretamente, cerca de 18% a mais do que custa. Isso sem considerar a receita indireta: emprego de milhares de advogados, peritos judiciais, prestadores de serviço e todos os demais repasses que entram na economia, como os gastos com manutenção, aluguéis, obras, materiais, insumos e muitos outros(111).

O Ministro Barroso chegar a afirmar em trecho do seu voto que os empregadores não respeitam os direitos fundamentais trabalhistas porque aguardam a ação para fazer o pagamento. Ora, o Relatório da Justiça do Trabalho, antes já referido, assinado pelo então presidente Ives Gandra Martins Filho, refere que a cada 100.000 habitantes do País, apenas 1.796 pessoas ingressaram uma ação ou recurso na Justiça do Trabalho(112). Portanto, ao contrário do que afirmou o Ministro relator, menos de 2% da população recorre à Justiça do Trabalho.

Quase ao final da leitura do voto, ele reconhece que "a Justiça do Trabalho tem um bom desempenho comparada a outros ramos do judiciário". Reconhece que "a taxa de congestionamento bruto da Justiça do Trabalho é inferior às da Justiça Federal e da Justiça

(109) Disponível em: <http://www.tst.jus.br/arrecadacao>.

(110) Disponível em: <https://www.tst.jus.br/noticias/-/asset_publisher/89Dk/content/justica-do-trabalho-bate-recorde-com-recolhimento-de-r-4-bilhoes-em-2019>.

(111) Disponível em: <http://www.tst.jus.br/consolidacao-estatistica1>.

(112) Disponível em: <http://www.tst.jus.br/documents/10157/3bd84696-5b95-56dc-1a66-29b804f92d39>.

Estadual"; "o índice de atendimento à demanda e superior na média aos índices da Justiça Federal e da Justiça Estadual"; "o custo médio por habitante é substancialmente inferior ao da Justiça Estadual" e "a Justiça do Trabalho tem um percentual bem acima do das outras Justiças de solução de litígio por via de transação, por via de conciliação, o que é igualmente uma virtude que deve ser salientada". Ainda assim, segue sua linha de raciocínio afirmando que "quando se permite que cada pessoa individualmente utilize o espaço público para maximizar o seu interesse, o interesse privado prevalece sobre o interesse público e em algum momento o espaço público é consumido e destruído pelo interesse privado".

O argumento de que "sem conter a sobrecarga gerada para o Judiciário o próprio acesso à justiça começa a ficar comprometido e portanto o acesso à justiça é comprometido pela negativa da possibilidade de ingresso, mas é também comprometido pela inexistência de filtros mínimos e de desincentivos mínimos para este ingresso porque a demanda excessiva também impede um acesso à justiça, pelo menos a uma justiça que funcione com o mínimo grau de eficiência. E os números da judicialização no Brasil são muito impressionantes, os números do Judiciário e da judicialização no Brasil de uma maneira geral", como vimos com os números antes referidos, não se sustenta. Tanto isso é verdade que o Ministro se reporta, para fundamentar sua conclusão, em tese de doutoramento do juiz federal Erik Navarro Wolkart, chamada "Análise econômica e comportamental do processo civil". Ora, todos os dados antes referidos demonstram que a Justiça do Trabalho é eficiente e tem um número muito pequeno de demandas integralmente improcedentes. A análise econômica citada pelo Ministro refere-se ao processo comum e, portanto, sequer pode ser invocada para exame de regras atinentes ao processo do trabalho, reconhecido como um processo ágil e eficaz.

De qualquer modo, o que importa salientar, das afirmações do Ministro, não é apenas a ausência de litigiosidade excessiva, mas especialmente a razão pela qual há elevado número de demandas trabalhistas no país. Não há dúvida de que a redução no número de demandas atende aos objetivos de todos aqueles que lidam com o Direito, não para que o Poder Judiciário prove eficiência, critério que sequer deveria ingressar em uma discussão jurídica sobre efetividade de direitos fundamentais, mas porque poderia revelar uma mudança de cultura, indicando maior preocupação no cumprimento tempestivo dos direitos dos trabalhadores e trabalhadoras. Acontece que a redução do número de demandas trabalhistas só pode ser perseguida e comemorada se efetivamente refletir maior respeito ao ordenamento jurídico. Do contrário, será uma falácia, cujas consequências sociais se revestirão de extrema gravidade.

Não há como sustentar a ótica distorcida e perversa de que a cobrança de custas, honorários de perito ou de advogado de um(a) demandante beneficiário da gratuidade da justiça coibiria a má-fé, nem mesmo se concordássemos com esse estranho objetivo de normas que visam regular o acesso à justiça. Ora, se a demanda for totalmente improcedente, a parte autora reconhecidamente pobre e sem condições de litigar em juízo de modo oneroso, certamente não terá condições de pagar honorários de advogado ou perito.

Logo, no exemplo antes trabalhado, se realmente estivéssemos diante de lide temerária, a decisão de total improcedência, mesmo condenando o trabalhador a pagar honorários, seria fadada a entrar para o rol de execuções trabalhistas não resolvidas. E, de acordo com a previsão legal, não havendo créditos para serem compensados, após dois anos de "suspensão da exigibilidade", o processo poderá ser definitivamente arquivado.

Nada demonstra de modo mais claro o objetivo dos dispositivos antes mencionados: a vedação de acesso à justiça. Não se trata de evitar demandas que a parte autora sabe destituídas de fundamento, trata-se de estabelecer a lógica da penalização pelo exercício do direito de acesso à justiça, beneficiando claramente o agressor da ordem jurídica, com a previsão de que o trabalhador ou a trabalhadora em relação aos quais houve lesão reconhecida pelo Estado sejam compelidos a devolver os valores que lhe forem deferidos a quem efetivamente cometeu ato ilícito.

O recado não poderia ser mais claro. Evitar que trabalhadores e trabalhadoras, para os quais exercer o direito de ação já é um ato de coragem, ajuízem demandas trabalhistas.

O resultado final pretendido nunca foi escondido por aqueles que se auto intitulam "pais" da "reforma": extinguir a Justiça do Trabalho. Ora, se trabalhadores e trabalhadoras não tiverem coragem de ajuizar demanda trabalhista em relação aos atos ilícitos contra eles praticados no ambiente de trabalho, haverá redução do número de ações trabalhistas. Logo, em pouco tempo veremos questionada a própria existência de uma estrutura destinada a cuidar desse conflito de interesses. Se os litígios não são judicializados, não há necessidade de uma estrutura de Poder Judiciário para deles cuidar.

A ADI n. 5.766 já foi julgada, tendo o acórdão sido disponibilizado em maio de 2022. A ementa ficou assim redigida:

> AÇÃO DIRETA DE INCONSTITUCIONALIDADE. LEI N. 13.467/2017. REFORMA TRABALHISTA. REGRAS SOBRE GRATUIDADE DE JUSTIÇA. RESPONSABILIDADE PELO PAGAMENTO DE ÔNUS SUCUMBENCIAIS EM HIPÓTESES ESPECÍFICAS. ALEGAÇÕES DE VIOLAÇÃO AOS PRINCÍPIOS DA ISONOMIA, INAFASTABILIDADE DA JURISDIÇÃO, ACESSO À JUSTIÇA, SOLIDARIEDADE SOCIAL E DIREITO SOCIAL À ASSISTÊNCIA JURÍDICA GRATUITA. MARGEM DE CONFORMAÇÃO DO LEGISLADOR. CRITÉRIOS DE RACIONALIZAÇÃO DA PRESTAÇÃO JURISDICIONAL. AÇÃO DIRETA JULGADA PARCIALMENTE PROCEDENTE.
>
> 1. É inconstitucional a legislação que presume a perda da condição de hipossuficiência econômica para efeito de aplicação do benefício de gratuidade de justiça, apenas em razão da apuração de créditos em favor do trabalhador em outra relação processual, dispensado o

empregador do ônus processual de comprovar eventual modificação na capacidade econômica do beneficiário.

2. A ausência injustificada à audiência de julgamento frustra o exercício da jurisdição e acarreta prejuízos materiais para o órgão judiciário e para a parte reclamada, o que não se coaduna com deveres mínimos de boa-fé, cooperação e lealdade processual, mostrando-se proporcional a restrição do benefício de gratuidade de justiça nessa hipótese.

3. Ação Direta julgada parcialmente procedente

O Relator foi o Ministro Alexandre de Moraes, que em seu voto ressaltou que receber valores num processo judicial não implica necessariamente sair da condição de necessidade financeira, pois "quando ele ganha os seis mil, ele já está devendo doze".

O voto é curto, quase um pedido de desculpas por divergir do Ministro Barroso. Outros Ministros também registraram votos. O mais completo e interessante é o da Ministra Rosa Weber. Vale a leitura, pois ela apresenta dados em relação ao Poder Judiciário Trabalhista brasileiro — e em outros países — bem como discute os efeitos das regras que são objeto de discussão. O voto refere o Ranking dos 200 maiores litigantes, destacando que os dez primeiros são:

1. PETRÓLEO BRASILEIRO S.A. — PETROBRÁS
2. BANCO DO BRASIL S.A.
3. BANCO BRADESCO S.A.
4. EMPRESA BRASILEIRA DE CORREIOS E TELÉGRAFOS — ECT
5. UNIÃO
6. ESTADO DO RIO DE JANEIRO
7. ITAÚ UNIBANCO S.A.
8. CAIXA ECONÔMICA FEDERAL — CEF
9. TELEFÔNICA BRASIL S.A.
10. BANCO SANTANDER (BRASIL) S.A.

Ou seja, instituições financeiras e o próprio estado (ou seus tentáculos). A Ministra também aponta que "tampouco diz a Constituição Federal que apenas o litigante que tem razão é que tem direito à assistência jurídica gratuita". Trata-se, ao contrário, de um direito assegurado a "todas as pessoas" que comprovem insuficiência de recursos "(art. 5º, LXXIV), e o Estado não pode tirar com uma mão o que dá com a outra". Segundo a Ministra Rosa Weber, "não se pode esquecer, ainda, que o que é uma demanda de alta probabilidade de improcedência hoje, ou demanda temerária, poderá não sê-lo amanhã, justamente em razão da transformação do direito e dos direitos ao longo do tempo, além dos avanços da ciência". E então cita decisões do STF que alteraram a posição até então tranquila sobre temas relevantes como união homoafetiva e cota racial e de gênero.

O voto ainda menciona a relação entre pobreza e acesso à justiça, citando decisão da Corte Interamericana de Direitos Humanos, que aponta a pobreza "como um fator de vulnerabilidade que aprofunda o impacto de violações de direitos humanos nas vítimas submetidas a esta condição" (cf. Sentença de 20.10.2016, Caso Trabalhadores da Fazenda Brasil Verde *vs.* Brasil, Voto Fundamentado do Juiz Eduardo Ferrer Mac-Gregor Poisot, parágrafo 26 e seguintes)" e o acesso à justiça como direito que se "desdobra em duas dimensões, quais sejam, a assistência judiciária gratuita e a informação dos direitos. Ignorar essas facetas do acesso à justiça, por vezes, traz uma falsa percepção de normalidade institucional de proteção judicial, uma vez que, em alguns momentos, o problema não se coloca pelo simples fato da ausência de reivindicação dos direitos pelas pessoas. Ausência que opera em decorrência de um contexto de desconhecimento normativo". Quanto mais carente, mais a comunidade precisa de "atuação da assistência judiciária em uma concepção abrangente (de significado jurídico e social do acesso), com estruturas adequadas para o fiel cumprimento desse dever". Segundo a Corte, é "necessário facilitar um recurso sensível, rápido, efetivo e econômico nas áreas administrativa e judicial, de maneira a garantir a efetividade dos programas e prestações dos direitos sociais das pessoas que vivem em situação de pobreza (Relatório sobre pobreza e direitos humanos nas Américas, de 17.09.2017, p. 176)".

A decisão final não acolhe a íntegra do voto da Ministra Rosa. Ao contrário, reconhece por maioria a constitucionalidade da regra do art. 844 da CLT, segundo a qual o trabalhador ou a trabalhadora pobre, caso tenha uma determinação de arquivamento do feito por não comparecimento à audiência, terá de pagar custas, como condição para ajuizar nova demanda.

O TRT da Quarta Região já havia pronunciado a inconstitucionalidade dos incisos acrescentados ao art. 844 da CLT:

> RECLAMATÓRIA AJUIZADA SOB A VIGÊNCIA DA LEI N. 13.467/2017. ARQUIVAMENTO. CUSTAS PROCESSUAIS. PARTE BENEFICIÁRIA DA JUSTIÇA GRATUITA. Ante a declaração de inconstitucionalidade, pelo Pleno deste Tribunal, das expressões "ainda que beneficiário da justiça gratuita" e "o pagamento das custas a que se refere o § 2º é condição para a propositura de nova demanda", contidas nos §§ 2º e 3º do art. 844 da CLT, a parte beneficiária da gratuidade da justiça não responde pelas custas processuais decorrentes do arquivamento da reclamatória (TRT da 4ª Região, 3ª Turma, 0021243-70.2019.5.04.0010 ROT, em 10.09.2020, Desembargador Marcos Fagundes Salomao)

Após o julgamento da ADI n. 5.766, mantém-se o entendimento acerca da inconstitucionalidade do §3º, uma vez que a previsão de pagamento prévio de custas, para a propositura de nova demanda, por quem é reconhecidamente pobre, implicaria vedar completamente a possibilidade concreta de ajuizamento de ação. Nesse sentido:

> CUSTAS PROCESSUAIS DECORRENTES DE ARQUIVAMENTO DO PROCESSO. O Supremo Tribunal Federal, em 20/10/2021, no julgamento da ADI n. 5.766, declarou constitucional o disposto no § 2º, do art. 844 da CLT, tornando legítima a cobrança das custas processuais da parte autora, em caso de arquivamento do feito por ausência injustificada da parte em audiência, ainda que beneficiária da justiça gratuita. O § 3º, do art. 844, entretanto, não foi objeto da ADIN n. 5766. Em relação a esse dispositivo legal, permanece a inconstitucionalidade declarada pelo Pleno deste Tribunal, no incidente de inconstitucionalidade arguido nos autos do processo 0021608-56.2017.5.04.0411, de modo que o ajuizamento de nova ação pelo reclamante, não deve ficar condicionada ao pagamento das arbitradas nesta ação. Recurso parcialmente provido. (TRT da 4ª Região, 3ª Turma, 0020978-32.2020.5.04.0334 AIRO, em 06.08.2022, Desembargadora Maria Madalena Telesca)

Veja-se esse exemplo de decisão judicial sobre a cobrança de custas de trabalhador pobre. O reclamante Patrick Escobar trabalhou por quase um ano como empacotador, recebendo salário de R$ 1.220,00. Ingressou com demanda trabalhista discutindo horas extras e outros direitos. Não compareceu à audiência. Intimado a justificar na forma do § 2º do art. 884 da CLT, silenciou. O juiz determinou o arquivamento do feito, dispensando o recolhimento das custas. A demanda WMS Supermercados do Brasil recorreu, pedindo a condenação em custas. Ora, as custas revertem em favor da União. Logo, a demandada não tem legitimidade para discutir sua exigência. Sequer o argumento de que uma nova demanda poderia ser oposta sem a aplicação do § 3º do mesmo dispositivo lhe daria legitimidade. Isso porque no novo processo, caso ajuizado, discutir-se-ia a necessidade de recolhimento de custas como condição para a demanda. Portanto, apenas naquele momento processual o tema se tornaria juridicamente relevante. Pois bem, mesmo assim, o TRT da 4ª Região, no Rio Grande do Sul, recebeu e processou o recurso, mantendo a sentença proferida. A empresa, não satisfeita, interpôs recurso de revista.

Quem advoga na área trabalhista sabe a grande dificuldade que se enfrenta para que um recurso de revista seja recebido e processado, em razão do requisito da transcendência, introduzido na CLT em 2014. Nesse caso, o recurso foi recebido e julgado em decisão monocrática, pelo Ministro Aloysio Corrêa da Veiga, com a seguinte fundamentação:

> Assim, diante da declaração de constitucionalidade do art. 844, § 2o da CLT prevalece o entendimento de que empregado reclamante beneficiário da justiça gratuita que faltar à audiência inicial e não apresentar justificativa dentro do prazo legal deverá arcar com o pagamento de custas processuais.

No presente caso, extrai-se do v. acórdão regional que o reclamante ausentou-se da audiência inaugural, sem apresentar justificativa de tal fato (fl. 300), razão pela qual deverá arcar com o pagamento de custas processuais.

Desse modo, dou provimento ao recurso de revista para condenar o reclamante, ainda que beneficiário da justiça gratuita, ao pagamento das custas(113).

De 12 de julho de 2019 até setembro de 2022, o processo tramitou proporcionando gastos ao poder público, em importância que provavelmente supera o valor das custas dispensadas de recolhimento (R$ 829,75). A probabilidade de uma execução contra esse trabalhador reconhecidamente pobre ser exitosa é quase nenhuma. A decisão, portanto, tem efeito apenas por seu caráter simbólico. Contraria, aliás, o objetivo declarado para a introdução da regra na CLT e os fundamentos da decisão do STF, ambos no sentido da necessidade de reduzir o número de processos em tramitação. Pois esse processo estaria definitivamente arquivado desde 2019, se o sistema de justiça não tivesse sido mobilizado, em suas três instâncias, para garantir a promoção do temor entre trabalhadoras e trabalhadores que, se tiverem contato com uma tal decisão, certamente pensarão duas vezes antes de ousar propor uma demanda trabalhista.

Além de não haver lei que indique quais seriam os motivos "legalmente justificáveis" para a ausência do trabalhador à audiência, sabe-se bem que no mais das vezes ela se dá em razão de fatos que fogem ao controle do(a) autor(a) da demanda. Obter novo emprego e ter receio de pedir dispensa ou não ter dinheiro para a passagem de ônibus são situações bem mais recorrentes do que podemos imaginar, na realidade da maioria da classe trabalhadora no Brasil.

Também em decisões como essa é possível perceber o compromisso de quem atua no sistema de justiça com a manutenção de opressões que estão disfarçadas sob o manto do cumprimento estrito da letra da lei.

Interessante é pensar que o empregador que respeita direitos fundamentais trabalhistas também é prejudicado por tais regras. Terá dificuldade de competir em situação de mínima igualdade concorrencial com aqueles empregadores que simplesmente negarem os direitos mais elementares, como o direito ao registro do contrato ou ao pagamento de salário. Para esses, a exploração sem limite do tempo de vida de homens e mulheres trabalhadoras será compensada pelo medo legítimo de ingressar com demandas trabalhistas.

Fato é que se a Justiça do Trabalho existe para garantir acesso à justiça e é reconhecidamente mais eficiente, não há como sustentar regras de vedação do acesso à justiça como uma necessidade decorrente do "alto grau de litigiosidade", sabendo que no direito comum, em que essa mesma eficiência não existe, não existem as restrições contidas na Lei n. 13.467.

(113) PROCESSO TST-RR-20201-04.2019.5.04.0004, julgado em 21.09.2022.

Existem, ainda, outras regras introduzidas pela Lei n. 13.467, que promovem restrição do acesso à justiça. O art. 507-A da CLT estabelece que "nos contratos individuais de trabalho cuja remuneração seja superior a duas vezes o limite máximo estabelecido para os benefícios do Regime Geral de Previdência Social, poderá ser pactuada cláusula compromissória de arbitragem, desde que por iniciativa do empregado ou mediante a sua concordância expressa".

Essa iniciativa não será resultado de um ato de vontade, mas de uma necessidade, exatamente porque o vínculo de emprego, em um ambiente capitalista, é condição de possibilidade da sobrevivência física. Quanto maior a remuneração e o aperfeiçoamento técnico, maior — em regra — a dependência em relação ao trabalho. Em texto brilhante, escrito ainda em 2008, Jorge Luiz Souto Maior sintetiza o problema: "A melhora em certas condições de trabalho, acompanhada de um traço de liberdade, traz uma perigosa aparência de que a correlação entre capital e trabalho deixou de representar aquilo que efetivamente é: a mera venda da força de trabalho, ou o trabalho em troca de salário (daí porque até mais correto do que falar em trabalhador subordinado é tratá-lo, como antigamente, de trabalhador assalariado)" (SOUTO MAIOR, 2008).

Outros incidentes inseridos na CLT, embora não impeçam, sem dúvida prejudicam a obtenção da tutela jurisdicional, pois estão na contramão das razões de existência de um processo do trabalho, tornam o rito moroso e retiram garantias hoje previstas em lei. Por isso, também fragilizam o direito fundamental de acesso à justiça.

O incidente de desconsideração da personalidade jurídica, por exemplo, inserido no CPC de 2015, em um movimento conservador de ruptura com toda a doutrina acerca da responsabilidade patrimonial, foi agora copiado no art. 855-A da CLT. Apesar da previsão da Instrução Normativa n. 39 do TST, esse incidente já não havia ingressado na prática das relações processuais de trabalho por uma simples razão: contraria a simplicidade que o inspira e justifica. Previsto como condição de possibilidade da persecução do patrimônio do responsável pelos créditos reconhecidos em juízo, altera a compreensão assente desde o Código de 1939, pela qual a responsabilidade constitui matéria a ser aferida na fase de execução, apenas quando verificada a incapacidade financeira do devedor, que consta no título executivo.

A "reforma" de 2017, ao determinar a aplicação do CPC, acaba autorizando que a parte promova tal incidente inclusive na fase de conhecimento. Ou então, poderá ajuizar a demanda desde logo contra toda(o) s aquela(e)s que entende sejam responsáveis. Não é difícil imaginar o tumulto processual que isso significa, especialmente em âmbito trabalhista. As demandas via de regra já contam com a pluralidade no polo passivo, porque versam situação de terceirização ou mesmo quarteirização das atividades. Caso a opção da(o)s autora(e)s seja ajuizar contra as empresas prestadoras e tomadoras do serviço e contra todos os seus sócios, certamente haverá casos em que serão 20, 30, 50 pessoas compondo o polo passivo.

Todas essas pessoas devem ser intimadas, têm direito à defesa e à produção da prova. Levar a cabo um processo como esse, de um(a) trabalhador(a) contra um exército de responsáveis, assessorados por advogados diferentes, implicaria, como é fácil imaginar, o colapso da jurisdição trabalhista. Tornar essa uma opção inviável deixa aos reclamantes apenas a segunda opção: propor o tal incidente. Desde a entrada em vigor da Lei n. 13.467, o que se verifica é que esses incidentes tornaram-se, no processo do trabalho, uma decisão que desconsidera a personalidade jurídica ou redireciona os atos de execução e já determina a constrição de patrimônio, como medida decorrente do poder geral de cautela. Após a penhora, o responsável é então intimado para se opor ao incidente. Na prática, portanto, apenas retarda-se a solução do feito.

É bom observar, nesse aspecto, que a fase de cumprimento da decisão judicial deve seguir, além das regras da CLT, também a Lei dos Executivos Fiscais, em razão da regra expressa no art. 889 da CLT. E é exatamente a LEF que define, em seu art. 4º, contra quem podem ser direcionados os atos de execução. O dispositivo autoriza a realização de atos de execução contra os responsáveis a qualquer título, dentre os quais incluem-se não apenas os sócios e sucessores, como também todos os tomadores do trabalho.

É possível, então, em uma hermenêutica comprometida com o princípio da proteção que inspira e justifica o processo do trabalho, resgatar a aplicação da ordem jurídica aos casos de responsabilidade, ultrapassando a disposição da Súmula n. 331 do TST. A responsabilidade subsidiária de que trata esse dispositivo nada mais é do que solidariedade com benefício de ordem. O parâmetro legal, no processo do trabalho, para tanto, é o art. 4º da LEF, que autoriza promoção de atos de execução contra o responsável. O § 3º desse artigo dispõe que "os responsáveis, inclusive as pessoas indicadas no § 1º deste artigo, poderão nomear bens livres e desembaraçados do devedor, tantos quantos bastem para pagar a dívida. Os bens dos responsáveis ficarão, porém, sujeitos à execução, se os do devedor forem insuficientes à satisfação da dívida".

Então, não há necessidade de interposição do incidente. Basta que, na fase de execução, não havendo patrimônio suficiente em nome do executado, sejam indicados bens do responsável, para a satisfação da dívida. Por fim, ainda que o incidente seja exigido, nada impede que ele ocorra apenas na fase de execução, quando efetivamente torna-se relevante buscar os legitimados extraordinários pelo débito. A jurisprudência majoritária, afoita para aplicar o CPC ao processo do trabalho, tem entretanto exigido a "instauração" do incidente.

A alteração promovida no art. 878 da CLT também tem o objetivo de desconfigurar o processo do trabalho e impedir a efetividade da tutela jurisdicional. A nova redação dada a esse artigo refere que a execução será promovida pelas partes. Antes, estabelecia que a execução deveria ser promovida de ofício pelo juízo.

Ora, o processo do trabalho já nasce concebendo a atuação jurisdicional como uma só, que inicia com a propositura da demanda e só termina com a entrega do bem da vida ao exequente, em caso de procedência das pretensões. Ao ajuizar uma demanda trabalhista, portanto, o que se pretende é a realização material do direito e é esse o dever de prestar tutela que o Estado assume. Portanto, ao pleitear em juízo horas extras, por exemplo, evidentemente a parte pretende a percepção dessas horas e não a declaração de que delas é credor.

O art. 765 da CLT estabelece que "os Juízos e Tribunais do Trabalho terão ampla liberdade na direção do processo e velarão pelo andamento rápido das causas, podendo determinar qualquer diligência necessária ao esclarecimento delas". Essa regra não foi alterada pela "reforma" e confere amplos poderes na condução do processo, impondo o dever de conduzir o feito com celeridade e efetividade, mesmo na fase de execução. O fato de que a execução deverá ser promovida pelas partes, portanto, não retira o dever do juízo de também promover atos de execução, sobretudo utilizando os mecanismos de consulta e localização de patrimônio de que dispõe, a fim de solucionar definitivamente o litígio.

A fragilização da garantia de efetividade representada pelo depósito recursal vai na mesma linha. Essa garantia é um dos principais diferenciais do processo trabalhista, que efetivamente estimula a conciliação e torna a demanda algo em alguma medida desvantajoso para o empregador. A Lei n. 13.467 altera o art. 899 para permitir que o valor do depósito recursal seja reduzido pela metade em alguns casos e dispensado em outros.

Outro exemplo é a alteração da regra de prescrição que, por constituir restrição de acesso à justiça prevista no ordenamento jurídico sob o argumento falacioso e perverso da busca de paz social, merece uma análise mais minuciosa.

4.2. A Prescrição

A prescrição constitui instituto jurídico criado em nome de uma suposta necessidade de segurança, como sanção que se aplica ao titular do direito que permanece inerte diante de sua violação por outrem. Para que os conflitos não sejam eternos, o Estado estabelece um prazo dentro do qual quem se sente lesado deve interpor a demanda, para discutir em juízo suas pretensões.

O instituto da prescrição só irá difundir-se no final da Idade Média exatamente para promover a proteção à propriedade privada, como função (não dita) do Poder Judiciário. A prescrição no Direito Romano era o tempo para o ajuizamento de uma demanda, para algumas poucas ações concebidas como temporárias. De resto, o Direito Romano regulava apenas a prescrição aquisitiva (equivalente ao atual usucapião) (BATALHA, RODRIGUES NETTO, 1996, p. 32).

O discurso doutrinário é de que a razão social dessa imposição de tempo para agir é o interesse em pacificar as relações, em lugar de perpetuar os conflitos. Pontes de Miranda, por exemplo, escreve que a prescrição "serve à segurança e à paz públicas, para limite temporal à eficácia das pretensões e das ações". E prossegue:

> A proteção, que se contém nas regras jurídicas sobre a prescrição, corresponde à experiência humana de ser pouco provável a existência de direitos, ou ainda existirem direitos, que por longo tempo não foram invocados. Não é esse, porém, o seu fundamento. Os prazos prescricionais servem à paz social e à segurança jurídica. Não destroem o direito, que é; não cancelam, não apagam as pretensões; apenas, encobrindo a eficácia da pretensão, atendem à conveniência de que não perdure por demasiado tempo a exigibilidade ou a acionabilidade. Qual seja essa duração, tolerada, da eficácia pretensional, ou simplesmente acional, cada momento da civilização determina (PONTES DE MIRANDA, 2000. p. 135)

O exame um pouco mais profundo do tema revela, porém, outros objetivos.

O que existe é uma preocupação, adequada à perspectiva do capital, de conservação do patrimônio.

E minha hipótese aqui é a de que também a prescrição constitui instituto jurídico, cujo resultado — da forma como vem sendo aplicada — é a vedação do acesso à justiça.

É verdade que o discurso que fundamenta a existência da prescrição não a defende como salvo conduto para mal pagadores. Ao contrário, a *paz social* invocada como objetivo do Estado nas relações jurídicas, pressupõe que quem pagou quer saber por quanto tempo deve manter os recibos que provam o adimplemento de suas obrigações.

Então, para que os conflitos não sejam eternos e para ninguém precise guardar por tempo demais a prova da satisfação de uma obrigação, o Estado estabelece um prazo dentro do qual quem se sente lesado(a) deve interpor a demanda, para discutir em juízo suas pretensões. Por isso, se diz que a prescrição existe porque "o direito não socorre os que dormem".

O fato de que a prescrição só incide sobre direitos de crédito e que seus prazos vem sendo drasticamente reduzidos deve traduzir-se como alerta importante acerca do que está por trás desse fundamento retórico.

A prescrição, refere textualmente o Código Civil, atinge o exercício da pretensão processual:

> Art. 189 do Código Civil: "violado o direito, nasce para o titular a pretensão, a qual se extingue, pela prescrição".

A pretensão é definida por boa parte da doutrina como o poder de "exigir a prestação". Esse conceito é criticado por Ovídio Baptista, justamente por se alinhar ao senso comum de que há um dever de realizar algo em favor do credor que, na realizada a pretensão é a possibilidade de exigir que o Estado aja para *restituir algo* que *nunca* pertenceu ao patrimônio do devedor; algo que pertence ao credor (BAPTISTA DA SILVA, 1997, p. 55)

O conceito de pretensão, que se firma na doutrina especialmente a partir de Carnelutti, é motivo de crítica exatamente por reduzir pretensão às exigências relativas às obrigações de pagar, revelando com ainda mais nitidez o compromisso ideológico do processo com a conformação/manutenção de um tipo específico de sociedade (capitalista) (BAPTISTA DA SILVA, 2002, p. 106). Em outro texto, Ovídio menciona que a própria classificação das ações em condenatórias, declaratórias e constitutivas, a partir da pretensão (processual) que veiculam é um equívoco, porque pretensão é algo que ocorre no mundo fático, que prescinde da existência de um processo. E pontua que o risco dessa compreensão doutrinária é justamente a consequente conclusão de que "nem a declaração, nem a constituição pode ser produzida, ou alcançadas, fora do processo; nem a coisa julgada, produto da sentença declaratória; nem o resultado das sentenças constitutivas podem prescindir do processo, para realizarem-se. Portanto, concluiu a doutrina: não existem no direito material nem as pretensões declaratórias, nem as pretensões constitutivas". É essa compreensão que sustenta a noção de pretensão como pretensão a uma satisfação material (vinculada a um direito de crédito) (BAPTISTA DA SILVA, 2006).

O processo assimila essa lógica da troca e reduz os litigantes à condição de credor e devedor (BAPTISTA DA SILVA, 2004, p. 132). Os direitos de créditos constituem, como regra, direitos disponíveis. Por isso, parece razoável exigir do credor que atue, em tempo hábil, a fim de que os litígios não se perpetuem. Entretanto, mesmo quando pensamos sob a perspectiva dos créditos dito disponíveis, é forçoso reconhecer que em uma sociedade capitalista, em que a troca fundamenta a maior parte das relações sociais, estabelecer um prazo para que a pessoa lesada exerça seu direito ao crédito é limitar a realização das normas sociais instituídas. Por isso mesmo, esse prazo só se justifica como exceção à regra geral de que tais normas devem ser respeitadas.

Na esfera trabalhista a questão é ainda mais grave, porque nunca estamos diante de um direito que possa ser resumido a um crédito. O não pagamento de horas extras, por exemplo, implica supressão de tempo de vida sem remuneração, portanto, para além do valor da hora não remunerada existe sempre uma lesão a direitos de ordem extrapatrimonial, como o direito ao lazer, ao projeto de vida, ao convívio familiar, etc. Por isso, como observa Ísis de Almeida, a prescrição no âmbito das relações de trabalho deve ser "considerada desumana, em relação ao trabalhador que é espoliado de um direito alimentar, como é o salário, e também de outras parcelas de natureza remuneratória". Isis de Almeida cita Helios Sarthou, para quem:

> Se, em outros institutos e campos da nossa disciplina, as linhas do Direito do Trabalho e do direito comum se separam, para cumprir aquele com suas finalidades específicas, de acordo com sua autonomia, também aqui o elemento tempo, como causa da perda de um direito, deverá ter tratamento específico. Essa necessária especificidade da prescrição no Direito do Trabalho, vem imposta pelo princípio da irrenunciabilidade das normas trabalhistas. Se não é possível renunciar expressamente às normas do Direito do Trabalho, não pode ser válida a renúncia tácita que, em essência, e a prescrição, enquanto abstenção da ação pelo prazo que a lei estabelece.

Refere, também, Mario de La Cueva, que admite prescrição apenas nas demandas ajuizadas por empregadores, "posto que nada os impede de renunciar as que tenham contra os trabalhadores". A prescrição da demanda de trabalhadores, para esse autor, "opõe-se de maneira manifesta aos propósitos da legislação do trabalho" (ALMEIDA, 1994, p. 17-9).

Em razão dessa mesma premissa, Antônio Alvares da Silva defende a imprescritibilidade dos créditos trabalhistas:

> A patrimonialidade dos direitos trabalhistas, em vez de ser causa de sua prescritibilidade, deve ser suporte do raciocínio contrário, em virtude da finalidade que tem: se o salário ou parcelas desta natureza visam garantir a sobrevivência de quem só pode vender sua força de trabalho, é injusto submetê-lo à prescrição, principalmente quando se sabe que o não exercício da ação não se deu por omissão mas sim em virtude do estado de sujeição (...) Não há nenhum benefício social na manutenção deste estado de fato (em que o empregador não paga o crédito do trabalhador) (...)Há ameaça à sobrevivência dos que vivem de seu trabalho, gerando problemas sociais que sobrecarregam a própria sociedade (...) todos os elementos que apontam para justificar a prescrição (ação destruidora do tempo, castigo à negligência, presunção de abandono e renúncia, presunção de extinção do direito, proteção ao devedor, diminuição de demandas, interesse social pela estabilidade das relações jurídicas) não se aplicam ao Direito do Trabalho, em virtude do estado de sujeição e, muitas vezes, da má-fé do próprio empregador que, deixando de cumprir com a obrigação no curso do contrato de trabalho, dela se livra pela prescrição intercorrente. Todos os elementos acima enumerados presumem uma economia de livre mercado, numa sociedade competitiva, cuja luta é protagonizada por pessoas que, embora

> em diferentes planos econômicos, não tem laços de sujeição entre si. Como se pode, com justiça, falar em interesse social pela estabilização de situações jurídicas (o mais comum e mais repetido argumento) se esta estabilização é conseguida pela anulação da vontade contrária e, muitas vezes, até mesmo por fraude e má fé? (ALVARES DA SILVA, 1987, p. 202).

É também nessa mesma linha o entendimento de Márcio Túlio Viana:

> O empregado que se vê despojado de seus direitos, sem que nada possa fazer para defendê-los, não aceita de forma neutra a espoliação. Se a sua raiva se cala, nem por isso deixa de crescer; e tanto pode provocar microgestos de desídia ou sabotagem, como pode um dia explodir, já agora irracionalmente (...) E como, no campo trabalhista, a inércia do credor significa, na verdade, solércia — pois se ele foge da Justiça é porque está vigilante na defesa de seu emprego – a prescrição se torna menos legítima e menos aceita intimamente. Na verdade, ele apenas a engole, tal como faz com as suas raivas. No fundo, a prescrição disfarça uma negociação privada da norma de ordem pública. O empregado tem o direito "indisponível", mas não o reclama, trocando-o pela permanência — ainda que precária — no emprego (VIANA; 2007).

O que esses autores evidenciam é o fato de que o pressuposto da prescrição (a possibilidade real, e não apenas retórica) de exercer a pretensão não está presente durante o vínculo de emprego. Logo, mesmo sob a perspectiva liberal, só é possível cogitar prescrição de crédito trabalhista em relação aos vínculos já encerrados.

Aroldo Gonçalves defende prescrição apenas após a extinção do contrato. Refere que o direito potestativo de residir "leva, na prática, a que o empregado fique inibido de pleitear, no judiciário, a reparação de qualquer prejuízo que venha a sofrer na constância do pacto laboral. Daí a consequência é única: a prescrição do art. 11 da CLT só começa a fluir depois da cessação do contrato" (GONÇALVES, 1987, p. 27 e seguintes).

É preciso considerar que quem depende do trabalho para sobreviver não tem a opção de buscar a tutela jurisdicional enquanto trabalha. Na medida em que até hoje não reconhecemos sequer o dever de motivação contra a despedida contido no inciso I do art. 7º da Constituição e tornamos letra morta a previsão de estabilidade decenal presente da CLT, ajuizar demanda trabalhista enquanto mantém um vínculo de emprego é mais do que um ato de coragem, é praticamente renunciar à continuidade do "contrato". Em uma realidade na qual índices oficiais apontam a existência de mais de 14 milhões de pessoas desempregadas e mas de 30% da força de trabalho sendo subutilizada, não é difícil concluir pela inexistência da possibilidade real de exercer a tutela jurisdicional. Logo, não há falar em deliberada omissão do suposto credor, mas sim na impossibilidade concreta da busca por direitos.

As dificuldades na compreensão de tudo o que envolve a pronúncia da prescrição, portanto, passam inclusive pela necessidade de retirar essa "cortina de fumaça" que esconde o instituto atrás de fórmulas jurídicas (dicotomia entre direito potestativo e direito à prestação, conceitos de pretensão ou ação, etc) (ALMEIDA, 2015), para compreender sua verdadeira finalidade no âmbito de uma estrutura de poder. O deslocamento do foco da discussão obscurece o que realmente importa quando se trata de aplicar normas ligadas à prescrição.

É referência praticamente obrigatória o artigo de Agnelo Amorim Filho, no qual propõe a distinção, a fim de permitir compreender quais são as hipóteses de prescrição e quais as de decadência, entre direitos potestativos e direitos a uma prestação (real ou pessoal) (AMORIM FILHO, 1958).

O que o instituto da prescrição representa é uma escolha política de privilegiar a propriedade privada em detrimento de valores sociais. Quando pronuncia a prescrição, o Estado está declarando que, mesmo reconhecendo a parte como titular de um direito, nega-se a exigi-lo do devedor, em razão do decurso de tempo. O "direito que teve prescrita a respectiva ação não desaparece — continua a existir apenas destituído de acionabilidade. O credor de uma dívida prescrita continua credor, de tal modo que, se o devedor lhe pagar, o pagamento é válido e não pode ser repetido" (BAPTISTA DA SILVA, 2002, p. 317). Não há, por consequência, prescrição de pretensão processual de natureza declaratória, já que a prescrição atinge a exigibilidade do crédito

Daí porque Márcio Túlio Viana refere-se à "mágica" promovida pelo Estado que "faz o direito sumir" (VIANA, 2007). E não o faz porque se preocupa com a paz social, mas sim porque precisa estabilizar relações de crédito, sob pena de não sustentar a dinâmica do capital.

A prescrição é, portanto, um instituto bem mais comprometido com o Estado Liberal do que a princípio pode parecer. O problema é que esse Estado revelou-se historicamente inviável, razão da sua "migração" para uma lógica de Estado Social, em que alguns valores não econômicos pudessem assumir (ainda que em larga medida de modo simplesmente retórico) condição de preferência em relação aos assim chamados direitos individuais. Nesse contexto, estabelecer prazos de prescrição significa restringir as possibilidades de concretização dos direitos que decorrem dessa troca, e que apenas por um artifício de linguagem podem ser considerados como direitos de crédito.

Os reais objetivos dessa restrição ao direito de exigir que o Estado cumpra sua função de fazer valer a ordem jurídica vigente não dizem, pois, com a busca de paz social, mas sim com a necessidade de manutenção do sistema, que é totalmente direcionado a evitar, ao máximo, que o patrimônio "troque de mãos" e a legitimar, sobretudo na esfera trabalhista, a exploração do trabalho pelo capital. Nesse aspecto, parece mesmo singelo admitir que a prescrição está na contramão da evolução da teoria (e da prática) acerca da fundamentalidade dos direitos sociais como condição de possibilidade de manutenção do sistema.

Além dessa crítica radical que o instituto merece, por sua inscrição na lógica de proteção ao patrimônio em detrimento da realização do direito, soma-se outra, bem mais modesta, que pode ser deduzida mesmo que concordemos com o falacioso argumento de que a prescrição tem por objetivo a preservação da paz social.

Sendo detentor do monopólio da jurisdição, pode até ser razoável que o Estado permita-se pronunciar a prescrição, quando o tempo outorgado ao suposto credor seja adequado, de modo a não impedir o efetivo exercício do direito. Do contrário, a regra da prescrição, mesmo partindo da premissa geral de que visa a pacificação dos conflitos, implicaria boicote à própria finalidade do Estado de Direito, que ao estabelecer normas de conduta social, deve pretender obviamente vê-las respeitadas. Se a relação débito-crédito tem *logos* privilegiado em um ambiente capitalista, fazer valer as normas que regulam essa relação precisa ser (para a própria sobrevivência do sistema) prioridade do Estado. Portanto, é preciso que o suposto credor tenha condições reais, e não apenas formais, de deduzir sua pretensão em juízo.

A ordem jurídica vigente reconhece isso, seja quando impõe restrições à prescrição, nas hipóteses em que presume a ausência dessas condições, seja quando faculta ao devedor a possibilidade de renúncia à prescrição.

Ultimamente, porém, temos assistido a uma certa inversão das razões pelas quais a prescrição se legitima, sob a perspectiva do próprio sistema. É emblemática a hipótese do art. 921 do CPC, que alterou a atual disposição do processo civil, acerca da possibilidade de desarquivamento para a cobrança de dívida a qualquer tempo, tal como a prática trabalhista, para dispor:

> Art. 921 (...)
>
> § 2º Decorrido o prazo máximo de 1 (um) ano sem que seja localizado o executado ou que sejam encontrados bens penhoráveis, o juiz ordenará o arquivamento dos autos.
>
> § 3º Os autos serão desarquivados para prosseguimento da execução se a qualquer tempo forem encontrados bens penhoráveis.
>
> § 4º Decorrido o prazo de que trata o § 1º sem manifestação do exequente, começa a correr o prazo de prescrição intercorrente.
>
> § 5º O juiz, depois de ouvidas as partes, no prazo de 15 (quinze) dias, poderá, de ofício, reconhecer a prescrição de que trata o § 4º e extinguir o processo.

A implantação de um regime de gestão por metas no âmbito do Poder Judiciário tem aguçado fortemente a vontade de declarar prescrição. A pressão que vem sendo exercida, especialmente pelo CNJ, que surge e se "qualifica" como um agente dessa transformação da função judiciária em empresarial (de resultados), tem inclusive fomentado a volta de teorias como a da aplicação da prescrição intercorrente no processo do trabalho, o que acabou culminando na alteração do art. 11 da CLT, pela Lei n. 13.467/2017.

No campo das relações de trabalho, a prescrição, se aplicada, deve ser compreendida como uma restrição ao direito fundamental de exercer pretensão. Logo, é de ser aplicada do modo mais restritivo possível. Isso porque retira de quem trabalha a possibilidade (que se revela única em um sistema de monopólio da jurisdição) de fazer valer a ordem constitucional vigente. Isso significa que sua aplicação submete-se, de uma parte, à aplicação (integral) de todos os direitos ali garantidos e, de outra, à uma análise que busque sempre reduzir ao máximo seu âmbito de incidência.

A previsão legal de prescrição no âmbito das relações de trabalho já estava contida no Decreto-Lei n. 1.237 de 1939, que em seu art. 101 dispunha: "Não havendo disposição especial em contrário, prescreve em dois anos qualquer reclamação perante a justiça do Trabalho". Antes disso, a Lei n. 62 de 1935, que tratava apenas da proteção contra a despedida, estabelecia: "Art. 17. O direito à indenização criada nesta Lei prescreve em um ano, a contar da data da despedida".

A CLT, em seu art. 11, manteve praticamente a mesma redação: "Não havendo disposição especial em contrário nesta Consolidação, prescreve em dois anos o direito de pleitear a reparação de qualquer ato infringente de dispositivo nela contido". Em 1998, dez anos após a promulgação da atual Constituição, a Lei n. 9.658 deu nova redação ao artigo:

> Art. 11 – O direito de ação quanto a créditos resultantes das relações de trabalho prescreve: (Redação dada pela Lei n. 9.658, de 5.6.1998) I – em cinco anos para o trabalhador urbano, até o limite de dois anos após a extinção do contrato;
>
> II – em dois anos, após a extinção do contrato de trabalho, para o trabalhador rural.
>
> § 1º O disposto neste artigo não se aplica às ações que tenham por objeto anotações para fins de prova junto à Previdência Social.

Não faz referência ao curso de prescrição durante a vigência do vínculo de emprego, embora a jurisprudência da época fosse pacífica nesse sentido. Mesmo quando a regra sobre a prescrição foi estabelecida em relação ao trabalhador rural, reconhecendo-lhe o direito de não contar prescrição no curso da relação de emprego, continuou prevalecendo na jurisprudência a compreensão de que essa norma, conquanto mais benéfica, não se estendia aos trabalhadores urbanos.

Durante o processo constituinte essa discussão foi retomada. A redação original do texto constitucional não fazia referência alguma à prescrição de créditos trabalhistas.

Entretanto, uma emenda popular apresentada ao "Substitutivo da Comissão de Sistematização às emendas de Plenário, referente ao Preâmbulo, Título I, Título II e Título III" propunha a seguinte redação para o art. 7º: "XXVI – não incidência da prescrição no curso do contrato de trabalho e até dois anos de sua cessação". A referida emenda foi apresentada "com mais de 1 milhão de assinaturas, que é apoiada por todas as Centrais Sindicais, apoiada pela Contag, e por mais de 100 sindicalistas" e defendida pelo constituinte Paulo Paim, que chegou a afirmar:

> É uma questão lógica que estamos propondo nesta redação: a não prescrição, enquanto tiver um vínculo com contrato de trabalho com o empregador. Isso já é assegurado a todos os trabalhadores rurais. Por isso, entendo que a votação poderá ser até por unanimidade.

Na ocasião, Paulo Paim relembrou que "milhares de trabalhadores não entram na Justiça porque entendem que é fundamental que os seus direitos estejam assegurados. E vou mais além ainda: entendo que a própria relação capital/trabalho deverá melhorar. E explico o porquê. Se estou numa empresa e o meu empregador não me paga o que me é devido, posso entrar na Justiça, após o contrato de trabalho, ou esperar e buscar todo o retroativo. Vai haver interesse do próprio empregador em manter em dia os direitos da classe trabalhadora". O Relator José Fogaça observou, na ocasião, que a emenda proposta vinha "preencher uma lacuna no campo do Direito do Trabalho e abriga na Constituição uma luta da classe trabalhadora de muitos anos". Acrescentou que "não é uma emenda que promova a desorganização do processo produtivo. Não cria o confronto e não prejudica a atividade empresarial. É uma emenda que assegura ao trabalhador o direito a reivindicar, o direito a repor tudo aquilo que entende tenha sido lesado, mesmo após dois anos, enquanto durar o seu contrato de trabalho"(114).

A redação original da proposta de emenda à Constituição é clara: veda a prescrição no curso do vínculo de emprego e até dois anos após seu término. Trata, portanto, de um direito de quem vive do trabalho. A ideia de introduzir uma referência à impossibilidade de cômputo da prescrição durante esse período no artigo que disciplinaria os direitos trabalhistas surge como um apelo popular para alteração da jurisprudência dominante que, diante dos termos do art. 11 da CLT, permitia o curso do prazo durante a vigência do vínculo. O objetivo era salvaguardar as pretensões durante o período de vigência da relação de emprego, em razão da evidente impossibilidade fática do exercício do direito constitucional de acesso à justiça. O tiro, porém, saiu pela culatra.

O constituinte Virgílio Galassi, do PDS, manifestou-se sobre a emenda apresentada, referindo que a possibilidade de arguir a qualquer tempo a lesão perpetrada pelo

---

(114) Disponível em: <http://www2.camara.leg.br/atividade-legislativa/legislacao/Constituicoes_Brasileiras/constituicao-cidada/o-processo-constituinte/comissao-de-sistematizacao/vol245_FasePSIM.pdf>. p. 469.

empregador “geraria um verdadeiro desencontro no âmbito dos conflitos trabalhistas e provocaria tumulto na vida das empresas, que teriam de guardar, indefinidamente, todos os documentos referentes aos seus empregados”[(115)].

Na Comissão de Sistematização, o Constituinte Gerson Camata, do PMDB, propôs emenda aditiva ao art. 7º, com a seguinte redação: “prazo prescricional de cinco anos, contados da lesão de direito originário de relação de emprego, salvo na hipótese de extinção do contrato de trabalho, quando este prazo se esgotará dois anos após o término da relação de emprego”. No parecer, consta: “Concordamos com a proposta no que tange à eliminação da não incidência da prescrição no curso do contrato de trabalho. Efetivamente, a vida moderna não permite longos ou indefinidos prazos prescricionais”[(116)].

Nada havia de longo, e menos ainda de indefinido, mas os registros das discussões durante o processo constituinte não permitem verificar como argumento dessa espécie prevaleceu entre os parlamentares. No banco de dados do Senado Federal consta que essa emenda foi aprovada no Plenário, e foi posteriormente alterada pela emenda proposta por Luiz Alberto Rodrigues, também do PMDB, passando a ter como redação: “Art. 7º, XXIX – prazo prescricional: a) de cinco anos, para os créditos resultantes da relação de emprego e demais direitos dela decorrentes, contados da respectiva lesão, salvo na hipótese de extinção do contrato de trabalho, quando este prazo se esgotará dois anos após o término da relação de emprego; b) em se tratando de trabalhador rural, a prescrição somente ocorrerá após o decurso de dois anos de cessação do contrato de trabalho”[(117)].

A inversão na lógica inicialmente proposta por iniciativa popular é evidente. O direito fundamental de não sofrer prescrição no curso da relação de emprego foi transmutado em restrição ao direito de petição (que já estava assegurado na redação do art. 5º). A ampliação do prazo, de dois para cinco anos durante a vigência do vínculo, foi um prêmio consolação, que não alterou o caráter precarizante e destrutivo da previsão normativa.

Era consenso entre os principais doutrinadores da área, a exiguidade do prazo de dois anos previsto na CLT. A perda do emprego e a respectiva necessidade de encontrar novo posto de trabalho tornavam difícil o ajuizamento da demanda em um período tão rápido de tempo. É interessante a observação de Mozart Victor Russomano, em obra publicada em 1966, no sentido de que “o fundamento de um prazo prescricional tão curto (dois anos) deve ser encontrado na circunstância de interessar, vivamente, ao Estado a

---

(115) Disponível em: <http://www6g.senado.gov.br/apem/data/AVULSO/vol-255.pdf>. Acesso em: 26 jan. 2016.

(116) Disponível em: <http://www6g.senado.gov.br/apem/search?keyword=prescri%C3%A7%C3%A3o;f1-res=APROVADA;f2-partido=PMDB>. Acesso em: 25 jan. 2016.

(117) Disponível em: <http://www6g.senado.gov.br/apem/search?keyword=prescri%C3%A7%C3%A3o;f1-res=APROVADA;f2-partido=PMDB;f3-EMENU=X>. Acesso em: 25 jan. 2016.

solução imediata dos conflitos trabalhistas, que são conflitos sociais e que podem ameaçar a estrutura da sua organização". Por esse raciocínio, o Estado estaria, com a fixação desse prazo exíguo, exortando os possíveis credores a exigirem seus direitos com a maior agilidade possível, exatamente para impedir a permanência do conflito e, consequentemente, o desrespeito aos direitos sociais. Não concordo com a premissa, mas é oportuno perceber que mesmo a defesa do prazo então previsto na CLT era sustentada a partir de uma racionalidade de necessária eficácia dos direitos trabalhistas e que havia, inclusive por parte daqueles que o compreendiam adequado, a clara percepção de se tratar de um prazo muito curto (RUSSOMANO, 1966, p. 120). Nessa obra, o autor chega a sustentar que a prescrição de dois anos, prevista no art. 11 da CLT, deve ser pronunciada também se durante o curso da demanda trabalhista não houver movimentação do processo por período superior àquele (dois anos) lá estabelecido, referindo-se à tese que aprovou nesse sentido, no Congresso Jurídico Nacional de 1950 (*Ibidem*, p. 122-4).

Todos sabemos qual foi a redação finalmente aprovada. A prescrição, em relação à(o)s trabalhadora(e)s urbana(o)s, passou a ser de cinco anos (limitados a dois após a extinção do vínculo) e de dois anos (contados da extinção do vínculo) para à(o)s trabalhadora(e)s rurais. Essa redação foi alterada pela Emenda Constitucional n. 28/2000, que determinou o cômputo do prazo prescricional durante a fluência do vínculo, também em relação à(o)s trabalhadora(e)s rurais. Em seu livro, Carmen Camino observa que a alteração constitui ofensa direta à ordem constitucional, porque evidentemente lesiva aos interesses do trabalhador rural (CAMINO, 2003, p. 165).

A reconstrução do processo histórico que resultou a redação do art. 7º, XXIX, revela que não havia necessidade, nem há coerência, na inserção de um prazo de prescrição como restrição ao direito fundamental de exercer pretensão, em um dispositivo que arrola dos direitos fundamentais de quem vive do trabalho. O que houve foi um golpe, representado pela utilização de emenda popular proposta em defesa da classe trabalhadora, a fim de assegurar o direito à incolumidade dos créditos durante o curso da relação de emprego, para transformá-la em restrição ao direito fundamental de exercer pretensão, alçando tal restrição (já prevista na CLT) à condição de norma constitucional.

A perda do emprego foi penalizada, de modo completamente injustificado, com a redução do prazo ampliado pelo constituinte originário. E ainda serviu para gerar confusões, como aquela feita pelo TST, que age como se houvessem dois prazos distintos de prescrição (2 e 5 anos), também internalizada pela Lei n. 13.467.

Por tudo isso, tenho defendido há muito tempo que em uma ordem jurídica na qual exista (faticamente) "relação de emprego protegida contra despedida arbitrária ou sem justa causa" pode até ser razoável, se pensarmos da perspectiva de quem aposta no sistema, a limitação do tempo para a busca dos direitos através do Estado. Na realidade das relações de trabalho no Brasil, porém, a despedida segue sendo efetuada sem qualquer motivação (SEVERO, 2011).

Logo, se o empregador pode extinguir o vínculo de emprego quando quiser, sem precisar motivar seu ato, não é razoável que os créditos por ele não adimplidos estejam sujeitos à prescrição (SEVERO, SOUTO MAIOR, 2010). Isso porque a(o) trabalhador(a) inserida(o) em um vínculo precário não tem condições reais de exercer sua pretensão e, fatalmente, deixará que o decurso do tempo constitua um modo velado e perverso de renúncia tácita a direitos que a ordem constitucional afirma serem irrenunciáveis.

No Brasil, a necessidade de valorização social do trabalho como fundamento da República e a cláusula expressa no art. 9º da CLT, que torna nulos quaisquer atos tendentes a suprimir, fragilizar ou mitigar direitos trabalhistas, determina a compreensão de que a restrição ao direito fundamental de ação contido no art. 7º, XXIX, da Constituição, se opera apenas nas hipóteses em que exista efetiva garantia de manutenção do emprego, sob pena de estarmos (como estamos!) chancelando diariamente renúncias a créditos alimentares, em afronta clara e incontornável ao que estabelecem os arts. 100, § 1º-A, da Constituição, 1.707, do Código Civil, e 9º, da CLT. Daí porque defendo a tese de que a prescrição prevista no art. 7º, XXIX, da Constituição, apenas pode ser declarada quando for regulamentado o inciso I do mesmo texto ou quando houver consenso jurisprudencial acerca da imediata aplicabilidade deste dispositivo na realidade das relações de trabalho no Brasil, como explicitarei mais adiante. Até que isso aconteça, pronunciar prescrição no curso do vínculo de emprego é o mesmo que admitir a renúncia de direitos trabalhistas e, portanto, negar a ordem constitucional vigente (SEVERO, 2021).

Também não é razoável a redução de prazos prescricionais, ao arbítrio da vontade do intérprete aplicador da norma. Nem mesmo criação de prazos não previstos na ordem jurídica. A compreensão da prescrição como uma restrição constitucional à efetividade dos direitos e, portanto, como uma forma (apenas excepcionalmente tolerável) de boicote à efetividade do ordenamento jurídico, determina um impulso necessário no sentido da majoração dos prazos prescricionais, e não de sua diminuição, como ocorreu na decisão do STF acerca do prazo para exercício da pretensão em relação aos valores depositados junto ao FGTS (SOUTO MAIOR, 2016).

A Lei n. 13.467 acrescenta no art. 11 da CLT, um § 4º, para dispor que "tratando-se de ação que envolva pedido de prestações sucessivas decorrente de alteração ou descumprimento do pactuado, a prescrição é total, exceto quando o direito à parcela esteja também assegurado por preceito de lei". Ou seja, incorpora à CLT disposição contida em súmula do TST, que é um verdadeiro atestado de desconhecimento do instituto da prescrição.

A prescrição incide sobre a pretensão de exigir um crédito, e não sobre o crédito em si. Tanto a leitura do art. 882 do Código Civil, que praticamente repetiu a redação do art. 970 do antigo código, quanto a literalidade do art. 189 do Código Civil confirmam o acolhimento dessa compreensão, por parte de nosso ordenamento jurídico.

Se é a exigibilidade do crédito que perece, quando o juiz pronuncia a prescrição, não há falar em "prescrição total". Uma invenção do TST, como inclusive admite expressamente a Súmula n. 409:

> Não procede ação rescisória calcada em violação do art. 7º, XXIX, da CF/1988 quando a questão envolve discussão sobre a espécie de prazo prescricional aplicável aos créditos trabalhistas, se total ou parcial, porque a matéria tem índole infraconstitucional, construída, na Justiça do Trabalho, no plano jurisprudencial.

A súmula da qual os "reformadores" retiram a redação inserida no art. 11 da CLT é a 294, com redação de 2003: "Tratando-se de ação que envolva pedido de prestações sucessivas decorrente de alteração do pactuado, a prescrição é total, exceto quando o direito à parcela esteja também assegurado por preceito de lei." A mesma compreensão equivocada está refletiva nas Súmulas ns. 326 e 327 do TST, mas é ao mesmo tempo negada por entendimentos como aquele contido na Súmula n. 373:

> GRATIFICAÇÃO SEMESTRAL. CONGELAMENTO. PRESCRIÇÃO PARCIAL (conversão da Orientação Jurisprudencial n. 46 da SBDI-I) – Res. n. 129/2005, *DJ* 20, 22 e 25.04.2005 Tratando-se de pedido de diferença de gratificação semestral que teve seu valor congelado, a prescrição aplicável é a parcial (ex-OJ n. 46 da SBDI-I – inserida em 29.03.1996.

E na Súmula n. 452:

> DIFERENÇAS SALARIAIS. PLANO DE CARGOS E SALÁRIOS. DESCUMPRIMENTO. CRITÉRIOS DE PROMOÇÃO NÃO OBSERVADOS. PRESCRIÇÃO PARCIAL (conversão da Orientação Jurisprudencial n. 404 da SBDI-I) – Res. n. 194/2014, *DEJT* divulgado em 21, 22 e 23.05.2014.Tratando-se de pedido de pagamento de diferenças salariais decorrentes da inobservância dos critérios de promoção estabelecidos em Plano de Cargos e Salários criado pela empresa, a prescrição aplicável é a parcial, pois a lesão é sucessiva e se renova mês a mês.

A prescrição será sempre a perda do prazo imposto para exigir o pagamento das verbas (parcelas) que se tornaram exigíveis há mais de cinco anos da data da propositura da demanda. Compreender de forma diversa seria corromper o próprio conceito de prescrição. Quando uma alteração contratual é nula, por ofensa dos arts. 9º e 468 da CLT, é insuscetível de prescrição. Por sua vez, os créditos devidos em decorrência da nulidade da alteração contratual decorrem da lesão perpetrada ao patrimônio de quem vive do trabalho, que se renova a cada inadimplemento, tal como bem observa a redação da Súmula n. 452 do TST.

Interrupção, suspensão e impedimento

O § 3º também incluído no art. 11 da CLT prevê hipótese de interrupção:

> A interrupção da prescrição somente ocorrerá pelo ajuizamento de reclamação trabalhista, mesmo que em juízo incompetente, ainda que venha a ser extinta sem resolução do mérito, produzindo efeitos apenas em relação aos pedidos idênticos.

Isso não impede, por exemplo, o ajuizamento de protesto interruptivo da prescrição previsto no CPC e amplamente aceito no âmbito da Justiça do Trabalho (SOUTO MAIOR, SEVERO, 2017). A hipótese ali descrita já era prevista em súmula e em OJ do TST:

> SÚMULA N. 268 DO TST. PRESCRIÇÃO. INTERRUPÇÃO. AÇÃO TRABALHISTA ARQUIVADA. A ação trabalhista, ainda que arquivada, interrompe a prescrição somente em relação aos pedidos idênticos.
>
> OJ-SDI1-359. SUBSTITUIÇÃO PROCESSUAL. SINDICATO. LEGITIMIDADE. PRESCRIÇÃO. INTERRUPÇÃO (*DJ* 14.03.2008) A ação movida por sindicato, na qualidade de substituto processual, interrompe a prescrição, ainda que tenha sido considerado parte ilegítima *"ad causam"*.

Não deverá, pois, ser considerada como hipótese exclusiva de interrupção.

Quanto à suspensão do prazo prescricional, existem duas hipóteses expressamente referidas na CLT. A primeira é a do art. 625-G: "O prazo prescricional será suspenso a partir da provocação da Comissão de Conciliação Prévia, recomeçando a fluir, pelo que lhe resta, a partir da tentativa frustrada de conciliação ou do esgotamento do prazo previsto no art. 625-F" (dez dias para a realização da sessão de tentativa de conciliação a partir da provocação do interessado).

A segunda, no art. 855-E (A petição de homologação de acordo extrajudicial suspende o prazo prescricional da ação quanto aos direitos nela especificados. Parágrafo único. O prazo prescricional voltará a fluir no dia útil seguinte ao do trânsito em julgado da decisão que negar a homologação do acordo).

Quanto ao impedimento, a CLT tem apenas uma regra dispondo:

> Art. 440 – Contra os menores de 18 (dezoito) anos não corre nenhum prazo de prescrição.

O Código Civil, por sua vez, tem regra estabelecendo outras possibilidades de impedimento de curso do prazo de prescrição. O art. 197 dispõe:

> Art. 197. Não corre a prescrição:
>
> I – entre os cônjuges, na constância da sociedade conjugal;
>
> II – entre ascendentes e descendentes, durante o poder familiar;
>
> III – entre tutelados ou curatelados e seus tutores ou curadores, durante a tutela ou curatela.

Pois bem, é possível pensar a utilização dessa regra, por analogia, no âmbito das relações de trabalho. A ideia que funda a exceção prescrita no direito civil é de reconhecimento de que nas relações sociais ali descritas não há possibilidade material, real, de utilização do sistema de justiça. Isso porque a exigência de que o ajuizamento da demanda deva ser feito dentro de um prazo, enquanto tais vínculos ainda estão vigentes, pode comprometer a continuidade do vínculo. O Estado, então, opta por proteger a relação social subjacente, permitindo que discussões sobre crédito e débito sejam postergadas, de modo que, por exemplo, se o casamento não terminar, jamais decorrerá prazo prescricional para a discussões sobre relações de crédito havidas entre os cônjuges.

No âmbito das relações de trabalho, a existência de vínculo de emprego causa, para quem depende do trabalho para viver, a mesma impossibilidade material de ajuizamento de demanda. Não há impedimento formal, mas há o concreto temor da perda do emprego, que se agrava em uma realidade na qual não se reconhece garantia alguma contra a despedida. Com argumento um pouco diverso, mas chegando a mesma conclusão, foi aprovado o seguinte enunciado no XV CONAMAT:

> PROTEÇÃO CONSTITUCIONAL CONTRA A DISPENSA ARBITRÁRIA (art. 7º, I, CF). NÃO REGULAMENTAÇÃO. PRESCRIÇÃO QUINQUENAL: INAPLICABILIDADE. Considerando que a prescrição não é um 'prêmio' para o mau pagador, enquanto não aplicado efetivamente o direito de proteção contra a dispensa arbitrária previsto no inciso I do art. 7º da CF, que gera ao trabalhador a impossibilidade concreta de buscar os seus direitos pela via judicial, não se pode considerar eficaz a regra do inciso XXIX do art. 7º, no que se refere à prescrição que corre durante o curso da relação de emprego. Por isso, enquanto não conferirmos efetividade plena ao art. 7º, I, da CF/88, não se pode declarar a prescrição quinquenal.

A ideia parte da compreensão sistemática do art. 7º da Constituição que em seu inciso I garante relação de emprego protegida CONTRA despedida arbitrária ou sem justa causa e, ao final do rol dos direitos trabalhistas, a disposição do direito de ação, com a restrição que aqui estamos analisando (inciso XXIX). Ora, se a garantia contra a despedida não é aplicada, a restrição também não deverá ser(118). Nos fundamentos da tese está a referência à Sentença n. 63 de 10 de junho de 1966, que declarou a inconstitucionalidade das normas acerca da prescrição, contidas no Código Civil de 1942, para o efeito de concluir não haja prazo prescricional em curso durante o período de vigência de contrato de trabalho não contemplado com a tutela real, ou seja, com a verdadeira e efetiva garantia contra a perda do posto de trabalho. A Corte Constitucional Italiana faz afirmação que serve com exatidão à realidade brasileira:

> Não existem obstáculos jurídicos que impeçam de fazer valer o direito ao salário. Existem, todavia, obstáculos materiais, isto é, a situação psicológica do trabalhador, que pode ser induzido a não exercitar o próprio direito pelo mesmo motivo pelo qual muitas vezes é levado à sua renúncia, isto é, pelo temor da dispensa; de modo que a prescrição, fluindo durante a relação de emprego, produz exatamente aquele efeito que o art. 36 pretendeu coibir proibindo qualquer tipo de renúncia: mesmo aquela que, em particulares situações, pode se encontrar implícita na ausência do exercício do próprio direito e, portanto, no fato que se deixe consumar a prescrição.

(118) Nesse sentido, já se pronunciou o Tribunal Regional do Trabalho de Santa Catarina no RO 0001655-46.2010.5.12.0018 -19, de 26 de agosto de 2011, relator José Ernesto Manzi.

A pronúncia de prescrição, de ofício pelo juiz, é outra regra que não consegue ser justificada nem da perspectiva da busca da paz social. Constitui a total inversão da razão mesma de existência desse instituto, revelando que essa anunciada razão não é verdadeira. Além de ignorar o fato de que, sendo explicitamente considerada matéria de defesa, deve ser arguida pela parte contra quem proposta a demanda judicial.

A escolha do constituinte originário de incluir prazo de prescrição como restrição constitucional ao direito de ação, que como vimos representou um verdadeiro golpe à emenda popular apresentada à época, deve servir ao menos para que se compreenda seja essa a única restrição possível, pois a partir do que dispõe o *caput* do art. 7º da Constituição, as garantias ali contidas constituem um mínimo de proteção a partir do qual é possível apenas albergar regras que promovam melhoria da condição social de quem trabalha.

Essa compreensão, entretanto, não apenas tem sido desafiada por parte da jurisprudência, como justificou decisão do TRT da Quarta Região, em que a prescrição não fixada na sentença e não alterada em grau de recurso, foi pronunciada em ação rescisória:

> Ação rescisória. Manifesta violação à norma jurídica. Evidenciada violação manifesta de norma jurídica a ensejar a rescisão do julgado, uma vez não pronunciada a prescrição parcial invocada pela parte, nos autos da ação subjacente, restando desrespeitado o art. 7º, XXIX, da Constituição Federal. Ação procedente, neste aspecto" (PROCESSO n. 0021904-45.2020.5.04.0000 (AR). RELATOR: EMILIO PAPALEO ZIN). Disponível em: <https://pesquisatextual.trt4.jus.br/pesquisas/rest/cache/acordao/pje/kQDx__6suNijD_Blt4GJkw?>. Acesso em: 07 fev. 2023.

A prescrição intercorrente

No momento em que há título judicial formado, o interesse na satisfação do crédito não é mais apenas do autor da demanda, mas também do Estado. Não existe, portanto, inércia ou desinteresse do titular do direito lesado que justifique a extinção do processo sem que se cumpra o objetivo de alterar os fatos, entregando ao autor o bem da vida cuja titularidade lhe foi reconhecida pelo Estado.

Claro, isso decorre da compreensão do processo como meio de realização do direito material, tal como defende a unanimidade da doutrina processual contemporânea. Até bem pouco tempo atrás essa perspectiva não dominava a cena do discurso jurídico. Ao contrário, o que prevalecia era a ideia de que a função jurisdicional findava com a declaração, e que a execução (como um processo autônomo e separado do processo de conhecimento) dependia da iniciativa da parte e só a ela deveria interessar. Daí porque os códigos modernos fizeram inserir em seus "livros do processo de execução" prazo para que tal ação fosse proposta

A falência da ideia de Estado formado por três poderes, dos quais o Judiciário seria aquele incumbido de declarar a vontade única contida no texto de lei, estabilizando as relações de crédito e débito e, com isso, permitindo o florescimento das relações de troca, é decorrência do próprio desenvolvimento (e consequente esgotamento) do sistema do capital. Já no início do Século XX as doutrinárias "antipositivistas" denunciam a incapacidade própria dessa formulação de regulação social. A lei não é capaz de recompor arbitrariedades.

A declaração judicial não altera a realidade e não existe segurança jurídica, mesmo da perspectiva liberal, se as "regras do jogo" puderem ser descumpridas sem maiores consequências (BAPTISTA DA SILVA, 2004, p. 24-5) . Essa é a razão pela qual a noção de processo como instrumento do direito material acabou se impondo ao longo do tempo.

Ocorre que a prescrição da "pretensão executiva" não faz sentido dentro dessa compreensão do processo, pois a satisfação do crédito deixa de ser algo que interessa apenas ao credor, para constituir um objetivo do Estado, inclusive como forma de demonstrar, pedagogicamente, o risco do descumprimento do ordenamento jurídico. Eis porque o CPC, quando alterado em 2005, teve suprimida a referência à prescrição intercorrente. Essa é também a razão pela qual não faz sentido falar em prescrição na execução trabalhista. O processo do trabalho surge e se consolida como um processo único:

> Para se dizer da prescrição na fase de execução impõe-se primeiramente que haja um posicionamento em torno da natureza da execução baseada numa sentença. A se entender que o processo trabalhista tem toda sua sequência ex ofício, por impulso da própria Justiça do Trabalho, fica inadmissível a prescrição intercorrente. Apenas para os que entendem tratar-se a execução de "uma ação autônoma" podem admitir prescrição na fase de cumprimento da sentença. Admite, então, prescrição que se alegue na "primeira fase processual, não na execução", em que já há título executivo e, portanto, pronúncia judicial acerca da "certeza do Direito (FERREIRA PRUNES, 1998, p. 441-3).
>
> A compreensão do processo como algo único resulta essa consequência lógica. Como refere Isis de Almeida, a execução no processo do trabalho é apenas uma fase da reclamatória, "por consequência, não poderia dar lugar a uma arguição de prescrição, pois esta refere-se à ação, e não a direitos propriamente ditos" (ALMEIDA; 1994; p. 69-70).

A razão pela qual esse instituto retorna no CPC de 2015 e ingressa na CLT violentada pela "reforma" não é de ordem jurídica, nem guarda relação com a compreensão que temos do processo atualmente. Trata-se claramente de medida política para a redução do número de processos, na mesma linha que justifica, por exemplo, a possibilidade de que a prescrição seja pronunciada de ofício pelo Juiz, apesar de toda a doutrina inclinar-se pela conclusão de que, sendo matéria de defesa, deve ser arguida pela parte contra quem proposta a demanda judicial, como decorre aliás da leitura do art. 191 do Código Civil:

> A renúncia da prescrição pode ser expressa ou tácita, e só valerá, sendo feita, sem prejuízo de terceiro, depois que a prescrição se consumar; tácita é a renúncia quando se presume de fatos do interessado, incompatíveis com a prescrição.

O Documento 319 do Banco Mundial, já citado outras vezes neste livro, aponta a necessidade de reformas processuais que diminuam o número de demandas e o tempo do processo. Toda a lógica que inspira o CPC de 2015 está ali contida. E refere:

> As Cortes podem, por exemplo, automaticamente extinguir processos que estão inativos por dois anos desde que precedido de notificação aos advogados e as partes, como é feito nas Cortes de Trinindad e Tobago e Estados Unidos.

Em razão disso, do mesmo modo que o instituto retorna no CPC de 2015, passa a ser disciplinado, pela primeira vez, na legislação trabalhista. A **prescrição intercorrente** é introduzida na CLT pela mesma Lei n. 13.467. O art. 11-A da CLT estabelece que:

> Ocorre a prescrição intercorrente no processo do trabalho no prazo de dois anos. § 1º A fluência do prazo prescricional intercorrente inicia-se quando o exequente deixa de cumprir determinação judicial no curso da execução. § 2º A declaração da prescrição intercorrente pode ser requerida ou declarada de ofício em qualquer grau de jurisdição.

A justificativa que figura no relatório do Deputado Rogério Marinho sequer guarda relação com questões de eficiência. Ele chega a afirmar que "a prescrição existe em todo o mundo, em qualquer ordenamento jurídico e, para se ter ideia, até o crime de homicídio prescreve. Mas, no Brasil, o crédito trabalhista não prescreve, segundo Súmula do TST, que contraria frontalmente Súmula sobre tema idêntico do STF". O Deputado revela desconhecimento em relação ao Direito e ao Processo do Trabalho, pois há prazo de prescrição previsto no art. 7º da Constituição, aplicado diuturnamente nos litígios trabalhistas, inclusive em relação a vínculos ainda vigentes, apesar da ausência de garantia contra a despedida que torna impossível, na prática, o ajuizamento de demandas durante o curso do contrato. O relatório sequer especifica que súmula seria essa que impediria a prescrição do crédito trabalhista, mas certamente refere-se à Súmula n. 114 do TST, que afirma não haver prescrição na fase de cumprimento da decisão judicial:

> Súmula n. 114 do TST: É inaplicável na Justiça do Trabalho a prescrição intercorrente.

Ora, não havia realmente previsão em tal sentido e isso em razão de toda a fundamentação que até aqui busquei explicitar. Pois bem, Rogério Marinho acrescenta que o "prazo de dois anos (para a prescrição intercorrente) foi estabelecido a partir da norma constitucional, que prevê o prazo prescricional de dois anos para propositura de ação na área trabalhista", o que denota mais desconhecimento por parte do parlamentar, já que o prazo prescricional previsto na Constituição é de 05 anos, e a redução (desse mesmo prazo) para 02 anos se dá (pelo texto da Constituição) em razão da perda do emprego, o que não guarda qualquer relação com a promoção de atos na fase de cumprimento da decisão judicial. Ainda, compara a busca de créditos trabalhistas à penalização por crime de homicídio, e por fim nada refere acerca da lógica que justificou historicamente a prescrição intercorrente e que hoje não mais a sustenta. Não justifica a introdução da prescrição intercorrente, em um processo único no qual se reconhece o dever do Estado de realizar o Direito. Limita-se a descrever a regra, que segundo sua lógica justifica-se por si mesma.

No relatório do Senador Ricardo Ferraço, em relação ao projeto que culminou na Lei n. 13.467, consta que "a prescrição intercorrente se refere à perda do direito por razão de inércia do titular de uma execução que não toma as ações para continuidade do processo". Invoca a necessidade de segurança das relações jurídicas e faz referência a um suposto prazo de 2 anos previsto pela Constituição. Por fim, afirma que o prazo de dois anos "já é utilizado para execução de créditos tributários da União". Entretanto, nem a prescrição é perda do Direito, nem a Constituição prevê prazo constitucional de dois anos (o prazo é de cinco anos *limitados a dois*), nem tampouco é esse o tempo para a cobrança dos créditos das União. Veja-se que o Código Tributário Nacional dispõe:

> Art. 174. A ação para a cobrança do crédito tributário prescreve em cinco anos, contados da data da sua constituição definitiva.

A Lei n. 6.830/1980:

> Art. 2º, § 9º: "o prazo para a cobrança das contribuições previdenciárias continua a ser o estabelecido no Art. 144 da Lei n. 3.807, de 26 de agosto de 1960".

A Lei n. 3.807/1960, por sua vez:

> Art. 144: o direito de receber ou cobrar as importâncias que lhes sejam devidas, prescreverá, para as instituições de previdência social, em trinta anos.

O instituto da prescrição intercorrente fazia sentido, no âmbito do processo comum, quando havia separação entre processo de conhecimento e processo de execução. Essa separação foi superada pelo processo civil em 2005 e nunca foi albergada pelo processo do trabalho.

Em âmbito trabalhista, a redação, desde os decretos de 1932 que deram origem às regras processuais da CLT, não deixa dúvida de que o processo é único, inicia-se com a petição inicial e só finaliza com a realização do Direito. Além disso, a execução deve ser conduzida pelo juízo, algo que não se altera sequer com a nova redação do art. 878 da CLT, tendo em vista o que estabelece o art. 765 desse mesmo diploma legal.

O processo do trabalho, portanto, nunca separou conhecimento e execução. Sempre foi um só, um processo que inicia com a petição inicial e só termina com a realização do bem da vida. Há, portanto, clara desconexão entre as razões jurídicas que sustentaram a existência de prazo prescricional no processo de execução, quando concebido como algo isolado do processo de conhecimento e de interesse exclusivo da parte que provoca a atuação judicial, e as razões econômicas que hoje recuperam esse instituto, apesar de todo o discurso acerca da verdadeira função jurisdicional de realização dos direitos.

O festival de desinformação nos relatórios que justificaram a redação da Lei n. 13.467/2017, acerca desse instituto, revela o fato de que a prescrição intercorrente também não ingressa na CLT por razões de ordem jurídica. Trata-se pura e simplesmente de medida de redução de processos, pois bem sabemos que execuções arquivadas com registro de dívida não constam como processos resolvidos, para a estatística considerada pelo Conselho Nacional de Justiça.

Márcio Túlio aponta a aplicação da prescrição no âmbito das relações de trabalho, apesar de todas as evidências de incompatibilidade desse instituto com um crédito que não pode efetivamente ser "reivindicado" durante o tempo de vínculo, como consequência do "desprestígio do Estado, tanto em razão de sua real e crescente fragilidade — imposta pela globalização — como pela forte ideologia que minimiza o seu papel, empurrando-o para dentro de si mesmo"; com a "perda de valor do trabalho por conta alheia (pelo menos sob a ótica dessa mesma ideologia), o que acaba afetando, por tabela, não só o Direito que o regula, como a Justiça que o julga. Tudo isso faz com que os tribunais trabalhistas, numa resposta instintiva de autodefesa, busquem recuperar a legitimidade perdida com recordes de tempo e estatísticas de produtividade, que aliás também imitam o atual modo de ser da empresa" (VIANA, 2007).

A prescrição intercorrente é avessa à concepção instrumental do processo, que supera a dicotomia entre o direito material e as regras processuais. E essa é a tônica do processo do trabalho, uma das razões de sua existência. Políticas judiciárias de redução de processos, sem solução de conflitos, revelam-se como boicote à ordem constitucional vigente. Estimulam o inadimplemento de obrigações que, na realidade das relações de trabalho, não se resumem a crédito, pois implicam a possibilidade de uma vida minimamente digna.

A compreensão do processo como instrumento do direito material, que está na gênese da regulação estatal do processo do trabalho e que se impõe também no âmbito do direito comum, pelo menos desde 2005, impede — sob a perspectiva do próprio sistema e de seu compromisso com a preservação do patrimônio — que se cogite prescrição quando já há título executivo formado. A solução da lide, que só se realiza quando da entrega do bem da vida, é interesse do Estado, não apenas da parte autora.

O TST e o TRT da Quarta Região têm aplicado, porém, a prescrição intercorrente, observando a Instrução Normativa n. 41 de 2018 do TST, que estabelece:

> Art. 2º O fluxo da prescrição intercorrente conta-se a partir do descumprimento da determinação judicial a que alude o § 1º do art. 11-A da CLT, desde que feita após 11 de novembro de 2017 (Lei n. 13.467/2017)(119)

Nesse sentido, há uma decisão importante, proferida pelo Tribunal Regional do Trabalho da 4ª Região, que não apenas rejeita a possibilidade de aplicação do art. 11A, mas também faz registrar voto do Desembargador Janney Camargo Bina, sustentando a inconstitucionalidade da alteração legal, por afrontar o limite de restrição imposto no inciso XXIX do art. 7º da Constituição.

O voto consigna:

> (...) entendo que o contido no inciso XXIX, do art. 7.º, não só garante ao trabalhador o direito de ação como, especialmente, que a prescrição a ser observada em face de sua pretensão esteja limitada ao ali expressamente contido, vale dizer "ação, quanto a créditos resultantes da relação de trabalho, com prazo prescricional de cinco anos para os trabalhadores urbanos e rurais, até o limite de dois anos após a extinção do contrato de trabalho" (*sic*). Tal dispositivo encerra garantia de que, uma vez ajuizada a reclamação no prazo de até 2 anos contados da extinção do contrato de trabalho, resta impossível a pronuncia de qualquer outra espécie de prescrição, sob pena de ofensa direta ao art. 7.º, XXIX, da Constituição da República (...) Assim, tenho por ineficaz o contido no art. 11-A, da CLT por estabelecer preceito em contrariedade à garantia consagrada pelo inciso XXIX do art. 7º da Constituição da República (RO 0123200-91.2003.5.04.0005).

Contagem dos prazos de prescrição

E no que concerne à forma de contar o prazo prescricional, é importante anotar que — sendo o tempo que o Estado reconhece a quem se acredita titular de um direito — deve ser sempre contado **para frente**. Há uma prática de incluir nas decisões judiciais uma referência genérica à prescrição, fixando um "marco prescricional" único, com redações do tipo: "pronuncio a prescrição que incide sobre os créditos vencidos e exigíveis anteriores à data x'. Essa data x corresponde ao dia do ajuizamento da demanda, cinco anos atrás. Se a demanda foi ajuizada no dia 05/8/2022, o marco prescricional será 05/8/2017. Não há erro nessa forma de pronunciar a prescrição, embora ela acabe por gerar bastante confusão. O que se está fazendo, em tal caso, é simplesmente estabelecer

(119) Disponível em: <https://www.tst.jus.br/documents/10157/2374827/RESOLUCAO+221+-+21-06-2018.pdf/4750fdfb-8c09-e017-9890-96181164c950#:~:text=INSTRU%C3%87%C3%83O%20NORMATIVA%20N%C2%BA%2041%2F2018,13%20de%20julho%20de%202017>.

um parâmetro. Ainda assim, será necessário saber exatamente quando ocorre o fato que dá início ao decurso do prazo de prescrição, para então verificar se a demanda foi ajuizada ou não dentro do período assinalado pelo Estado para tanto.

Pois bem, como já vimos, a prescrição tem um conceito muito claro: "com a lesão, nasce a pretensão, que se extingue com a prescrição" (art. 189 do Código Civil). A lesão pode existir ou não (já que a demanda judicial pode acabar sendo julgada improcedente). No caso dos direitos de créditos, sobre os quais incide prescrição, a lesão ocorrerá sempre que passada a data prevista para o pagamento, ocorrer o inadimplemento. E cada direito trabalhista que compreende também um crédito, tem um prazo fixado em lei para seu pagamento.

As verbas devidas mês a mês (salário, horas extras, adicional de insalubridade, gratificação de função, etc) tem previsão legal de pagamento até o quinto dia útil do mês subsequente. Então, se não houver outra data prevista no contrato de trabalho, essa será a regra:

> Art. 459 – O pagamento do salário, qualquer que seja a modalidade do trabalho, não deve ser estipulado por período superior a 1 (um) mês, salvo no que concerne a comissões, percentagens e gratificações.
>
> § 1º Quando o pagamento houver sido estipulado por mês, deverá ser efetuado, o mais tardar, até o quinto dia útil do mês subsequente ao vencido.

A partir do sexto dia útil, não havendo pagamento, inicia o prazo de prescrição.

Quanto ao FGTS, embora a Lei seja posterior à Constituição e mais benéfica (Lei n. 8.036/1990), pois estabelece prazo de trinta anos para a prescrição da pretensão relativa ao FGTS, há decisão do STF pronunciando a inconstitucionalidade do dispositivo (ARE n. 70.912) e, pois, a aplicação do prazo previsto no inciso XXIX do art. 7º da Constituição, também para essa verba. Em tal caso, é também a legislação específica que fixa o início da contagem, ou seja, a data em que tal crédito se torna exigível (dotado de pretensão):

> Art. 15. Para os fins previstos nesta lei, todos os empregadores ficam obrigados a depositar, até o dia 7 (sete) de cada mês, em conta bancária vinculada, a importância correspondente a 8 (oito) por cento da remuneração paga ou devida, no mês anterior, a cada trabalhador, incluídas na remuneração as parcelas de que tratam os arts. 457 e 458 da CLT e a gratificação de Natal a que se refere a Lei n. 4.090, de 13 de julho de 1962, com as modificações da Lei n. 4.749, de 12 de agosto de 1965.

A gratificação natalina também tem regra própria:

> Lei n. 4.090/1962 – Art. 1º – No mês de dezembro de cada ano, a todo empregado será paga, pelo empregador, uma gratificação salarial.

Decreto n. 57.155/1965 – Art. 1º O pagamento da gratificação salarial, instituída pela Lei n. 4.090, de 13 de julho de 1962, com as alterações constantes da Lei n. 4.749, de 12 de agôsto de 1965, será efetuado pelo empregador até o dia 20 de dezembro de cada ano, tomando-se por base a remuneração devida nesse mês de acôrdo com o tempo de serviço do empregado no ano em curso.

Assim como as férias:

Art. 130 – Após cada período de 12 (doze) meses de vigência do contrato de trabalho, o empregado terá direito a férias (período AQUISITIVO)

Art. 134 – As férias serão concedidas por ato do empregador, em um só período, nos 12 (doze) meses subsequentes à data em que o empregado tiver adquirido o direito (período CONCESSIVO)

Art. 145 – O pagamento da remuneração das férias e, se for o caso, o do abono referido no art. 143 serão efetuados até 2 (dois) dias antes do início do respectivo período.

Parágrafo único – O empregado dará quitação do pagamento, com indicação do início e do termo das férias.

Aqui, é importante alertar para o cuidado com a contagem da prescrição, na medida em que a exigibilidade das férias só inicia após o decurso do período concessivo. Então, em um vínculo iniciado em agosto de 2016, por exemplo, o período aquisitivo se encerrá em agosto de 2017 e o empregador terá até agosto de 2018 para conceder as férias. Apenas após decorrido esse prazo, sem a fruição do direito é que inicia a possibilidade de exigir, através de demanda judicial. E, portanto, começa a contagem do prazo de prescrição. Então, uma ação ajuizada em maio de 2023, reclamando as férias de todo o período de vínculo, não sofrerá a pronúncia de prescrição em relação a esse crédito.

Há, por fim, que ter atenção com situações específicas acerca da prescrição, como no caso do trabalho em âmbito doméstico. A CLT estabelece que seus preceitos são inaplicáveis aos trabalhadores domésticos (art. 7, "*a*"), para os quais existe lei especial. Até 2015, a lei silenciava sobre o assunto. O parágrafo único do art. 7º da Constituição não estende aos domésticos as disposições do inciso XXIX (EC n. 72/2013 não alterou isso). A grande maioria da doutrina entendia, porém, aplicável o prazo prescricional constitucional também a essas trabalhadoras. Em 2015, a Lei Complementar n. 150, festejada como resultado do processo de luta das trabalhadoras em âmbito doméstico, incluiu de forma expressa a restrição ao direito fundamental de acesso à justiça:

Art. 43. O direito de ação quanto a créditos resultantes das relações de trabalho prescreve em 5 (cinco) anos até o limite de 2 (dois) anos após a extinção do contrato de trabalho.

Outra situação interessante é a da lei sobre o estágio (Lei n. 11.788/2008). Não se trata de vínculo de emprego. O estágio é ali conceituado como "ato educativo escolar supervisionado, desenvolvido no ambiente de trabalho, que visa à preparação para o trabalho produtivo de educandos que estejam frequentando o ensino regular em instituições de educação superior, de educação profissional, de ensino médio, da educação especial e dos anos finais do ensino fundamental, na modalidade profissional da educação de jovens e adultos". Essa lei não estabelece prazo prescricional. A doutrina e a jurisprudência, porém, discutem a aplicação do prazo geral do Código Civil (10 anos – art. 205) ou o prazo da Constituição (art. 7º, XXIX). É minoritário o entendimento de que não há restrição ao direito fundamental de acesso à justiça nesse caso. A posição dominante no TST é de que se aplica a Constituição, e ainda considera dois anos (e não o prazo prescricional de 5 anos):

> CONTRATO DE ESTÁGIO. PRESCRIÇÃO APLICÁVEL. ART. 7º, XXIX, DA CF. A Ciência do Direito enxerga clara distinção entre relação de trabalho e relação de emprego. A primeira expressão tem caráter genérico: refere-se a todas as relações jurídicas caracterizadas por terem sua prestação essencial centrada em uma obrigação de fazer consubstanciada em labor humano. Refere-se, pois, a toda modalidade de contratação de trabalho humano modernamente admissível. A expressão relação de trabalho englobaria, desse modo, a relação de emprego, a relação de trabalho autônomo, a relação de trabalho eventual, de trabalho avulso e outras modalidades de pactuação de prestação de labor (como trabalho de estágio, etc.). Nessa linha, esta Corte tem entendido que o contrato de estágio está inserido no conceito de relação de trabalho, o que atrai a aplicação do comando constitucional inserto no art. 7º, XXIX, da CF. Ressalte-se que o acórdão proferido pelo TRT de origem, ao aplicar o prazo prescricional previsto no art. 205 do Código Civil para o contrato de estágio, reconhecendo não estar prescrita a pretensão, está em dissonância com a jurisprudência desta Corte. Julgados. Recurso de revista conhecido e provido. (ARR – 20215-94.2015.5.04.0014 , relator Ministro: Mauricio Godinho Delgado, Data de Julgamento: 26.04.2017, 3ª Turma, Data de Publicação: *DEJT* 28.04.2017)

Em relação ao trabalhador avulso urbano, cuja atividade é disciplinada na Lei n. 12.023/2009 , igualmente não previsão de prazo prescricional, ao contrário do que ocorre na lei do trabalho portuário. A Lei n. 12.815/2013 dispõe no Art. 37 que "§ 4º As ações relativas aos créditos decorrentes da relação de trabalho avulso prescrevem em 5 (cinco) anos até o limite de 2 (dois) anos após o cancelamento do registro ou do cadastro no órgão gestor de mão de obra". A regra tem sido utilizada, também, em relação ao trabalhador avulso urbano.

A prescrição nas indenizações por dano decorrente de acidente de trabalho foram alvo de ampla discussão, logo após a EC n. 45/2004, acerca da necessidade de observância do prazo cível ou daquele previsto na Constituição, para as pretensões trabalhistas. A jurisprudência firmada pelo TST estabelece que aos acidentes ocorridos posteriormente à Emenda Constitucional n. 45/2004, por meio da qual foi definida a competência da Justiça do Trabalho para processar e julgar tais demandas, a prescrição incidente é a trabalhista. O TRT da Quarta Região tem, inclusive, súmula sobre o tema:

> SÚMULA N. 91 DO TRT4 – PRESCRIÇÃO. ACIDENTE DO TRABALHO OU DOENÇA A ELE EQUIPARADA. Aplica-se o prazo prescricional previsto no art. 7º, XXIX, da Constituição Federal

> à pretensão de pagamento de indenização por danos patrimoniais e extrapatrimoniais decorrentes de acidente do trabalho ou de doença a ele equiparada ocorridos após a edição da Emenda Constitucional n. 45/2004.

A questão mais controvertida nesses casos diz com o marco inicial. Mesmo em algumas situações de acidente típico pode haver agravamento das consequências do fato e, portanto, novas lesões em momento posterior. Em caso de doença relacionada ao trabalho é ainda mais difícil identificar o momento em que inicia a exigibilidade da pretensão. O STJ sumulou a matéria:

> Súmula n. 278. O termo inicial do prazo prescricional, na ação de indenização, é a data em que o segurado teve ciência inequívoca da incapacidade laboral.
>
> Súmula n. 573. Nas ações de indenização decorrente de seguro DPVAT, a ciência inequívoca do caráter permanente da invalidez, para fins de contagem do prazo prescricional, depende de laudo médico, exceto nos casos de invalidez permanente notória ou naqueles em que o conhecimento anterior resulte comprovado na fase de instrução.

Jorge Luiz Souto Maior, em importante artigo sobre a matéria, defende a imprescritibilidade do direito a essa reparação. Após cotejar todas as normas jurídicas que versam sobre o tema de reparação de danos em nosso ordenamento jurídico, o autor aponta que "se a indenização por acidente do trabalho não está, expressamente, mencionada em um dos parágrafos do art. 206, do Código Civil, não pode o intérprete fazer esta ilação por analogia ou interpretação extensiva". No campo das relações de trabalho, menciona Jorge, o Estado Liberal partia do pressuposto de que "os riscos a que se sujeitam os trabalhadores num ambiente do trabalho não podem ser imputados a quem os subordina e mesmo à sociedade", de tal modo que "há, sobretudo, uma responsabilidade de cada um por atingir os meios de sua sobrevivência, inclusive quanto aos aspectos dos riscos presentes e futuros". O Estado Social difere "do antigo no aspecto da solidariedade social, que deixa o campo da ordem moral para se integrar à ordem jurídica, reconhecendo-se que do vínculo social advém a responsabilidade de uns para com os outros, cabendo ao Estado a promoção de todos os valores que preservem a vida, na sua inteireza, independente da condição econômica ou da sorte de cada um". O acidente do trabalho, "dada a sua enorme incidência e seus terríveis efeitos (equiparáveis ao de uma guerra, ou piores), foi um dos fatos sociais mais determinantes para essa mudança do modelo jurídico e político do Estado". Por isso, conclui que

A responsabilidade, na perspectiva do direito social, portanto, é completamente diversa da responsabilidade na esfera civil. A sua incidência, ademais, não decorre do dano, mas do simples fato de se expor alguém ao risco. A responsabilidade, na ótica do direito social, impõe obrigações que determinam o modo de agir perante o outro, para promover valores humanísticos e, no caso das condições de trabalho, no contexto da produção hierarquizada, sobretudo para evitar a ocorrência de dano à personalidade do trabalhador. Esta responsabilidade, portanto, nada tem a ver com a visão liberal baseada na culpa, pois, afinal, ninguém pode ser considerado culpado daquilo que sequer ocorreu. A obrigação jurídica de evitar e de reparar os danos decorrentes de acidente do trabalho não se trata, por conseguinte, de uma obrigação que decorre da responsabilidade civil. Negar isto é o mesmo que afastar a vigência ao direito social e apagar da história a base de formação da linha de raciocínio que permitiu, mais tarde, o surgimento dos direitos humanos de segunda geração (SOUTO MAIOR, 2006).

O autor ainda analisa minuciosamente as leis sobre acidentes de trabalho em nosso país e conclui que se o legislador quisesse incluir o acidente do trabalho em uma das exceções do art. 206 do Código Civil, no que tange à prescrição, o teria feito expressamente, pois "a proteção específica da vida no contexto das relações produtivas hierarquizadas é essência da sobrevivência da sociedade e do próprio modelo capitalista, tendo sido, como visto acima, a base de formação do próprio Estado social". E arremata:

> Se não há previsão de prescrição da ação para os efeitos do acidente do trabalho em nenhuma norma do ordenamento jurídico, há de se entender ser ela imprescritível, até porque os danos à personalidade humana, no contexto da dinâmica das relações hierarquizadas do modelo de produção capitalista, no qual o ser humano é transformado em força de trabalho, não devem mesmo prescrever (SOUTO MAIOR, 2006).

Essa é uma conclusão com a qual tenho absoluta concordância. A compreensão de que o rol de direitos sociais trabalhistas constitui um sistema de proteção, um limite contra a força predatória do capital, é o que deve determinar uma visão completamente diferenciada e comprometida de institutos que são peças chave para o acesso à justiça e, portanto, para a aplicação do direito, como é o caso da prescrição. Desvelada a verdadeira função desse instituto, resta ao intérprete reduzi-lo ao mínimo, impedindo-o de constituir obstáculo à realização do projeto de sociedade que está legitimamente sustentado, inclusive sob a ótica do próprio capital. Reduzir as hipóteses de incidência da prescrição e, sobretudo, rejeitá-la sempre que sua aplicação resultar negação de direitos fundamentais, constitui medida que se impõe tanto para aqueles que percebem o esgotamento das fórmulas atuais, quanto para aqueles que nelas apostam todas as suas fichas. Reflexões comprometidas acerca da função que o Direito vem exercendo e dos resultados que obtemos com a reprodução da lógica mercantil em praticamente todas as esferas de convívio social podem nos conduzir à conclusão de que nada há a ser feito. Esse é um sentimento insistente, sobretudo quando percebemos o trabalho de Sísifo em que estamos enredados. Entretanto, trabalhamos com o direito. Precisamos, por isso mesmo, usá-lo como instrumento para uma transformação possível, ainda que não imediatamente radical e talvez nem mesmo satisfatória. O objetivo desse livro é justamente fazer refletir sobre isso, propondo a teoria como instrumento de uma prática transformadora. No que respeita ao instituto da prescrição, atuar para transformar a realidade, é criar uma racionalidade em que o discurso da paz social seja definitivamente abandonado. E esse é apenas o primeiro passo.

A prescrição tem por objetivo acomodar situações pretéritas, evitando que o patrimônio troque de mãos. No âmbito das relações de trabalho isso significa uma opção muito clara pelo capital, em detrimento do trabalho. Nas lides trabalhistas, são os trabalhadores que na maioria absoluta dos casos buscam o Poder Judiciário para tentar remediar um dano já sofrido, muitas vezes irreparável. Em todos os casos, um dano insuscetível de ser integralmente reparado. O pagamento de verbas salariais no âmbito de uma reclamatória trabalhista não repõe o tempo de lazer desperdiçado, a falta de convívio com a família, o desgaste físico e mental pela realização de atividade laboral por mais horas do que o organismo humano tem condições de suportar de forma saudável.

Toda vez que o Estado, embora reconhecendo a condição de credor, nega-se a perseguir o crédito trabalhista, ele atua como um superego que recalca nos indivíduos (em todos eles, não apenas naquele que porventura figura como reclamante na ação trabalhista em que a prescrição for pronunciada) a marca da naturalização da exploração impune. Cada prescrição pronunciada é um salvo conduto, por mais que se afirme o contrário, a beneficiar o mau pagador. Os argumentos utilizados no processo constituinte, para transformar um direito fundamental em elemento de flexibilização de outros direitos demonstra isso. O empregador que honra os direitos de seus empregados apenas por exceção terá de pagá-los novamente.

A regra é a de que a prescrição, sobretudo do modo como vem sendo aplicada, beneficia o mau empregador, constituindo-se como um verdadeiro "direito ao calote", por mais que esse não seja o objetivo desejado. Então, é preciso reconhecer a incompatibilidade desse instituto com situações em que tal "recalque" da lógica da impunidade comprometa a própria estrutura de Estado que estamos tentando construir desde 1988. Se não conseguirmos avançar a ponto de declarar a impossibilidade de aplicação da restrição contida no inciso XXIX do art. 7º da Constituição até que todos os direitos ali inscritos estejam efetivados, podemos pelo menos restringir ao máximo o campo de aplicação dessa norma.

E isso tem íntima relação com as questões raciais, de classe e de gênero, porque são as trabalhadoras e trabalhadores, em especial aquelas e aqueles com remunerações mais baixas, sem condições de acessar todas as instâncias do Poder Judiciário, as pessoas mais atingidas por fórmulas hermenêuticas que implicam vedação de acesso à justiça (TOSS, 2022).

4.3. Ritos especiais para facilitar o acesso à Justiça?

Como já vimos, a origem das regras processuais contidas na CLT encontra-se em dois decretos promulgados em 1932 (Decreto n. 21.396, de 12 de maio de 1932, e Decreto n. 22.132, de 25 de novembro de 1932), nos quais não havia previsão de recurso. O que existia era a possibilidade de avocação do processo, pelo Ministro do Trabalho, na forma do art. 29 do Decreto n. 22.132, nas hipóteses de "flagrante parcialidade dos julgadores ou violação expressa de direito".

A CLT, com sua redação original, previa no art. 894 a possibilidade de interposição de embargos das decisões definitivas das "Juntas e Juízos", no prazo de 05 dias, em demandas cujo valor fosse inferior a trezentos, seiscentos ou mil cruzeiros, nas capitais e municípios ali descritos, a serem julgados "pelo próprio juiz ou tribunal prolator da decisão embargada". Não se tratava, portanto, de recurso, cabível apenas nas hipóteses de causas com valor superior.

Em 1946, a CLT sofreu uma profunda alteração, através do Decreto-lei n. 8.737, e dentre os dispositivos alterados estão tanto o 894, que teve alterado apenas os valores, quanto a inclusão, no art. 851, de um § 1º, segundo o qual "nos processos de ***exclusiva alçada*** das Juntas, será dispensável, a juízo do presidente, o resumo dos depoimentos, devendo constar da ata a conclusão do Tribunal quanto à matéria de fato". Reforça-se, então, a ideia de um rito em que não havia duplo grau de jurisdição.

Em 1954, novo decreto altera uma vez mais o art. 894, para fixar os valores de alçada em salários mínimos (dois, três e seis), quantidade alterada por novo decreto em 1967 (três e cinco). Em 1968, os arts. 894 e 895 foram alterados para, aí sim, modificar a sistemática de rito de alçada, pois em lugar dos embargos, o recurso ordinário passou a ser admitido.

Em seguida, em 1970, a Lei n. 5.584 vai disciplinar o chamado rito sumário. Essa legislação, em seu art. 2º, § 3º, estabelece que "quando o valor fixado para a causa, na forma dêste artigo, não exceder de 2 (duas) vêzes o salário-mínimo vigente na sede do Juízo, será dispensável o resumo dos depoimentos, devendo constar da Ata a conclusão da Junta quanto à matéria de fato". No § 4º do mesmo artigo, estava estabelecida a impossibilidade de recurso, exceto "se versarem sôbre matéria constitucional". Esse § 4º foi alterado pela Lei n. 7.402 de 1985, para acrescentar apenas que o valor do salário mínimo a ser considerado é aquele da data do ajuizamento da ação, texto que se mantém.

Em seu art. 4º, a Lei n. 5.584 estabelece, também, que "nos dissídios de alçada exclusiva das Juntas e naqueles em que os empregados ou empregadores reclamarem pessoalmente, o *processo poderá ser impulsionado de ofício pelo Juiz*". Essa regra, ainda vigente, soma-se como argumento, ao menos para esses processos, para o afastamento da aplicação da alteração promovida no art. 878 da CLT, promovida pela Lei n. 13.467/2017, segundo o qual "a execução *será promovida pelas partes*, permitida a execução de ofício pelo juiz ou pelo Presidente do Tribunal *apenas nos casos* em que as partes não estiverem representadas por advogado".

Na realidade, a regra geral do art. 765 da CLT, que dá ao Estado amplos poderes para a condução do processo, reforçado pelo art. 852-D da CLT, relativo ao rito sumaríssimo, sobre o qual tratarei em seguida, reforçam a possibilidade, e mesmo o dever (alinhado com a razão pela qual existe o processo do trabalho) de impulso do processo, independentemente de manifestação expressa das partes. O pressuposto é o de que ao ajuizar a demanda, a parte pretende a realização do direito e, pois, em caso de demanda procedente, a entrega do bem da vida, que se constitui como dever do Estado, inclusive por força do art. 5º, LXXVIII, da Constituição (a todos, no âmbito judicial e administrativo, são assegurados a razoável duração do processo e os meios que garantam a celeridade de sua tramitação).

Aliás, em relação ao rito sumário importa referir que com o advento da Constituição de 1988, surgiu ampla discussão acerca da recepção ou não desse rito pela nova ordem jurídica. O TST sedimentou a discussão através da **Súmula n. 356**, cuja redação original é de 1997:

O art. 2º, § 4º, da Lei n. 5.584, de 26.06.1970, foi recepcionado pela CF/1988, sendo lícita a fixação do valor da alçada com base no salário mínimo.

Em suas decisões mais recentes, as turmas do TST têm mantido o entendimento de que esse rito permanece plenamente vigente, mesmo após a introdução do rito sumaríssimo na CLT, em 2000:

AGRAVO DE INSTRUMENTO EM RECURSO DE REVISTA. RITO SUMARÍSSIMO. DISSÍDIO DE ALÇADA. O Regional não conheceu, de ofício, do recurso ordinário interposto pela reclamada, asseverando ser incabível em causa de alçada exclusiva da Vara de origem e que não envolve pretensão recursal referente a matéria constitucional em sentido estrito, entendimento que não caracteriza violação direta do art. 5º, LV, da CF. Agravo de instrumento conhecido e não provido. (AIRR-10916-09.2019.5.03.0038, 8ª Turma, relatora Ministra Dora Maria da Costa, *DEJT* 08.05.2020)

AGRAVO. AGRAVO DE INSTRUMENTO. RECURSO DE REVISTA. PROCESSO SOB A ÉGIDE DA LEI N. 13.015/2014 E ANTERIOR À LEI N. 13.467/2017 . RITO SUMARÍSSIMO. VALOR DA ALÇADA INFERIOR A DOIS SALÁRIOS MÍNIMOS. NÃO CONHECIMENTO DO RECURSO ORDINÁRIO. Correta a decisão agravada, porquanto, nos termos do § 4º do art. 2º da Lei n. 5.584/70 , nos dissídios de alçada , não se admite a interposição do recurso ordinário, salvo no que concerne à matéria constitucional, o que não é a hipótese. Saliente-se que a referida lei foi recepcionada pela Carta Magna, sendo lícita a fixação do valor de alçada com base no salário mínimo, nos termos da Súmula n. 356/TST. Registre-se ainda que o valor indicado na petição inicial é o que serve para o estabelecimento da alçada recursal, inexistindo, no caso concreto, conforme registrado pelo TRT, qualquer impugnação ou retificação acerca de tal valor (Súmula n. 71/TST). Assim sendo, a decisão agravada foi proferida em estrita observância às normas processuais (art. 557, *caput*, do CPC/1973; arts. 14 e 932, IV, *"a"*, do CPC/2015), razão pela qual é insuscetível de reforma ou reconsideração . Agravo desprovido. (Ag-AIRR-10092-26.2015.5.15.0048, 3ª Turma, relator Ministro Mauricio Godinho Delgado, *DEJT* 22.06.2018)

O rito sumaríssimo é fruto da Lei n. 9.957/2000. Naquele ano, é bom que se pontue, duas legislações introduziram alterações significativas no texto da CLT. A já mencionada lei incluiu na CLT um novo rito, justificado pela necessidade de "tornar o processo mais célere e eficaz", através da previsão de uma única audiência e da redução das possibilidades de recurso, além da limitação do número de testemunhas passíveis de serem ouvidas. A outra, Lei n. 9.958, introduziu na CLT o TÍTULO VI-A, "DAS

COMISSÕES DE CONCILIAÇÃO PRÉVIA", com os arts. 625-A até o 625-H, de que tratarei no capítulo sobre a conciliação.

O denominado rito sumaríssimo aplica-se aos "dissídios individuais cujo valor não exceda a quarenta vezes o salário mínimo vigente na data do ajuizamento da reclamação"(art. 852-A), excluídas as demandas em que é parte a administração Pública direta, autárquica e fundacional (parágrafo único).

Hoje, as diferenças entre os processos que tramitam sob o rito sumaríssimo e aqueles que observam o rito ordinário estão ainda mais reduzidas.

A previsão de pedido "certo ou determinado" com indicação do valor correspondente (art. 852-B) já aparece no art. 840, como vimos anteriormente. A audiência única (art. 852-C) não difere da audiência contínua prevista para o rito ordinário (art. 849), que nos termos desse dispositivo só pode ser cindida "por motivo de força maior". O fato de que vários tribunais adotem a prática de realização de "audiência inicial" e de "audiência de prosseguimento" não decorre de previsão legal. Antes, a contraria como acabamos de perceber pela leitura do art. 849 da CLT.

A liberdade na direção do processo, que constitui regra geral do processo do trabalho, na forma do art. 765 da CLT, é apenas reforçada na redação do art. 852-D, segundo o qual:

> O juiz dirigirá o processo com liberdade para determinar as provas a serem produzidas, considerado o ônus probatório de cada litigante, podendo limitar ou excluir as que considerar excessivas, impertinentes ou protelatórias, bem como para apreciá-las e dar especial valor às regras de experiência comum ou técnica.

A determinação de que, no rito sumaríssimo, o Estado deve envidar esforços para a conciliação, propondo-a "em qualquer fase da audiência" (art. 852-E) também nada inova. O art. 764 da CLT já dispunha que os "dissídios individuais ou coletivos submetidos à apreciação da Justiça do Trabalho serão ***sempre sujeitos à conciliação***". E mais, que deve o Estado empregar "sempre os seus bons ofícios e persuasão no sentido de uma solução conciliatória dos conflitos"(§ 1º).

Do mesmo modo, quando o art. 852-F estabelece que na ata de audiência "serão registrados resumidamente os atos essenciais, as afirmações fundamentais das partes e as informações úteis à solução da causa trazidas pela prova testemunhal" ou o art. 852-G quando estabelece que serão decididos, de plano, "todos os incidentes e exceções que possam interferir no prosseguimento da audiência e do processo" não difere substancialmente do que dispõe o art. 851 ("Os tramites de instrução e julgamento da reclamação serão resumidos em ata, de que constará, na íntegra, a decisão") e mesmo da exegese dos arts. 846 a 852, que descrevem tudo o que deve ocorrer na audiência "contínua".

Portanto, quando o art. 852-H dispõe que "todas as provas serão produzidas na audiência de instrução e julgamento, ainda que não requeridas previamente" no rito sumaríssimo, segue a mesma linha do que dispõe o art. 845 para o procedimento ordinário (O reclamante e o reclamado comparecerão à audiência acompanhados das suas testemunhas, apresentando, nessa ocasião, as demais provas).

Mesmo o número de testemunhas indicadas por cada uma das partes, que pode ser "até o máximo de duas para cada parte" no rito sumaríssimo (art. 852-H, § 2º) e de até três no rito ordinário (art. 821) não constitui verdadeira diferença, pois a indicação pela parte não limita o juízo, que poderá ouvir nenhuma ou apenas uma (art. 765 da CLT) ou mesmo um número maior de pessoas do que aquele que a lei autoriza ser indicado pela parte. Na prática, portanto, essa não constitui uma efetiva diferença de procedimento.

A disposição acerca do comparecimento independentemente de intimação é também idêntica no rito ordinário e no sumaríssimo, com a diferença de que o § 3º do art. 852H estabelece expressamente a possibilidade de "intimação de testemunha que, *comprovadamente convidada*, deixar de comparecer". Esse dispositivo estabelece, ainda, que "não comparecendo a testemunha intimada, o juiz poderá determinar sua imediata condução coercitiva".

A regra geral do art. 825 da CLT é de que as testemunhas "comparecerão a audiência independentemente de notificação ou intimação" e de que as que não comparecerem "serão intimadas, ex officio ou a requerimento da parte, ficando sujeitas a condução coercitiva, além das penalidades do art. 730, caso, sem motivo justificado, não atendam à intimação"(parágrafo único). Logo, com exceção da necessidade de comprovar o convite, novamente o rito sumaríssimo não faz mais do que repetir o que já estava previsto na CLT.

O § 4º do art. 852H é igualmente inútil. Estabelece que "somente quando a prova do fato o exigir, ou for legalmente imposta, será deferida prova técnica, incumbindo ao juiz, desde logo, fixar o prazo, o objeto da perícia e nomear perito"" Ora, é exatamente isso que faz o art. 195 ("A caracterização e a classificação da insalubridade e da periculosidade, segundo as normas do Ministério do Trabalho, *far-se-ão através de perícia* a cargo de Médico do Trabalho ou Engenheiro do Trabalho, registrados no Ministério do Trabalho") em relação à perícia técnica. Para os demais casos, é mesmo evidente que, independentemente do rito, a prova pericial será deferida "quando a prova do fato o exigir". O prazo para falar sobre a perícia, fixado no § 6º do art. 852H (prazo comum de 05 dias), aquele para prosseguir a audiência caso haja necessidade de interrupção (máximo de 30 dias, § 7º) ou para incluir em pauta (15 dias do ajuizamento, art. 852-B, III) na prática não têm sido observados, em razão do volume de serviço.

Mesmo a disposição de que a "sentença mencionará os elementos de convicção do juízo, com resumo dos fatos relevantes ocorridos em audiência, dispensado o relatório" (art. 852-I) não constitui verdadeira inovação, pois nunca houve exigência de relatório em decisão trabalhista. O art. 832 da CLT dispõe que "Da decisão deverão constar o nome das partes, o resumo do pedido e da defesa, a apreciação das provas, os fundamentos da decisão e a respectiva conclusão". Como é fácil perceber, não há exigência de relatório ou de parte dispositiva na decisão trabalhista, como ocorre, por exemplo, no procedimento comum do CPC.

Essa é a razão pela qual é possível defender a não aplicação do art. 489 do CPC ao processo do trabalho. A CLT tem regras próprias, as quais — tanto para o rito ordinário quanto para o sumaríssimo — não preveem nem relatório, nem parte dispositiva, mas apenas os requisitos acima mencionados.

Resta a determinação de que "não se fará citação por edital"(art. 852-B, II), situação em que se tem determinado a conversão para o rito ordinário, bem como a restrição quanto às possibilidades de recurso. O art. 895 da CLT vai dispor que nas reclamações sujeitas ao procedimento sumaríssimo, o recurso ordinário (§ 1º): "será imediatamente distribuído, uma vez recebido no Tribunal, devendo o relator liberá-lo no prazo máximo de dez dias, e a Secretaria do Tribunal ou Turma colocá-lo imediatamente em pauta para julgamento, sem revisor"(II), prazo que também não tem sido observado por absoluta impossibilidade real, em razão da quantidade de trabalho.

Os itens III e IV do mesmo dispositivo referem que o parecer do representante do Ministério Público presente à sessão de julgamento pode ser oral, se necessário, e que o acórdão deve consistir "unicamente na certidão de julgamento, com a indicação suficiente do processo e parte dispositiva, e das razões de decidir do voto prevalente. Se a sentença for confirmada pelos próprios fundamentos, a certidão de julgamento, registrando tal circunstância, servirá de acórdão".

Em relação ao recurso de revista, a restrição é em relação à matéria e está no art. 896, § 9º, da CLT: "Nas causas sujeitas ao procedimento sumaríssimo, *somente será admitido recurso de revista* por contrariedade a súmula de jurisprudência uniforme do Tribunal Superior do Trabalho ou a súmula vinculante do Supremo Tribunal Federal e por violação direta da Constituição Federal".

Além desses três ritos definidos em relação ao valor da causa, há ainda a previsão, na CLT, de regra especial para a demanda ajuizada pelo empregador, contra empregado(a) detentor de estabilidade. Trata-se do inquérito para apuração de falta grave, previsto nos arts. 853 e 854 da CLT.

A estabilidade constitui a impossibilidade de sofrer a despedida. É o principal instituto do Direito do Trabalho, já que é o único capaz de minimizar (não impedir) "esse risco importantíssimo: o decorrente da impossibilidade involuntária do homem apto conseguir ocupação remunerada", indispensável a sua sobrevivência (MARTINS CATHARINO, 1966, p. 64-65).

A CLT disciplina — até hoje, diga-se de passagem — para os empregados que estão há mais de dez anos trabalhando para o mesmo empregador:

> Art. 492: O empregado que contar mais de 10 (dez) anos de serviço na mesma empresa não poderá ser despedido senão por motivo de falta grave ou circunstância de força maior, devidamente comprovadas. Parágrafo único: Considera-se como de serviço todo o tempo em que o empregado esteja à disposição do empregador.
>
> Art. 493: Constitui falta grave a prática de qualquer dos fatos a que se refere o art. 482, quando por sua repetição ou natureza representem séria violação dos deveres e obrigações do empregado.

A negação passiva à efetividade da estabilidade decenal; a partir de um discurso invertido de que, ao garantir o direito ao FGTS a todas as pessoas que trabalham, a Constituição de 1988 teria "não recepcionado" (ou extinto!) o direito à estabilidade previsto nos arts. 492 e seguintes da CLT garante que embora vigentes, eles não sejam aplicados. Aliás, como examino com mais profundidade em outro livro (SEVERO, 2021), mesmo o dever de motivação da despedida, garantido no inciso I do art. 7º da Constituição, tem sido solenemente ignorado pela doutrina majoritária.

Para o senso comum, portanto, o inquérito tem sido utilizado apenas para outras situações. As trabalhadoras e os trabalhadores que não podem, pois, ser despedida(o)s sem o ajuizamento de um inquérito para a apuração de falta grave são:

A) A(o)s dirigentes sindicais, em razão do que estabelece o art. 8º da Constituição:

> VIII – é vedada a dispensa do empregado sindicalizado a partir do registro da candidatura a cargo de direção ou representação sindical e, se eleito, ainda que suplente, até um ano após o final do mandato, salvo se cometer falta grave nos termos da lei.

No art. 543 da CLT há expressa referência à necessidade de inquérito para apuração de falta grave:

> § 3º Fica vedada a dispensa do empregado sindicalizado ou associado, a partir do momento do registro de sua candidatura a cargo de direção ou representação de entidade sindical ou de associação profissional, até 1 (um) ano após o final do seu mandato, caso seja eleito inclusive como suplente, salvo se cometer falta grave ***devidamente apurada nos termos desta Consolidação***.

A Súmula n. 197 do STF reforça essa compreensão:

> O EMPREGADO COM REPRESENTAÇÃO SINDICAL SÓ PODE SER DESPEDIDO MEDIANTE INQUÉRITO EM QUE SE APURE FALTA GRAVE.

B) A(o)s representantes da(o)s trabalhadora(e)s no Conselho Curador do FGTS, em razão do que dispõe o art. 3º, § 9º, da Lei n. 8.036:

Aos membros do Conselho Curador, enquanto representantes dos trabalhadores, efetivos e suplentes, é assegurada a estabilidade no emprego, da nomeação até um ano após o término do mandato de representação, ***somente podendo ser demitidos por motivo de falta grave, regularmente comprovada através de processo sindical.***

E no Conselho Nacional da Previdência Social, na forma do art. 3º, § 7º, da Lei n. 8.213/1991:

Aos membros do CNPS, enquanto representantes dos trabalhadores em atividade, titulares e suplentes, é assegurada a estabilidade no emprego, da nomeação até um ano após o término do mandato de representação, **somente podendo ser demitidos por motivo de falta grave, regularmente comprovada através de processo judicial.**

C) A(o)s dirigentes de Cooperativa de Empregada(o)s, em razão do que estabelece o art. 55 da Lei n. 5.764/1971:

Art. 55. Os empregados de empresas que sejam eleitos diretores de sociedades cooperativas pelos mesmos criadas, gozarão das garantias asseguradas aos dirigentes sindicais pelo art. 543 da Consolidação das Leis do Trabalho (Decreto-lei n. 5.452, de 1º de maio de 1943).

D. A(o)s representantes da classe trabalhadora nas Comissões de Conciliação Prévia, na forma do art. 625-B:

§ 1º É vedada a dispensa dos representantes dos empregados membros da Comissão de Conciliação Prévia, titulares e suplentes, até um ano após o final do mandato, ***salvo se cometerem falta grave, nos termos da lei***.

Uma nova hipótese é trazida pela contrarreforma trabalhista (Lei n. 13.467), que introduz os arts. 510-A a 510-D, sobre a representação de empregados, que pode ser organizada em empresas com mais de duzentos empregados e deve ter como finalidade "promover-lhes o entendimento direto com os empregadores".

No art. 510-D, § 3º consta:

Desde o registro da candidatura até um ano após o fim do mandato, o membro da comissão de representantes dos empregados não poderá sofrer despedida arbitrária, entendendo-se como tal a que não se fundar em motivo disciplinar, técnico, econômico ou financeiro.

Nesse caso, ao contrário das hipóteses anteriores, a CLT repete o conceito do art. 165, considerado como hipótese similar àquela da gestante e da(o) trabalhador(a) que sofreu acidente ou foi acometido por doença ligada ao trabalho. Essas são situações em que há garantia contra a despedida, mas o entendimento majoritário é de que, com um motivo lícito, pode haver a ruptura do vínculo, sem a necessidade de ajuizamento do inquérito.

O art. 165 da CLT estabelece que:

> Art. 165 – Os titulares da representação dos empregados nas CIPA (s) ***não poderão sofrer despedida arbitrária***, entendendo-se como tal a que não se fundar em motivo disciplinar, técnico, econômico ou financeiro. Parágrafo único – Ocorrendo a despedida, caberá ao empregador, em caso de reclamação à Justiça do Trabalho, comprovar a existência de qualquer dos motivos mencionados neste artigo, sob pena de ser condenado a reintegrar o empregado.

Esse dispositivo, na linha do que em 1982 a OIT vai definir como motivação do ato de dispensa, na Convenção n. 158, deixa claro tratar-se de hipótese em que vedada a despedida arbitrária, ou seja, vedada dispensa destituída de motivação. É o que o inciso I do art. 7º da Constituição também irá vedar de modo mais amplo em 1988.

A diferença entre o dever de motivação e a estabilidade é justamente o grau de proteção ao emprego. Como o art. 510-D repete praticamente a mesma dicção do art. 165, permite duas conclusões. Por um lado, a de que nesse caso efetivamente não há exigência de ajuizamento do inquérito. Por outro, de que o dever de motivação (a vedação da despedida arbitrária, portanto) precisa urgentemente parar de ser negada nas práticas trabalhistas e no âmbito da Justiça do Trabalho. Afinal de contas, temos uma ordem constitucional que a institui como regra, quando diz que a relação de emprego no Brasil, a partir de 1988, é protegida contra a despedida arbitrária (SEVERO; 2021).

O mesmo ocorre em relação ao art. 10 do Ato das Disposições Constitucionais Transitórias. Segundo esse dispositivo, que estabelece regra provisória, válida, portanto, até que a lei discipline em consonância com a nova ordem:

> ***Até que seja promulgada a lei complementar*** a que se refere o art. 7º, I, da Constituição:
>
> II – fica vedada a dispensa arbitrária ou sem justa causa:
>
> *a)* do empregado eleito para cargo de direção de comissões internas de prevenção de acidentes, desde o registro de sua candidatura até um ano após o final de seu mandato;
>
> *b)* da empregada gestante, desde a confirmação da gravidez até cinco meses após o parto

Essas duas hipóteses não foram até hoje, mais de 32 anos após a promulgação da Constituição, disciplinadas por lei. Seguem sendo aplicadas como fator de restrição (limite) à proteção contida no inciso I do art. 7º da Constituição, com evidente inversão da lógica constitucional. Em lugar de o ordenamento jurídico se ajustar à Constituição, é ela quem se adapta (através de uma previsão transitória que se perpetua). Essas hipóteses são consideradas de garantia contra a despedida. Exige-se, pois, motivo lícito por parte do empregador, mas não o ajuizamento de inquérito como condição para adquirir o direito de despedir.

Essa é também a situação do art. 118 da Lei n. 8.213, segundo o qual:

> Art. 118. O segurado que sofreu acidente do trabalho *tem garantida, pelo prazo mínimo de doze meses, a manutenção do seu contrato de trabalho* na empresa, após a cessação do auxílio-doença acidentário, independentemente de percepção de auxílio-acidente.

A jurisprudência majoritária entende que em tal situação, basta a motivação lícita, sendo desnecessário o ajuizamento de inquérito para pôr fim à relação de emprego. É importante perceber que a extensão das hipóteses em que se exige o ajuizamento do inquérito para a apuração de falta grave representa maior interesse em proteger o emprego. Quanto mais se restringem tais hipóteses, mais se desampara.

Há que se referir, ainda, em relação às situações nas quais a legislação disciplina formas de proteção contra a despedida, a situação dos trabalhadores considerados estáveis no art. 41 da Constituição e dos empregados públicos.

O art. 41 da Constituição, em sua redação original, dizia serem estáveis, após dois anos de efetivo exercício, "os servidores nomeados em virtude de concurso público". A perda do cargo dependeria de "sentença judicial transitada em julgado ou mediante processo administrativo em que lhe seja assegurada ampla defesa" (§ 1º). Em caso de invalidade da sentença, a consequência é a reintegração (§ 2º). O § 3º, por sua vez, já estabelecia que "extinto o cargo ou declarada sua desnecessidade, o servidor estável ficará em disponibilidade remunerada, até seu adequado aproveitamento em outro cargo".

Desde a Constituição de 1988 até 1998 havia apenas um modo de contratar para realizar serviço público: através de concurso e sob a regulação da lei específica que, em âmbito nacional, é a Lei n. 8.112 de 1990. A Emenda Constitucional n. 19/1998 cria a possibilidade de contratação, sempre através de concurso público, sob o regime da CLT. Cria, pois, a figura do empregado público. Além disso, muda a redação do já referido art. 41:

> São estáveis após *três anos de efetivo exercício* os servidores nomeados para cargo de provimento efetivo em virtude de concurso público
>
> § 1º O servidor público estável só perderá o cargo:
>
> I – em virtude de sentença judicial transitada em julgado;
>
> II – mediante processo administrativo em que lhe seja assegurada ampla defesa;
>
> III – mediante procedimento de avaliação periódica de desempenho, na forma de lei complementar, assegurada ampla defesa.
>
> § 2º Invalidada por sentença judicial a demissão do servidor estável, será ele reintegrado, e o eventual ocupante da vaga, se estável, reconduzido ao cargo de origem, sem direito a indenização,

aproveitado em outro cargo ou posto em disponibilidade com remuneração proporcional ao tempo de serviço.

§ 3º Extinto o cargo ou declarada a sua desnecessidade, o servidor estável ficará em disponibilidade, com remuneração proporcional ao tempo de serviço, até seu adequado aproveitamento em outro cargo.

§ 4º Como condição para a aquisição da estabilidade, é obrigatória a avaliação especial de desempenho por comissão instituída para essa finalidade.

A nova redação não faz referência ao empregado público, contratado mediante concurso, sob à égide da CLT, como a Emenda Constitucional 19 vai autorizar. Ainda assim, a jurisprudência trabalhista irá retirá-lo do espectro de proteção da norma constitucional:

Súmula n. 390 do TST

ESTABILIDADE. ART. 41 DA CF/1988. CELETISTA. ADMINISTRAÇÃO DIRETA, AUTÁRQUICA OU FUNDACIONAL. APLICABILIDADE. EMPREGADO DE EMPRESA PÚBLICA E SOCIEDADE DE ECONOMIA MISTA. INAPLICÁVEL

I – O servidor público celetista da administração direta, autárquica ou fundacional é beneficiário da estabilidade prevista no art. 41 da CF/1988.

II – Ao empregado de empresa pública ou de sociedade de economia mista, ainda que admitido mediante aprovação em concurso público, não é garantida a estabilidade prevista no art. 41 da CF/1988.

Essa compreensão restritiva da regra do art. 41 da CLT será ainda mais aprofundada pela OJ n. 247 do TST:

SERVIDOR PÚBLICO. CELETISTA CONCURSADO. DESPEDIDA IMOTIVADA. EMPRESA PÚBLICA OU SOCIEDADE DE ECONOMIA MISTA. POSSIBILIDADE (alterada – Res. n. 143/2007) – *DJ* 13.11.2007

I – A despedida de empregados de empresa pública e de sociedade de economia mista, mesmo admitidos por concurso público, **independe de ato motivado para sua validade**;

II – A validade do ato de despedida do empregado da Empresa Brasileira de Correios e Telégrafos (ECT) está condicionada à motivação, por gozar a empresa do mesmo tratamento destinado à Fazenda Pública em relação à imunidade tributária e à execução por precatório, além das prerrogativas de foro, prazos e custas processuais.

Note-se que por esse último entendimento, contrariando inclusive regra expressa (art. 7º, I, da Constituição e art. 3º da Lei n. 9.962/2000), o Tribunal Superior do Trabalho nega o direito à motivação da dispensa para os empregados públicos. Nesses casos, portanto, não se exige a interposição de inquérito nem se observa a ordem jurídica quanto ao dever de motivação da dispensa. Os servidores contratados sob o regime estatutário estão fora do âmbito de competência da Justiça do Trabalho (nesse sentido a decisão proferida na ADI n. 3.395).

Quanto ao rito do inquérito, não difere daquele ordinário, senão pela possibilidade de indicação de até seis testemunhas e pela circunstância de que se trata de demanda a ser ajuizada pela empregadora em face da(o) trabalhador(a). O Art. 853 da CLT dispõe que para a instauração do inquérito para apuração de falta grave contra empregado garantido com estabilidade, "o empregador apresentará reclamação por escrito à Junta ou Juízo de Direito, dentro de 30 (trinta) dias, contados da data da suspensão do empregado".

Esse é um prazo que a doutrina identifica como decadencial, pois impõe-se, junto com determinada condição (ajuizar a ação), para que a parte tenha/possa exercer seu direito. No caso, para exercer o direito de despedir empregada(o) estável, é preciso ajuizar o inquérito (condição) em 30 dias (prazo). Caso não sejam observadas tais exigências, o empregador não poderá despedir, até que advenha novo fato e que, diante dele, sejam cumpridas as determinações de condição e prazo estabelecidas no art. 853. O art. 854 limita-se a referir que o rito ordinário deve ser observado para o inquérito e o 855 a estabelecer o direito à cobrança dos salários "até a data da instauração do mesmo inquérito", quando "tiver havido prévio reconhecimento da estabilidade do empregado", independentemente do julgamento do inquérito.

Trata-se, pois, o inquérito para apuração de falta grave, de uma medida de proteção ao emprego, pois impõe uma dilação probatória maior (permitindo a indicação de até 06 testemunhas por cada uma das partes) e requisito de prazo e condição para seu ajuizamento. A restrição a um número cada vez menor de situações de trabalho identifica-se com o crescimento da precarização nas relações de trabalho, medida, igualmente, pela dificuldade que temos até mesmo de garantir à classe trabalhadora o direito à motivação lícita em caso de despedida, apesar da literalidade do inciso I do art. 7º.

4.4. As alterações da contrarreforma sobre a petição inicial

O processo do trabalho inicia-se com uma petição, dirigida ao Estado, descrevendo a lesão que alguém (em regra, trabalhador(a)) acredita haver sofrido, durante (ou em razão da) uma relação de trabalho.

Aqui, como em todas as fases do processo do trabalho, é essencial insistir na leitura da regra jurídica, ponto a partir do qual deve partir a interpretação/aplicação do ordenamento jurídico trabalhista que, insisto, existe em oposição ao processo civil. E pensá-la desde a perspectiva do acesso à justiça.

Quando trata da petição inicial, a CLT estabelece que ela pode ser apresentada "pessoalmente", portanto, sem a necessária representação por advogada(o), assim como pode também ser apresentada pelo representante técnico, pelo Ministério Público do Trabalho ou pelo Sindicato (art. 839), de forma oral ou escrita (art. 840), e com requisitos bem mais simples do que aqueles do processo civil. A petição inicial apresentada de modo escrito, no processo do trabalho, deve conter apenas: a designação do juízo, a qualificação das partes, a breve exposição dos fatos de que resulte o dissídio o pedido, a data e a assinatura do reclamante ou de seu representante (art. 840, §1º).

A Lei n. 13.467/2017 acrescenta nesse dispositivo a especificação de que o pedido deve ser "certo, determinado e com indicação de seu valor". Não se trata propriamente de uma novidade.

> Art. 840 – A reclamação poderá ser escrita ou verbal.
>
> § 1º Sendo escrita, a reclamação deverá conter a designação do juízo, a qualificação das partes, a breve exposição dos fatos de que resulte o dissídio, o pedido, que deverá ser certo, determinado e com indicação de seu valor, a data e a assinatura do reclamante ou de seu representante.
>
> § 2º - Se verbal, a reclamação será reduzida a termo, em duas vias datadas e assinadas pelo escrivão ou secretário, observado, no que couber, o disposto no § 1o deste artigo.
>
> § 3º Os pedidos que não atendam ao disposto no § 1o deste artigo serão julgados extintos sem resolução do mérito.

Em 2000, quando o rito sumaríssimo foi incluído no texto da CLT (art. 852-A, B, C...), houve a determinação de que "nas reclamações enquadradas no procedimento sumaríssimo: I – o pedido deverá ser certo ou determinado e indicará o valor correspondente". À época, as demandas sujeitas a esse rito, mais simplificado e, pois, tendencialmente mais célere, geralmente versavam sobre a ausência de pagamento de verbas resilitórias. Logo, não era difícil apontar um valor certo.

Houve, portanto, certa aquiescência da doutrina diante de uma jurisprudência que passou a equiparar a determinação de *indicação de valor* ao pedido ao conceito de pedido líquido. Mesmo diante de decisões do TST limitando a condenação ao valor do pedido, a legítima discussão acerca de uma exigência que extrapolava os limites do texto legal deixou de ser feita. Afinal, indicar um valor é algo completamente diverso de liquidar determinado pedido.

O efeito, porém, não era devastador nas demandas geralmente sujeitas ao rito sumaríssimo, destinados a causas de valor até 40 vezes o salário mínimo (art. 852-A), exatamente em razão dos pedidos que por essa espécie de rito eram veiculados. Pedidos de pagamentos de verbas de valor facilmente aferível pela(o) trabalhador(a), como aviso prévio, indenização de 40% sobre o FGTS, férias ou gratificação natalina.

A alteração promovida no art. 840 da CLT, pela Lei n. 13.467 foi potencialmente mais lesiva, não apenas por fixar idêntico requisito (já desvirtuado pela jurisprudência) de formulação de pedido "com indicação de valor", mas especialmente porque surge no bojo de outras alterações, todas orientadas a restringir ou mesmo impedir o acesso à justiça.

Assim é que para além da determinação do valor do pedido, a CLT passa a estabelecer a possibilidade de condenação de pessoa reconhecidamente pobre ao pagamento de custas, honorários de advogado e de perito, inclusive como condição para o ajuizamento de nova demanda, quando há arquivamento do feito, sem exame do mérito.

Essas matérias já foram tratadas no capítulo que versa sobre gratuidade da justiça. Outra alteração na regra processual trabalhista, digna de nota, foi introduzida no § 3º do art. 841 da CLT, pela mesma Lei n. 13.467/2017. Segundo esse dispositivo, "oferecida a contestação, ainda que eletronicamente, o reclamante não poderá, sem o consentimento do reclamado, desistir da ação".

A tentativa de restringir as possibilidades de desistência está na contramão da ideia de reduzir o número de processos em tramitação — algo tão fortemente estimulado desde o Documento 319 do Banco Mundial, passando pela EC n. 45/2004 e pela adoção da política de metas capitaneada pela CNJ (cuja Meta 1 é julgar mais processos do que os ajuizados). Essa alteração legislativa só pode ser compreendida, portanto, desde a perspectiva francamente empresarial que anima a mal denominada "reforma".

Ora, se há um movimento estatal para tentar reduzir o número de processos, sob o argumento de que isso facilitaria respostas judiciais mais céleres e eficazes e eliminaria "falsos" litígios, porque dificultar ou impedir a extinção de um processo quando quem provocou o Judiciário não tem mais interesse em seu andamento?

Essa é a mesma pergunta que devemos formular em relação ao processo de "homologação de acordo extrajudicial" introduzido na CLT pela mesma lei, pois não há sentido algum para que o Poder Judiciário seja provocado se as partes já compuseram o litígio. Disso, tratarei mais adiante. Se chamo à atenção aqui, é apenas para fazer perceber que a regra do § 3º do art. 841 da CLT não está solta ou desconectada da verdadeira racionalidade (ultraliberal e avessa à razão histórica pela qual existe processo do trabalho) que permeia todas as alterações promovidas na CLT pela Lei n. 13.467 e que está fortemente presente, também, no texto do CPC de 2015 (SOUTO MAIOR; SEVERO, 2015).

A restrição à possibilidade de desistir da demanda, por exemplo, é cópia do que dispõe o art. 485 § 4º, do CPC. Além da similitude na racionalidade do CPC de 2015 e da Lei n. 13.467, há algo ainda mais grave a ser ressaltado: o fato de que muitas das alterações promovidas pela "reforma" consistem em mera tática de copiar e colar do texto do CPC, negando propositadamente a razão histórica pela qual a CLT e o procedimento judicial trabalhista existem. No limite, é uma forma silenciosa e eficaz de deslegitimar o processo do trabalho, tornando-o um simulacro.

Em relação a essa alteração legislativa, a II Jornada de Direito Material e Processual realizada pela ANAMATRA, em parceria com o TST, o MINISTÉRIO PÚBLICO

DO TRABALHO e outras entidades ligadas ao mundo do trabalho, aprovou o seguinte Enunciado:

> CLT, ART. 841, § 3º. DESISTÊNCIA DA AÇÃO. NECESSIDADE DE CONSENTIMENTO DO RÉU. LIMITE TEMPORAL. A CLT ESTABELECE QUE O MOMENTO PROCESSUAL PRÓPRIO PARA O DEMANDANDO "OFERECER A CONTESTAÇÃO" É NA AUDIÊNCIA, DEPOIS DE PROPOSTA A CONCILIAÇÃO. POR ISSO, AINDA QUE A PARTE DEMANDADA ENVIE/PROTOCOLE A CONTESTAÇÃO ANTES DA FASE PROCESSUAL PREVISTA EM LEI, NÃO HÁ RAZÃO PARA A ANUÊNCIA PELO RÉU DE DESISTÊNCIA DA AÇÃO ENQUANTO NÃO ATINGIDO TAL MOMENTO PROCESSUAL (Comissão 7 – Enunciado n. 3)

A jurisprudência majoritária tem, entretanto, aplicado a alteração legal, inclusive por vezes justificando o procedimento com base no CPC, como se a CLT sequer existisse. É interessante referir que em alguns casos o motivo da discordância com a desistência tem sido examinado pelo Tribunal, a fim de evitar se cogite de mera manobra da parte demandada para impingir à parte autora o prejuízo decorrente de condenação ao pagamento de despesas processuais. Nesse sentido:

> PEDIDO DE DESISTÊNCIA DA AÇÃO APÓS APRESENTADA A CONTESTAÇÃO. DISCORDÂNCIA DA PARTE DEMANDADA. NECESSIDADE DE JUSTIFICAÇÃO. À norma que prescreve a necessidade de consentimento da parte demandada quanto ao pedido de desistência feito pelo autor (§ 4º do art. 485 do CPC) deve ser atribuída interpretação teleológica, tendo em vista que a sua finalidade é impedir a homologação de um pedido de desistência quando haja fundada razão para que não seja aceito. A oposição da parte ré, por si só, condicionando sua concordância à condenação em honorários sucumbenciais, não constitui motivo justificado e relevante a impossibilitar a homologação da desistência. (TRT da 4ª Região, 8ª Turma, 0020400-12.2020.5.04.0741 ROT, em 11.12.2020, Desembargadora Brigida Joaquina Charao Barcelos)

Impõe-se, portanto, rediscutir a compreensão equivocada de que "indicar valor" é o mesmo que liquidar o pedido, não apenas porque os pedidos mais complexos (como o de pagamento de horas extras e suas integrações) dependem de documentação a que a(o) trabalhador(a) não tem acesso, como também porque podem implicar a colocação de quem acessa o Poder Judiciário trabalhista em um verdadeiro brete.

Alguém que não tenha recebido horas extras durante um vínculo de 05 anos ou mais, ou que tenha sofrido assédio no ambiente de trabalho, terá receio de ajuizar uma demanda relatando esses fatos e a eles atribuindo um valor (ainda que aproximado) do prejuízo experimentado, pois saberá do risco imposto pela alteração legislativa promovida na CLT. Caso não convença o Estado de que tem razão, poderá ser condenado ao pagamento de despesas com as quais não terá como arcar sem prejuízo da subsistência.

Já tratei disso, também, no capítulo relativo ao acesso à justiça. Se retomo aqui a discussão é para tornar clara a inconstitucionalidade da interpretação dada a essas regras (art. 852-B e art. 840). Indicar um valor para o pedido não o limita e também não se confunde com a sua liquidação. Aliás, não há mesmo como exigir da(o) trabalhador(a) que apresente valores líquidos para os pedidos que formula, se sabidamente ela(e) não tem acesso aos documentos que materializam o vínculo.

O § 3º do art. 840 da CLT, também introduzido pela Lei n. 13.467, quando autoriza a extinguir o processo caso não cumpridas as exigências do *caput*, revela-se igualmente inaplicável, a menos que seja compreendido a partir de uma interpretação que não imponha a liquidação dos pedidos. Sob qualquer ângulo, aliás, essa previsão confronta as ideias de simplicidade, celeridade e máximo aproveitamento dos atos processuais, que deve orientar a disciplina e a aplicação das regras processuais trabalhistas.

Nesse sentido, no encontro nacional da magistratura trabalhista (CONAMAT) de 2018 houve aprovação de tese dispondo:

> INDICAÇÃO DE VALOR DO PEDIDO NA INICIAL NÃO É LIQUIDAÇÃO E NÃO LIMITA O VALOR DA CONDENAÇÃO.

O TST tem se posicionado nesse sentido:

> AGRAVO DE INSTRUMENTO. RECURSO DE REVISTA. PROCESSO SOB A ÉGIDE DA LEI N. 13.015/2014 E DA LEI N. 13.467/2017 . LIMITAÇÃO DA CONDENAÇÃO AOS VALORES INDICADOS NA PETIÇÃO INICIAL. ART. 840, § 1º DA CLT. A presente controvérsia diz respeito à limitação da condenação nas hipóteses em que a parte autora atribui valores às parcelas pleiteadas judicialmente. No Processo do Trabalho, é apta a petição inicial que contém os requisitos do art. 840 da CLT, não se aplicando neste ramo especializado o rigor da lei processual civil (art. 319 do CPC/15), pois é a própria CLT quem disciplina a matéria, norteando-se pela simplicidade. Nessa linha, antes da vigência da Lei n. 13.467/2017, o pedido exordial deveria conter apenas a designação do juiz a quem fosse dirigida, a qualificação do reclamante e do reclamado, uma breve exposição dos fatos de que resultasse o dissídio, o pedido, a data e a assinatura do reclamante ou de seu representante . Com a nova redação do art. 840 da CLT, implementada pela Lei n. 13.467/2017, a petição inicial, no procedimento comum, passou a conter os seguintes requisitos: designação do juízo; qualificação das partes; breve exposição dos fatos de que resulte o dissídio; o pedido, que deverá ser certo, determinado e com indicação de seu valor ; data; e assinatura do reclamante ou de seu representante. Contudo, com suporte nos princípios da finalidade social e da efetividade social do processo, assim como nos princípios da simplicidade e da informalidade, a leitura do § 1º do art. 840 da CLT deve se realizar para além dos aspectos gramatical e lógico-formal, buscando por uma interpretação sistemática e teleológica o verdadeiro sentido, finalidade e alcance do preceito normativo em comento, sob pena de, ao se entender pela exigência de um rigorismo aritmético na fixação dos valores dos pedidos (e, por consequência, do valor da causa), afrontarem-se os princípios da reparação integral do dano, da irrenunciabilidade dos direitos e, por fim, do acesso à Justiça. Isso porque as particularidades inerentes ao objeto de certos pedidos constantes na ação trabalhista exigem, para a apuração do real valor do crédito vindicado pelo obreiro, a verificação de documentos que se encontram na posse do empregador — além de produção de outras provas, inclusive pericial e testemunhal —, bem como a realização de cálculos complexos. A esse respeito, vale dizer que o contrato de trabalho acarreta diversificadas obrigações, o que conduz a pedidos também múltiplos e com causas de pedir distintas, de difícil ou impossível prévia quantificação. Inclusive há numerosas parcelas que geram efeitos monetários conexos em outras verbas pleiteadas, com repercussões financeiras

intrincadas e de cálculo meticuloso. Assim, a imposição do art. 840, § 1º, da CLT, após alterações da Lei n. 13.467/2017, deve ser interpretada como uma exigência somente de que a parte autora realize uma estimativa preliminar do crédito que entende ser devido e que será apurado de forma mais detalhada na fase de liquidação, conforme art. 879 da CLT. De par com isso, a Instrução Normativa n. 41 do TST, no § 2º do art. 12, dispõe que: "Art. 12. Os arts. 840 e 844, §§ 2º, 3º e 5º, da , com as redações dadas pela Lei n. 13.467, de 13 de julho de 2017, não retroagirão, aplicando-se, exclusivamente, às ações ajuizadas a partir de 11 de novembro de 2017 (...) § 2º Para fim do que dispõe o art. 840, §§ 1º e 2º, da , o valor da causa será estimado, observando-se, no que couber, o disposto nos arts. 291 a 293 do Código de Processo Civil. "Logo, na medida em que os valores delimitados na petição inicial não vinculam, de forma absoluta, a condenação, revelando-se como mera estimativa dos créditos pretendidos pelo Autor, não há que se falar em limitação da liquidação aos valores indicados na peça exordial. Julgados desta Corte. Agravo de instrumento desprovido". (AIRR-228-34.2018.5.09.0562, 3ª Turma, relator Ministro Mauricio Godinho Delgado, *DEJT* 1º.07.2022).

4.5. Nulidades e tutelas de urgência: ainda e sempre o acesso à Justiça

Como já foi referido mais de uma vez neste livro, a "ciência" processual, atualmente pautada pelo discurso da eficácia, ainda não conseguiu se desprender das amarras engendradas pelo modo liberal-individualista de conceber o Direito. Embora tenhamos a ilusão de que superamos o racionalismo, um breve exame de alguns institutos processuais revela o contrário. A forma como aplicam-se as regras sobre nulidade e tutelas de urgência na Justiça do Trabalho é exemplo disso.

Ainda persiste o medo inconfesso de um Estado que ***realize*** o direito, sobretudo antes de um exaustivo caminhar dentro do processo até a sentença final definitiva. Isso fica muito claro quando percebemos que até mesmo institutos concebidos para conferir real eficácia a esses direitos acabam por esvaziar-se com pressupostos ou requisitos que os tornam inócuos.

Em relação às nulidades, o processo do trabalho tem procedimento próprio, diferente daquele previsto no CPC. A nulidade deve ser declarada apenas quando "resultar dos atos inquinados **manifesto prejuízo** às partes litigantes"(art. 794), se houver **"provocação das partes"**, na **"primeira vez em que tiverem de falar em audiência ou nos autos"** (art. 795). A declaração, de ofício, restringe-se a questão ligada à "incompetência de foro"" ou seja a competência material (§ 1º).

O art. 796 da CLT reforça a compreensão de que no processo do trabalho a nulidade, como regra, não deve ser pronunciada, exatamente porque o pressuposto é de máximo aproveitamento dos atos, a fim de que se tenha um procedimento célere e, desse modo, efetivo. Aqui, uma vez mais fica claro o fato de que o processo do trabalho existe *em oposição ao* processo civil, pois ao contrário do que à época (década de 1940 do século passado) era consenso no âmbito da "ciência" processual civil, o processo do trabalho não era concebido como um fim em si mesmo, um conjunto de regras através das quais o Estado declararia quem tem ou não razão.

O processo do trabalho já surge historicamente com a clara consciência, de seus idealizadores, acerca da necessidade de realizar o direito material, de certo modo, portanto, inaugurando a discussão sobre a finalidade da tutela jurisdicional. Toda a reflexão que se instaura ao longo do século XX, acerca do Poder Judiciário como o "guardião das promessas da Constituição" (GARAPON, 2001) já está presente na própria concepção de um processo trabalhista mais ágil, simples, concentrado e único, no qual as nulidades só serão declaradas quando houver manifesto prejuízo, exatamente porque se reconhece o dever do Estado de agir para realizar direitos que, sem a sua intervenção, não passam de mera retórica.

Daí porque a CLT estabelece nesse dispositivo (art. 796) que não será declarada a nulidade quando for possível suprir-se a falta ou repetir-se o ato e quando arguida por quem lhe tiver dado causa, assim como fixa (art. 797) que ao pronunciar a nulidade, o Estado deve declarar os atos a que ela se estende, estando atento ao fato de que a "nulidade do ato não prejudicará senão os posteriores que dele dependam ou sejam consequência" (art. 798).

Ainda assim, são comuns decisões que pronunciam nulidade de ofício ou que acolhem alegação de nulidade, especialmente quando não houve produção exaustiva (e desnecessária) da prova:

> NULIDADE PROCESSUAL. CERCEAMENTO DE DEFESA. PROVA EMPRESTADA. ADOÇÃO DE OFÍCIO. A determinação de utilização de prova emprestada de ofício por parte do Juízo extrapola o poder diretivo do processo outorgado pelo art. 370 do CPC e caracteriza cerceamento de defesa, sobretudo quando não oportunizada manifestação das partes a respeito, com violação aos princípios do contraditório e da ampla defesa. (TRT da 4ª Região, 4ª Turma, 0020564-71.2020.5.04.0451 ROT, em 02.03.2023, Desembargador George Achutti)

No caso acima, a nulidade é declarada pela produção de prova, apesar da literalidade do art. 765 da CLT. Mas o fundamento utilizado na decisão, para justificar a possibilidade e os limites da condução do feito pelo juízo, é do CPC. Note-se que a CLT estabelece em pelo menos dois artigos que:

> Art. 765 – Os Juízos e Tribunais do Trabalho **terão ampla liberdade na direção do processo** e velarão pelo andamento rápido das causas, **podendo determinar qualquer diligência necessária** ao esclarecimento delas.
>
> Art. 852-D. O juiz dirigirá o processo **com liberdade para determinar as provas a serem produzidas**, considerado o ônus probatório de cada litigante, **podendo limitar ou excluir** as que considerar excessivas, impertinentes ou protelatórias, bem como para apreciá-las e dar especial valor às regras de experiência comum ou técnica

Em outro caso, o TRT da Quarta Região decidiu:

> Nulidade processual. Cerceamento do direito de defesa. Indeferimento da renovação de ofício. Constitui cerceamento do direito de defesa o ato que impede a produção de prova por meio da qual a parte busca produzir elementos de convicção favoráveis ao direito que almeja ver reconhecido na demanda, com a formação do título executivo judicial pretendido. O destinatário da prova é o juízo em sentido amplo, assim entendido não apenas o juiz que sentencia o feito, mas também o juízo recursal, dada a possibilidade de as partes apelarem da decisão originária. (TRT da 4ª Região, 7ª Turma, 0020827-23.2019.5.04.0004 ROT, em 02.03.2023, Desembargadora Denise Pacheco)

No caso, a trabalhadora que atuou como auxiliar de serviços gerais sofreu despedida por justa causa, sob alegação de haver apresentado atestado falso. A empresa solicitou remessa de ofício ao Município e ao médico que firmou o atestado, para saber de sua idoneidade. Isso, evidentemente, apenas no âmbito do processo, após haver promovido a despedida sem garantir à trabalhadora direito de defesa. De acordo com os termos da decisão, durante a instrução processual, "a reclamante requereu a expedição de ofício à Secretaria de Saúde do Município de Porto Alegre, visando a esclarecer a relação entre o médico que firmou o atestado e a Prefeitura Municipal de Porto Alegre", o que foi deferido. Houve, ainda, expedição de ofício ao médico, para esclarecimentos. O município não respondeu ao juízo. O médico, por sua vez, informou que havia firmado o atestado e que seus serviços estavam sendo tomados "através da empresa Competência Soluções Médicas, terceirizada na época pela referida prefeitura". Confirmou a veracidade do atestado. A partir disso, foi proferida decisão acolhendo a pretensão da trabalhadora. Em sede de recurso ordinário, a decisão acima referida fundou-se na premissa de que houve "cerceamento do direito de defesa da primeira reclamada, pois a impossibilidade de produzir a prova pretendida acarretou-lhe prejuízos".

Anulada a sentença para aguardar que o município responda ao ofício, está a trabalhadora — ainda hoje enquanto esse texto é redigido em março de 2023, aguardando pelo pagamento de suas verbas resilitórias, que constituem condição para a sobrevivência física em uma sociedade de trabalho obrigatório.

Esses exemplos não são isolados. Revelam um compromisso com formalidades que desafiam a literalidade dos artigos acima transcritos e que, na prática, implicam prejuízo concreto à efetividade dos direitos sociais trabalhistas.

Quanto às tutelas de urgência, a possibilidade de mitigação do dogma da ordinariedade no processo civil surge apenas na década de 90 do século passado, com a inclusão dos arts. 273 e 461 no CPC de 1973.

No processo do trabalho, na década de 1970 do século XX foi incluído o inciso IX no art. 659, a possibilidade de "conceder medida liminar, até decisão final do processo, em reclamações trabalhistas que visem a tornar sem efeito transferência disciplinada pelos parágrafos do art. 469 desta Consolidação". Em 1996, novo inciso foi incluído no mesmo dispositivo: X – conceder medida liminar, até decisão final do processo, em reclamações trabalhistas que visem reintegrar no emprego dirigente sindical afastado, suspenso ou dispensado pelo empregador.

No processo do trabalho, portanto, antes mesmo de as tutelas de urgência tornarem-se realidade no processo civil, houve inclusão de previsão expressa sobre a possibilidade de satisfazer antecipadamente o direito material, através de uma cognição sumária, quando ainda há dúvida sobre quem tem razão, portanto.

A possibilidade de concessão de tutela antes do momento processual destinado para a solução final do processo quebra, de certo modo, o dogma racionalista, pelo qual o processo é(ra) visto como um fim em si mesmo.

Na medida em que o Estado assume o monopólio da jurisdição, impedindo que as pessoas ajam por conta própria (restringindo, pois, sua liberdade individual), assume o dever de harmonizar as relações sociais. Esse é, pelo menos, o discurso "oficial". O faz mediante a edição de leis e sua respectiva aplicação. Quando edita leis que não são respeitadas, e não impõe (ou impõe tardiamente) seu cumprimento, está falhando em sua missão de harmonizar e dirimir conflitos sociais, mesmo sob essa perspectiva, que assume como verdadeiro tal discurso acerca da função estatal.

Embora pareça simples, essa noção de eficácia como pressuposto para a verdadeira segurança jurídica, e, pois, para a garantia da liberdade, é recente. O Estado moderno foi gerado a partir de uma forte ruptura com o modelo econômico-social até então adotado (sistema feudal). E surge com a ideia de que a Lei seria a força garantidora da liberdade. A Lei em si, e não sua aplicação eficaz.

O pensamento matemático que inspirou tais filósofos influenciou o positivismo jurídico, de sorte a fazer crer fosse, a ciência do direito, uma ciência exata, tão demonstrável quanto um teorema matemático. Para construir uma teoria de Estado e de Direito capaz de conferir legitimidade à burguesia e às regras por ela editadas, desenvolveu-se a noção de vontade como algo estranho ao exercício da liberdade. Assim, para garantir a liberdade humana e a segurança necessárias ao bom convívio social, não seria preciso *querer*, exercer a faculdade de pensar. As promessas de liberdade, e da vontade humana como expressão dessa liberdade, estão imbricadas com a forma de organização social.

No âmbito da ciência processual, esse legado filosófico faz com que a ciência política seja construída a partir de um ideal de busca da Verdade e, com ela, de garantia de uma certeza insuscetível de ser realmente alcançada através do Direito, como já explicitei em capítulo anterior.

A necessidade de consolidar a nova ordem, buscando conceitos de liberdade e vontade que justifiquem o absoluto respeito às regras, faz com que os pensadores do direito busquem inspiração nas ciências exatas. A necessidade de realizar processos nos quais, a *sós consigo mesmo*, se obtenham elementos concretos que permitam crer em uma realidade que transcenda àquela percebida de modo sensorial. Sobre isso também já escrevi no início desse livro. Se retomo esses pressupostos para a compreensão geral do processo é para que compreendamos de onde sai toda a dificuldade que temos em lidar com as tutelas de urgência.

Sob uma tal forma de organização social, o Direito apresenta-se como a Verdade contida no texto de lei e a função do Poder Judiciário passa a ser a de declarar essa Verdade. A previsão de possibilidade de entrega do bem da vida a partir de um exame sumário e superficial das alegações de quem busca o Estado quebra essa noção. Em sede de antecipação de tutela (o que hoje o CPC chama de tutela de urgência) ainda não há certeza, ainda não há verdade descoberta. Nesse sentido, há recente doutrina afirmando que "o processo é justo se sistematicamente orientado a fazer com que se estabeleça a verdade dos fatos relevantes para a decisão" (TARUFFO, 2009, p. 101-104). Então, se o uso "sistemático da mentira e da enganação foi historicamente um traço característico dos regimes totalitários", no Estado Democrático "a decisão correspondente não pode ser arbitrária, devendo, ainda, ser sempre sujeita a controle e não podendo fundar-se na mentira ou na manipulação da opinião pública" (*Ibidem*, p. 118-119):

> Em linhas gerais, pensar que a decisão seja formulada em conformidade com o Direito significa introduzir um requisito de qualidade da decisão, que, portanto, passa a ser objeto de valoração também em si mesma, e não somente como êxito de um procedimento potencialmente idôneo a por fim à controvérsia. Isso equivale a admitir-se a possibilidade de que se trace uma distinção entre decisões "boas" e decisões "ruins". Todas as decisões podem resolver de facto a controvérsia, mas somente as decisões "boas", corretamente formuladas em conformidade com o direito, serão aceitáveis; as "ruins", por sua vez, por não serem juridicamente fundadas, não são aceitáveis, independentemente do procedimento de que derivam, e mesmo que encerrem o conflito entre as partes (TARUFFO, 2009, p. 139).

É claro que isso só se torna possível no ordenamento jurídico brasileiro a partir da segunda metade do Século XX, exatamente em razão do desenvolvimento de uma teoria processual que busca de certo modo superar esse racionalismo e reivindica uma noção de processo como instrumento de realização do direito material. Algo que, como já vimos, está na gênese do processo do trabalho. É por isso que a CLT não apenas junta regras materiais e processuais, compreendendo que a distinção entre elas não implica separação absoluta desses dois âmbitos de regulação estatal, mas também cria um procedimento em que cognição e execução já não se separam. Um processo que inicia com a petição inicial e só se conclui com a realização do bem da vida.

O processo comum só caminhará para isso com as alterações que sofre em 2005 e, ainda assim, até hoje vamos encontrar na doutrina a referência ao processo civil como um processo "sincrético", ou seja, que une dois procedimentos ainda compreendidos como diversos (cognição e execução). O processo do trabalho, ao contrário, é concebido desde o seu nascimento, como um processo único em que a distinção entre cognição e execução não faz sentido, senão para identificar as fases de um mesmo procedimento.

Essa longa caminhada feita pela ciência processual faz concluir que o processo não oferece verdades, mas, sim, versões acerca das muitas *verdades* que envolvem uma relação jurídica. É no contexto histórico, social e filosófico que o princípio dispositivo é construído, para impedir uma atuação de ofício, por parte do Poder Judiciário, instaurando ações judiciais onde não haja verdadeiro litígio. Também a ideia de contraditório e ampla defesa decorrem dessa concepção racionalista de processo.

As tutelas de urgência, desde que inseridas no ordenamento jurídico, constituem providências a serem adotadas pelo Estado, mesmo antes de ouvir a parte contrária. Portanto, antes mesmo da instauração do contraditório e com mitigação dessa noção do que seria a ampla defesa. Parte do pressuposto de que a concessão da tutela já é requerida pela parte ***quando do ajuizamento da demanda***.

A Súmula n. 414 do TST, que tem origem em precedente de 2005, mas teve nova redação em 2017, estabelece que "no caso de a tutela provisória haver sido concedida ou indeferida antes da sentença, cabe mandado de segurança, em face da inexistência de recurso próprio". Ou seja, permite o manejo de mandado de segurança como se fosse recurso, tamanho é o receio de promover a alteração da realidade material e, portanto, a satisfação do direito, antes de uma cognição exauriente. O manejo das tutelas de urgência é essencial em qualquer âmbito do direito, porque está diretamente relacionado à necessidade de efetividade do processo. No âmbito do processo do trabalho, essa assertiva adquire força especial, em face do caráter alimentar do direito pleiteado. Ainda assim, o que se está presenciando, de 2004 até hoje, é o aprofundamento de um compromisso liberal com a tutela exauriente, e com a consequente imposição de dificuldades à realização do direito.

Quanto à urgência que é ínsita ao processo do trabalho, vale lembrar que o art. 899 da CLT estabelece que, ao contrário da lógica presente no processo comum, os recursos de decisões trabalhistas "terão efeito meramente devolutivo". E ainda acrescenta, para que não reste dúvida, ser "permitida a execução provisória até a penhora". Essa regra, na época em que editada, constituiu um avanço extraordinário. O CPC então vigente ainda previa a realização de processos distintos, para a fase de conhecimento e para a execução. Logo, a execução, mesmo que de modo provisório, da decisão de primeiro grau, era a exceção no procedimento comum. Na CLT, foi estabelecida como regra.

Há, inclusive, no § 1º desse mesmo art. 899, ordem expressa para imediata liberação do depósito recursal tão logo transitada em julgado a decisão, mesmo antes de sua liquidação, deixando evidente o pressuposto ideológico de uma racionalidade comprometida com a efetividade do direito. O comando expresso na CLT é de cumprimento imediato da **sentença de primeiro grau**. Nesse sentido, é plenamente adequada à natureza urgente do procedimento trabalhista, as atuais regras do CPC sobre execução provisória.

A teoria das fontes formais do Direito do Trabalho determina a aplicação da norma mais favorável a quem trabalha, como decorrência lógica da proteção que informa esse ramo do direito. No caso, trata-se exatamente de uma das hipóteses de aplicação da norma mais favorável, decorrência direta da noção de proteção que está no princípio do Direito do Trabalho. A regra da CLT, mesmo que avance ao determinar, como regra, a execução imediata das decisões de primeiro grau, pelo menos até a penhora, foi ultrapassada pelo CPC, desde sua atualização em 2005, quando inserida a regra do art. 475-O estabelecendo a possibilidade de liberação de dinheiro em execução provisória, inclusive com a dispensa de qualquer garantia.

A regra foi mantida no CPC de 2015, nos arts. 502 e 521 do CPC:

> Art. 520. O cumprimento provisório da sentença impugnada por recurso desprovido de efeito suspensivo será realizado da mesma forma que o cumprimento definitivo, sujeitando-se ao seguinte regime:
>
> IV – o levantamento de depósito em dinheiro e a prática de atos que importem transferência de posse ou alienação de propriedade ou de outro direito real, ou dos quais possa resultar grave dano ao executado, dependem de caução suficiente e idônea, arbitrada de plano pelo juiz e prestada nos próprios autos.
>
> Art. 521. A caução prevista no inciso IV do art. 520 poderá ser dispensada nos casos em que:
>
> I – o crédito for de natureza alimentar, independentemente de sua origem;
>
> II – o credor demonstrar situação de necessidade;

Os créditos trabalhistas tem caráter alimentar. E os credores, via de regra, estão em situação de necessidade, pois o reconhecimento da possibilidade de despedida sem motivação os impede, na realidade concreta da vida, de ajuizarem demandas trabalhistas enquanto ainda estão empregados. A maioria absoluta dos reclamantes está desempregada e, portanto, enfrentando o desafio da própria subsistência física.

A execução trabalhista, portanto, não pode ser tardia, sob pena de perda completa de sua função: manter a subsistência de quem trabalha e de sua família. Na Jornada de Execução realizada pela ANAMATRA, em 2010, foram aprovados os seguintes enunciados, nesse sentido:

> 21. EXECUÇÃO PROVISÓRIA. PENHORA EM DINHEIRO. POSSIBILIDADE. É válida a penhora de dinheiro na execução provisória, inclusive por meio do Bacen Jud. A Súmula n. 417, item III, do

Tribunal Superior do Trabalho (TST), está superada pelo art. 475-O do Código de Processo Civil (CPC).

22. 1. EXECUÇÃO PROVISÓRIA. ART. 475-O DO CÓDIGO DO PROCESSO CIVIL (CPC). APLICABILIDADE AO PROCESSO DO TRABALHO. FORMA DE MINIMIZAR O EFEITO DA INTERPOSIÇÃO DE RECURSOS MERAMENTE PROTELATÓRIOS E CONCEDER AO AUTOR PARTE DE SEU CRÉDITO, QUE POSSUI NATUREZA ALIMENTAR. A Consolidação das Leis do Trabalho (CLT) é omissa no tocante à possibilidade de liberação de créditos ao exequente em fase de execução provisória, sendo plenamente aplicável o art. 475-O do CPC, o qual torna aquela mais eficaz, atingindo a finalidade do processo social, diminuindo os efeitos negativos da interposição de recursos meramente protelatórios pela parte contrária, satisfazendo o crédito alimentar. 2. O art. 475-O do CPC aplica-se subsidiariamente ao Processo do Trabalho.

Ainda assim, o entendimento majoritário da jurisprudência tem sido refratário à aplicação dessas regras no processo do trabalho. O TRT da Quarta Região tem inclusive a:

Orientação Jurisprudencial n. 79 – EXECUÇÃO PROVISÓRIA. LIBERAÇÃO DE VALORES CONTROVERSOS. INVIABILIDADE.

Permanece aplicável a regra do art. 899, *caput, in fine*, da CLT, que permite a execução provisória 'até a penhora'. Assim, não obstante o advento do art. 521, I, do CPC/2015, é inviável a liberação de valores controversos enquanto provisória for a execução.

4.6. Conciliação

Conciliar é um dos objetivos da Justiça do Trabalho desde sua criação, porque promover a pacificação do conflito de forma a atender aos interesses das duas partes é um ideal que já aparece nos decretos de 1932.

O processo do trabalho é o ambiente em que o Direito do Trabalho tem condições de se tornar efetivo. E essa constatação já revela a insuficiência do discurso constitucional, para ingressar de vez nas relações de trabalho e fazer prevalecer a lógica de observância dos direitos fundamentais. Sabemos o quão longe estamos de tornar os direitos trabalhistas uma realidade social espontânea. Em alguns âmbitos da vida — nas estéticas, na construção civil, em nossas casas — parece mesmo estranho falar de vínculo de emprego, de direito à limitação da jornada, de regras de proteção à saúde do trabalhador.

Esse déficit de efetividade se reflete nas demandas que chegam ao Poder Judiciário Trabalhista. E é justamente ali que o Estado tem condições de "dar o recado", recompondo o dano e imprimindo à decisão um caráter pedagógico. Vale dizer: demonstrando à sociedade que é melhor, em todos os sentidos, observar espontaneamente o direito posto.

A conciliação, porém, tem sido utilizada como mecanismo de eliminação de processos, inclusive evitando que se tenham dados acerca do descumprimento contumaz de direitos trabalhistas, por parte de algumas empresas.

A partir da década de 1990, com o Consenso de Washington em 1989 e o reforço da ideia de proteção à propriedade privada como objetivo do Estado, a conciliação ganhou nova força no sistema de justiça. A lei de greve, de 1989, irá priorizar a conciliação. Em 1995, Fernando Henrique Cardoso criará o Ministério da Administração Federal e Reforma do Estado (MARE), a fim de construir uma administração pública "gerencial", ou seja, fundada na lógica empresarial. Em 1996 é traduzido para o português e publicado o Documento 319 do Banco Mundial(120). Nele, consta a necessidade de "fortalecimento" do acesso à justiça através dos MARC — mecanismos alternativos de resolução de conflitos – arbitragem, mediação e conciliação. Segundo o documento, o propósito do Poder Judiciário deve ser o de ordenar as relações sociais, mas o "setor judiciário na América Latina efetivamente não assegura essas funções":

> Um poder judiciário eficaz e funcional é relevante ao desenvolvimento econômico. A função do Poder Judiciário em qualquer sociedade é o de ordenar as relações sociais e solver conflitos entre os diversos atores sociais. Atualmente, o Judiciário é incapaz de assegurar a resolução de conflitos de forma previsível e eficaz, garantindo assim os direitos individuais e de propriedade. A instituição em análise tem se demonstrado incapaz em satisfazer as demandas do setor privado e da população em geral, especialmente as de baixa renda. Em face o atual estado de crise do sistema jurídico da América Latina e do Caribe, o intuito das reformas é o de promover o desenvolvimento econômico. A reforma do Judiciário faz parte de um processo de redefinição do estado e suas relações com a sociedade, sendo que o desenvolvimento econômico não pode continuar sem um efetivo reforço, definição e interpretação dos direitos e garantias sobre a propriedade. Mais especificamente, a reforma do judiciário tem como alvo o aumento da eficiência e equidade em solver disputas, aprimorando o acesso a justiça que atualmente não tem promovido o desenvolvimento do setor privado.

O Documento cita 85 vezes a palavra eficiência e 28 vezes a palavra econômica, enquanto trata do sistema de justiça. A partir de sua publicação, há uma mudança perceptível na forma na gestão do Poder Judiciário também no Brasil. Com a aprovação da Emenda Constitucional 45/2004, instaura-se um sistema disciplinar representado pelo Conselho Nacional de Justiça; adota-se a gestão por metas que consideram a quantidade de processos (e não a qualidade); promovem-se reformas processuais.

Como refere o Documento 319:

> Visando proporcionar competição na resolução de conflitos, os programas de reforma devem considerar a implantação de MARC vinculados as Cortes e MARC privados. Os programas devem se direcionar aos MARC vinculados as Cortes, bem como MARC privados, uma vez que a maioria dos códigos de processo já incluem os institutos da conciliação, mediação e arbitragem . Todavia, como esses mecanismos em geral não são empregados, os juízes e as partes devem ser estimuladas a utilizá-los, auxiliando e educando o público sobre a existência dos MARC, como atualmente ocorre no Peru. Programas pilotos devem ser instituídos com o objetivo de acostumar os juízes e as Cortes a esse processo.

(120) Disponível em: <https://www.anamatra.org.br/attachments/article/24400/00003439.pdf>.

Atualmente, a lógica da conciliação foi elevada ao seu expoente máximo(121). O Conselho Nacional de Justiça chegou a criar um prêmio, Conciliar é Legal, em 2010, com o objetivo de estimular a prática(122).

O que parece sedutor é, em realidade, uma fórmula de eliminação de processos sem resolução dos conflitos sociais. Como regra, a conciliação é firmada por valor inferior àquele que decorre do espectro econômico direto dos direitos descumpridos. Por isso mesmo, constitui grave estímulo ao seu descumprimento.

Além de impedir que a Justiça do Trabalho exerça sua função democrática de dar voz à classe trabalhadora, a lógica de conciliar a qualquer preço e em qualquer momento do processo gera como efeito secundário a relativização da importância dos direitos sociais, que passam a ser tratados como meros direitos de crédito. O incentivo à conciliação é, portanto, outra forma dissimulada de obstáculo ao acesso à justiça.

Alia-se, também, ao crescente descrédito do Poder Judiciário, potencializando o discurso de fim da Justiça do Trabalho, que se torna absolutamente desnecessária em um ambiente negocial. Nesse aspecto, o discurso desrespeita o trabalho de todas as juízas e juízes do trabalho, que realizam audiência, colhem provas e proferem sentenças(123).

O incentivo a qualquer conciliação também tem o efeito de impedir que os acidentes e doenças profissionais sejam contabilizados ou coibidos, na medida em que não há apuração do fato ou adoção de providências que de algum modo eliminem a manutenção de ambientes adoecedores. E isso em uma realidade na qual o Brasil ocupa uma das primeiras posições em número de acidentes de trabalho(124). Não se trata de fatalidade, mas da opção política por incentivar a violência no ambiente de trabalho. Uma opção que não se dissocia da lógica de esvaziamento da função judicial, através da técnica da conciliação.

---

(121) Basta ver a Resolução n.125 do CNJ prevê que as "boas práticas" de conciliação; a Resolução n. 70, estabelecendo Planejamento e Gestão Estratégica para conciliar ou a Resolução n. 198 do CNJ, sobre o fomento de meios extrajudiciais para resolução negociada de conflitos. Tudo na linha dos três pactos republicanos firmados em 2004, 2009 e 2012, por um Poder Judiciário "mais acessível, agil e efetivo". Veja-se, por exemplo, o inteiro teor do II Pacto em: <http://www.planalto.gov.br/ccivil_03/Outros/IIpacto.htm>. Acesso em: 16 fev. 2020.

(122) Como refere Jaime, "a partir de 2012, além de homenagear magistrados e servidores da justiça federal, estadual e do trabalho, o CNJ também passou a premiar as práticas jurídicas desenvolvidas nas faculdades de direito e na sociedade civil organizada que, de alguma forma, buscam aquele intento". HILLESHEIM, Jaime. *Conciliação trabalhista*: ofensiva sobre os direitos dos trabalhadores na periferia do capitalismo. Rio de Janeiro, Lumen Juris, 2016. p. 128.

(123) Acusa-se não apenas os Juízes de deferirem tudo, como também os trabalhadores de faltarem propositadamente às audiências para "irem pescar" ou para "irem para uma cabana na beira da praia". Ver debate em: <https://www.youtube.com/watch?v=7L0IiiN3teg&feature=share>. Acesso em: 03 set. 2017.

(124) De acordo com o Observatório Digital de Saúde e Segurança do Trabalho, de 2012 a 2018, o Brasil registrou 16.455 mortes e 4.5 milhões acidentes. Há uma morte no trabalho a cada 3h40min e um acidente de trabalho a cada 49 segundos. Disponível em: <http://www.fundacentro.gov.br/estatisticas-de-acidentes-de-trabalho/inicio>. Acesso em: 04 nov. 2019.

A intervenção do Estado se dá exatamente em razão da assimetria entre as partes e da necessidade, que via de regra determina a conduta de quem demanda em juízo. Conciliar não é algo ruim, portanto. O problema são os parâmetros para a conciliação em uma realidade tão díspare quanto a que encontra o trabalhador e o empregador, na "mesa de negociações", o primeiro, via de regra desempregado e desesperado. O segundo com ampla possibilidade de oferecer menos do que reconhecidamente deve, e ainda exigir quitação do contrato. Se isso ocorre todos os dias, diante de Juíza(e)s do trabalho, é fácil intuir o que ocorrerá em âmbito extrajudicial.

É preciso compreender, portanto, que a conciliação tem seus limites. O limite diz justamente com o conflito submetido ao Poder Judiciário. E o papel do Estado, diante da intenção pacificadora das partes, é justamente demonstrar esse limite, impedindo falsas conciliações que, em realidade, se caracterizam como renúncia genérica e futura de créditos trabalhistas, cuja natureza alimentar a Constituição reconhece, em seu art. 100[(125)]. Do contrário, bastaria um documento assinado pelas partes, observando que o trabalhador, ao receber mil reais, abre mão de qualquer outra verba que decorra do contrato de trabalho que firmou com determinada empresa.

Para obter a chancela do Poder Judiciário trabalhista, esse ajuste não pode ser genérico ou inespecífico. Por isso mesmo, a CLT estabelece que a quitação deve conter os valores e a espécie das verbas que contempla, e deverá ser interpretada de modo restritivo. Esse é o limite da conciliação. Esse é o papel do Estado: permitir a verdadeira resolução do conflito mediante acordo em que ambas as partes saiam ganhando (ainda que parcialmente) e no qual estejam contempladas verbas efetivamente submetidas a sua apreciação. Um acordo em que, em suma, não haja renúncia a crédito alimentar, sob pena de violação do art. 100 da Constituição, do art. 1.707 do Código Civil[(126)] e do art. 9º da CLT[(127)].

Não se pode, portanto, confundir conciliação com renúncia.

---

(125) O art. 100 da Constituição, em seu § 1º, dispõe que "os débitos de natureza alimentícia compreendem aqueles decorrentes de salários, vencimentos, proventos, pensões e suas complementações, benefícios previdenciários (...)"

(126) O art. 1707 do Código Civil estabelece que "pode o credor não exercer, porém lhe é vedado renunciar o direito a alimentos, sendo o respectivo crédito insuscetível de cessão, compensação ou penhora". Veda expressamente a possibilidade de renúncia a crédito alimentar, categoria na qual — repita-se por importante — a Constituição expressamente inclui os salários.

(127) O art. 9º da CLT estabelece que "serão nulos de pleno direito os atos praticados com o objetivo de desvirtuar, impedir ou fraudar a aplicação dos preceitos contidos na presente Consolidação". Dentre eles, certamente se incluem os atos que implicam renúncia (tácita ou expressa, geral ou específica) dos direitos trabalhistas.

O conceito de "transação" está previsto no art. 840 do Código Civil. A transação pressupõe um litígio (presente ou futuro)[128]. Só pode ocorrer em relação a direitos patrimoniais de caráter privado (art. 841) e que "a transação interpreta-se restritivamente, e por ela não se transmitem, apenas se declaram ou reconhecem direitos" (art. 843). Transação é, portanto, o ato jurídico pelo qual as partes, fazendo concessões recíprocas, extinguem obrigações litigiosas ou duvidosas. São litigiosas as obrigações discutidas na lide, ou seja, deduzidas na demanda trabalhista. Por sua vez, são duvidosas as obrigações em relação às quais não houve confissão ou admissão (de forma expressa ou tácita). O termo concessões mútuas impõe a ideia de vantagens e perdas equitativas, para as duas partes envolvidas no litígio[129]. A disposição, presente no Código Civil, que parte de um pressuposto de igualdade material, deve ser examinada com ainda maior restrição no âmbito de um processo trabalhista, que reconhece a desigualdade material entre os litigantes.

Assim como a transação, a quitação é conceito jurídico previsto no Código Civil, segundo o qual ela deverá conter "o valor e a espécie da dívida quitada, o nome do devedor, ou quem por este pagou, o tempo e o lugar do pagamento, com a assinatura do credor, ou do seu representante" (art. 320). O ordenamento jurídico ainda determina que "quando o pagamento for em quotas periódicas, a quitação da última estabelece, até prova em contrário, a presunção de estarem solvidas as anteriores" (art. 322); que "sendo a quitação do capital sem reserva dos juros, estes presumem-se pagos" (art. 323) e que a "entrega do título ao devedor firma a presunção do pagamento" (art. 324).

O título do Código Civil que trata da quitação refere-se ao "objeto do pagamento e sua prova". Assim, para que a quitação seja válida, é necessário que haja o efetivo pagamento da dívida[130]. Se a empresa paga apenas parte das dívidas pleiteadas, não há como quitar todas as dívidas decorrentes da relação jurídica.

Na CLT, há várias referências ao termo quitação, embora sem uma definição. Todas elas, porém, remetem ao mesmo conceito previsto no Código Civil: quitação é resultado de pagamento. Quitam-se valores e não direitos. Os direitos podem ser transacionados ou renunciados. O direito trabalhista é irrenunciável e, por consequência, também o crédito que dele decorre, sua expressão monetária.

A CLT refere-se à quitação do pagamento das horas extras não compensadas (art. 58-A, § 5º); à quitação do pagamento das férias (art. 145, parágrafo único); à quitação de salário de menor (art. 439). O § 2º do art. 477 da CLT, por sua vez, dispõe que

(128) "Art. 840. É lícito aos interessados prevenirem ou terminarem o litígio mediante concessões mútuas."

(129) O art. 848 do Código Civil, que determina que, sendo nula qualquer das cláusulas da transação, esta em si mesma também é nula.

(130) Art. 320, parágrafo único: "Ainda sem os requisitos estabelecidos neste artigo valerá a quitação, se de seus termos ou das circunstâncias resultar haver sido paga a dívida."

"o instrumento de rescisão ou recibo de quitação, qualquer que seja a causa ou forma de dissolução do contrato, deve ter especificada a natureza de cada parcela paga ao empregado e discriminado o seu valor, sendo válida a quitação, apenas, relativamente às mesmas parcelas". Aqui, está ainda mais clara a ideia de limitação da quitação aos valores pagos e o dever de especificar em ata exatamente quais valores (correspondentes a que verbas) estão sendo quitados pela empresa.

No âmbito do processo, o art. 831 da CLT expressamente refere, em seu § 3º, que "as decisões cognitivas ou homologatórias deverão sempre indicar a natureza jurídica das parcelas constantes da condenação ou do acordo homologado". O art. 490 do CPC estabelece que o "juiz resolverá o mérito acolhendo ou rejeitando, no todo ou em parte, os pedidos formulados pelas partes". O art. 503 do CPC, por sua vez, dispõe que a "decisão que julgar total ou parcialmente o mérito *tem força de lei nos limites da questão principal expressamente decidida*".

Mesmo para quem defende tratar-se, a conciliação trabalhista, de um negócio jurídico bilateral, é preciso considerar que, como negócio jurídico, se submete não apenas aos princípios trabalhistas, como também àqueles atinentes aos contratos em geral. Pois bem, os contratos, mesmo sob a perspectiva civil, devem observar a transparência, a lealdade e a confiança, como deveres laterais que decorrem diretamente da boa-fé objetiva. As partes são livres para contratar, inclusive no âmbito do processo, mas só podem fazê-lo "desde que não contraponham as disposições de proteção ao trabalho, os contratos coletivos e as decisões das autoridades competentes, a teor do art. 444 da CLT"(131), segundo o qual "as relações contratuais de trabalho podem ser objeto de livre estipulação das partes interessadas em tudo quanto não contravenha às disposições de proteção ao trabalho, aos contratos coletivos que lhes sejam aplicáveis e às decisões das autoridades competentes".

Além disso, a quitação genérica do "contrato de trabalho" ou da "extinta relação de emprego" pressupõe a admissão de salário complessivo, vedado no ordenamento jurídico trabalhista conforme entendimento preconizado na Súmula n. 91 do TST(132). Se a jurisprudência não admite o pagamento de importância que atenda englobadamente vários direitos, não há razão para admitir uma prática ainda pior no processo do trabalho que é a quitação de forma englobada (complessiva), sem sequer haver qualquer pagamento, pois o que o empregador paga sempre são algumas das verbas postuladas.

Inúmeras decisões impedem a discussão verbas trabalhistas, em razão de um acordo anterior em que a parte autora outorgou "quitação geral do contrato" quando do

(131) Nesse sentido: RR – 87741-91.2005.5.09.0660, relator Ministro: Antônio José de Barros Levenhagen, Data de Julgamento: 16.09.2009, 4ª Turma, Data de Publicação: 25.09.2009.

(132) SUM-91 SALÁRIO COMPLESSIVO (mantida) – Res. n. 121/2003, *DJ* 19, 20 e 21.11.2003. Nula é a cláusula contratual que fixa determinada importância ou percentagem para atender englobadamente vários direitos legais ou contratuais do trabalhador.

recebimento de valores lá discutidos(133). O argumento é a existência de coisa julgada. Ainda que exista algum limite, como aquele relativo às ações que discutem doença profissional(134), é importante discutir a impropriedade do uso do conceito de coisa julgada, que não está à disposição do intérprete ou das partes envolvidas em um litígio. O CPC estabelece, em seu art. 337, que "§ 1º Verifica-se a litispendência ou a coisa julgada quando "se repete ação que já foi decidida por decisão transitada em julgado" (§ 4º). E ainda esclarece que "uma ação é idêntica a outra quando possui as mesmas partes, a mesma causa de pedir e o mesmo pedido" (§ 2º).

Dizer, portanto, que um acordo em demanda que discute verbas resilitórias faz coisa julgada em relação ao pedido de horas extras interposto em novo processo, é ignorar completamente o conteúdo do conceito desse instituto jurídico.

A coisa julgada que existe é o conteúdo do acordo, não o seu efeito. Esse conteúdo, para ser desfeito, depende da interposição de ação rescisória(135). O efeito legal da conciliação, porém, é decorrência de texto expresso de lei. Não está, portanto, à disposição de quem julga ou das partes envolvidas no processo.

Todos os argumentos até aqui referidos dão conta do abismo que existe entre a prática de chancelar acordos "com quitação do contrato" e o que estabelece o ordenamento jurídico vigente. Não há previsão legal que autorize a prática de quitação geral do contrato de trabalho no âmbito trabalhista. A quitação genérica jamais poderia ser admitida no Direito, especialmente no Direito do Trabalho, na medida em que implica algo ainda mais lesivo do que a renúncia específica de determinado direito trabalhista. Na renúncia, o credor sabe exatamente ao que está renunciando. Na quitação ampla, não. A quitação implica renúncia a crédito certo, incerto e mesmo futuro. Ainda assim, rejeita-se a renúncia propriamente dita e aceita-se passivamente essa espécie de quitação.

---

(133) COISA JULGADA. ACORDO HOMOLOGADO EM OUTRA AÇÃO COM QUITAÇÃO DO CONTRATO DE TRABALHO. Matéria já apreciada e decidida em processo anterior, no qual foi homologado acordo, com a quitação do contrato de trabalho, cuja decisão transitou em julgado, não podendo ser objeto de reexame. Inexistente alegação de alteração de fato ou de direito justificar a repetição do pedido. (TRT da 4ª Região, 5ª Turma, 0020295-91.2018.5.04.0551 ROT, em 17.06.2020, Desembargador Manuel Cid Jardon)

(134) ACORDO HOMOLOGADO. QUITAÇÃO GERAL E PLENA DO CONTRATO DE TRABALHO. PRETENSÃO POSTERIOR DE INDENIZAÇÃO POR DANO MORAL E MATERIAL DECORRENTE DE DOENÇA OCUPACIONAL. A quitação do contrato de trabalho em acordo judicial firmado em ação anterior, ainda que sem qualquer ressalva, não faz coisa julgada material em relação a pretensões indenizatórias decorrentes de acidente do trabalho ou de doença a este equiparada, tal qual formuladas na presente demanda. Adoção do entendimento da Súmula n. 107 deste Tribunal. (TRT da 4ª Região, 5ª Turma, 0020869-41.2019.5.04.0661 ROT, em 25.06.2020, Desembargadora Rejane Souza Pedra)

(135) Nesse sentido, a Súmula n. 259 do TST: " TERMO DE CONCILIAÇÃO. AÇÃO RESCISÓRIA (mantida) – Res. n. 121/2003, *DJ* 19, 20 e 21.11.2003. Só por ação rescisória é impugnável o termo de conciliação previsto no parágrafo único do art. 831 da CLT."

Trata-se de uma postura liberal, que pensa a eliminação do processo como um objetivo que precede o da realização da justiça ou de efetivação do direito, revelando — de novo — a atualidade da racionalidade liberal, presente inclusive nos entendimentos que predominam na esfera trabalhista.

O argumento da segurança jurídica, invocado como razão para que as empresas obtenham a tal "quitação de contrato" não pode ser identificada na garantia de que a(o) empregada(o) não ingressará com nova demanda na Justiça do Trabalho, pois se assim fosse, seria imperioso considerar esse ideal de segurança manifestamente contrário ao direito fundamental de acesso à justiça.

O fim da 'quitação genérica' tem caráter pedagógico e de resgate do valor institucional da Justiça do Trabalho. Em nenhuma outra seara do direito é imaginável a outorga de quitação de relação jurídica. Aqui, justamente onde lidamos com direito alimentar fundamental, é preciso que se resgate o senso comum que a Constituição de 1988 tentou consolidar em seu artigo primeiro, de valorização social do trabalho humano.

Ao contrário disso, porém, a "reforma" trabalhista potencializa o dano, seja prevendo a possibilidade de que a adesão a Plano de Demissão Voluntária ou Incentivada, acarrete automaticamente "quitação plena e irrevogável dos direitos decorrentes da relação empregatícia, salvo disposição em contrário estipulada entre as partes" (art. 477-B), seja disciplinando a esdrúxula figura do **acordo extrajudicial**.

É preciso, porém, antes mesmo de tratar dessas alterações, falar de outra que embora não tenha ganhado aderência em razão do modo como interpretada pela jurisprudência trabalhista, tinha a mesma lógica. Trata-se daquela introduzida na CLT no ano 2000, pela Lei n. 9.958.

As comissões de conciliação prévia podem, segundo o art. 625-A inserido na CLT por essa lei, serem estabelecidas no âmbito das empresas e dos sindicatos. Essas comissões devem ter "composição paritária, com representante dos empregados e dos empregadores, com a atribuição de tentar conciliar os conflitos individuais do trabalho". Também podem ser constituídas por grupos de empresas ou ter caráter intersindical. A lei fixa o número de membros (art. 625-B), metade indicada pelo empregador e outra metade eleita pelos empregados, "com mandato de um ano, permitida uma recondução".

Há previsão de vedação de dispensa dos representantes dos empregados membros, como já mencionei, e direito ao afastamento do trabalho "apenas quando convocado para atuar como conciliador, sendo computado como tempo de trabalho efetivo o despendido nessa atividade". A lei especifica prazo de dez dias para a realização da sessão de tentativa de conciliação a partir da provocação do interessado (art. 625-F) e estabelece hipótese de suspensão do prazo prescricional, "a partir da provocação da Comissão de Conciliação Prévia, recomeçando a fluir, pelo que lhe resta, a partir da tentativa frustrada de conciliação ou do esgotamento do prazo previsto no art. 625-F" (art. 625-G).

Logo que inserida na CLT, as regras a respeito das Comissões de conciliação prévia foram utilizadas. Muitas empresas instituíram comissões e os acordos não demoraram para chegar à Justiça do Trabalho. Duas questões, porém, começaram a ser suscitadas. Além do efeito desses acordos, havia a arguição, em sede de defesa, nas demandas trabalhistas propostas, de que submeter o litígio à comissão constituía requisito indispensável. Uma nova condição para a ação: a prova de que se submeteu à comissão e de que lá o acordo não foi realizado.

Isso em razão da disposição a seguir transcrita:

> Art. 625-D. Qualquer demanda de natureza trabalhista **será** submetida à Comissão de Conciliação Prévia se, na localidade da prestação de serviços, houver sido instituída a Comissão no âmbito da empresa ou do sindicato da categoria.
>
> § 1º A demanda será formulada por escrito ou reduzida a termo por qualquer dos membros da Comissão, sendo entregue cópia datada e assinada pelo membro aos interessados.
>
> § 2º Não prosperando a conciliação, será fornecida ao empregado e ao empregador declaração da tentativa conciliatória frustrada com a descrição de seu objeto, firmada pelos membros da Comissão, que deverá ser juntada à eventual reclamação trabalhista.
>
> § 3º Em caso de motivo relevante que impossibilite a observância do procedimento previsto no *caput* deste artigo, será a circunstância declarada na petição da ação intentada perante a Justiça do Trabalho.
>
> § 4º Caso exista, na mesma localidade e para a mesma categoria, Comissão de empresa e Comissão sindical, o interessado optará por uma delas submeter a sua demanda, sendo competente aquela que primeiro conhecer do pedido.

Não foram poucas as decisões judiciais que determinaram a extinção do processo sem exame do mérito, por ausência de submissão à comissão. Sequer havia, em alguns casos, a preocupação de saber, por exemplo, se determinado empregador efetivamente conciliava ou tinha interesse em tentar compor aquele conflito. A questão chegou ao STF, sob a forma de Ação Direta de Inconstitucionalidade.

A ADI n. 2.160 foi julgada em 2018, quando a jurisprudência, em realidade, já havia sido pacificada no mesmo sentido. A decisão foi de interpretação conforme a Constituição, "assentando que a Comissão de Conciliação Prévia constitui meio legítimo, ***mas não obrigatório***, de solução de conflitos, permanecendo o acesso à Justiça resguardado para todos os que venham a ajuizar demanda diretamente ao órgão judiciário competente".

Outra questão discutida na jurisprudência e rejeitada em toda a sua amplitude é a disposição do art. 625-E, parágrafo único. Depois de afirmar que aceita a conciliação, deve ser lavrado termo assinado pelo empregado, pelo empregador ou seu proposto e pelos membros da Comissão, fornecendo-se cópia às partes, o dispositivo estabelece que o "termo de conciliação é título executivo extrajudicial e *terá eficácia liberatória geral, exceto quanto às parcelas expressamente ressalvadas*".

Já referi nesse mesmo capítulo todos os problemas que envolvem a quitação genérica, desde a ilegalidade manifesta até o recado social de estímulo ao descumprimento da ordem jurídica, passando pela vedação do acesso à justiça que tal cláusula abusiva promove. Essa era, também, a discussão no que concerne a esse dispositivo legal. Na época, porém, ao contrário do que vem ocorrendo nos últimos anos, havia uma resistência por parte da doutrina e da jurisprudência, em aceitar fórmulas genéricas de quitação, exatamente pela percepção das consequências jurídicas, individuais e sociais de tal prática.

O conceito de quitação previsto nesse dispositivo confronta com aquele contido no parágrafo segundo do art. 477 da CLT, que já foi aqui mencionado. A resposta da Justiça do Trabalho, nessa questão — que sequer chegou a ser suscitada em sede de ADI — foi a de que o acordo realizado no âmbito da comissão teria "eficácia liberatória" apenas em relação às verbas nele descritas.

No âmbito do TRT4 há inclusive súmula nesse sentido:

> SÚMULA N. 69. TERMO DE CONCILIAÇÃO LAVRADO EM COMISSÃO DE CONCILIAÇÃO PRÉVIA. EFICÁCIA. EFEITOS. O termo de conciliação lavrado em comissão de conciliação prévia tem eficácia liberatória restrita aos valores das parcelas expressamente nele discriminadas, não constituindo óbice à postulação, em juízo, de diferenças dessas mesmas parcelas.

De 2000 para cá a interpretação das regras trabalhistas foi ainda mais alargada, num sentido contrário àquele que justifica a existência mesma desse ramo do direito: a proteção a quem trabalha. A questão da conciliação e da quitação também foram alvo de decisões judiciais admitindo a previsão genérica e de atuação legislativa, como a que introduz na CLT o um capítulo III-A: "DO PROCESSO DE JURISDIÇÃO VOLUNTÁRIA PARA HOMOLOGAÇÃO DE ACORDO EXTRAJUDICIAL".

Trata-se de uma previsão legal quase distópica. As partes vão até o Poder Judiciário para dizer que se entenderam. Qual o interesse jurídico para essa demanda?

O acordo extrajudicial só faz sentido exatamente por se tratar de documento ajustado entre as partes, sem a necessidade de intervenção estatal. Os sujeitos de direito em um Estado de Direito, aliás, podem ajustar o que quiserem, desde que não se trate de objeto ilícito.

Trata-se de uma demanda por tudo desnecessária, na medida em que havendo ajuste entre as partes, basta que redijam e assinem o termo de acordo, para que tenha validade jurídica (o que já era uma realidade antes da "reforma"). Caso descumprido o ajuste, o termo serve para dar início à execução do valor ali ajustado. Isso, aliás, também já era possível antes da Lei n. 13.467 de 2017, inclusive pela possibilidade de uso do procedimento da ação monitória no processo do trabalho. Se se quisesse conferir maior valor ao ajuste havido entre as partes, bastaria incluir na CLT a disposição de que o acordo extrajudicial constitui título executivo extrajudicial, hábil, pois, para dar início a uma demanda de execução.

Quando fazemos a leitura dos dispositivos legais inseridos na CLT pela Lei n. 13.467, começamos a compreender do que se trata. O art. 855-B estabelece que o processo será iniciado com uma petição conjunta, embora vede a possibilidade de que as partes sejam representadas por advogado comum. O art. 855-C refere o óbvio: que ajuizar processo para homologar ajuste extrajudicial "não prejudica o prazo estabelecido no § 6º do art. 477 desta Consolidação e não afasta a aplicação da multa prevista no § 8º art. 477 desta Consolidação".

O art. 855-D revela claramente a insistência de compromisso com um raciocínio liberal-positivista, segundo o qual a disposição legal tem o condão de alterar ou conformar a realidade. Em bom português, reforça a falsa ideia de que é possível resolver problemas estruturais através de uma imposição legal. Esse artigo refere que "no prazo de quinze dias a contar da distribuição da petição, o juiz analisará o acordo, designará audiência se entender necessário e proferirá sentença". Mais um prazo sistematicamente violado pela absoluta impossibilidade prática de observá-lo, em razão do acúmulo de demandas nas unidades judiciárias.

Há previsão de que o ajuizamento dessa ação "suspende o prazo prescricional da ação quanto aos direitos nela especificados" (art. 855-E), voltando a fluir o prazo prescricional "no dia útil seguinte ao do trânsito em julgado da decisão que negar a homologação do acordo".

Nada mais é dito na CLT acerca desse procedimento esdrúxulo. O que falta é justamente o principal. Não faz sentido, do ponto de vista jurídico, contratar e pagar os serviços de um advogado para ajuizar uma demanda para informar ao Poder Judiciário que não há litígio entre as partes. Menos sentido tem a imposição de que as partes sejam assistidas por advogados diversos, afinal elas já conciliaram. Também não há efeito prático para essa homologação judicial, pois bastaria considerar o termo de ajuste como título executivo, para que o seu descumprimento, e bem assim a sua observância tivessem exatamente o mesmo efeito do (des)cumprimento de um acordo judicial.

É preciso compreender, pois, a razão pela qual, diante de todo o discurso de que é indispensável reduzir o número de processos, cria-se um tal procedimento. A prescrição intercorrente, a possibilidade de indeferimento de petição inicial que formula pretensão contrária à súmula, a autorização para penalizar com sucumbência trabalhador(a) pobre que não convence o Estado acerca da sua versão dos fatos, todas essas são disposições introduzidas na legislação vigente com o argumento da necessidade de reduzir o número de processos. A Meta 1 do CNJ é o julgamento de um número maior de processos do que aqueles que ingressaram no mesmo período. Mas, agindo em sentido diametralmente contrário, a Lei n. 13.467 cria um procedimento inócuo. Pois bem, a razão está naquilo que se pretende obter através desses processos.

O exame das petições iniciais de processos para homologação de acordos extrajudiciais revela isso. O que se busca é a tal "quitação geral do contrato", a cláusula abusiva criada no âmbito da práxis trabalhista, cujo efeito é a vedação de acesso à justiça exclusivamente em detrimento da classe trabalhadora.

Trata-se, portanto, de autorização legislativa para que as partes utilizem o Poder Judiciário como agente ativo de vedação do acesso à Justiça do Trabalho, algo que o art. 5º, XXXV e XXXVI, da Constituição proíbe expressamente. Note-se que a quitação, como já referi mais acima nesse mesmo capítulo, não é algo à disposição das partes, mas instituto jurídico com previsão legal expressa e com conceito muito claro. O art. 319 do Código Civil estabelece que "O devedor que paga tem direito a quitação regular, e pode reter o pagamento, enquanto não lhe seja dada". E o art. 320 do Código Civil traz o conceito: "A quitação, que sempre poderá ser dada por instrumento particular, designará o valor e a espécie da dívida quitada, o nome do devedor, ou quem por este pagou, o tempo e o lugar do pagamento, com a assinatura do credor, ou do seu representante". Trata-se, portanto, de resposta de pagamento, que sequer terá validade jurídica se esse pagamento deixar de ser realizado (art. 324: "ficará sem efeito a quitação assim operada se o credor provar, em sessenta dias, a falta do pagamento"). Portanto, a única quitação possível, seja em instrumento particular ou público, em juízo ou fora dele, é do valor que a(o) reclamante estiver recebendo em razão do acordo.

O art. 477, § 2º, da CLT estabelece claramente que o "instrumento de rescisão ou recibo de quitação, qualquer que seja a causa ou forma de dissolução do contrato, deve ter especificada a natureza de cada parcela paga ao empregado e discriminado o seu valor, sendo válida a quitação, apenas, relativamente às mesmas parcelas".

Então, a pretensão das partes, ao ajuizarem um tal procedimento com previsão de quitação geral, está eivada de nulidade, na forma do art. 9º da CLT (Serão nulos de pleno direito os atos praticados com o objetivo de desvirtuar, impedir ou fraudar a aplicação dos preceitos contidos na presente Consolidação).

Se os direitos de personalidade são irrenunciáveis (art. 11 do Código Civil — Com exceção dos casos previstos em lei, os direitos da personalidade são intransmissíveis e irrenunciáveis, não podendo o seu exercício sofrer limitação voluntária) assim como os créditos alimentares (art. 1.707 do Código Civil. Pode o credor não exercer, porém lhe é vedado renunciar o direito a alimentos, sendo o respectivo crédito insuscetível de cessão, compensação ou penhora) inclusive sob a perspectiva do direito comum, o são ainda mais sob a perspectiva dos direitos sociais trabalhistas.

Há, portanto, ilegalidade nos acordos propostos com previsão de quitação geral que, além de não estar prevista nos dispositivos antes analisados, implica negar a própria razão pela qual existe Direito do Trabalho e Justiça do Trabalho, qual seja garantir a observância — seja no âmbito do processo seja no das relações sociais — das regras fundamentais trabalhistas.

Ainda que assim não fosse, é certo que para que haja demanda judicial, é preciso que exista uma pretensão resistida. Por isso mesmo, o art. 114 da Constituição refere que a competência da Justiça do Trabalho é "processar e julgar" "ações oriundas da relação de trabalho". Até mesmo em âmbito coletivo, o § 2º desse mesmo dispositivo constitucional refere que o dissídio ocorre justamente quando não há composição voluntária dos interesses dos envolvidos e que a Justiça do Trabalho deverá decidir o conflito, "respeitadas as disposições mínimas legais de proteção ao trabalho, bem como as convencionadas anteriormente".

Desse modo, o art. 855B introduzido na CLT pela Lei n. 13.467/2017, ao buscar introduzir no processo do trabalho a figura do processo de homologação de acordo extrajudicial atenta contra a ordem constitucional, por prever modalidade em que o Estado se prestaria à condição de mero "carimbador" da vontade das partes, prevendo hipótese de processo sem pretensão processual e, pois, sem a presença do binômio necessidade x utilidade do provimento jurisdicional. Se não há conflito, mas sim acordo já assinado, não há lide, nem há interesse jurídico para agir em juízo.

Importante notar que o CPC até 2015 não continha a hipótese de "homologação de autocomposição extrajudicial, de qualquer natureza ou valor" que foi introduzida no rol do art. 725. O art. 1.112 do CPC de 1973 previa como hipóteses de jurisdição voluntária. "I – emancipação; II – sub-rogação; III – alienação, arrendamento ou oneração de bens dotais, de menores, de órfãos e de interditos; IV – alienação, locação e administração da coisa comum; V – alienação de quinhão em coisa comum; VI – extinção de usufruto e de fideicompromisso".

Portanto, tinha previsão de providências que deveriam ser requeridas ao Estado, quando não pudessem ser satisfeitas pelo sujeito de direitos, sem a intervenção estatal. Em tais hipóteses, mesmo não havendo contraditório, há sem dúvida pretensão resistida. As hipóteses agora incluídas, na linha de determinações contidas no Documento 319 do Banco Mundial, constituem grave estímulo ao esvaziamento da atividade judicial.

No processo do trabalho, soma-se o fato de que o Estado reconhece a assimetria entre as partes. Nunca é demais reforçar que o processo do trabalho existe em oposição ao processo civil, exatamente pelo reconhecimento da necessidade de atuar para a efetivação dos direitos sociais trabalhistas. Por isso mesmo, o art. 9º da CLT eiva de nulidade todos os "atos praticados com o objetivo de desvirtuar, impedir ou fraudar a aplicação dos preceitos contidos na presente Consolidação".

Por isso, essas alterações legislativas não resistem a um exame de constitucionalidade. Ocorre que, embora provocado através da ADI n. 6142, que discute a constitucionalidade dos arts. 477-A e 855-B, *caput*, e § 2º, da CLT, ambos incluídos pela Lei n. 13.467/2017, o STF até agora não se pronunciou sobre a matéria. A ação sequer foi pautada.

A arbitragem, que pressupõe a ausência do Estado, se vantajosa (tenho minhas dúvidas) no âmbito de outras relações jurídicas, equivale ao retorno da lógica pela qual as partes na relação de trabalho agiam livremente, baseadas apenas nas leis de oferta e procura, necessidade e possibilidade. Então, no âmbito do Direito do Trabalho, nada tem de "moderno", no sentido utilizado pelo relator Rogério Marinho, ao justificar as emendas que incluiu no projeto que resultou a Lei n. 13.467. Admitir a arbitragem apenas porque a(o) empregada(o) recebe um salário decente é condená-la(o) a retornar à época em que não havia legislação trabalhista, deixando-o ao completo arbítrio do empregador.

Ainda quanto à conciliação, devo referir que a Lei n. 13.467 introduz um item "*f*" no art. 652, para estabelecer que é competência do Juiz do Trabalho "decidir quanto à homologação de acordo extrajudicial em matéria de competência da Justiça do Trabalho". Como se já não fosse. Evidentemente, a introdução de cláusula desnecessária como essa mal disfarça a intenção de quem propõe o desmanche: estimular a arbitragem, a resolução extrajudicial dos conflitos, na linha já encampada pelo novo CPC. O Art. 855-B permite homologação de acordo extrajudicial desde que o processo seja iniciado "por petição conjunta, sendo obrigatória a representação das partes por advogado", que não poderá ser o mesmo para ambos, embora não exista litígio.

5. Ainda Algumas Questões Importantes para o Processo do Trabalho

5.1. Ônus e dever de produção de prova: uma distinção necessária

O momento de produzir a prova é de grande importância para o processo. Existem situações em que esse momento sequer é necessário, porque a demandada reconhece a procedência do pedido ou porque o fato trazido na inicial é público e notório. Podemos pensar na situação de uma empresa que fecha as portas deixando seus e suas trabalhadoras sem pagamento. O fato tem repercussão na imprensa, torna-se de conhecimento público. A demanda trabalhista requerendo os salários não pagos irá prescindir de prova, em tal caso.

Outras situações existem, porém, em que a prova é fundamental. No processo do trabalho existe certa confusão e muita lacuna na compreensao do tema da prova, tanto pela jurisprudência quanto pela doutrina. O exemplo mais emblemático disso é a Súmula n. 338 do TST. Não é o único. A prática de realização de "perícia em secretaria", a "técnica de inversão do ônus da prova", o "princípio da aptidão para a prova" são variações de um mesmo tema.

A falta de compreensão acerca da peculiaridade do processo do trabalho, inclusive no momento da produção da prova, faz com que se negligenciem os deveres de produção prévia de prova documental que gravam a conduta de quem emprega. Tratam-se de deveres que, fixados por normas de direito material, têm direta relação com o processo, porque acabam por determinar o tipo de prova a ser admitido ou indeferido em juízo.

O processo do trabalho é a relação social entre capital e trabalho submetida à avaliação do Estado. Pressupõe, tal como ocorre no âmbito das normas materiais, regras inspiradas pelo princípio da proteção. A desigualdade material reconhecida e de certo modo estimulada pelo Estado, tem de ser em alguma medida "compensada", minimizada, no âmbito processual, sob pena de comprometer o "caráter democrático" do processo.

Em outras palavras, as regras processuais também precisam ser inspiradas na proteção, sob pena de comporem uma farsa. Um processo inspirado pela (falsa) noção de igualdade, como ocorre(ia) com o processo civil, implicaria a absoluta impossibilidade de acesso a uma versão mais aproximada dos fatos, em uma relação assimétrica e configurada a partir de um poder patronal, como é o caso da relação de trabalho. E isso porque é o empregador quem tem a exclusiva possibilidade de documentar o que ocorre durante a relação de emprego, justamente em face do poder que exerce durante o vínculo.

É reconhecendo essa circunstância, que a CLT estabelece, em várias regras materiais, a obrigação de produzir documento. Há determinação de que o "contrato" seja registrado na CTPS (art. 29), de que a jornada seja anotada (art. 74), de que o salário seja pago mediante recibo (art. 464). Os equipamentos de proteção devem ser fornecidos mediante recibo; a condição do art. 62 (para quem a compreende como constitucional) também deve ser anotada na carteira.

Trata-se de deveres (obrigações) que devem ser cumpridos durante a execução do vínculo. Quando ainda não há processo, portanto. Ainda assim, são deveres que irão repercutir no processo, definindo não apenas o tipo de prova, mas também qual das partes tem o dever de trazê-la em juízo.

Ao fixar obrigações como aquelas previstas nos arts. 29, 74 e 464, a CLT estabelece a materialização dos elementos essenciais da troca entre capital e trabalho: a quantidade de tempo entregue/ o valor pago por esse tempo/ o modo como esse trabalho foi realizado/ o período durante o qual a troca ocorreu. Questões que, se dependessem apenas da memória humana, se perderiam no tempo.

Basta um exercício de reflexão para percebermos a total impossibilidade de guardar na memória o período exato de um vínculo mais extenso, a jornada realizada em cada um dos dias desse vínculo ou o salário pago em cada mês, e mesmo a data do respectivo pagamento. Se pensarmos sobre o que fizemos na semana passada, o horário exato em que paramos para almoçar ou retornamos ao trabalho, quando encerramos a jornada, já perceberemos a impossibilidade de uma resposta exata. O fato de que o vínculo de emprego como regra se prolonga no tempo, exige que uma tutela jurisdicional efetiva conte com a documentação dos principais elementos dessa relação social, sob pena de inviabilizar-se completamente a busca da melhor versão dos fatos, em detrimento justamente da parte para a qual a Justiça do Trabalho e o processo do trabalho existem.

Já escrevi neste livro que quem emprega detém autotutela. Trata-se também de uma afirmação de fácil constatação. O empregador muda o horário, extingue o vínculo, retém salário, sem a necessidade de intervenção do Estado. Isso porque é ele quem possui os meios de produção e, pois, quem irá dirigir a atividade. Eis porque será dele o dever de documentar essa relação. E tal documentação é reconhecida como necessária pelo Estado (obrigação de quem emprega) exatamente porque se reconhece a impossibilidade de um processo fundado na proteção e, pois, na busca da efetividade dos direitos fundamentais trabalhistas, sem que o Estado possa examinar a materialização dos elementos da troca. Uma jornada realizada há 04 anos, uma vez documentada, poderá ser verificada pelo Estado, para aferir se efetivamente estava limitada na forma da legislação vigente ou não.

As regras que determinam a documentação do vínculo efetivam a proteção em âmbito processual, mas nem por isso deixam de ter importância para o empregador. Ao contrário, para quem cumpre direitos trabalhistas, esse dever de documentação é fundamental. Caso haja judicialização de um conflito relativo àquela relação de trabalho, esse empregador não dependerá de um duelo de palavras, pois terá consigo documentos, assinados pelo(a) trabalhador(a), que lhe assegurarão a possibilidade de provar a sua versão dos fatos.

Um empregador que documenta corretamente a relação de emprego não terá dificuldade em demonstrar em juízo os dias em que não houve prestação de trabalho. Se pensarmos o exemplo de alguém que, estando de folga, se acidenta e pleiteia a relação desse evento com o trabalho, não teremos dificuldade em compreender a importância do dever de documentação, inclusive sob a perspectiva do empregador.

O duelo de palavras que se estabelece por vezes, em razão da prova oral, deve ser residual no processo do trabalho, exatamente pelo reconhecimento tanto da assimetria da relação, quanto do fato de que nossa memória retém apenas aquilo que considera importante. Não temos condições de "arquivar" tudo, por isso selecionamos fatos, figuras e sentimentos. Essa é a razão pela qual a prova oral é necessariamente frágil. Mesmo a mais bem intencionada testemunha pode confundir-se, esquecer-se ou reter memória que não se coaduna com o que ocorreu na realidade.

A legislação trabalhista reconhece essa limitação que decorre das próprias características da relação de trabalho e da continuidade que a informa. Por isso, determina a obrigação de documentar. Reconhece, também, a ausência de isenção de quem comparece à Justiça do Trabalho, para atuar como testemunha. Por isso, por exemplo, não há previsão de contradita no processo do trabalho, como veremos posteriormente.

O dever de documentação dos principais elementos da relação de trabalho constitui-se, portanto, como uma garantia que atinge tanto a esfera material quanto a processual. Aliás, a garantia processual só ganha relevância em razão da garantia material que promove. A exigência de produção prévia dessa prova documental tem sua importância justamente naquilo que ela viabiliza antes mesmo de iniciar o processo e ainda quando esse processo sequer vier a existir. Folgas, férias, descansos, atrasos, faltas, adicional de assiduidade, acidente de trabalho, doenças profissionais: praticamente todas as questões relativas ao vínculo de emprego dependem de um correto registro do horário de trabalho ou de um correto pagamento de salário. Do mesmo modo, uma doença profissional ocasionada pelo esforço repetitivo poderá ser demonstrada também pelo excesso de trabalho, devidamente documentado nos registros de horário. A discussão acerca da ocorrência ou não de um acidente durante a atividade laboral também terá nos registros escritos do tempo de trabalho o melhor meio de comprovação do local em que ocorreu. Muitos outros exemplos poderiam ser lembrados.

Os dispositivos que determinam deveres de documentação não podem ser vistos como regras acerca do ônus da prova, pois destinam-se à relação material que pode nunca ser judicializada.

Quando refere-se ao art. 74 da CLT, por exemplo, Arnaldo Süssekind admite que a norma tem por objetivo "a comprovação do tempo" em que os trabalhadores permanecem à disposição do empregador. Refere expressamente tratar-se de obrigação imposta ao comprador da força de trabalho, cujo desrespeito implicará infringência à "norma de ordem pública", mas reconhece como consequência apenas sanções administrativas (SÜSSEKIND, 2005, p. 829). Chega a mencionar a relação do dever de controle com a produção da prova, mas apenas para referir que a sua não apresentação dificultaria a prova de prestação de serviços extraordinários pelo empregado e encontra aí a justificativa para a Súmula n. 338 do TST, sobre a qual tratarei posteriormente (*Ibidem*, p. 830). Alice Monteiro de Barros, por exemplo, limita-se a reproduzir a Súmula n. 338 do TST, referindo que o aludido dispositivo trata de ônus da prova (MONTEIRO DE BARROS, 2006, p. 660-1).

No mesmo equívoco incorre Maurício Godinho Delgado. Quando se refere especificamente à norma do art. 74, reconhece que a exigência ali contida tem por objetivo "facilitar a prova do respeito à jornada legal padrão ou a prova do trabalho extraordinário efetivamente realizado". Ainda assim, observa que existem duas posições acerca das consequências processuais desse dever legal: a) de que os registros escritos seriam a única prova possível da jornada; b) de que a não apresentação dos registros reduziria os efeitos da contestação do empregador, "atenuando o ônus probatório cabível ao obreiro de provar a existência de sobrejornada" (DELGADO, 2006, p. 873). Portanto, reconhece que o dispositivo em exame, que regula situação material, tem efeitos processuais. Mas ao tratar desses efeitos, também confunde categorias jurídicas diversas: ônus e dever processual.

Essa confusão é comum entre quem escreve sobre a matéria.

É preciso registrar, porém, que Russomano reconhece tratar-se de norma que institui "o único meio de se conseguir provar, na época oportuna, a frequência real do trabalhador". E acrescenta que justamente por isso o registro deve ser realizado com a participação do(a) trabalhador(a) e sua rubrica, sob pena de não ter qualquer validade como meio de prova (RUSSOMANO, 1966, p. 23).

Na realidade, três posições podem ser defendidas em relação ao art. 74 da CLT: a) de que estabelece um dever de produção de documento, cujo efeito processual é justamente atribuir ao empregador a incumbência da prévia produção de prova documental; b) de que estabelece uma faculdade do empregador que, por se tratar de norma de direito material, não gera efeitos processuais; c) de que fixa um ônus de prova em relação à jornada, atribuindo-o ao empregador.

Das três possibilidades, a última é a que mais contraria não apenas os limites semânticos do dispositivo, como sua topografia e função dentro do sistema que a CLT estabelece. A norma não se refere à relação processual. Trata de circunstância relativa à execução de relação de trabalho que pode jamais vir a ser judicializada.

Aliás, caso se referisse ao ônus da prova, seria contrária ao art. 818 da CLT, porque não é o empregador quem alega a existência de horas extras. A segunda opção esbarra na literalidade do dispositivo. A CLT determina seja **obrigação** do empregador a manutenção dos registros. Não trata, portanto, de mera faculdade. Por fim, esbarra, também, na circunstância de que justamente por tratar de questão material que independe da existência de processo, não faz sentido pensar-se em atribuição de mera faculdade ao empregador. Não há qualquer utilidade em estabelecer que o empregador *pode* manter registro escrito do horário de trabalho dos seus empregados. E por isso mesmo a norma não fixa faculdade, mas sim **obrigação**, tal como ocorre com o salário (art. 464 – O pagamento do salário **deverá** ser efetuado contra recibo, assinado pelo empregado).

Além disso, restaria injustificável a sanção administrativa que a própria CLT prevê em caso de descumprimento dessas obrigações. E também não haveria falar em qualquer consequência processual. A não observância de uma faculdade material não gera sanções materiais ou processuais, nem mesmo sob a perspectiva da distribuição do ônus probatório.

A literalidade do texto legal, que se revela sempre suficiente para a defesa de interpretações restritivas dos direitos trabalhistas, aqui parece não ser sequer percebida pelos aplicadores do Direito do Trabalho. Em vez de reconhecer o que a CLT expressamente determina e a partir daí analisar as consequências jurídicas da inobservância de um dever legal, é mais fácil examinar o dispositivo como se ele dispusesse sobre ônus probatório. Como tentarei demonstrar, essa confusão de conceitos jurídicos tem consequências práticas extremamente relevantes.

As regras que fixam dever de documentação têm, em realidade, a condição de norma coletiva e individual, material e processual, rompendo com dicotomias próprias do direito comum, revelando sua natureza dialética. Embora persistam as diferenças entre normas processuais e materiais, ambas estão intimamente conectadas. À época em que editada a CLT, prevalecia com extrema tranquilidade na doutrina e na jurisprudência a noção de que normas materiais não se confundem com normas processuais; pertencem a mundos distintos.

Do mesmo modo, regras do "processo de conhecimento" não dialogavam com as do "processo de execução" ou mesmo com as do "processo cautelar". O Código de Processo Civil então vigente tratava de tais normas em três livros distintos.

A CLT compilou em um único texto normas materiais e processuais, assecuratórias e satisfativas. Dispôs expressamente que o processo trabalhista inicia com a petição e só termina com a efetiva entrega do "bem da vida". Portanto, rejeitou a separação civilista pela qual os institutos precisavam sempre ser "catalogados" (BAPTISTA DA SILVA, 2002, p. 11). Por isso, se não ultrapassa, ao menos desafia a racionalidade processual moderna que "concebe o direito como uma ciência explicativa, não uma ciência da compreensão", partindo de uma visão compartimentada.

A Constituição de 1988 prestigia essa nova racionalidade, já presente na CLT desde 1943. De certo modo, o CPC de 2015 também o faz. A construção de um Estado Social pressupõe a atribuição de função diferente ao Poder Judiciário. Se o que realmente importa é dar efetividade aos direitos reconhecidos como indispensáveis à concretização do projeto de sociedade contido na Constituição, a separação absoluta entre normas processuais ou materiais perde relevância.

Na verdade, a alteração em nossa percepção acerca do processo, abandonando dogmas que servem apenas à cientifização e ao distanciamento entre Direito e realidade, é condição para a compreensão de temas como o do dever de documentar a relação de trabalho.

As normas fundamentais trabalhistas devem ser aplicadas/interpretadas de sorte a concretizar o princípio que as fundamenta. Cada obrigação ou dever que grava a conduta do empregador, tem inspiração direta no *princípio de proteção*. Mais do que a literalidade dos dispositivos aqui mencionados, é a função que eles exercem na concretização dos direitos fundamentais trabalhistas que precisa ser percebida, revelada e preservada quando da sua aplicação aos casos concretos.

Até o advento da nefasta Lei n. 13.467/2017, a CLT dava uma bela lição ao direito comum acerca de ônus da prova. Fixava-o em regra extremamente simples, em seu art. 818.

A "prova das alegações incumbe à parte que as fizer" constituía diretriz que servia para resolver qualquer questão relativa ao ônus probatório no contexto de uma relação de trabalho judicializada.

E havia um sentido para isso, que está justamente no fato de a CLT estabelecer um sistema de deveres fundamentais do empregador, que precisam ser exigidos no processo antes mesmo que se adentre à questão do ônus de prova.

A palavra ônus significa carga, peso. Não se confunde com obrigação ou dever. A verificação do ônus ocorre no âmbito processual e implica justamente a atribuição de comprovar ao Estado as alegações. Por isso mesmo, é atribuído à "parte no processo". E a parte que detém um ônus "não está obrigada a desincumbir-se do encargo, como se o adversário tivesse sobre isso um direito". Trata-se de um instituto jurídico típico do direito moderno burguês.

O Estado não pode se eximir de decidir, ainda que não possua provas suficientes para seu convencimento. A distribuição do ônus de prova entre os litigantes permite que se atribua a um deles "as consequências de tal insuficiência probatória". Quando o Juiz não consegue saber quem tem razão, a lei julga por ele, através de regras sobre o ônus da prova (TESHEINER, 1993, p. 12). Portanto, a noção de ônus da prova surge da necessidade de resolver os casos em que o(a) juiz(a) não sabe como julgar (*non liquet*) (PONTES DE MIRANDA, 1996, p. 253).

Nas palavras de Pontes de Miranda:

> A diferença entre dever e ônus está em que (a) o dever é em relação a alguém, ainda que seja a sociedade; há relação jurídica entre dois sujeitos, um dos quais é o que deve: a satisfação é do interesse do sujeito ativo; ao passo que (b) o ônus é em relação a si mesmo; não há relação entre sujeitos; satisfazer é do interesse do próprio onerado. Não há sujeição do onerado; ele escolhe entre satisfazer, ou não ter a tutela do próprio interesse.

Portanto, ônus é um conceito jurídico intimamente ligado ao processo, à pretensão à tutela jurídica.

Pode até não se resumir à esfera processual, mas encontra ali o seu ambiente, porque é esse o momento em que há o convencimento do Estado, detentor do monopólio da jurisdição.

Tesheiner vai afirmar, por exemplo, que o ônus, inicialmente circunscrito ao âmbito processual, "saltou para o direito material", tornando-se uma categoria da teoria geral do direito. O qualifica como um "direito formativo", ao qual não corresponde sanção alguma (TESHEINER, 1993, p. 15). Segundo Pontes, "a regra jurídica acerca do ônus da prova não é de direito material, nem é processual; a existência do ônus é comum aos dois ramos do direito, porque concerne à tutela jurídica" (PONTES DE MIRANDA, 1996, p. 254).

Fato é que quem tem interesse em provar, em âmbito judicial ou extrajudicial, detém o ônus da prova. É nesse sentido que Pontes afirma que "não se pode pensar em dever de prova, porque não existe tal dever, quer perante a outra pessoa, quer perante o Juiz" (*Ibidem*, p. 253). Realmente, no âmbito da relação material existente entre as partes, esteja ela judicializada ou não, quando se trata de saber a quem incumbe demonstrar (provar) um fato alegado, é de ônus que se está a tratar. E aí a categoria dos deveres não encontra lugar.

O ônus da prova existe para resolver um problema processual: o de sustentar o dogma da completude do ordenamento jurídico e, por consequência, da existência de uma resposta a ser encontrada pelo Juiz, quando do exame do litígio. Existe, portanto, para resolver "casos difíceis", para auxiliar a resolução do caso concreto, em razão da premissa racional de que a(o) juiz(a) não poderá se abster de "resolver" a lide.

É nesse sentido que o ônus da prova existe sobretudo para regular a "consequência de se não haver produzido prova". Ou seja, serve para resolver o dilema da situação processual em que não haja prova suficiente. O Estado, justamente porque detém o monopólio da jurisdição, não pode se negar a oferecer uma resposta ao conflito social que aprecia. Portanto, "se falta prova, é que se tem de pensar em se determinar a quem se carga a prova". Então, a questão acerca do ônus da prova diz justamente com a determinação sobre quem irá sofrer "as consequências de se não haver provado" (PONTES DE MIRANDA, 1996, p. 271).

O raciocínio de Pontes de Miranda é perfeitamente compatível com a tecnologia dos direitos trabalhistas. A CLT impõe deveres de documentação. Logo, apenas após a verificação acerca do cumprimento de tais deveres, chegar-se-á ao momento em que é preciso verificar se falta prova de algum fato. E, então, haverá a distribuição (ou a atribuição) do ônus àquele que alegou.

Disso se extrai que a atribuição do encargo de demonstrar ao Estado a verossimilhança de suas alegações tem íntima relação com os deveres de conduta que se atribuem às partes, antes mesmo de iniciada a demanda. Apenas quando superada a verificação acerca do dever de documentação e de exibição de documentos, por exemplo, haverá necessidade de distribuir o ônus probatório, em âmbito processual.

Logo, para o desenrolar da técnica processual trabalhista, enquanto há dever, não há ônus. O ônus só assumirá importância, no âmbito do processo, quando ultrapassada a fase de verificação do cumprimento ou não do dever legal.

A obrigação ou dever de conduta é estabelecida pelo Estado para viabilizar o convívio social e reproduzir um modelo de sociedade. Habita tanto a esfera das relações materiais, quanto a dos deveres processuais. Toda vez que o Estado impõe ao sujeito a realização ou a abstenção de um ato, sob pena de sofrer determinada consequência, impõe-lhe uma obrigação. Do mesmo modo, as partes podem atribuir-se respectivamente obrigações em razão de um contrato ou de uma relação social de trabalho. Durante o processo, existem deveres de conduta exigíveis pelo Estado que, desrespeitados, geram sanções.

Nesse sentido, existem divergências quanto ao dever de comparecimento ou de prestar declarações em juízo. Enquanto no processo civil, é a não apresentação de contestação o que gera o estado de revelia e a consequente confissão quanto à matéria de fato; no processo do trabalho é a ausência da parte reclamada em audiência o que gera o estado de revelia e a confissão. Discute-se, então, se comparecer em juízo e prestar depoimento constituem deveres da parte ou ônus processual. Pontes refere-se à "pena de confissão", mas observa que confissão é meio de prova. Portanto, é ônus e não dever (PONTES DE MIRANDA, 1996, p. 304).

No processo do trabalho, é possível divergir dessa conclusão. O comparecimento da parte em juízo se dá por pelo menos duas razões: para viabilizar a conciliação e para *dizer a verdade*, mediante interrogatório. Não há depoimento pessoal. Pontes admite que existe um dever de dizer à verdade (*Ibidem*, p. 299). Admite, ainda, que há dever de comparecimento em juízo. Pois bem, a confissão ficta, que decorre do não comparecimento, apresenta-se então como consequência da desobediência de um dever legal; como sanção. Apenas a confissão espontânea poderia então ser concebida como mero ônus da parte. Do mesmo modo, o próprio comparecimento em juízo afigura-se no processo do trabalho como um dever da parte, a que corresponde o direito da parte contrária de: a) formar a relação processual, b) obter (se tiver interesse) a conciliação e c) ouvir a versão dos fatos que se contrapõe a sua.

O Estado não pune quem tem ônus de prova e dele não se desincumbe. Exatamente, porque, como refere Reis de Paula, parafraseando Pontes: "enquanto a obrigação se cumpre em interesse alheio, o ônus, em interesse próprio" (REIS DE PAULA, 2010, p. 23).

O pressuposto é o de que as partes em litígio num processo têm interesse em demonstrar a veracidade de suas versões, portanto cada uma delas fará o possível em relação à prova de suas alegações. Pune-se, porém, a parte que tendo dever de agir de determinado modo, não o faça. Basta pensarmos nos deveres de conduta instituídos no Código de Processo Civil, dentre os quais o de dizer a verdade e não ocultar documentos do processo. A não observância desses deveres gera sanções decorrentes da litigância de má-fé, como, por exemplo, o pagamento de multa e de indenização. Portanto, quem tem o dever de agir e não age, está sujeito à coerção. Quem tem ônus, poderá permanecer inerte e daí não advirá coerção alguma. Arcará, porém, com as consequências do seu agir. É por isso que no âmbito processual não existe o dever de provar, mas existem deveres processuais ligados à prova. Os deveres, ainda que se constituam e sejam exigíveis no âmbito material, têm consequências que poderão invadir a esfera processual.

Como ensina Pontes:

> Se a consequência é só a perda, ou modificação, há de pensar-se em simples elemento do suporte fático da perda do direito, pretensão, ação ou exceção, ou em elemento de extinção de possibilidade de adquiri-lo — nada se devia, antes. Se, com isso, se dá a satisfação a interesse de alguém, que tinha direito, pretensão, ação ou exceção contra o perdente, então há de pensar-se em dever, que havia, de se ter a conduta que não se teve. Para que haja dever, há de haver, pelo menos, direito de alguém, ainda que do Estado, a que esse dever corresponda (PONTES DE MIRANDA, 2000, p. 487).

No âmbito do Direito do Trabalho, ao dever de produzir determinado documento, previsto em norma de direito material, corresponde o dever processual de exibi-lo em juízo. Trata-se de um outro modo de dizer a mesma coisa: a parte que tem o dever de exibir acaba produzindo a prova.

Entretanto, a distinção feita por Pontes de Miranda evidencia uma compreensão que compartilho: o dever de produzir o documento, durante a relação de trabalho, e de exibi-lo em juízo, em caso de controvérsia, não se confunde com o ônus probatório, que será aferido apenas após superada essa etapa inicial da fase instrutória.

Trata-se de um mesmo dever, com consequências materiais e processuais. Exatamente por isso o art. 400 do CPC prevê que ao decidir o pedido o Juiz *admitirá a verdade do fato* que por meio de documento se pretendia provar. A consequência da não exibição não é, portanto, a confissão ficta, mas a imposição de uma penalidade ainda mais grave: a admissão da veracidade das alegações contrárias à parte gravada com o dever de produção e exibição da prova.

O Estado, decidindo a partir da distribuição do ônus da prova, poderá conceder ou negar o direito ainda que não esteja convencido da prova produzida pela parte "beneficiada" pelo resultado da decisão. Por isso, a CLT estabelecia que a prova das alegações incumbe à parte que as fizer. Porque é exatamente essa a regra geral sobre o ônus e a contrapartida estabelecida pelo direito processual é a possibilidade de o Estado presumir a inexistência ou a existência de determinado fato, em razão da inércia da parte a quem pertencia o ônus da prova.

Quando se trata de dever, porém, já não se está mais diante de mera faculdade, justamente porque ao dever corresponde — em contraposição — um direito da parte adversa da relação social. Por isso, sua inobservância gera sanção, seja de natureza cível, penal ou trabalhista.

No âmbito material, os deveres figuram como limites e, ao mesmo tempo, como condição de possibilidade do exercício dos direitos. Mesmo sob a lógica do capital, uma sociedade que garanta direitos, mas não imponha deveres, não consegue realizar seu projeto de justiça. A categoria dos deveres nasce junto com a noção moderna de direitos subjetivos, tem imbricação com a racionalidade moderna. O sujeito de direitos é o indivíduo que, estando sozinho no mundo (sem o apoio das forças míticas e dos dogmas medievais), é responsável por sua própria sorte. Por isso, autores comprometidos com tal racionalidade referem que a pessoa, exercendo sua liberdade, deve assumir deveres relacionados aos seus pares (KANT, 2009, p. 192), que "a moralidade do indivíduo consiste em que ele cumpra os deveres de sua posição social" (HEGEL, 2008, p. 88), que a responsabilidade perante os pares e as "gerações futuras" deve ser o limitador da liberdade individual (RALWS, 2003) ou que o direito de liberdade corresponde à responsabilidade, ao cumprimento de determinados deveres (HABERMAS, 1997). Então, mesmo (ou principalmente) sob a perspectiva liberal, aos direitos correspondem deveres exigíveis pelo Estado e sujeitos a sanções por descumprimento.

Sob a perspectiva do Direito, portanto, a categoria dos deveres fundamentais não pode ser negligenciada. Trata de uma expressão utilizada por Pachukanis (PACHUKANIS, 1988). Tanto assim que a evolução possível, no âmbito do que é jurídico, com o reconhecimento da fundamentalidade dos direitos sociais, vem emprestando ainda maior relevância à observância dos deveres (fundamentais) que lhes correspondem e que justificam o reconhecimento de sua exigibilidade não apenas na relação entre Estado e cidadã(o), mas sobretudo nas relações sociais privadas (CASALTA NABAIS, 2007, p. 198-246).

Em nenhum outro ramo do Direito emerge com maior nitidez a necessidade de que os deveres sejam observados, a fim de que os respectivos direitos possam efetivamente ser exercidos. Essa é, inclusive, a razão pela qual as primeiras teorizações sobre a existência de deveres diretamente exigíveis da parte surgem no Direito do Trabalho.

É justamente no Direito do Trabalho que se desenvolve a chamada teoria da eficácia direta ou horizontal dos direitos fundamentais nas relações privadas (SARLET, 2000, p. 121-2). O Juiz do Trabalho Hans Carls Nipperdey apoiou sua tese acerca da necessidade de exigir diretamente dos particulares o cumprimento de deveres fundamentais no fato de que em algumas relações sociais privadas, como aquela que se estabelece entre capital e trabalho, habita um poder que deve ter, como resposta a sua possibilidade de determinação dos moldes da relação, um dever direto de realização dos direitos fundamentais da outra parte.

Sarlet refere-se a uma relação de "complementariedade", no que tange à eficácia dos direitos fundamentais, que "geram efeitos diretos *prima facie* no âmbito das relações privadas", notadamente nessas situações em que se reconhece a existência de um poder privado (SARLET, 2007, p. 111-144). Portanto, os deveres fundamentais atuam como condição de possibilidade dos direitos fundamentais e devem ser exigidos diretamente dos particulares.

Robert Alexy trata da eficácia das normas fundamentais, propondo "um modelo em três níveis": a eficácia indireta "no nível do dever estatal" de prestar; a eficácia em que o Estado tem o dever de "levar em consideração a ordem de valores dos direitos fundamentais", interpretando as normas jurídicas e aplicando-as em conformidade com esses valores. Por fim, a eficácia direta na relação entre particulares que, para Alexy, se verifica quando "os princípios de direitos fundamentais conduzem a direitos e obrigações nas relações entre particulares que são necessários em razão da existência desses princípios, mas que não o seriam na sua ausência" (ALEXY, 2008, p. 581-3).

A principal preocupação dessa doutrina, que evidentemente não questiona a ordem posta, é impedir a "proteção insuficiente", um conceito construído para se referir às situações em que o ordenamento jurídico garante determinada proteção que, na prática, revela-se mera retórica (CANOTILHO, 1993, p. 497).

No caso específico do Brasil, a eficácia imediata dos direitos fundamentais está estabelecida no art. 5º, § 1º, da Constituição, e deve ser exigida inclusive nas relações entre particulares.

Embora haja diferença entre o que se pode exigir do Estado e aquilo que é exigível diretamente dos particulares, há uma "simultânea e interdependente eficácia dos direitos fundamentais" (SARLET, 2007, p. 111-144). Pois bem, o reconhecimento de uma eficácia direta dos direitos fundamentais, gerando deveres nas relações privadas, implica (ou deveria implicar) a superação da dicotomia público x privado, tal como o Direito do Trabalho parece propor, desde a sua gênese. É exatamente na realidade das relações entre capital e trabalho que surgem os primeiros casos, nos quais se reconhece a necessidade de exigir diretamente do particular a realização de um direito fundamental.

Nesse sentido, Canaris refere que as normas de direito privado, por vezes, caracterizam-se simultaneamente como "intervenções nos direitos fundamentais de uma parte e garantias de proteção dos direitos fundamentais da outra". E cita como exemplo a Lei de Proteção contra os Despedimentos na Alemanha, que "visa satisfazer o imperativo, resultante do art. 12º da LF, de proteção do trabalhador contra a perda do seu posto de trabalho" (CANARIS, 2009, p. 34).

É nesse ambiente que os deveres ligados à prova se inscrevem. Aqui os âmbitos material e processual se imbricam sem se confundir: o sistema de provas trabalhista pressupõe o reconhecimento de deveres fundamentais diretamente exigíveis do empregador.

A doutrina trabalhista não controverte acerca da existência de deveres fundamentais que gravam a conduta do empregador. Porém, em razão de uma lógica que distancia o direito material do processo, os desconecta do âmbito processual, tornando-se meras recomendações sem efeito jurídico-processual, quando se trata da análise do dever de prova da jornada.

O art. 74 da CLT, embora regra de direito material, especifica o *tipo de prova* legalmente aceitável para o efeito de comprovação da jornada realizada pelo empregado. Estabelece um dever ao empregador, cujo não cumprimento tem por consequência sanções legais. Nesse caso, assim como no caso da norma relativa à documentação do pagamento de salário, as consequências do descumprimento são tanto materiais quanto processuais.

No âmbito material, o empregador pode sofrer sanções administrativas em razão de não possuir registros escritos do horário de trabalho de seus empregados. No âmbito processual, também há previsão expressa de consequência legal para o descumprimento do dever imposto pela norma trabalhista. Embora essa previsão não esteja no texto da CLT — assim como não está ali a previsão de sanção ao litigante de má-fé — consta de cláusula geral plenamente compatível com o processo do trabalho. Cláusula que, aliás, nem precisaria ser expressa, na medida em que a sanção decorre justamente da natureza de *dever legal*, que a manutenção e a consequente exibição dos registros de horário assume no sistema trabalhista.

O art. 442 do Código de Processo Civil diz expressamente que a prova testemunhal é como regra sempre admissível, e o art. 443 apresenta exceção a essa regra, ao dispor que o juiz "**indeferirá a inquirição de testemunhas** sobre fatos" que "só por documento ou por exame pericial puderem ser provados".

O indeferimento da oitiva de testemunhas é a sanção que o ordenamento jurídico impõe à parte que, tendo dever de documentar determinado fato e por consequência de exibir o documento em juízo, não o faz. O dever de pré-constituir a prova implica, necessariamente, a sua exibição em juízo, sob pena de perda de sua própria razão de ser. A jornada é justamente o tipo de fato que só por documento pode ser provado, quando o empregador contar com mais de dez trabalhadores a ele subordinados. Isso por determinação expressa do art. 74 da CLT.

A penalidade aqui, segundo Pontes de Miranda, é a completa negação da eficácia probatória aos testemunhos sobre a jornada:

> A prova testemunhal não é de admitir-se; por maior que fosse o número de testemunhas, nenhuma eficácia probatória teria o que elas declarassem. Quando para algum ato se exige determinada forma, não entra ele, sem isso, no mundo jurídico: não existe (PONTES DE MIRANDA, 1996, p. 42).

É interessante observar que o TST aceita tranquilamente a aplicação do art. 443 do CPC ao processo do trabalho nas hipóteses em que se exige perícia para a comprovação de um fato ou discute-se salário, mas nega sua aplicação — mais do que isso, silencia sobre ela — quando o assunto é a jornada:

> CERCEAMENTO DE DEFESA – INDEFERIMENTO DE PRODUÇÃO DE NOVA PROVA PERICIAL E DOCUMENTAL 1. O Eg. TRT de origem manteve a decisão que indeferiu a produção de nova perícia e a juntada de documentos por julgar que os elementos probatórios dos autos já eram suficientes ao deslinde da controvérsia. Não caracteriza cerceamento de defesa o indeferimento de prova se existir nos autos elementos suficientes ao convencimento do julgador (**art. 400 e incisos do CPC**).[136]

O TRT da Quarta Região também:

> DIFERENÇAS DE PLR. ÔNUS DA PROVA. Antes mesmo do ônus do reclamante em demonstrar diferenças que entende devidas a título de PLR, tem-se o encargo da reclamada de apresentar os documentos necessários a tal aferição, mormente frente ao dever de documentação e ao princípio da maior aptidão para a prova. Não havendo prova documental que permita verificar a correção dos valores pagos a tal título, conclui-se pela existência das diferenças alegadas

(136) RR – 71-23.2012.5.19.0003 , relator Desembargador Convocado: João Pedro Silvestrin, Data de Julgamento: 18.06.2014, 8ª Turma, Data de Publicação: *DEJT* 24.06.2014). Disponível em: <www.tst.jus.br>. Acesso em: 27 jun. 2014.

pelo autor. Sentença mantida. (TRT da 4ª Região, 1ª Turma, 0020512-51.2018.5.04.0029 ROT, em 19.11.2020, Desembargadora Lais Helena Jaeger Nicotti)

RECURSO ORDINÁRIO DA SEGUNDA RECLAMADA. INSTALADOR. PRÊMIO PRODUÇÃO. O art. 41, parágrafo único, da CLT impõe o dever de documentar os dados do contrato de trabalho do autor, enquanto o art. 400, *caput* e I, do NCPC impõe a penalidade de confissão a quem não efetuar a exibição da prova documental quanto ao fato controverso. Incidem os arts. 818 da CLT e 373, II, NCPC para, ao lado do princípio da aptidão para a prova, impor a quem deve documentar o contrato de trabalho o dever de apresentar as provas documentais respectivas. No caso em tela, as fichas financeiras indicam o pagamento do prêmio por produtividade, sendo que as cláusulas 6ª e 7ª dos ACTs, somadas à Tabela II Anexo II indicam a necessidade de fornecimento do Extrato de Produção ao funcionário. Prova dos autos indicando ausência de transparência nos critérios adotados para a premiação, o que é reforçado pela "prova" testemunhal. Recurso provido em parte para deferir diferenças de premiação e reflexos, conforme critérios arbitrados. (TRT da 4ª Região, 10ª Turma, 0021725-29.2018.5.04.0341 ROT, em 26.11.2020, Desembargadora Ana Rosa Pereira Zago Sagrilo)

A observância ou não de um dever fundamental ligado à prova em nada interfere na distribuição do ônus. Aqui, a categoria dos deveres fundamentais invade a esfera processual, mas exige um raciocínio que não se confunde com aquele relativo à distribuição da carga probatória.

Ao iniciar a fase da produção de provas, o Estado deve investigar se o empregador, a quem se atribuem deveres ligados à prova (de documentar a jornada, o pagamento de salário, o fornecimento de equipamentos de proteção e, portanto, a própria relação de emprego), os cumpriu devidamente.

A verificação do cumprimento do dever legal, pelo Estado, se dá previamente em âmbito administrativo (mediante fiscalização) e posteriormente em ambiente processual (mediante exigência de exibição do documento). Caso o dever não tenha sido observado, ao Estado cumprirá aplicar as respectivas sanções: admitir como verdadeira a versão contida na petição inicial e indeferir eventual prova testemunhal.

Apenas após o empregador haver demonstrado que cumpriu seu dever legal, assumirá relevância a distribuição do ônus probatório.

Um exemplo torna tudo mais claro. Quando o trabalhador pleiteia o pagamento de horas extras está alegando e, portanto, tem ônus de provar. Entretanto, a CLT incumbe ao empregador, que possui o poder social e a possibilidade de documentar a relação de emprego, o dever de produção prévia da prova da jornada (art. 74). Em razão disso, o Estado, antes mesmo de "distribuir" o ônus da prova, irá inicialmente verificar se o empregador trouxe aos autos os registros. Perceba-se bem: nesse momento, não está perquirindo ônus da prova; está verificando o cumprimento de um dever legal.

Se o empregador tiver cumprido seu dever legal, exibindo os registros em juízo, o trabalhador deverá ter deles ciência. Havendo sua concordância com os horários documentados, a prova se restringirá à demonstração de que a jornada registrada não foi integralmente paga, porque não consta nos recibos de salário, cujo dever de exibição o empregador também detém. Havendo a discordância do trabalhador com a documentação produzida pela empresa, passar-se-á à fase de distribuição do ônus da prova. O que ocorre, então, é a impugnação de um documento, cuja prova da falsidade será incumbência do trabalhador.

De outra parte, se o empregador não cumprir seu dever legal, deixando de trazer aos autos verdadeiros registros de horário, ele sofrerá as sanções correspondentes. Por consequência, não haverá necessidade ou utilidade na produção de outra prova acerca da jornada. Haverá, isso sim, proibição legal expressa de oitiva de testemunhas sobre esse fato. E não haverá mais controvérsia. Assim, sempre que o(a) juiz(a) chegar ao ponto de ter de distribuir ônus probatório, a prova caberá à parte que alegou.

O art. 818 da CLT tinha redação precisa, que já era, porém, mesmo antes da Lei n. 13.467, negligenciada por boa parte da doutrina trabalhista que o examinava à luz do art. 373 do CPC.

Temos na fase probatória do processo momentos distintos. Primeiro, afere-se o cumprimento dos deveres ligados à prova, aplicando-se as sanções pertinentes. Apenas quando ultrapassada essa fase, haverá a necessidade de distribuição de ônus. Logo, raras serão as hipóteses em que haverá necessidade de "inverter o ônus" ou invocar razões de outra ordem (como a facilidade na produção ou na guarda), para distribuir de modo diferente a prova. Porém, não é essa a compreensão refletida na práxis trabalhista.

Embora haja indeferimento de prova e admissão dos fatos alegados pela parte contrária, quando não juntada prova documental de pagamento de salário, segue sendo produzida prova testemunhal acerca da jornada, quando a empresa não apresenta os registros escritos do horário de trabalho. Isso decorre da aplicação acrítica do entendimento contido na Súmula n. 338 do TST:

> JORNADA DE TRABALHO. REGISTRO. ÔNUS DA PROVA.
>
> I – É ônus do empregador que conta com mais de 10 (dez) empregados o registro da jornada de trabalho na forma do art. 74, § 2º, da CLT. A não apresentação injustificada dos controles de frequência gera presunção relativa de veracidade da jornada de trabalho, a qual pode ser elidida por prova em contrário. (ex-Súmula n. 338 alterada pela Res. n. 121/2003, *DJ* 21.11.2003)
>
> II – A presunção de veracidade da jornada de trabalho, ainda que prevista em instrumento normativo, pode ser elidida por prova em contrário (ex-OJ n. 234 da SBDI-1 – inserida em 20.06.2001)
>
> III – Os cartões de ponto que demonstram horários de entrada e saída uniformes são inválidos como meio de prova, invertendo-se o ônus da prova, relativo às horas extras, que passa a ser do empregador, prevalecendo a jornada da inicial se dele não se desincumbir. (ex-OJ n. 306 da SBDI-1- DJ 11.08.2003). Observação: (incorporadas as Orientações Jurisprudenciais ns. 234 e 306 da SBDI-1) – Res. n. 129/2005, *DJ* 20, 22 e 25.04.2005.

A Súmula n. 338 do TST sintetiza os três problemas. É um dos tantos exemplos da dificuldade que temos em compreender o sistema de deveres estabelecido pela legislação trabalhista e sua importância para a efetivação do direito à limitação e controle efetivo da jornada. É emblemática para fazer perceber a função que o Poder Judiciário por vezes assume, de usurpador do direito trabalhista. Refere, em seu item I, que "é *ônus* do empregador". Parece limitar-se à reprodução da previsão legal. Entretanto, a troca de uma só palavra faz com que tudo se altere. Em lugar de obrigação, a redação da súmula refere-se a ônus. Portanto, estimula a confusão que a partir dela se estabelece na doutrina e na jurisprudência, entre dever e ônus de prova.

Em sua segunda parte, o mesmo item I da orientação em exame parece revelar uma evolução no exame da matéria, quando aduz que a "não apresentação injustificada dos controles de frequência gera presunção relativa de veracidade da jornada de trabalho, a qual pode ser elidida por prova em contrário". O item III também menciona que "os cartões de ponto que demonstram horários de entrada e saída uniformes são inválidos como meio de prova, invertendo-se o ônus da prova, relativo às horas extras, que passa a ser do empregador, prevalecendo a jornada da inicial se dele não se desincumbir".

O pressuposto básico das afirmações contidas na súmula é o de que a não apresentação dos registros gera *presunção relativa* passível de ser "elidida por prova em contrário". Presunção é a relação lógica e racional que o Juiz estabelece entre o fato conhecido e o fato desconhecido. Serve para suprir lacuna verificada quando do exame do caso concreto. Tanto assim que o art. 212 do Código Civil menciona que o fato jurídico pode ser provado, inclusive, mediante presunção, ressalvando apenas as hipóteses em que a tal fato se impõe *forma especial*. Desse dispositivo se extrai a noção de que a presunção simples constitui meio de prova nas hipóteses em que a Lei não determina a espécie de prova pela qual deva se revelar determinado fato.

O equívoco da Súmula n. 338 do TST está, portanto, na confusão intencional que faz entre dever e ônus e na conclusão equivocada que gera a partir disso: a de que é possível produzir prova oral da jornada, mesmo quando a empresa com mais de dez empregados simplesmente não exibe os registros de horário em juízo. É interessante perceber como doutrina e jurisprudência moldaram-se a essa compreensão equivocada e a reproduzem sem maiores reflexões. Mesmo sob a perspectiva da racionalidade liberal, todas as premissas até aqui examinadas permitem a compreensão de que o art. 74 da CLT encerra um dever de produção prévia de prova. Precisamos, então, reconhecer as consequências da compreensão destrutiva contida na Súmula n. 338 do TST.

Há decisão importante, do TRT da Quarta Região, reconhecendo isso:

> HORAS EXTRAS. REGISTROS DE HORÁRIO. Comprovado que os registros de horário apresentados pela empregadora não consignam a efetiva jornada realizada pelo empregado, prevalece a jornada alegada na petição inicial. De acordo com o art. 74, § 2º, da CLT, para estabelecimentos

com mais de dez trabalhadores, é obrigatória a anotação da hora de entrada e de saída. Tal disposição não constitui apenas uma obrigação administrativa. Tendo o empregador a obrigação de manter o controle de horário correto, deve, por consequência, exibi-lo em juízo. A não juntada dos documentos induz à veracidade dos fatos alegados pela parte autora. Não se pode admitir que o empregador opte por produzir prova documental ou oral a respeito do horário de trabalho, pois tem por dever processual juntar a documentação que se encontra em seu poder, sob as penas do art. 400 do CPC. Recurso provido+ (TRT da 4ª Região, 3ª Turma, 0020469-37.2018.5.04.0281 ROT, em 05.10.2020, Desembargador Marcos Fagundes Salomao)

A mensagem social outorgada às empresas, cada vez que se aplica a Súmula n. 338, é a de que não há mais necessidade de manter registro escrito da jornada. Portanto, cria-se uma situação de desvantagem para todos os empregadores que, em obediência à norma do art. 74 da CLT, seguem mantendo registros escritos dos horários de trabalho de seus empregados.

A Súmula n. 338 do TST é apenas um exemplo do distanciamento entre o que diz o ordenamento jurídico e o que dele fazemos na prática judiciária. A questão fundamental é que essa prática acaba por determinar o que efetivamente vale para as relações sociais. Se é o Poder Judiciário que, em última instância, decide acerca da correção ou não dos atos dos empregados e empregadores na relação social de trabalho, de nada valerá o dever contido no art. 74 da CLT ou a sanção prevista no art. 443 do CPC. Prevalecerá o entendimento da Súmula n. 338 do TST.

A consequência já é e será cada vez mais a sonegação dos documentos que permitem a aferição da medida da troca entre capital e tempo de vida, quando judicializado o conflito. E, claro, a pretensão, cada vez mais recorrente, de produção de prova oral. O afastamento do juiz da realidade vivida entre as partes, que daí certamente decorrerá, nem será o mais grave. Grave será a permissão, que é corolário do uso dessa orientação jurisprudencial, para a exploração de trabalho, inclusive em jornada extraordinária, sem a devida contraprestação. Isso porque bastará em eventual futuro litígio trabalhista levar para a sala de audiência, um, dois ou quem sabe três trabalhadores da empresa, todos eles sem qualquer garantia contra a despedida, para que digam ao juiz que determinado colega de trabalho não realizava jornada extraordinária, e as horas extras exigidas e não documentadas, como determina a norma trabalhista, não serão passíveis de cobrança por meio do processo judicial.

O sistema diferenciado concebido pela CLT não se limita às disposições materiais acerca de um dever de documentação, cujo objetivo certamente tem estreita relação com o âmbito processual. No processo do trabalho, o ônus probatório só deve ser investigado, quando superada a questão dos deveres fundamentais atribuídos ao empregador. Exatamente por isso a regra acerca do ônus da prova, em sua simplicidade, é suficiente para resolver questões relativas ao encargo probatório.

O art. 818 era suficiente em si, mas parece que poucos conseguiam perceber isso. Sua redação era simples justamente porque o ônus (que sempre caberá a quem alegar) só será perquirido após superadas as questões relativas aos deveres de produção de prova, que recaem sobre a figura do empregador. Por isso, é possível afirmar que sequer seria necessária a aplicação subsidiária do art. 443 do CPC ao processo do trabalho.

A existência de normas de direito material estabelecendo deveres de produção de documentos já indica a necessidade de reconhecer efeitos processuais à eventual desobediência da parte. Não haveria razão diversa para que se impusesse ao empregador deveres de documentação da própria relação, do salário e da jornada, que não a compreensão de que esses documentos são o meio admissível de prova, em âmbito material ou processual.

A mudança no olhar do aplicador do Direito do Trabalho, uma vez observadas as regras da CLT, especialmente quando fixam dever de produção prévia de prova documental, é importante. Permite superar definitivamente a discussão acerca da necessidade de "inversão do ônus da prova".

A principal razão jurídica invocada para a oitiva de testemunhas, mesmo quando o empregador falha em seu dever de produção prévia da documentação do horário de trabalho, é o "cerceamento de defesa". Com efeito, a Constituição de 1988 garante o direito fundamental à ampla defesa e ao contraditório. O reconhece, inclusive, "aos acusados em geral", e não apenas aos litigantes de um processo judicial ou administrativo:

> Art. 5º, LV – aos litigantes, em processo judicial ou administrativo, e aos acusados em geral são assegurados o contraditório e ampla defesa, com os meios e recursos a ela inerentes

Aqui, vale a consideração de que a norma constitucional, ao instituir o direito fundamental à ampla defesa aos acusados em geral impõe a necessidade de sua observância nas hipóteses de acusação de falta grave no âmbito de um vínculo de emprego, o que não tem sido observado nas relações de trabalho, nem exigido pelo sistema de justiça, quando chamado a analisar situações de justa causa. A exceção se dá em relação aos empregados públicos, para os quais há decisão reconhecendo o dever de observância da ampla defesa e do contraditório em âmbito administrativo:

> EBCT. JUSTA CAUSA. NULIDADE DO PROCESSO ADMINISTRATIVO. INOBSERVÂNCIA DO CONTRADITÓRIO E DA AMPLA DEFESA. NÃO CONFIGURAÇÃO DA FALTA QUE MOTIVOU A DISPENSA. REINTEGRAÇÃO. Instaurado processo administrativo em que não foram observados os princípios do contraditório e da ampla defesa e não verificada a falta apontada como motivação para a dispensa, impõe-se a reversão da justa causa e a reintegração da empregada. (PROCESSO n. 0021389-79.2017.5.04.0011 (ROT). RELATOR: MARCOS FAGUNDES SALOMAO)

A ampla defesa e o contraditório compõem a noção de "devido processo legal". Entretanto, há uma convergência da doutrina e da jurisprudência, sobretudo a partir da segunda metade do Século XX, com o fenômeno da "constitucionalização do processo", de que a noção de devido processo legal não se resume a isso. Deve ser examinada sob o ponto de vista da realização da pretensão de direito material. Inclui, portanto, o direito a "um processo sem dilações indevidas", que confira tutela tempestiva e eficaz (CANOTILHO, 2000, p. 493).

Nesse passo, não há mais falar em direito a um procedimento ordinário de cognição plenária, que se protraia no tempo e permita ao Juiz alcançar a *certeza* traduzida pela *descoberta da vontade da lei*. Se essa foi, em algum momento, a leitura do conteúdo desse princípio constitucional, ela não mais se justifica. O juízo não é oráculo da lei nem a "voz do TST". Tem compromisso com o processo desde o seu ajuizamento. Ao deferir ou indeferir uma prova, está decidindo em favor de uma parte e necessariamente contra a outra.

A oitiva de testemunhas do empregador que não atendeu ao dever do art. 74 da CLT é o deferimento, à demandada, de uma dilação probatória que compromete não apenas o tempo de andamento do processo, mas também a própria efetividade da tutela. O que é pior, compromete o discurso social que rege as relações de trabalho, mesmo sob a perspectiva estritamente liberal.

O testemunho dos colegas de trabalho não conseguirá, por óbvio, reproduzir exatamente o momento em que o trabalhador iniciou e encerrou a sua jornada em cada um dos dias do *contrato*. Haverá, no máximo, referências aproximativas, quando não houver de fato declarações "construídas" para compor a "farsa" no momento da audiência. E isso não decorre necessariamente de uma vontade de mentir ao Juiz ou de intenção obscura do empregador. Decorre do fato singelo de que é humanamente impossível lembrar os horários exatos de realização do trabalho, sobretudo daquele que não é realizado pelo indivíduo de quem se exige tal prodigiosa memória.

Sequer é razoável presumir que o empregado realize suas tarefas laborais prestando atenção aos horários praticados por seus colegas de serviço. Imagine-se, então, exigir desse empregado que relembre tais horários, dois, três ou cinco anos depois, para então os declará-los em audiência. É evidente que a prova testemunhal, sobretudo em relação à jornada, é uma prova falha. Essa é a razão pela qual o ordenamento jurídico, através da regra do art. 74 da CLT, exige a prévia documentação dos horários de trabalho. É também a razão pela qual a desobediência a esse dever legal deve implicar, como penalidade, o acolhimento da tese contrária.

A dificuldade em perceber ou aceitar isso, está intimamente ligada à compreensão do processo como um conjunto de atos destinados a permitir que se alcance a *verdade*. Essa compreensão remete a Francesco Carnelutti, cuja definição de lide é justamente a de conflito de interesses qualificado por uma pretensão resistida (CARNELUTTI, 1942. p. 34). Sob tal perspectiva, a lide só se estabelece no processo de conhecimento, em que uma parte busca do Poder Judiciário, que seu interesse prevaleça sobre o da outra parte.

A função processual consistiria em compor esse litígio. Essa redução do conceito de lide ao de "*interese calificado por uma pretensión resistida*" é o pressuposto teórico que justifica a compreensão do mérito como o exame da matéria de fundo, que confere a *certeza*, ao final de um processo *declaratório*. Trata-se de uma concepção matemática do processo, como se ele reproduzisse a mesma "fórmula matemática" das ciências exatas: se os passos forem seguidos corretamente, ao final a *verdade* se revelará.

A alteração nas estruturas de poder e na forma de (re)produção social, engendrada pela burguesia como algo revolucionário, gerou a necessidade de que, na sequência imediata dos fatos, o pensamento conservador prevalecesse. Era preciso construir uma nova concepção de sociedade e é nesse ambiente que o Direito positivo se consolida. Esse pensamento conservador que naturaliza a realidade que ele próprio elabora (a realidade do capital e do Direito como instrumento de consolidação da relação de trocas), é exatamente o que dá ao Estado a "tranquilidade de consciência, que lhe permite a ilusão de manter-se irresponsável". Como refere Ovídio Baptista, um juiz que indefere uma liminar imagina-se imparcial; não percebe que está outorgando idêntica liminar à parte contrária. Do mesmo modo, a busca da "vontade da lei", da certeza ou da verdade faz com que o Juiz eventual injustiça seja atribuída exclusivamente ao legislador, e não ao Juiz, que apenas cumpre o roteiro pré-determinado pelas regras processuais (BAPTISTA DA SILVA, 2004, p. 16).

Os dois principais compromissos ideológicos que exsurgem dessa compreensão do Direito e da própria função do Poder Judiciário são: "a ideia de que o juiz somente deve respeito à lei" (ou à súmula), sendo-lhe vedado decidir as causas segundo sua posição política, e a "tirania exercida pela economia sobre o resto". Daí a facilidade de produzir decisões que se fundamentam em súmulas, mesmo quando elas contrariam frontalmente o ordenamento jurídico. O Estado assume com passividade a função de mero desvelador da "vontade da lei" (Chiovenda) ou da "vontade da súmula", produzindo o sonhado juízo de certeza" (*Ibidem*, p. 17-27).

É exemplo disso o fato de que comumente ouvimos a mídia, as partes ou mesmo o Tribunal, referirem-se à sentença do Juiz, dizendo: "estava errada a decisão" ou "o juiz acertou". É por isso que existe tamanha resistência a decisões que indeferem a produção de determinadas provas ou abreviam o andamento do feito.

Tais decisões estão *comprometendo* essa possibilidade de atingir a *verdade*.

A noção de que se atribui às partes a iniciativa de instauração e impulso do processo é decorrência disso (THEODORO JUNIOR, 1998, p. 27). O princípio dispositivo, em sua versão clássica, implica a compreensão de que à parte compete instar o Poder

Judiciário a resolver o conflito de interesses verificado no mundo dos fatos e só a ela interessa o desenrolar do procedimento. O interesse para agir até hoje se caracteriza, seguindo esse referencial, pela necessidade que a parte tenha de provocar o Estado a decidir um conflito de interesses materiais.

Ora, o mérito envolve tudo o quanto se define a partir do processo. O interesse de agir não se resume à obtenção de declaração (certeza) a propósito da matéria de fundo. Examinar o mérito da demanda implica exercer cognição: conhecer e decidir a propósito da matéria que lhe é submetida, o que ocorre também durante o curso do processo, inclusive na fase de cumprimento da sentença. Disso tudo se extrai a necessidade de que os princípios do contraditório e da ampla defesa sejam examinados à luz da *razão de ser* do processo, qual seja, conferir eficácia à tutela jurisdicional de direitos.

Não se trata, portanto, de negar a existência da verdade — seja na realidade da vida ou no âmbito de um processo judicial — mas de reconhecê-la como "verdade existencial", verdade que se constrói na existência e que não corresponde necessariamente à realidade.

No âmbito do Direito, embora a noção positivista de verdade como subsunção tenha pretensamente sido superada pelo que se denomina neoconstitucionalismo, este salto para a compreensão de uma verdade existencial não ocorreu, como já vimos em capítulo anterior deste livro.

O que está em discussão, portanto, para além da verdade possível, é o caráter pedagógico que se deve atribuir à decisão judicial, cujo resultado, para além da regulação do caso concreto, é sempre também um recado social. No âmbito das relações de trabalho, a cada sentença trabalhista, o Poder Judiciário também indica às partes, e à sociedade em geral, sua compreensão acerca da necessidade ou não de observância das normas trabalhistas regularmente editadas.

No exemplo antes enfrentado, a regra do art. 74 da CLT, ao ser aplicada ao caso concreto, deve ser "contaminada" pelo princípio da proteção que a inspira e justifica. Sua compreensão pressupõe o reconhecimento da categoria de deveres fundamentais e de sua importância para a consolidação do projeto social contido na Constituição de 1988. Não é diferente com o processo. Enquanto instrumento de realização do direito material, a norma processual precisa ser compreendida e aplicada em consonância com o princípio que justifica a existência mesma das regras materiais. Por isso, sob a ótica constitucional, não há falar em plena disponibilidade da demanda, pelas partes. Não há falar em inércia absoluta do Estado. Não há pensar em um juízo que se limite a declarar a "vontade" previamente estabelecida por um entendimento sumulado.

O *contraditório*, ao qual Ovídio Baptista atribui o nome de "princípio da bilateralidade da audiência", corresponde ao direito da parte de ver suas alegações deduzidas em juízo, sem que isso implique, necessariamente, a postergação do exame da matéria de fato, o deferimento de prova desnecessária ou a inércia judicial no decorrer do feito (BAPTISTA DA SILVA, 2003). A doutrina processual reconhece até mesmo a possibilidade de contraditório *diferido*, em que a decisão é proferida antes mesmo de ouvir a parte contrária, ou *eventual*, pois "não qualquer inconstitucionalidade no contraditório eventual – que é aquele que se realiza em outro processo na eventualidade de o interessado propor demanda para ampliação ou exaurimento da cognição. É o exemplo clássico dos processos de cognição parcial ou sumária" (SARLET, MARINONI, MITIDIERO, 2012, p. 650).

O chamado princípio do contraditório está diretamente relacionado à necessidade de instrumentalidade, de sorte que o processo deve atender aos preceitos constitucionais e favorecer a efetiva participação dos sujeitos interessados. Com isso, distancia-se do conceito de contraditório como mero direito a produzir prova (DINAMARCO, 2002, p. 159-62).

Por sua vez, a *ampla defesa* deve ser compreendida como o direito de conhecer as alegações da parte contrária e delas defender-se. Como bem esclarece Mitidiero, embora a ampla defesa determine, na lógica das relações processuais vigentes, a cognição plena e exauriente da matéria como regra geral, não impede situações em que necessários "cortes de cognição para a organização do processo" (SARLET, MARINONI, MITIDIERO, 2012, p. 654). É o caso das tutelas de urgência e evidência ou das demandas cautelares, e envolvem tanto a profundidade com que se produz a prova, quanto as matérias em relação às quais é permitida a produção de prova.

O direito de produzir prova no processo não é, portanto, ilimitado. Ao contrário, encontra limites no tipo de cognição adotado para o procedimento, na existência ou não de controvérsia em relação ao fato e na existência de vedação legal à sua produção. Há proibição expressa, por exemplo, de produção de prova por meios ilícitos. O ordenamento jurídico também dispensa a prova de fatos "públicos e notórios".

A própria realização de perícia, considerada prova indispensável para a aferição de condições insalubres ou perigosas de trabalho, pode ser dispensada em determinadas circunstâncias, sem que isso implique nulidade. Há, inclusive, orientação jurisprudencial nesse sentido:

> OJ N. 278. ADICIONAL DE INSALUBRIDADE. PERÍCIA. LOCAL DE TRABALHO DESATIVADO (*DJ* 11.08.2003). A realização de perícia é obrigatória para a verificação de insalubridade. Quando não for possível sua realização, como em caso de fechamento da empresa, poderá o julgador utilizar-se de outros meios de prova.

Ora, a produção de uma prova nem sempre aproxima o Juiz da melhor solução e muitas vezes implica quebra do próprio sistema jurídico. O caso da jornada (ou poderia ser do salário) é um bom exemplo. O indeferimento da prova inútil, que é exatamente do que se trata quando a empresa não apresenta os documentos com os quais deveria provar o horário da(o) trabalhador(a), pressupõe o entendimento de que não há verdade a ser alcançada no processo. Como afirma Ovídio Baptista:

> Sabemos, embora nem todos tenham disposição de confessá-lo, que o direito é uma ciência da cultura, que labora com verdades contingentes, situando-se muito distante da matemática e muito próximo das ciências históricas; que o direito, afinal, é uma ciência da compreensão, não uma ciência explicativa, que o juiz, ao contrário do que desejava Chiovenda, tem sim vontade e que o ato jurisdicional é necessariamente discricionário" (BAPTISTA DA SILVA, 2004, p. 28).

Partindo dessa compreensão, há preservação do contraditório e da ampla defesa quando, mesmo sem a oitiva de testemunhas, decide-se o feito com base na versão apresentada na petição inicial, em função de uma sanção legal expressamente prevista.

No processo do trabalho, caso a empresa não compareça à audiência, torna-se revel e confessa (art. 844 da CLT). Tratando-se de audiência una, isso implicará o impedimento da produção de provas e o acolhimento integral da versão contida na petição inicial. Essa norma, amplamente aceita e aplicada no cotidiano das lides trabalhistas, traz efeito similar àquele previsto nos arts. 400 e 443, do CPC, cuja aplicabilidade ao processo do trabalho também não é controvertida.

Além disso, o indeferimento de prova, nesse caso, tem importante conteúdo social. Indica ao empregador a necessidade de observância dos deveres de documentação contidos na CLT. Dá a medida da gravidade do descumprimento do ordenamento jurídico trabalhista, algo fundamental para a preservação da exploração do trabalho pelo capital sob limites de razoabilidade e suportabilidade.

Alguns mitos relativos ao processo precisam, portanto, ser desfeitos:

— a oitiva de testemunhas em nada garante a maior aproximação do Juiz à verdade;

— não há verdade, enquanto reprodução de uma realidade preexistente, a ser descoberta;

Isso permite perceber que a tutela imediata e eficaz dos direitos não se contrapõe à noção de segurança jurídica. Em realidade, confirma-se o princípio do devido processo legal, quando se distribui o tempo necessário para a atividade probatória, atendendo às diretrizes normativas e às limitações que elas impõem.

O direito ao contraditório não equivale à cognição exaustiva, na exata medida em que o sistema convive em harmonia com inúmeras espécies de demandas sumárias, bem como admite formas de contraditório diferido e eventual. Por sua vez, o direito à ampla defesa deve conviver com o dever de atuar com lealdade e boa-fé, eximindo-se da prática de atos que pretendam a procrastinação indevida do feito, tal como a oitiva desnecessária de testemunhas.

Por fim, não há falar em devido processo legal, quando o ônus do tempo é distribuído de modo desigual entre as partes, onerando em demasia justamente o litigante que desde logo demonstra a verossimilhança de suas alegações. É o que ocorre quando, pela ausência de documentação — meio eleito como o único apto a demonstrar o horário de trabalho cumprido durante o período de execução do vínculo — o empregador descumpre seu dever legal e ainda pretende a audição de testemunhas.

Ao contrário do que comumente se pensa, o indeferimento da prova testemunhal nessas hipóteses constitui expressão de segurança jurídica. Quando instrui um processo em que há discussão acerca da jornada, o Estado está vinculado à norma do art. 74 da CLT, que institui um dever legal de ordem material, diretamente relacionado ao processo. Se o processo não for efetivo, não há segurança na ordem jurídica. O resultado é a derrogação, ainda que tácita, do direito material a que corresponde. Esse Direito, mesmo comprometido com o capital, é também, ao mesmo tempo, o único espaço que a racionalidade burguesa *cede* a conquistas parciais, mas importantes, da classe trabalhadora.

Ao prestigiar as normas que fixam deveres de documentação confere-se segurança jurídica às partes e aos terceiros que, atuando no mundo das relações de trabalho, procuram observar os deveres de conduta que lhe são impostos pelo ordenamento jurídico, e que são colocados em situação de manifesta desigualdade diante de empregadores (via de regra grandes empregadores) que simplesmente descumprem a legislação trabalhista e sonegam o direito ao pagamento das horas suplementares. Horas extraordinárias que, diga-se de passagem, já deviam ter sido proibidas pela ordem jurídica vigente, para que fosse real o limite ali inscrito, de 8h de trabalho por dia, consagrado mundialmente, pelo menos desde a Convenção n. 01 da OIT em 1919, como o máximo tolerável de tempo de vida passível de ser "vendido" ao empregador.

5.2. A responsabilidade como matéria da fase de cumprimento da decisão trabalhista

A responsabilidade constitui matéria de execução, especialmente na esfera trabalhista. Há uma razão para isso, que acabou sendo distorcida e fragilizada por nossa preocupação em proteger patrimônio de quem toma trabalho por meio de interposta pessoa, refletida nos termos da Súmula n. 331 do TST, editada em 1993.

Para entender os caminhos dessa distorção e suas implicações em âmbito processual, é preciso compreender o fenômeno da terceirização.

A terceirização não é fenômeno recente, sequer da perspectiva de sua regulação no Brasil, pois pelo menos desde a década de 1960 há leis regulando pontualmente alguma possibilidade de intermediação da força de trabalho. Ainda assim, esse fenômeno ganhou força, especialmente em âmbito público, qualificando-se como um modo perverso e eficaz de redução do tamanho do Estado e precarização, não apenas das condições de trabalho, mas também de serviços essenciais à sociedade.

Em 2018, no dia 30 de agosto, por 7 votos a 4, uma decisão proferida pelo STF na ADPF n. 324 e no RE n. 958.252 chancelou entendimento que já havia sido expresso pelo mesmo órgão julgador em outras decisões proferidas anteriormente, acerca da superação de uma dicotomia inventada pela Súmula n. 331, entre atividade-meio e atividade-fim, com a consequência de compreender possível a terceirização de qualquer tipo de atividade.

Essa compreensão já havia sido, de algum modo, albergada pela Justiça do Trabalho, através de decisões que aceitavam como lícita a prática, por exemplo, de terceirização de motoristas em empresa de transporte ou atendentes em empresas de *telemarketing*. Nos últimos anos, é preciso pontuar, a Justiça do Trabalho passou a ser mais criteriosa em relação às possibilidades de terceirização, atenta a parâmetros por ela mesma fixados, e inclusive começou a reconhecer a ilicitude de algumas práticas de terceirização, em larga medida por conta do problema social que tais práticas geram. Essa resistência foi insuficiente para travar o processo de desmanche especialmente representado por algumas decisões do STF.

A permissão para terceirizar implica, concretamente, redução real do salário de milhões de brasileiros e a precariedade nos vínculos (contratos mais curtos), o que aumenta a rotatividade e, portanto, a necessidade de se recorrer a benefícios sociais como o seguro desemprego. Os acidentes e doenças do trabalho ocorrem com muito mais frequência entre os terceirizados. A terceirização aguça e promove a exploração de força de trabalho em condições análogas a de escravo (SOUTO MAIOR, SEVERO, 2019). Essas consequências atingem toda a sociabilidade, inclusive quem não está diretamente implicado em uma relação de trabalho atravessada pela terceirização. O efeito que vou aqui destacar é aquele que se dá sobre a compreensão, e consequentemente, as regras que regulam a responsabilidade por créditos nas relações sociais. O efeito deletério da Súmula n. 331 do TST, quando refere que o tomador do trabalho só responde pelo crédito trabalhista se participar, desde o início, do processo, acabou por atingir até mesmo o processo comum, que a partir de 2015 prevê um procedimento que subverte a ordem processual e fragiliza a compreensão da posição que o garantidor de uma dívida assume diante da relação social a que está vinculado, e da própria função que o Poder Judiciário deve adotar diante de um litígio.

A relação de emprego é composta por uma dualidade que se implica mutuamente: capital x trabalho. As fórmulas (tomador dos serviços; empresa cliente; prestadora; terceirizados) não conseguem alterar essa realidade. No início da industrialização, a linguagem jurídica da autonomia contratual da vontade adotou a perspectiva econômica, para dissimular a exploração do trabalho pelo capital: um livre acordo entre iguais legitimava a exploração. Essa perspectiva foi superada por uma racionalidade social, que trouxe à pauta a necessidade de realização de direitos considerados fundamentais, dentre os quais se destaca o Direito do Trabalho. Nada de novo.

Em obra concluída em 1866, Marx já se referia à transferência da função despótica de supervisão direta e contínua dos trabalhadores para "uma espécie particular de assalariados":

> Do mesmo modo que o exército necessita de oficiais militares, uma massa de trabalhadores que coopera sob o comando do mesmo capital necessita de oficiais (dirigentes, gerentes) e suboficiais (...) **que exerçam o comando durante o processo de trabalho em nome do capital** (...) O capitalista não é capitalista por ser diretor da indústria; ao contrário, ele se torna chefe da indústria por ser capitalista (MARX, 2013, p. 407-8).

A "prestadora dos serviços" nada mais é do que um setor da *empresa* que efetivamente emprega a força de trabalho. Seu proprietário representa a figura exata do antigo gerente ou preposto. Sob tal perspectiva, a terceirização é apenas mais uma forma elaborada de exploração do trabalho pelo capital:

> Além dos trabalhadores fabris, dos trabalhadores manufatureiros e dos artesãos, que ele concentra espacialmente em grandes massas e comanda diretamente, o capital movimenta, por fios invisíveis, um outro exército: o dos trabalhadores domiciliares, espalhados pelas grandes cidades e pelo campo (...) a capacidade de resistência dos trabalhadores diminui em consequência de sua dispersão, porque toda uma série de parasitas rapaces se interpõe entre o verdadeiro patrão e o trabalhador, porque o trabalho domiciliar compete em toda a parte e no mesmo ramo da produção com a indústria mecanizada ou, ao menos, manufatureira; porque a pobreza rouba do trabalhador as condições de trabalho mais essenciais, como espaço, luz, ventilação, etc, porque cresce a instabilidade do emprego e, finalmente, porque a concorrência entre os trabalhadores atinge necessariamente seu grau máximo nesses últimos refúgios daqueles que a grande indústria e a grande agricultura transformaram em 'supranumerários' (MARX, 2013, p. 533-4).

É exatamente a mesma realidade da terceirização. Extremamente similar, também, à prática de uso de força de trabalho escravizada dos então chamados "escravos de ganho", até 1888, o que é bastante significativo para que se compreenda a íntima relação entre terceirizar e escravizar (MACHADO FILHO, 1983). No Brasil, o retorno da figura do atravessador ao cenário jurídico se dá a partir do Decreto n. 200 de 1967, que estabelece a "descentralização" como princípio, a ser executado "da Administração Federal para a órbita privada, mediante contratos ou concessões". Ou o Decreto-Lei n. 1.069 de 1969, dispondo sobre medidas de segurança nas instituições bancárias, que foi alterado algumas vezes, até chegar à redação atual da Lei n. 7.102/83. A Lei n. 6.019 de 1974, que dispõe sobre trabalho temporário, é outro exemplo do caminho trilhado pelo Estado, numa tentativa de reestabelecer a possibilidade de interpor atravessadores na relação de emprego, sempre na linha da redução da responsabilidade e da maximização do lucro. Essas legislações, editadas no período da ditadura militar, a última delas recentemente alterada pela Lei n. 13.429/2017, criam uma moldura jurídica que facilita a maior extração de mais-valia mediante rebaixamento das condições sociais de quem vive do trabalho.

A primeira reação da Justiça do Trabalho foi a edição, em 1986, do Enunciado n. 256 dispondo que "a contratação de trabalhadores por empresa interposta é ilegal, formando-se o vínculo empregatício diretamente com o tomador dos serviços, *salvo* os casos de trabalho temporário e de serviço de vigilância, previstos respectivamente nas Leis ns. 6.019, de 1974, e 7.102, de 1983". Na década de 1990, porém, o TST cancelou o Enunciado 256 e editou a Súmula n. 331, permitindo a terceirização, sem qualquer autorização legal, também para atividades "de conservação e limpeza, bem como a de serviços especializados ligados à atividade-meio do tomador" (BIAVASCHI, 2007).

A Súmula n. 331 é exemplo da capitulação diante da terceirização. O metabolismo da sociedade capitalista consiste na produção — circulação — produção de mercadorias, num círculo, cujo objetivo central é a acumulação. O volume da acumulação do capital, sua possibilidade de reprodução e expansão, está diretamente relacionado ao grau de exploração da força de trabalho e à força produtiva do trabalho, ou seja, à reunião dos trabalhadores para que, somando esforços, produzam mais e melhor do que fariam individualmente. O resultado da soma das forças de trabalho individuais é maior do que a sua mera soma. O trabalho coletivo é o que permite, ao mesmo tempo, aos trabalhadores identificarem-se uns com os outros, como classe, e ao capital potencializar o volume de acumulação, obtendo, portanto, lucros maiores (MARX, 2013, p. 40).

O fenômeno da terceirização não elimina o trabalho coletivo. A força produtiva social continua sendo explorada, embora pulverizada em vários ambientes, sob contornos jurídicos diversos. A terceirização corresponde, portanto, a uma forma complexa de cooperação, que reorganiza o trabalho coletivo, sem, porém, mudar-lhe as características (ALVES, 2011). Não altera o metabolismo social da relação entre trabalho e capital, a mera interposição de outros sujeitos nessa troca. A relação "jurídica ou volitiva" que o Direito qualifica hoje como relação de emprego, caracteriza-se por ter de um lado o vendedor da força de trabalho (empregado/trabalhador) e de outro o comprador dessa força (o empregador/tomador do trabalho). O interessante é perceber como a alteração da redação do art. 2º da CLT, pela contrarreforma trabalhista (Lei n. 13.467/2017) reforça esse entendimento. Ao tratar da responsabilidade, esse dispositivo passa a ter a seguinte redação:

> Art. 2º Considera-se empregador a empresa, individual ou coletiva, que, assumindo os riscos da atividade econômica, admite, assalaria e dirige a prestação pessoal de serviço.
>
> § 1º Equiparam-se ao empregador, para os efeitos exclusivos da relação de emprego, os profissionais liberais, as instituições de beneficência, as associações recreativas ou outras instituições sem fins lucrativos, que admitirem trabalhadores como empregados.
>
> § 2º Sempre que uma ou mais empresas, tendo, embora, cada uma delas, personalidade jurídica própria, estiverem sob a direção, controle ou administração de outra, ou ainda quando, mesmo guardando cada uma sua autonomia, integrem grupo econômico, serão responsáveis solidariamente pelas obrigações decorrentes da relação de emprego.
>
> § 3º Não caracteriza grupo econômico a mera identidade de sócios, sendo necessárias, para a configuração do grupo, a demonstração do interesse integrado, a efetiva comunhão de interesses e a atuação conjunta das empresas dele integrantes.

A leitura da literalidade do § 2º revela duas situações que configuram responsabilidade solidária das sociedades que empreendem juntas. Quando estão "sob a direção, controle ou administração de outra", **ou ainda** quando, "mesmo guardando cada uma sua autonomia, integrem grupo econômico". E o grupo passa a ser configurar pela "demonstração do interesse integrado, a efetiva comunhão de interesses e a atuação conjunta das empresas dele integrantes" (§ 3º). Não há hipótese de terceirização em que esses requisitos estejam ausentes. A contratação de empresa de tecnologia da informação, limpeza e conservação, vigilância ou qualquer outra atividade, irá determinar uma atuação conjunta e a comunhão de interesses entre prestadora e tomadora dos serviços.

Ou seja, a interpretação/aplicação do art. 2º da CLT, desde uma perspectiva de proteção e de compreensão do que seja a relação social de trabalho determina que pelo menos desde 2017 não há mais possibilidade de terceirização lícita ou hipótese para aplicação da Súmula n. 331 do TST. Todas as formas de pulverização da contratação de força de trabalho que reverte para um empreendimento encontram aqui a previsão de responsabilidade solidária das empresas (prestadora e tomadora), em razão da configuração de grupo econômico.

Nem a Lei n. 13.429/2017 altera essa compreensão, pois ela se restringe a efetuar mudanças na redação da Lei n. 6.019/1974, que também prevê responsabilidade solidária e que diz exclusivamente com contratações temporárias. Portanto, aquelas que ocorrem em razão de "substituição transitória de pessoal permanente ou à demanda complementar de serviços" (art. 2º da Lei n. 6.019). Ainda assim, a Justiça do Trabalho segue lidando com pedidos de responsabilização fundados na Súmula n. 331 do TST e tendo de enfrentar a dificuldade processual criada pelo incidente inserido no texto do CPC e trazido pela CLT, com a Lei n. 13.467/2017.

A prática de ser obrigado a demandar inclusive contra a tomadora do trabalho, exigida pela Súmula n. 331 do TST, introduziu uma lógica que prejudica não apenas os litigantes, mas a própria função jurisdicional. Insustentável da perspectiva jurídica, tem efeitos destrutivos na realidade das relações de trabalho. As prestadoras muitas vezes se sucedem em favor de uma mesma tomadora, verdadeira beneficiária da força de trabalho, e cuja posição jurídica e social lhe garante a exploração de tempo de vida sem qualquer responsabilidade efetiva, no mínimo em todas aquelas situações nas quais o trabalhador, constrangido por seguir ali trabalhando, não a inclui no polo passivo de sua demanda trabalhista.

É sobre isso que tratarei agora.

A mudança de compreensão do instituto da responsabilidade, na Súmula n. 331 do TST, no CPC de 2015 e na contrarreforma da Lei n. 13.467/2017, através do esdrúxulo instituto do Incidente de Desconsideração da Personalidade Jurídica, vai na contramão da evolução da ciência processual, boicota o objetivo constitucional de prestação de tutela jurisdicional eficaz e compromete o pacto contido na Constituição de 1988, na exata medida em que constitui estímulo ao descumprimento das normas jurídicas.

O sistema jurídico trabalhista é avesso à necessidade de instauração de incidente ou mesmo à exigência de procedimento cognitivo (de mera declaração, portanto), em face do garante, cuja responsabilidade, nos termos do art. 4º da LEF, segue sendo tema afeto à fase de cumprimento da decisão judicial.

O processo do trabalho só existe em razão de uma racionalidade diversa, que se impôs ao longo da história das relações de trabalho no Brasil (SEVERO, 2015), como tenho insistido ao longo desse livro. Se assim não fosse, teríamos regras materiais trabalhistas, mas em caso de conflito de interesses, remeteríamos às partes à disciplina do processo comum. O Decreto n. 1.237, em 02 de maio de 1939, que institui a Justiça do Trabalho, deixa clara essa compreensão de que o instrumento a regular a intervenção estatal nas relações entre capital e trabalho deve ser diferente, simples, de modo a permitir amplo acesso à justiça e efetividade.

A racionalidade do processo do trabalho, portanto, aparta-se daquela que justifica historicamente a existência de um processo civil e que é bem explicada nessa passagem:

> A ciência do processo civil nascera, portanto, irremediavelmente comprometida com os ideais do liberalismo político do Século XIX: ao

> mesmo tempo em que lhe cabia oferecer às partes um procedimento suficientemente amplo, capaz de assegurar ao cidadão-litigante a plenitude da defesa em juízo, e ao Estado condições para que o magistrado decidisse com a segurança que o exaustivo tratamento probatório do conflito lhe daria; o procedimento haveria de esgotar as possíveis questões litigiosas, de modo a assegurar, para sempre, com a máxima amplitude da coisa julgada, por tal modo obtida, o resultado prático alcançado pelo litigante vitorioso (...) A tentativa de eliminação dos insuprimíveis vínculos de ligação entre direito material e processo fez-se com tal profundidade e eficácia que somente agora, passados bem mais de cem anos, tornou-se possível não ainda o resgate, mas uma tímida tentativa de recuperar a ideia de que a jurisdição e, portanto, o processo são instituições criadas pelo Estado com a exclusiva finalidade de realizar a ordem jurídica que ele próprio estabelece (BAPTISTA DA SILVA, 1997, p. 64).

A diferença entre a racionalidade do processo do trabalho e aquela do processo civil pode ser bem compreendida pelo fato de que a realização do direito material por força de intervenção estatal forçada (execução) era até pouco tempo concebida como uma consequência não desejada, nem mesmo necessária, do processo de conhecimento. O pressuposto era o de que a mera exortação constante na sentença "condenatória" seria suficiente para que o devedor cumprisse espontaneamente suas obrigações. Essa irresponsabilidade com a realização do Direito se reflete em práticas atuais, que contaminam até mesmo o processo do trabalho, em face, especialmente, de uma cultura jurídica que nos incentiva a pensá-lo a partir do processo civil, negando sua razão de existência, logo que também já foi discutido neste livro.

Pois bem, quando o assunto é a responsabilidade pelo pagamento de dívida reconhecida pelo Estado, é mesmo impressionante perceber o quanto a doutrina ainda parte do pressuposto de que a execução de um título judicial retira do devedor o que até então é *seu patrimônio*. Apenas nas ações possessórias se reconhece haver restituição de um bem que desde sempre pertenceu ao patrimônio do autor da demanda (BAPTISTA DA SILVA, 1997, p. 56-8), quando na realidade a cobrança de uma dívida nada mais é do que a recuperação de um crédito que *desde sempre* deveria haver permanecido e *pertence* ao patrimônio do credor.

Há, portanto, uma necessidade premente, sobretudo a partir da destruição operada pela contrarreforma da Lei n. 13.467/2017, de resgatar o sentido e as regras do processo do trabalho, reconhecendo-o como instrumento diferenciado, historicamente construído para permitir a realização de um direito cujo caráter alimentar é expresso no art. 100 da Constituição.

A execução de um título judicial orienta-se contra quem consta no título como devedor. Não há novidade nisso. Também não há novidade no fato de que pessoas que não constam no título executivo possuem legitimidade passiva, ainda que extraordinária, para responder pelo débito. A doutrina, por isso mesmo, classifica a legitimidade processual passiva em ordinária e extraordinária, identificando essa última como a legitimidade para ser chamado a responder por um débito já constituído no processo, em face de previsão legal ou contratual.

Edilton Meireles faz referência ao fato de que o ordenamento jurídico expressamente autoriza o direcionamento da execução em face de quem não consta no título executivo: "terceiros também estão legitimados, via de regra, por fatos supervenientes à constituição do crédito, por força de Lei ou em decorrência da relação de direito material mantida com o credor ou devedor primários" (MEIRELES, 2000, p. 609-613). Por isso, Cláudio Armando Couce de Menezes afirma em artigo publicado em 2002, que "nada justifica que o credor deva ajuizar nova ação cognitiva para que seja certificada a responsabilidade passiva secundária do devedor solidário ou subsidiário, cujo nome não consta do título executivo, se já possui título executivo lhe autorizando a demandar em execução" (MENEZES, 2002, p. 355).

Apenas depois de formado o título executivo faz sentido perquirir a existência de legitimados extraordinários. Além disso, essa necessidade se dá tão somente nas hipóteses em que houver resistência do devedor em satisfazer seu débito. O fiador, por exemplo, garante a dívida do afiançado e, por isso, é parte em um conflito de interesses que envolva o objeto da fiança. Ainda assim, só faz sentido chamá-lo em demanda judicial, se aquele por ele garantido negar-se a pagar seu débito. Sua condição de garante é justamente essa: garantir a satisfação da dívida, em caso de inadimplência.

O título forma-se, portanto, contra o devedor e havendo satisfação da dívida, não há interesse jurídico para que os responsáveis sejam demandados em juízo. Trata-se da compreensão de processo como expressão de um conflito de interesses que não se esgota na figura dos litigantes, pois há partes envolvidas na relação material trazida à discussão processual, que são *partes no litígio* mesmo não sendo partes no processo.

A própria noção de coisa julgada dá conta disso, pois embora seja caracterizada como a qualidade que torna imutável a decisão judicial e que, portanto, em linha de princípio atinge e obriga apenas os litigantes, é certo que deverá ser respeitada e cumprida por terceiros, sempre que os afetar, direta ou indiretamente. Luiz Guilherme Marinoni refere que os terceiros juridicamente interessados, que não forem parte no processo, "podem ser alcançados pelos efeitos reflexos da sentença" (MARINONI, ARENHART, 2006, p. 639). Escreve a palavra "terceiro" entre aspas, justamente porque manifesta o entendimento de que tais pessoas estão de certo modo envolvidas no conflito de interesses. No mesmo sentido, Luiz Fux afirma que "há terceiros que não as partes, e que ficam sujeitos ao julgado" e cita como exemplo a hipótese de legitimação extraordinária em que o dito terceiro, "malgrado não atue como parte, é sujeito da lide" (FUX, 2005, p. 833).

Daí porque há, no processo comum, hipóteses em que admitida a intervenção de terceiros no processo ou regras que comprometem pessoas que não são parte da lide. Essa é a razão pela qual, por exemplo, o art. 515, §2º, do CPC dispõe que a "autocomposição judicial pode envolver sujeito estranho ao processo e versar sobre relação jurídica que não tenha sido deduzida em juízo". É a pretensão (material) que irá definir não apenas os limites objetivos, como também os limites subjetivos da coisa julgada. Desse modo, as pessoas diretamente envolvidas no litígio serão atingidas pela coisa julgada, ainda que de modo reflexo. José Maria Tesheiner, em artigo no qual examina os limites subjetivos da coisa julgada, refere a hipótese em que é reconhecida a existência de uma relação jurídica de emprego entre A e B, oponível ao INSS, ainda que não tenha figurado como parte no processo. O INSS não sofreria, em tal caso, o efeito da coisa julgada, mas teria certamente de respeitar a declaração contida na sentença, não podendo desconhecer a realidade de que existe um contrato de emprego entre A e B. Desse modo, aduz Tesheiner, a doutrina de Liebman penetrou na jurisprudência, "decidindo-se que o tempo de serviço reconhecido pela Justiça do Trabalho, em procedimento contencioso, com produção de provas, sentença de mérito e sua confirmação pela instância revisora, não pode ser desprezado pela Previdência Social" (TESHEINER, 2000, p. 16 e seguintes)

A pretensão é caracterizada pela doutrina como a exigibilidade, a possibilidade de exigir, por exemplo, um crédito, porque decorrido o prazo para o seu adimplemento. Portanto, há pretensão independentemente do ajuizamento de demanda de cognição, pois ela tem origem na relação material. Não é a declaração contida numa sentença condenatória que irá *criar* a possibilidade de exigir o cumprimento da obrigação, mas sim a violação que já ocorreu no mundo dos fatos.

A pretensão material é, portanto, a possibilidade de exigir o crédito de quem é responsável por seu pagamento, enquanto a pretensão processual é caracterizada pela doutrina como a possibilidade de exigir a atuação estatal, para a satisfação desse crédito. Pontes de Miranda menciona que "o poder de exigir a prestação é a pretensão; aquele a quem ela se dirige é o obrigado" (PONTES DE MIRANDA, 2000, p. 287). Em seguida, menciona que "pretensão é a posição subjetiva de poder exigir de outrem alguma prestação positiva ou negativa" (*Ibidem*, p. 503). Concebe pretensão real e pessoal, pretensão de direito material e de direito processual, distinguindo-as do conceito de ação. Tanto uma pessoa pode pretender-se credor de outrem (pretensão material), quanto pode pretender instar o Poder Judiciário a reconhecer essa realidade (pretensão de direito processual), como também pode exercer tal pretensão (ação).

Essa exigibilidade estará sempre relacionada ao descumprimento de uma obrigação e, portanto, à questão que precede o processo.

Pois bem, quando a obrigação é **solidária**, ou seja, várias pessoas são responsáveis pelo adimplemento do crédito, seja em razão de disposição contratual seja por imposição legal, o credor pode escolher contra quem irá demandar. E, se precisar formar título judicial para exigir que o Estado persiga seu crédito, terá de fazê-lo contra o "devedor principal". Em tal caso, fatalmente haverá pessoas que, sendo parte na relação social que dá origem ao processo, porque assumiram a condição de garantidoras do débito ou porque são assim consideradas por imposição legal, não comporão desde logo o processo, exatamente porque não há interesse jurídico para isso, enquanto não verificada a inadimplência do devedor principal.

Por isso mesmo, Francesco Carnelutti ressalta que "não é raro que as pessoas sujeitas a coisas julgadas sejam diferentes das que conduziram o processo", havendo necessidade de distinguir entre o conceito de parte em sentido material e de parte em sentido formal. Enquanto o sujeito em sentido material é aquele cujo interesse substancial está em jogo, o sujeito em sentido formal se identifica com aquele que figura como parte no processo. Dessa sorte, "quem aparece como terceiro não o é, porque o que acontece é que seu litígio foi deduzido no processo por meio da ação de pessoas distintas" (CARNELUTTI, 2000, p. 428-9)

Essa questão era absolutamente tranquila na doutrina e na jurisprudência, inclusive em razão de disposição expressa do CPC, que facultava a hipótese de chamamento ao processo (art. 77 do CPC de 1973), mas não o impunha. Aliás, ainda hoje, o CPC de 2015 não impõe o chamamento ao processo.

O art. 130 do CPC de 2015 diz que "é admissível o chamamento ao processo, requerido pelo réu: I – do afiançado, na ação em que o fiador for réu; II – dos demais fiadores, na ação proposta contra um ou alguns deles; III – dos demais devedores solidários, quando o credor exigir de um ou de alguns o pagamento da dívida comum".

O art. 131 refere que a "citação daqueles que devam figurar em litisconsórcio passivo será requerida pelo réu na contestação e deve ser promovida no prazo de 30 (trinta) dias, sob pena de ficar sem efeito o chamamento". E, no parágrafo único, dispõe que "se o chamado residir em outra comarca, seção ou subseção judiciárias, ou em lugar incerto, o prazo será de 2 (dois) meses". Por fim, o art. 132 estabelece que a "sentença de procedência valerá como título executivo em favor do réu que satisfizer a dívida, a fim de que possa exigi-la, por inteiro, do devedor principal, ou, de cada um dos codevedores, a sua quota, na proporção que lhes tocar".

A lógica dessa faculdade é justamente a compreensão de que a responsabilidade é matéria de execução, o que aliás estava explícito nos termos dos arts. 595 e 596 do CPC de 1973, e que ainda hoje encontra amparo na regra dos arts. 275 e seguintes do Código Civil, quando tratam da responsabilidade solidária:

> Art. 275. O credor tem direito a exigir e receber de um ou de alguns dos devedores, parcial ou totalmente, a dívida comum; se o pagamento tiver sido parcial, todos os demais devedores continuam obrigados solidariamente pelo resto.
>
> Parágrafo único. Não importará renúncia da solidariedade a propositura de ação pelo credor contra um ou alguns dos devedores.

Ora, só há direito exigível *através do* Estado, de quem é responsável pela dívida, quando já existe *dívida*, ou seja, título executivo não pago pelo devedor.

O Código Civil refere-se à pretensão material, ou seja, à possibilidade de exigir diretamente do devedor ou do responsável. Ocorre que o monopólio de jurisdição se qualifica justamente como a impossibilidade de exigir diretamente um crédito, quando não há certeza de sua existência. E mesmo quando essa certeza existe, a realização de atos expropriatórios dependerá de intervenção estatal.

Então, tratando-se de título executivo reconhecido por lei como tal (extrajudicial), a demanda executiva pode ser proposta contra todos os legitimados (constem eles ou não, no título, como devedores), exatamente porque é do credor a faculdade de exigir de todos ou de alguns dos responsáveis, o seu crédito. De outra parte, tratando-se de título judicial, só há exigibilidade em face dos responsáveis quando, formado o título, houver a verificação de que o patrimônio do devedor não existe ou não está sendo encontrado. Só então há falar em interesse jurídico para trazer aos autos o patrimônio dos responsáveis.

Na fase de cumprimento de decisão judicial que reconhece direito de crédito, os atos do Estado voltam-se à localização e expropriação do *patrimônio* que em realidade pertence ao credor e, portanto, deve para ele retornar.

É o título executivo que confere ao Estado a possibilidade de perseguir o patrimônio *do devedor*, onde quer que esse patrimônio esteja. Se não está mais em mãos do devedor, mas sim na de "terceiro" que presumidamente beneficiou-se diretamente (sócio, sucessor, responsável), deverá o Estado direcionar os atos de expropriação aos bens desses sujeitos, que embora sejam considerados terceiros em âmbito processual (até que haja o redirecionamento e sua inclusão no polo passivo da demanda), foram desde sempre "sujeitos do litígio". Por isso que tanto os arts. 595 e 596 do CPC de 1973, quanto o art. 4º da LEF referem a possibilidade de que o garantidor do crédito indique bens do devedor, livres e capazes de suportar a execução.

A excussão de bens dos responsáveis pressupõe, portanto, a inexistência de patrimônio do devedor (ou a dificuldade em sua localização).

É a partir dessa compreensão de responsabilidade que ingressa no ordenamento jurídico a chamada *disregard doctrine*. O debate sobre a teoria da desconsideração da personalidade jurídica foi introduzido no direito brasileiro por Rubens Requião, em artigo publicado na década de 1960 do século passado. O autor apresenta a tese de que "a função social do direito, que se refere, sobretudo aos contratos e à propriedade, deve, pelo indivíduo ser atendida" Para ele, o "ato, embora conforme a lei, se for contrário a essa finalidade, é abusivo e, em consequência, atentatório ao direito". Explica que a doutrina foi desenvolvida pelos tribunais norte-americanos, para impedir "a fraude ou abuso através do uso da personalidade jurídica, e é conhecida pela designação *disregard of legal entity* ou também pela *lifting the corporate veil*. Se traduzíssemos as expressões referidas como desconsideração da personalidade jurídica, ou ainda, como desestimação da personalidade jurídica". E acrescenta que:

> O mais curioso é que a *disregard doctrine* não visa a anular a personalidade jurídica, mas somente objetiva desconsiderar no caso concreto dentro de seus limites, a pessoa jurídica, em relação às pessoas ou bens que atrás dela se escondem. Quando o conceito de pessoa jurídica (corporate entity) se emprega para defraudar os credores, para subtrair-se a uma obrigação existente, para desviar a aplicação de uma lei, para construir ou conservar um monopólio ou para proteger velhacos ou delinquentes, os tribunais poderão prescindir que a sociedade é um conjunto de homens que participam ativamente de tais atos e farão justiça entre pessoas reais. Hoje os tribunais norte-americanos alargaram ainda mais o conceito, aplicando a doutrina quando a consideração da pessoa jurídica levar a um resultado injusto. Ora, diante do abuso de direito e da fraude no uso da personalidade jurídica, o juiz brasileiro tem o direito de indagar, em seu livre convencimento, se há de consagrar a fraude ou o abuso de direito, ou se deva desprezar a personalidade jurídica, para, penetrando em seu âmago, alcançar as pessoas e bens que dentro dela se escondem para fins ilícitos ou abusivos (REQUIÃO, 1969, p. 12-6).

O conteúdo dessa doutrina implica compreender possível retirar o véu que encobre o patrimônio (através de uma personalidade jurídica, por exemplo), para descobrir em que mãos ele foi parar. O pressuposto é que a fase de cumprimento de uma decisão judicial ou a execução de um título extrajudicial persegue o patrimônio do credor, para devolvê-lo. Portanto, o Poder Judiciário deverá descobrir aonde esse patrimônio foi parar e recuperá-lo, ainda que para isso precise desconsiderar ficções jurídicas.

Autoriza-se, portanto, a persecução de patrimônio dos sócios, sucessores, de empresa que compõe grupo econômico ou daquela que tomou os serviços, ainda que não constem no respectivo título, sempre que a realidade demonstrar esteja em poder deles o patrimônio que precisa ser devolvido ao credor. No âmbito da Justiça do Trabalho, essa compreensão legitimou, inclusive, o cancelamento da Súmula n. 205 do TST, que impunha a participação de todas as sociedades formadoras do grupo econômico no polo passivo da demanda de conhecimento, como condição de possibilidade da execução.

Aplicada muito antes de sua previsão no Código de Defesa do Consumidor(137), no Código Civil(138), no Código Tributário Nacional(139) ou na Lei n. 9.605/1998(140), a *disregard doctrine* não constrói novos conceitos.

Apenas reconhece que o devedor solidário se sujeita a *res judicata* já formada entre as partes originárias do processo. O devedor solidário é, desde o início, parte no sentido de sujeito do litígio, pois mantém relação com o credor, podendo ou não ser por ele demandado. Ora, essa faculdade outorgada pelo texto legal não poderá implicar prejuízo ao credor, no sentido de impedir-lhe qualquer acesso ao devedor solidário, em fase posterior do processo.

A partir do momento em que integra o polo passivo da demanda, o *terceiro responsável* passa à condição de parte e, como tal, terá garantida a ampla defesa e o contraditório, por meio do manejo dos embargos à execução.

É possível defender essa compreensão da responsabilidade mesmo em âmbito cível, apesar do que faz o CPC de 2015, ao introduzir a figura do Incidente de Desconsideração da Personalidade Jurídica, "cabível em todas as fases do processo de conhecimento, no cumprimento de sentença e na execução fundada em título executivo extrajudicial" (art. 134).

O fato de que se mantém a redação do art. 275 do Código Civil, somada a facultatividade do chamamento ao processo, impõe a compreensão sistemática de que esse incidente só se tornará juridicamente relevante para o credor na fase de cumprimento da

---

(137) CDC, Art. 28. O juiz poderá desconsiderar a personalidade jurídica da sociedade quando, em detrimento do consumidor, houver abuso de direito, excesso de poder, infração da lei, fato ou ato ilícito ou violação dos estatutos ou contrato social. A desconsideração também será efetivada quando houver falência, estado de insolvência, encerramento ou inatividade da pessoa jurídica provocados por má administração. § 5º A personalidade for, de alguma forma, obstáculo ao ressarcimento de prejuízos causados.

(138) CC, Art. 50. Em caso de abuso da personalidade jurídica, caracterizado pelo desvio de finalidade, ou pela confusão patrimonial, pode o juiz decidir, a requerimento da parte, ou do Ministério Público quando lhe couber intervir no processo, que os efeitos de certas e determinadas relações de obrigações sejam estendidos aos bens particulares dos administradores ou sócios da pessoa jurídica.

(139) CTN, Art. 135. São pessoalmente responsáveis pelos créditos correspondentes a obrigações tributárias resultantes de atos praticados com excesso de poderes ou infração de lei, contrato social ou estatutos: II – os mandatários, prepostos e empregados; III – os diretores, gerentes ou representantes de pessoas jurídicas de direito privado.

(140) Lei n. 9.605/1998 (Dispõe sobre as sanções penais e administrativas derivadas de condutas e atividades lesivas ao meio ambiente, e dá outras providências).

Art. 4º Poderá ser desconsiderada a pessoa jurídica sempre que sua personalidade for obstáculo ao ressarcimento de prejuízos causados à qualidade do meio ambiente.

decisão ou na execução de título extrajudicial, quando infrutífera a tentativa de constrição de bens do devedor.

O estímulo a que o sócio seja arrolado já na petição inicial (§ 2º do art. 134) é não apenas a negação de toda a estrutura jurídica que sustenta a legitimidade extraordinária do responsável, como também uma ode ao tumulto processual, pois implicará demandas com multiplicidade de demandados e, pois, de citações, defesas, etc. Estimula, ainda, a confusão entre as pretensões deduzidas em face de cada um dos demandados (devedor e responsáveis), gerando consequências deletérias como aquela de condicionar a conciliação entre o autor e o devedor à aquiescência do responsável, que nem deveria estar no processo na fase de conhecimento e contra o qual o autor deduz pretensão absolutamente diversa daquelas que propõe contra o devedor.

Toda a discussão feita acerca da responsabilidade como matéria de execução, no tópico anterior, tem ainda mais pertinência na seara trabalhista. O processo do trabalho já surge como processo único, em que a execução é apenas uma fase da reclamatória (ALMEIDA, 1994, p. 69). Orienta-se pelas noções de simplicidade e efetividade. A dinâmica inaugurada pela Súmula n. 331 do TST e traduzida no incidente (IDPJ) previsto no CPC de 2015 comprometem essa razão histórica para a existência de um procedimento próprio. Mas não é só isso.

O CPC não é fonte subsidiária do processo do trabalho na fase de cumprimento da decisão judicial. A fonte é a lei dos executivos fiscais:

> CLT, Art. 889 – Aos trâmites e incidentes do processo da execução são aplicáveis, naquilo em que não contravierem ao presente Título, os preceitos que regem o processo dos executivos fiscais para a cobrança judicial da dívida ativa da Fazenda Pública Federal.

Há uma razão para que a CLT expressamente refira a necessidade de aplicação da Lei dos Executivos Fiscais, em questões relativas à execução para as quais seja omissa, disciplinando a aplicação subsidiária de forma diversa daquela prevista para a fase cognitiva do feito, prevista em seu art. 769.

É que no processo do trabalho disposições como a do parcelamento do débito, preocupação com a observância do modo menos gravoso para o devedor e todas as demais regras que protegem patrimônio em detrimento de efetividade são avessas à razão pela qual temos um procedimento trabalhista.

Nesse sentido, a introdução do art. 855A na CLT, pela Lei n. 13.467/2017, em realidade uma cópia do art. 6º da Instrução Normativa 39 do TST, determinando a aplicação do IDPJ previsto nos arts. 134 e seguintes do CPC ao processo do trabalho não resiste à análise sistemática da regulação da responsabilidade nesse campo do direito.

O dispositivo está assim redigido:

> Art. 855-A. Aplica-se ao processo do trabalho o incidente de desconsideração da personalidade jurídica previsto nos arts. 133 a 137 da Lei no 13.105, de 16 de março de 2015 – Código de Processo Civil.
>
> § 1º Da decisão interlocutória que acolher ou rejeitar o incidente:
>
> I – na fase de cognição, não cabe recurso de imediato, na forma do § 1º do art. 893 desta Consolidação;
>
> II – na fase de execução, cabe agravo de petição, independentemente de garantia do juízo;
>
> III – cabe agravo interno se proferida pelo relator em incidente instaurado originariamente no tribunal.
>
> § 2º A instauração do incidente suspenderá o processo, sem prejuízo de concessão da tutela de urgência de natureza cautelar de que trata o art. 301 da Lei no 13.105, de 16 de março de 2015 (Código de Processo Civil).

A CLT, portanto, não faz referência à legitimidade para responder pelo débito reconhecido em título executivo. E a alteração promovida pela contrarreforma não altera essa realidade.

A Lei dos Executivos Fiscais, entretanto, tem regra expressa sobre isso. O art. 4º da LEF autoriza a promoção de *atos de execução* contra os responsáveis a qualquer título:

> Art. 4º da Lei n. 6.830/1980: execução fiscal poderá ser promovida contra: I – o devedor; II – o fiador; III – o espólio; IV – a massa; V – o responsável, nos termos da lei, por dívidas, tributárias ou não, de pessoas físicas ou pessoas jurídicas de direito privado; e VI – os sucessores a qualquer título.
>
> § 1º – Ressalvado o disposto no art. 31, o síndico, o comissário, o liquidante, o inventariante e o administrador, nos casos de falência, concordata, liquidação, inventário, insolvência ou concurso de credores, se, antes de garantidos os créditos da Fazenda Pública, alienarem ou derem em garantia quaisquer dos bens administrados, respondem, solidariamente, pelo valor desses bens.(...)
>
> § 3º – Os responsáveis, inclusive as pessoas indicadas no § 1º deste artigo, **poderão nomear bens livres e desembaraçados do devedor, tantos quantos bastem para pagar a dívida. Os bens dos responsáveis ficarão, porém, sujeitos à execução, se os do devedor forem insuficientes à satisfação da dívida.**

Nessa condição estão não apenas as empresas que com a empregadora formal compõem grupo econômico, como os sócios, sucessores e tomadores de trabalho.

É claro que esse raciocínio jurídico, no caso dos tomadores de trabalho, parte do pressuposto de que há possibilidade de terceirização lícita em nosso ordenamento jurídico. Se atentarmos para o que dispõe o art. 7º, inciso I, da Constituição, quando garante o direito fundamental à relação de emprego, e para os termos dos arts. 2º e 3º da CLT, quando definem as figuras do empregado e do empregador, seremos forçados a concluir não haja sequer espaço de licitude para qualquer espécie de terceirização em nosso ordenamento jurídico, conclusão que se alinha com a noção de proteção e que, uma vez adotada, eliminaria ou pelo menos reduziria potencialmente todos os danos que a terceirização causa, seja em âmbito jurídico, seja, sobretudo, em âmbito social (SEVERO, 2016).

Do mesmo modo, como antes argumentei, uma leitura atenta da atual redação do § 2º do art. 2º da CLT e do texto da Lei n. 6.019/74, alterada pela Lei n. 13.429/2017 faz concluir que não há possibilidade lícita de terceirização no Brasil, senão nas hipóteses de trabalho temporário. E que, sempre que duas ou mais empresas atuarem em conjunto (como prestadora e tomadora do trabalho) responderão solidariamente por conformarem a condição de grupo econômico, na forma da legislação trabalhista.

De qualquer modo, ainda que se entenda possível terceirizar em qualquer atividade, como parece ser o atual entendimento do STF, a responsabilidade da tomadora segue sendo matéria de execução. Exatamente porque, pressuposta a licitude da intermediação, ela assume diante do contrato de trabalho a posição de garante de todos os créditos ilegalmente subtraídos da(o) trabalhador(a). Haverá, pois, interesse jurídico para a persecução do seu patrimônio, sempre e tão somente quando verificada a inadimplência e a ausência de bens do devedor principal.

A sustentação teórica da Súmula n. 331 do TST, editada em 1993 (BIAVASCHI), para justificar a exigência de inclusão dos tomadores do trabalho no polo passivo da demanda desde o seu ajuizamento, era a de que essas empresas não poderiam ser caracterizadas como "responsáveis nos termos da lei" (expressão literal do art. 4º antes referido), por ausência de lei específica prevendo a responsabilidade.

O argumento pode ser afastado, sob a perspectiva de todas as regras de responsabilidade que fundamentam a posição de garante, que o tomador do trabalho assume ao dele se beneficiar. É possível referir os seguintes artigos do Código Civil nesse sentido:

> Art. 186. Aquele que, por ação ou omissão voluntária, negligência ou imprudência, violar direito e causar dano a outrem, ainda que exclusivamente moral, comete ato ilícito.
>
> Art. 187. Também comete ato ilícito o titular de um direito que, ao exercê-lo, excede manifestamente os limites impostos pelo seu fim econômico ou social, pela boa-fé ou pelos bons costumes.
>
> Art. 927. Aquele que, por ato ilícito (arts. 186 e 187), causar dano a outrem, fica obrigado a repará-lo.
>
> Parágrafo único. Haverá obrigação de reparar o dano, independentemente de culpa, nos casos especificados em lei, ou quando a atividade normalmente desenvolvida pelo autor do dano implicar, por sua natureza, risco para os direitos de outrem
>
> Art. 932. São também responsáveis pela reparação civil:

III – o empregador ou comitente, por seus empregados, serviçais e prepostos, no exercício do trabalho que lhes competir, ou em razão dele; Art. 942. Os bens do responsável pela ofensa ou violação do direito de outrem ficam sujeitos à reparação do dano causado; e, se a ofensa tiver mais de um autor, todos responderão solidariamente pela reparação.

Parágrafo único. São solidariamente responsáveis com os autores os co-autores e as pessoas designadas no art. 932.

E a própria legislação trabalhista, pois a Lei n. 13.429/2017, que altera dispositivos da Lei n. 6.109, sobre trabalho temporário, refere:

Art. 2º Trabalho temporário é aquele prestado por pessoa física contratada por uma empresa de trabalho temporário que a coloca à disposição de uma empresa tomadora de serviços, para atender à necessidade de substituição transitória de pessoal permanente ou à demanda complementar de serviços.

§ 1º É proibida a contratação de trabalho temporário para a substituição de trabalhadores em greve, salvo nos casos previstos em lei.

§ 2º Considera-se complementar a demanda de serviços que seja oriunda de fatores imprevisíveis ou, quando decorrente de fatores previsíveis, tenha natureza intermitente, periódica ou sazonal.

(...)

Art. 4º Empresa de trabalho temporário é a pessoa jurídica, devidamente registrada no Ministério do Trabalho, responsável pela colocação de trabalhadores à disposição de outras empresas temporariamente.

(...)

Art. 5-A. (...)

§ 3º É responsabilidade da contratante garantir as condições de segurança, higiene e salubridade dos trabalhadores, quando o trabalho for realizado em suas dependências ou local previamente convencionado em contrato. (...)

§ 5º A empresa contratante é subsidiariamente responsável pelas obrigações trabalhistas referentes ao período em que ocorrer a prestação de serviços, e o recolhimento das contribuições previdenciárias observará o disposto no art. 31 da Lei n. 8.212, de 24 de julho de 1991

Há, pois, previsão literal de responsabilidade do tomador do trabalho. Não abordarei aqui as ilegitimidades que podem ser atribuídas a essa legislação, votada às pressas a partir de um projeto de lei que tinha sido aprovado no Senado em 2002. Para os efeitos desse artigo, importa considerar que sequer o argumento retórico que justificava a exigência ilegal de propositura da demanda contra o tomador do trabalho não mais se sustenta, em âmbito trabalhista.

A persecução da responsabilidade precisa voltar a ser concebida como matéria de execução, afastando-se definitivamente a ilegal exigência contida

> na Súmula n. 331 do TST. Além disso, o IDPJ não se amolda à efetividade necessária no processo do trabalho, especialmente se considerarmos o fato de que a fase de cumprimento da decisão é o momento em que o devedor, já reconhecido como tal pelo Estado, resiste em cumprir a ordem judicial e devolver o patrimônio que indevidamente reteve ou tomou do empregado.
>
> Por fim, cabe referir que a responsabilidade subsidiária a que se refere tanto a Súmula n. 331 quanto a nova redação da Lei n. 6.019, nada mais é do que expressão tomada da doutrina, utilizada para explicitar a solidariedade com benefício de ordem, ou seja, a possibilidade que o garante tem de indicar bens do devedor principal, para que sejam excutidos antes dos seus.
>
> O parâmetro legal de responsabilidade, no processo do trabalho, é o art. 4º da LEF, que autoriza promoção de atos de execução contra o responsável. O § 3º desse artigo dispõe expressamente que "Os responsáveis, inclusive as pessoas indicadas no § 1º deste artigo, *poderão nomear bens livres e desembaraçados do devedor, tantos quantos bastem para pagar a dívida*. Os bens dos responsáveis ficarão, porém, sujeitos à execução, se os do devedor forem insuficientes à satisfação da dívida".
>
> Eis o conceito legal de responsabilidade subsidiária: a solidariedade com benefício de ordem, que permite ao garante livrar-se da execução, desde que saiba indicar bens do devedor principal para por ela responder. A necessária conclusão é de que no processo do trabalho, mesmo após o desmanche operado na CLT pela Lei n. 13.467/2017, não há necessidade de interposição de incidente. Basta que, na fase de execução, não havendo patrimônio suficiente em nome do executado, sejam indicados bens do responsável, para a satisfação da dívida.

Desde pelo menos 2005, venho escrevendo sobre a necessidade de melhor compreender a fase de execução e a questão da responsabilidade. De nada adianta um título judicial que não se realiza.

A(o) trabalhador(a), ao acessar o Poder Judiciário Trabalhista, não busca uma bela sentença, mas sim o ressarcimento de valores que lhe foram ilegalmente subtraídos.

É preciso, portanto, compreender que nessa fase processual já há uma declaração do Estado acerca da ilegalidade praticada e a partir do momento em que citado para pagar, o devedor — e todos aqueles que por ele garantem a satisfação do crédito — passa a assumir a posição de quem resiste às ordens judiciais, às regras do jogo.

Por isso mesmo, a fase de execução direciona-se contra o patrimônio subtraído do autor, aonde quer que ele esteja, e reclama atuação ágil, efetiva e, sobretudo, breve, por parte do Poder Judiciário. Essa afirmação, que serve inclusive para a execução em âmbito cível, reveste-se de especial gravidade quando o patrimônio a ser devolvido tem natureza alimentar.

Sob a perspectiva jurídica, parece muito claro que o credor não detém interesse jurídico para demandar contra o responsável na fase de cognição, bastando que forme título executivo judicial em face do empregador, pois o ordenamento reconhece a legitimidade passiva (responsabilidade) para responder à fase de execução.

No processo do trabalho, os termos do art. 4º da LEF não deixam margem à dúvida, tornando inaplicável — a partir de um exame sistemático do ordenamento jurídico trabalhista e tendo presente sobretudo sua razão de existência — a utilização do IDPJ. Tal incidente, aliás, só ingressa na realidade das demandas trabalhistas se provocado pelos credores e tem como consequência a provável inviabilidade concreta de persecução de seus créditos.

Daí porque o resgate do que justifica historicamente o processo do trabalho e a compreensão das regras acerca da responsabilidade constituam importantes elementos para uma resistência que se revela fundamental.

De novo, nesse tema, como em todos os demais trabalhados neste livro, não é difícil perceber quais são os corpos atingidos por teorias e práticas que vedam o acesso à justiça ou o tumultuam. Quem perde não é a empresa de grande porte, que tem condições de manejar o processo e conduzi-lo até à última instância recursal. Perdem as pessoas que trabalham de forma terceirizada. A a terceirização tem raça e gênero. As primeiras atividades precarizadas através desse artifício são as de vigilância, cuja lei é da década de 1980, e limpeza e conservação. Nessas tarefas, a maioria expressiva de trabalhadoras e trabalhadores são pessoas não brancas. A remuneração figura entre as mais baixas do "mercado".

5.3. A possibilidade de liberar dinheiro em execução provisória

Como tantas vezes já foi escrito, ao longo deste livro, o processo do trabalho existe porque se diferencia do processo civil. E diferencia-se exatamente por seu caráter instrumental. Deve realizar um direito, cuja "natureza" alimentar é manifesta. Trata-se de condição reconhecida no art. 100, § 1º, da Constituição da República:

> Art. 100, § 1º Os débitos de natureza alimentícia compreendem aqueles decorrentes de **salários, vencimentos**, proventos, pensões e suas complementações, benefícios previdenciários e indenizações por morte ou por invalidez, fundadas em responsabilidade civil, em virtude de sentença judicial transitada em julgado, e **serão pagos com preferência sobre todos os demais débitos**, exceto sobre aqueles referidos no § 2º deste artigo.

E nem precisaria, pois vivemos em uma sociedade de trabalho obrigatório. Isso equivale a reconhecer que sem acesso a dinheiro, não se tem — em regra — acesso a alimento, remédio, roupa ou moradia. E o dinheiro, nessa forma de sociabilidade, não pode ser simplesmente estampado em casa, criado ou produzido para viabilizar a sobrevivência. Deve ser obtido através da troca de trabalho por capital. Estou apenas repetindo aqui o que já foi por mais de uma vez afirmado neste livro. Se o faço, é para discutir uma última questão central para a compreensão do processo do trabalho.

Também já afirmei que há, desde o princípio, uma lógica de aplicação subsidiária de outras regras ao processo do trabalho, sempre que for omisso e que essas outras regras estiverem em consonância com a sua razão de existência. Então, se a razão pela qual temos um processo do trabalho, separado do processo civil, é justamente conferir maior efetividade aos créditos trabalhistas, porque deles depende a sobrevivência, quaisquer outras regras que atinjam essa finalidade poderão ser aplicadas. Daí se depreende a funcionalidade disso que chamamos processo do trabalho. Não um conjunto de regras que existe apenas para contrapor o processo comum, mas sim um conjunto de regras, cuja finalidade é conferir efetividade aos direitos materiais de quem vive do trabalho.

A legislação trabalhista é, portanto, permeável a regras do CPC que sejam compatíveis com o princípio da proteção, sempre que houver omissão (art. 769 da CLT). Há muito a doutrina trabalhista defende a existência da chamada **lacuna axiológica**, a justificar a aplicação de regras mais protetivas do CPC, quando — embora tendo regra expressa — a CLT não consegue mais alcançar a sua finalidade de proteção. A proteção, na fase de cumprimento da obrigação, está diretamente ligada à efetividade do crédito.

No que tange à legislação processual trabalhista, convém relembrar que, embora encontre sua raiz na lei paulista de 1922, começou a ser sistematizada em nível nacional em 1932. Havia um consenso acerca da necessidade de se apartar o máximo possível dos pressupostos e da forma de aplicação do processo civil. Então, embora seguisse sendo instrumento de uma mesma ordem capitalista, o processo do trabalho surge fundado no **compromisso de realização do direito material que lhe corresponde**. O pressuposto é o de que "a fome não respeita prazos processuais" (RUSSOMANO, 1966, p. 87-95) ou de que "recurso de decisões interlocutórias é luxo para gente rica, que pode esperar anos a decisão de um feito" (OLIVEIRA VIANA, 1938, p. 234). A possibilidade de utilização da doutrina da lacuna axiológica no processo do trabalho é confirmada por entendimentos como o que se extrai da seguinte ementa de decisão proferida pelo TST:

> (...) **LACUNA AXIOLÓGICA**. ART. 769 DA CLT. I. As regras oriundas do microssistema de tutela coletiva, no que concerne à competência para liquidação e execução individual de sentenças prolatadas no esteio de ação coletiva, devem ser aplicadas ao processo do trabalho em detrimento daquela prevista no art. 877 da Consolidação das Leis do Trabalho, mais restritiva, exatamente porque mais eficazes na promoção do direito constitucional de acesso à justiça (art. 5º, XXXV, da Constituição da República), mormente na fase em que se busca a efetiva satisfação

do bem da vida. II. Considerando-se a previsão legal de ao substituído ser franqueado liquidar e executar individualmente o título obtido na ação coletiva em seu próprio domicílio (art. 98, §§ 1º e 2º, e art. 101, I, da Lei n. 8.078/1990), seria insatisfatória, quiçá injusta, **a aplicação da normatividade do indigitado artigo celetista, imprimindo potencial dificuldade de acesso à prestação jurisdicional nos casos em que o substituto processual ajuizasse a demanda longe do domicílio do substituído. Por conseguinte, é razoável sustentar a existência de lacuna axiológica, com aptidão para atrair a autorização legal prevista no art. 769 da CLT para utilização das regras supramencionadas**. (...) (CC-9704-51.2019.5.00.0000, Subseção II Especializada em Dissídios Individuais, relator Ministro Evandro Pereira Valadao Lopes, *DEJT* 11.12.2020)

Pois bem, a legislação trabalhista desde sempre compreendeu o processo como meio de realização do direito, superando a dicotomia entre conhecimento e execução, que existia em âmbito cível. O art. 899 da CLT, em sua redação original, dispunha que o recurso ordinário, interposto da sentença trabalhista, teria efeito suspensivo. Seguia, pois, a lógica do CPC, embora já tivesse a previsão de um processo único, em que o "cumprimento da decisão" não se desconectava da fase de cognição.

Em 1946, esse artigo foi alterado, e passou a dispor que "os recursos serão interpostos por simples petição e terão efeito meramente devolutivo, salvo as exceções previstas neste título, sendo permitida a execução provisória, até a penhora". O período era de clara expansão da proteção social e o dispositivo também teve a introdução de um parágrafo único, dispondo que em caso de "reclamação sobre férias, salários ou contrato individual de trabalho, de valor até Cr$ 5.000,00 (cinco mil cruzeiros), só serão admitidos recursos, inclusive extraordinários *mediante prova de depósito da importância da condenação*". Em caso de trânsito em julgado, o "levantamento do depósito em favor da parte vencedora" deveria ser imediato. É esse Decreto-lei n. 8.737, de 1946, que introduz, portanto, a figura do depósito recursal, que em tais casos devia corresponder ao valor da condenação.

A década de 1960 foi marcada por um retrocesso político e social. Após o golpe de 1964 e a instauração da ditadura civil-midiático-empresarial novas alterações foram promovidas na CLT, inclusive nesse dispositivo. Em vez de parágrafo único, dois parágrafos limitavam o valor do depósito recursal e dispunham sobre a forma de depósito. O importante é compreender que a exigência de depósito prévio e a ausência de efeito suspensivo para o recurso ordinário foram mantidas. E ainda durante a ditadura, a redação do *"caput"* do art. 899 da CLT foi novamente alterada para expressamente referir: "permitida a execução provisória até a penhora". Tratava-se de um avanço impressionante, em relação à tecnologia do processo civil, que ainda separava conhecimento e execução. Permitir a constrição de bem do devedor antes do trânsito em julgado do título executivo foi um avanço significativo, no sentido da busca da efetividade do crédito.

Trata-se de um sistema de proteção, sustentado pelo depósito recursal, que possui natureza jurídica de garantia da execução futura, não se tratando de mera taxa de recurso. Neste sentido há, inclusive, a Instrução Normativa n. 3/1993 do E. TST que dispõe exatamente neste sentido.

O art. 899 da CLT não deixa dúvidas a respeito da razão de existência do depósito recursal, que passa a integrar o patrimônio jurídico do exequente, pois é realizado justamente para garantir sua futura execução. Trata-se de espécie de patrimônio de afetação, que não pode mais ser retirado, portanto. Daí porque há entendimento sobre a possibilidade de liberação do valor do depósito recursal, em sede de tutela de urgência (arts. 300 e seguintes do CPC). Pois bem, o que aqui trazer à discussão é mais do que a análise de uma tutela de urgência determinada por circunstâncias especiais de determinado caso concreto.

Trata-se de compreender a aplicabilidade de uma alteração importante, havida na reforma sofrida pelo CPC em 2005, acerca da profundidade dos atos a serem praticados em sede de execução provisória. Desde então, há previsão expressa, hoje contida no art. 520 do CPC, de que:

> Art. 520. O cumprimento provisório da sentença impugnada por recurso desprovido de efeito suspensivo será realizado da mesma forma que o cumprimento definitivo.

A aplicabilidade desse dispositivo ao processo do trabalho é defendida por parte importante da doutrina. Wolney Cordeiro sustenta, por exemplo, que a execução provisória hoje prevista no CPC "difere substancialmente daquela em curso quando do advento da Consolidação de 1943". A alteração tem por objetivo conferir efetividade ao processo, exatamente a razão pela qual há um processo *do trabalho*. Por isso, para o autor, não é aceitável "partir-se da premissa de que o diploma trabalhista se apresenta autossuficiente quanto à regulação da execução provisória". É interessante seu raciocínio. Segundo Cordeiro, o art. 899 da CLT resume-se a identificar "a possibilidade de manejo do instituto da execução provisória". Ao referir "até a penhora", esse dispositivo não fixa "um limite intransponível para a continuidade do procedimento executório", apenas indica-lhe a existência. Para esse autor, sequer se trata de invocar a regra da subsidiariedade do art. 889 da CLT para compreender a possibilidade de aplicação dos arts. 520 e 521 do CPC ao processo do trabalho. Tal dispositivo, que prevê a aplicação da lei dos executivos fiscais (Lei n. 6.830/1980) trata de títulos extrajudiciais. (CORDEIRO, 2020, p. 113). Um pouco mais adiante, o autor reforça sua compreensão acerca da aplicabilidade dos arts. 520 e 521 do CPC ao processo do trabalho, ao afirmar que:

> A autonomia do direito processual do trabalho, no entanto, não pode servir de empecilho para que o intérprete direcione o sentido da norma jurídica e a realidade vigente. É, por conseguinte, ilusório o argumento de que a

consolidação apresenta regramentos e limites para o instituto da execução provisória. A postura do legislador é absolutamente omissa em relação à regulação do instituto e, repito, limitou-se a fazer uma breve remissão ao texto processual civil vigente à época. É importante observar que não se trata de opinião recente ou isolada, pois identifica-se, no âmbito doutrinário, pronunciamento de renomados juslaboralistas defendendo a integral aplicação do processo civil em matéria de execução provisória (*Ibidem*, p. 114).

No mesmo sentido, sustentam outros autores importantes, como Rodrigues Pinto, segundo o qual é "inteiramente compatível com a índole da trabalhista, também na execução provisória de sentenças proferidas em dissídios individuais" os referidos dispositivos do CPC (RODRIGUES PINTO, 2006, p. 72). E Teixeira Filho, para quem é preciso admitir a aplicação, ao processo do trabalho, das regras dos arts. 520 e 521 do CPC, "por não lhe modificarem a estrutura". (TEIXEIRA FILHO, 2007). Antônio Álvares da Silva também sustenta a aplicação dessas regras. Segundo ele, o fato de ser dotado apenas de efeito devolutivo, faz do recurso ordinário uma medida que não impede (antes, impõe) o início da execução provisória, podendo "de pronto autorizar o levantamento da quantia de sessenta salários mínimos do depósito judicial". E ainda acrescenta: "se este for menor, o juiz autorizará o levantamento do valor existente e prosseguirá na execução provisória, para obter o restante. O excesso, caso haja, permanecerá nos autos" (SILVA, 2007, p. 78-79).

Em artigo de fundamental relevância para o estudo da fase de cumprimento da decisão trabalhista, o doutrinador e juiz do trabalho Ben-hur Silveira Claus refere que "o critério científico da compatibilidade subsiste ao advento do novo CPC, permanecendo indispensável ao processo hermenêutico que a aplicação do processo comum ao processo do trabalho impõe ao Direito Processual do Trabalho e à Jurisdição Trabalhista". Ele salienta a importância da função hermenêutica também na fase de cumprimento da decisão, de modo que "seja a norma de direito processual comum fator agregador de maior eficácia para o subsistema processual laboral". Se o CPC passou a conter regra de maior eficácia, especialmente pela manutenção da possibilidade "já existente no CPC revogado — de a execução provisória ser realizada de forma completa", é de ser utilizado de forma complementar à previsão contida na CLT. O autor refere que por **"execução provisória completa, a teoria jurídica identifica a execução provisória que vai até o final, com a alienação do bem penhorado e inclusive com a possibilidade de levantamento do depósito do valor apurado na alienação judicial do bem"**. É justamente essa possibilidade que está prevista na norma do inciso IV do art. 520 do CPC (CLAUS, 2016, p. 185-229). Ele vai além:

> A doutrina identifica na possibilidade de execução provisória completa e no não desfazimento da arrematação a opção do legislador de organizar o

processo "[...] de modo a concretizar de forma mais aguda o direito fundamental à efetividade da tutela jurisdicional." Essa forma mais aguda de concretizar a tutela jurisdicional levou Hermes Zaneti Jr. à consideração de que as premissas do novo CPC "[...] afastam a concepção fraca da atividade executiva que estimula o comportamento irresponsável dos devedores e a corrupção do sistema". (...) Para o referido jurista, a alteração paradigmática projetada pelo novo CPC parte da premissa — acertada premissa, sublinhe-se — de que "[...] **não há direito fundamental de propriedade que dê suporte a um processo de execução pensado para a tutela do devedor. O processo de execução deve ser voltado para a tutela do crédito** (CLAUS, 2016, p. 185-229).

No que tange especificamente à liberação de dinheiro em execução provisória, ou seja, aplicabilidade dos arts. 520 e 521 do CPC (antigo art. 475-O) ao processo do trabalho, o mesmo doutrinador afirma que a "expressão crédito alimentar e a expressão prestação alimentícia são ambas seguidas da mesma locução — independentemente de sua origem". Não há, portanto, como restringi-la aos créditos derivados de relações familiares. Ao contrário, esses dispositivos "permitem extrair a interpretação extensiva de que basta que o crédito seja alimentar — aqui incluído o crédito trabalhista — para que se considere lícita a penhora de salário e de caderneta de poupança, ainda que não se trate de prestação alimentícia continuada". E sua conclusão merece ser aqui reproduzida:

> Se os magistrados do trabalho não despertarem para a possibilidade de execução provisória de forma ordinária na Justiça do Trabalho de ofício, essa potencialidade do novo CPC permanecerá adormecida à espera de que se ouça o chamado de Heráclito: se não esperas o inesperado, não o encontrarás. Se a falta de estrutura de pessoal e de recursos materiais dificulta implementar a medida em todos os casos, a execução provisória de ofício pode ser adotada no caso de litigantes recalcitrantes que se utilizam da jurisdição para ordinariamente retardar o cumprimento das obrigações, nos casos em que há risco de dissipação de bens ou necessidade de antecipar atos de constrição e nas demais situações em que a experiência cotidiana recomende à deliberação do juiz promover a execução provisória da sentença no interesse da efetividade da jurisdição" (CLAUS, 2016, p. 185-229).

Nesse mesmo sentido, existem vários precedentes do Poder Judiciário trabalhista, de que são exemplos as decisões a seguir:

> AGRAVO DE PETIÇÃO. LIBERAÇÃO DE VALORES. O processo, no desdobrar sequencial de todos os seus atos e fatos, **não pode ser uma idolatria à formalidade**, que só se justifica para que às partes seja garantido o direito de defesa, vale dizer, o direito delas de serem ouvidas em seus

argumentos fáticos e jurídicos, com amplo, porém esgotável acesso à prova e aos recursos, isto é, a todos os meios de realização da justiça. **É preciso salvar o processo da sua ineficiência crônica, da sua falta de efetividade, que se torna mais evidente na fase de execução, cuja concretude se almeja**. Não é suficiente uma estrutura estatal voltada para a tutela reparatória, sem que se aja também na esfera inibitória, que pode se aninhar em duas vertentes: a) mais importante, cumprimento espontâneo do Direito do Trabalho; b) menos importante, porém imprescindível, tutela inibitória, principalmente quanto aos direitos difusos e meta-individuais. Por outro lado, a ação trabalhista individual singular tem que ser a exceção e não a regra, pois, quando repara, normalmente, o fez de maneira incompleta ou tardia, pela via da conciliação ou da execução, isso quando essa realmente se efetiva. É preciso desossar a realidade com a própria realidade, para que o processo seja visto, entendido e discutido pela sociedade, a quem ele deve servir racionalmente, sem custos excessivos para um país que precisa investir na educação, na saúde e em tantas outras áreas, inclusive para aumentar o número de empregos e diminuir os litígios. Quanto mais educado o povo, menor o desrespeito aos direitos humanos e sociais; maior a solidariedade; mais significativa a fraternidade. De outra face, é importante que a jurisprudência trabalhista cristalize e absorva – antes que seja consumida pela poeira do tempo – tudo aquilo que seja moderno e eficaz, sem muitas amarras com o passado e sem grandes formalidades, que em nada contribuem para a efetivação dos direitos fundamentais sociais, dentre os quais se destacam os direitos trabalhistas. (Processo n. 0010396-60.2020.5.03.0023 (AP). Disponibilização: 15.03.2023. Relator(a)/Redator(a): Luiz Otavio Linhares Renault)

No corpo da decisão, lê-se:

O Direito Processual do Trabalho deve se haurir na Teoria Geral do Processo, suprindo as suas lacunas com as regras que tornam a tutela jurisdicional um pouco efetiva. Não é possível a convivência social com o processo ineficaz e de custo econômico elevado. Não se deve conceber que matérias tão simples gerem tanta seiva discursiva, sem que o empregado receba o que lhe é devido. Se recursos e mais recursos processuais retardam e até inibem a concretude da tutela jurisdicional, aplicável a todas as luzes e subsidiariamente as normas previstas nos artigos 520, inciso IV, e 521 incisos I e II do CPC, impondo-se o levantamento pelo empregado, dos valores pecuniários depositados, porque se trata de crédito de natureza alimentar e o estado de necessidade do empregado possui presunção absoluta, pois essa sua condição está na estrutura do Direito do Trabalho, de modo que negá-la é negar o próprio Direito do Trabalho.

No mesmo sentido:

AGRAVO DE PETIÇÃO. EXECUÇÃO PROVISÓRIA. LIBERAÇÃO DE VALORES INCONTROVERSOS. Nos termos do art. 521, I, do CPC, é possível, ainda que provisória a execução, a liberação do valor incontroverso em favor do exequente(...) (Disponibilização: 06.03.2023. Relator(a)/Redator(a): Sebastião Geraldo de Oliveira. Processo n. 0010075-92.2018.5.03.0185 – AP)

MANDADO DE SEGURANÇA. EXECUÇÃO. LIBERAÇÃO DE VALORES RECONHECIDOS COMO INCONTROVERSOS. Reconhecido valor incontroverso pela executada, o seu pagamento imediato e posterior liberação são medidas urgentes, porque sobre ele não há mais questionamentos, ainda que se trate de execução provisória, cujos desenvolvimento ocorre nos mesmos moldes da definitiva, forte nos arts. 876 da CLT e 520 do CPC" (Processo 0001825-86.2018.5.05.0000, Origem PJE, relator(a) Desembargador(a) RUBEM DIAS DO NASCIMENTO JUNIOR, Dissídios Individuais II, *DJ* 23.07.2020). (Processo 0001793-42.2022.5.05.0000, Origem PJE, relator Desembargador EDILTON MEIRELES DE OLIVEIRA SANTOS, Dissídios Individuais II, *DJ* 08.03.2023)

SEGURANÇA CONCEDIDA. EXECUÇÃO PROVISÓRIA. LIBERAÇÃO DE VALORES. Nos termos do art. 520, *caput*, do CPC, de aplicação supletiva, o cumprimento provisório da sentença será realizado da mesma forma que o definitivo. Quanto à liberação dos valores incontroversos, o art. 520, inciso IV, do CPC possibilita o levantamento de depósito em dinheiro, desde que haja caução suficiente e idônea. No entanto, o art. 521, da mesma lei, prevê as hipóteses em que a aludida caução poderá ser dispensada pelo magistrado. O Ministro Breno Medeiros (TST) negou "seguimento aos agravos de instrumento" que pretendiam destrancar os recursos de revista interpostos contra o acórdão exarado pela 4ª Turma deste Regional, sendo que pende a análise de agravo interno interposto em face de referida decisão. A possibilidade de reforma da decisão executada é ínfima, especialmente ao considerar que a ATOrd 0010085-65.2013.5.05.0021 envolve o reconhecimento de vínculo de emprego, naquilo que abrange em regra matéria fática. Assim, a segurança pleiteada deve ser concedida. (Processo 0001594-20.2022.5.05.0000, Origem PJE, relator Juiz convocado SEBASTIAO MARTINS LOPES, Dissídios Individuais II, *DJ* 15.02.2023)

EXECUÇÃO PROVISÓRIA. LIBERAÇÃO DE CRÉDITO AO EXEQUENTE. POSSIBILIDADE. Conquanto não tenha ocorrido ainda o trânsito em julgado da sentença, não se pode perder de vista que os recursos trabalhistas são dotados, em regra, de efeito devolutivo apenas, forte no art. 896, § 1º e 899 da CLT, o que autoriza o prosseguimento da execução consoante previsão do art. 876 da CLT. E, no caso concreto, não houve requerimento de concessão de efeito suspensivo. Curial observar que o art. 879 e seguintes da CLT, ao contrário do que muitos interpretam, prestigiam a celeridade, a efetividade e a utilidade para o credor. E se aplica à execução em qualquer de suas modalidades, provisória ou definitiva, consoante dicção do art. 520 do CPC e seguintes. Nas execuções provisórias, está autorizada, inclusive, o levantamento de dinheiro pelos reclamantes, por se tratar, em regra, de crédito de natureza alimentar, sem prestação de caução, forte nos arts. 520, IV, e 521, I do CPC, a liberação de valores ao credor. (Processo 0000142-38.2022.5.05.0561, Origem PJE, relator(a) Desembargador(a) ANA PAOLA SANTOS MACHADO DINIZ, Segunda Turma, *DJ* 03.02.2023)

EXECUÇÃO PROVISÓRIA. POSSIBILIDADE. Os arts. 520 e 521 do CPC, aplicáveis ao Processo do Trabalho por força do art. 769 da CLT, permitem a execução imediata da parcela incontroversa dos créditos, independentemente do trânsito em julgado. (PROCESSO n. 0010847-94.2021.5.03.0138 (AP). RELATOR: PAULO ROBERTO DE CASTRO. Belo Horizonte, 26 de agosto de 2022)

EXECUÇÃO PROVISÓRIA. LIBERAÇÃO DE VALORES. Permite-se a liberação de valores na execução provisória, conforme preceituam os arts. 520 e 521 do CPC. Tais dispositivos priorizam a efetividade da execução, atendendo aos princípios da celeridade e efetividade processual e, em especial, ao da dignidade da pessoa humana, tendo em vista que os sucessores de trabalhador falecido não podem deixar de receber créditos essenciais à subsistência. Logo, é viável a liberação dos depósitos efetuados pela executada, por se tratar de crédito de natureza alimentar, presumindo-se, assim, o estado de necessidade dos exequentes. (0010416-83.2020.5.03.0174 (AP). Disponibilização: 29.07.2021. Relator(a)/Redator(a): Cristiana M. Valadares Fenelon)

EXECUÇÃO PROVISÓRIA, LIBERAÇÃO DE CRÉDITO AO EXEQUENTE. O art. 899 da CLT, ao permitir a execução provisória até a penhora, harmoniza-se com a previsão da Lei n. 11.232/2005, que introduziu o art. 475-O ao CPC, aplicado subsidiariamente ao processo trabalhista, por força do art. 769 da CLT. Aliás, este Regional já manifestou posicionamento favorável à liberação de valores em sede de execução provisória, ao editar a Súmula n. 10, fazendo referência ao art. 588, II, § 2º, do CPC, o qual permitia o levantamento de depósito em dinheiro, sem caução, nos casos de crédito de natureza alimentar, até o limite de 60 (sessenta) vezes o salário mínimo, quando o exequente se encontrar em estado de necessidade (AP 0110400-43.2009.5.06.0012, Quarta Turma, relatora Gisane Barbosa de Araújo, 27.6.2013)

EXECUÇÃO PROVISÓRIA – ART. 475-O DO CPC. A natureza alimentar dos créditos trabalhistas, nos termos do § 1º do art. 100 da Constituição da República e a presunção do estado de necessidade do trabalhador, em face da sua condição de hipossuficiente em contraponto à superioridade do empregador permitem a aplicação subsidiária do art. 475-O do CPC no processo do trabalho, nos termos do art. 769 da CLT, haja vista que a referida norma torna eficaz e célere a tutela jurisdicional, ensejando a solução definitiva dos conflitos, independentemente do pleno exercício do direito de ação ou de defesa pela parte contrária, coibindo, assim, o uso desse direito, em muitos casos, apenas para postergar a satisfação da condenação, o que acarreta a negação da ideia de justiça e a descrença na função pacificadora do Estado. Acrescente-se que a aplicação do art. 475-O do CPC no processo do trabalho, em face da incontroversa natureza alimentar dos créditos trabalhistas executados, se harmoniza com o princípio constitucional da razoável duração do processo expresso no inciso LXXVIII do art. 5º da CR. Assim, em se tratando, na espécie, de crédito de natureza alimentar decorrente da relação de emprego e demonstrado o estado de necessidade da trabalhadora, impõe-se a aplicação do inciso I do § 2º do art. 475-O do CPC, dando-se provimento ao agravo obreiro para autorizar o levantamento do depósito existente nos autos, limitado ao valor do crédito líquido da reclamante apurado em liquidação de sentença, que não atinge o limite de sessenta salários mínimos estabelecido na referida norma. (Quarta Turma. Processo n. 0021900-32.2008.5.03.0137 AP. Data de Publicação: 24.01.2011. Relator: Júlio Bernardo do Carmo)

O TRT da Quarta Região também tem decisões nesse sentido:

AÇÃO CAUTELAR INCIDENTAL. A decisão que concede tutela cautelar incidentalmente para determinar o imediato pagamento das verbas rescisórias, devidamente atualizadas, no prazo de 48 horas, sob pena de pagamento de multa de R$ 1.000,00 (mil reais) por dia de atraso, independentemente de outras providências, ainda que sem o trânsito em julgado da decisão, está conferindo efetivo cumprimento aos termos do art. 899 da CLT, que prevê a execução provisória do julgado. Crédito trabalhista devido à parte autora da ação matriz que ostenta natureza alimentar. Aplicação subsidiária dos arts. 520, IV, e 521, I, do CPC. (Acórdão: 0022859-76.2020.5.04.0000 (TutCautAnt). Redator: MARCELO JOSE FERLIN D'AMBROSO. Órgão julgador: 8ª Turma. Data: 13.07.2021)

AGRAVO REGIMENTAL À DECISÃO EM QUE NEGADO EFEITO SUSPENSIVO AO RECURSO ORDINÁRIO DA RÉ. O julgamento parcial antecipado da lide procedido pelo MM. Julgador de primeiro grau está suficientemente fundamentado na extrema verossimilhança do direito buscado e tem expressa base legal no permissivo do art. 356 do CPC. Inteligência do novo sistema processual, estabelecido desde 2015, que privilegia prestação jurisdicional atual e urgente quando verificados os requisitos, como ocorre no caso concreto. Estabelecida a premissa da regularidade da tutela de urgência concedida, não subsistem fundamentos para a concessão do efeito suspensivo ao recurso ordinário interposto pela agravante. (PROCESSO n. 0020763-59.2018.5.04.0000 (TutCautAnt). RELATORA: BEATRIZ RENCK. Data: 21.06.2018)

No corpo da decisão, a Relatora transcreve parte da decisão de primeiro grau, em que lê-se:

A regra geral expressa no art. 899 da CLT é de que os recursos no processo do trabalho detêm caráter meramente efeito devolutivo, sendo sempre permitida, desde já, a execução provisória justamente na premissa de que pode subsistir controvérsia quanto às parcelas da condenação e neste aspecto está a distinção do caso concreto em que tal controvérsia não subsiste, salvo, alegadamente, em relação ao benefício de ordem suscitado pela recorrente e ora requerente. A propósito da matéria, o MM. Juízo prolator da decisão expressou claramente as razões pelas quais entende que não há tal benefício no caso concreto, tendo inclusive se reportado ao IRR n. 190-53.2015.5.03.0090, no qual o TST fixou tese jurídica no Tema Repetitivo n. 006 e da qual se extrai que o dono da obra não se isenta da responsabilidade em relação aos trabalhadores do contratado. O caso, portanto, comporta, com razoável pertinência, o julgamento parcial antecipado da lide exatamente na forma como permite o art. 356 do CPC, ainda mais especificamente na forma como permite o § 2º do art. 356: "A parte poderá liquidar ou executar desde logo, a obrigação reconhecida na decisão que julgar parcialmente o mérito, independentemente de caução, ainda que haja recurso contra essa interposto".

Por fim, é de referir importantes precedentes do TST sobre a matéria, embora seja preciso admitir que nos últimos tempos outras decisões foram proferidas em sentido contrário, negando a possibilidade de liberação de dinheiro em execução provisória no processo do trabalho:

(...) ART. 475-O, § 2º, I, DO CPC. EXECUÇÃO PROVISÓRIA. APLICABILIDADE AO PROCESSO DO TRABALHO. A C. Turma entende que há compatibilidade da CLT com o processamento da execução provisória, conforme preleciona o art. 475-O, § 2º, I, do CPC. Nesse sentido, adota-se o entendimento de que — Se o art. 475-O, § 2º, I, do CPC assegura o levantamento de dinheiro, em execução provisória, nos casos de crédito de natureza alimentar [...] até o limite de sessenta vezes o valor do salário-mínimo —, desde que o exequente demonstre situação de necessidade — e a instância ordinária, perante a qual se processa a execução, pontuou a subsunção da hipótese dos autos nessa regra, incabível, em princípio, redarguir que ao juiz do trabalho seria vedado concretizar a vontade constitucional, regulamentada pela norma geral das execuções, a pretexto de existir um dispositivo na regra especial ainda não adaptado à nova ordem jurídica.(...) Não há dúvida de que o citado artigo, na medida em que contribui para o cumprimento mais célere das sentenças trabalhistas, mostra-se compatível com a finalidade das normas que orientam o direito e o processo do trabalho, abreviando o acesso dos trabalhadores aos recursos financeiros essenciais à manutenção de sua subsistência e dignidade. (RR-99301-63.2009.5.15.0000, relator Ministro: Augusto César Leite de Carvalho, 6ª Turma, *DEJT* 28.05.2010)

ART. 475-O DO CPC. COMPATIBILIDADE COM O PROCESSO DO TRABALHO. A regra e o princípio constitucionais da razoável duração do processo e da efetividade da jurisdição (art. 5º, LXXVIII, CF) tornam compatíveis com o processo do trabalho os novos dispositivos processuais civis favorecedores da célere, eficiente e efetiva prestação jurisdicional, tal como o recente art. 475-O do CPC reformado. Em par com essa fonte constitucional, inovadora e heurística (por si só bastante), o **art. 475-O do CPC é de aplicabilidade no processo do trabalho em face do permissivo contido no art. 769 da CLT e também porque a natureza do crédito trabalhista se compatibiliza com normas de índole protetiva que busquem o aperfeiçoamento dos procedimentos executivos, com o objetivo de se alcançar de forma efetiva a satisfação dos créditos reconhecidos judicialmente**. A **finalidade social da norma é inquestionável, possibilitando a diminuição do impacto sofrido pelo trabalhador que é dispensado sem a percepção de todos os direitos adquiridos ao longo do pacto laboral e é impedido de obter recursos financeiros para suprir necessidades básicas em virtude das várias medidas processuais disponibilizadas às partes, que permitem seja protelado o pagamento das verbas deferidas em juízo**. Inconteste o estado de necessidade do empregado, que é aposentado e ainda firmou declaração de necessidade econômica nos autos, o deferimento do levantamento de depósitos recursais inferiores ao valor limite de sessenta vezes o valor do salário mínimo está em perfeita sintonia com o objetivo das normas trabalhistas. A absorção, pelo processo do trabalho, das regras processuais civis, naquilo que tornam a execução mais rápida e eficaz, tem respaldo ainda em outro texto constitucional que, no art. 100, § 1º-A, reconhece expressamente a natureza alimentar dos créditos trabalhistas. Nesse sentido, é nítida a harmonia entre a norma contida no art. 475-O do CPC e o sistema processual trabalhista especializado. Recurso de revista não conhecido, no aspecto. (RR-87200-28.2008.5.03.0011, 6ª Turma, relator Ministro Mauricio Godinho Delgado, *DEJT* 09.12.2011)

EXECUÇÃO DE SENTENÇA. LEVANTAMENTO DE VALORES DEPOSITADOS. INAPLICABILIDADE DO ART. 520 DO NOVO CPC/2015 (ART. 475-O DO CPC/73) AO PROCESSO DO TRABALHO. A controvérsia cinge-se a definir se pode ser aplicado no processo do trabalho o art. 520 do novo CPC (art. 475-O do CPC/73). O sistema de aplicação subsidiária de normas no processo de execução trabalhista passa pela análise dos dispositivos contidos nos arts. 769 e 889 da CLT. O primeiro deles enuncia que as normas do processo comum serão aplicadas somente em caso de omissão da CLT e desde que haja compatibilidade com os princípios desse ramo processual especializado. Por sua vez, o art. 889 da CLT estabelece que, em caso de omissão, aplicam-se ao Processo executivo trabalhista as normas da Lei de Execuções Fiscais e, posteriormente, as normas do Direito Processual comum. Como se infere do art. 769 da CLT, para aplicação nas normas do Direito processual comum no processo do trabalho, é necessário que haja lacuna na legislação trabalhista e que a norma a ser aplicada supletiva ou subsidiariamente seja compatível com os princípios fundamentais do processo do trabalho. Assim, **pautando-se em uma interpretação sistemática dos arts. 5º, incisos XXXV e LXXVIII, da Constituição Federal e 899 da CLT, concomitantemente com os princípios tutelares do Direito material do Trabalho, constata-se a existência de lacunas no art. 899 da CLT**. Dar uma interpretação rígida ao art. 769 da CLT, de que a subsidiariedade se aplicaria apenas em caso de lacuna normativa literal, significaria negar vigência aos direitos fundamentais de efetividade e celeridade da tutela jurisdicional (arts. 5º, incisos XXV e LXXVIII, Constituição Federal). Tratando-se de direitos fundamentais, cabe ao Poder Judiciário fazer as adequações necessárias das normas para adaptá-las ao comando constitucional que enuncia preceito fundamental. **A tarefa de efetivação dos direitos fundamentais vincula todos os níveis de atividade jurisdicional, também a fase executiva**. As inovações trazidas no CPC, a partir da década de 90, tornaram o processo civil em muitos pontos mais moderno e efetivo do que o processo do trabalho, principalmente na fase de cumprimento da sentença. A alteração legislativa trazida pela Lei n. 11.232/2005, que acrescentou o art. 475-O, § 2º, inciso I, ao CPC/73, e, atualmente, a Lei n. 13.105/2015, que manteve o dispositivo nos arts. 520, inciso IV, e 521, incisos I e II, no novo CPC, representa esse progresso, ao admitir o levantamento do depósito em dinheiro em execução provisória, independentemente de caução, nos casos de crédito de natureza alimentar ou quando o exequente demonstrar situação de necessidade. Enquanto isso, no processo do trabalho, o art. 899 da CLT limita-se a enunciar que a execução provisória se processará até a penhora. Assim, ainda que uma interpretação meramente gramatical do art. 769 da CLT pressuponha a aplicação das normas de processo comum apenas quando se identificar omissão legislativa, é necessário dar ao art. 769 da CLT uma interpretação em conformidade com a Constituição Federal. Dessa forma, **a aplicação do art. 520 do novo CPC ao processo do trabalho se revela como uma das possíveis soluções para a crise de efetividade do processo do trabalho, tendo em vista a quantidade de ações ajuizadas que assoberbam os órgãos jurisdicionais trabalhistas em todas as suas instâncias e, também, esta Corte Superior**. Isso porque o referido dispositivo, que trata da execução provisória, funda-se nos mesmos princípios que também são peculiares à antecipação da tutela e, da mesma forma, busca antecipar os efeitos práticos de uma decisão que ainda não transitou em julgado, mas que, em virtude da natureza e da relevância dos direitos materiais em jogo, a critério do legislador, tem força suficiente para tanto, porque já é produto de uma cognição plena e exauriente, capaz de justificar o risco de produzir efeitos imediatos. Nesse contexto, **diante da existência incontroversa de lacuna nas normas de processo do trabalho e de clara compatibilidade de seus efeitos e de seus propósitos com os princípios e os objetivos da legislação tutelar trabalhista, entende-se aplicável o art. 520 do CPC à esfera trabalhista**. (ARR-109400-13.2009.5.03.0005, 2ª Turma, relator Ministro José Roberto Freire Pimenta, *DEJT* 15.12.2017) (sem grifos no original)

As decisões que negam a possibilidade de aplicação desses dispositivos ao processo do trabalho não serão aqui reproduzidas, exatamente porque o objetivo desse capítulo é discutir e propor uma reflexão crítica acerca da matéria. Realizar o direito alimentar pode ser a diferença entre viver e deixar morrer. Logo, quando discutimos a aplicação ou não das regras do CPC que autorizam liberação de dinheiro em execução provisória estamos tratando de muito mais do que hermenêutica ou Direito. É muito importante compreender que também a interpretação jurídica tem compromisso ideológico. Serve para realizar ou boicotar uma ordem determinada de valores.

Em nosso caso, há clara opção expressa no texto da Constituição da República, pela adoção de valores como a dignidade humana e a valorização social do trabalho. Já referi ao longo do livro o processo histórico contraditório em que esse discurso conseguiu prevalecer. E o que significou toda a onda neoliberal que a partir da década de 1990 vem descosturando e promovendo erosão na teia de proteção social representada pelo que chamamos Direito do Trabalho.

Entregar dinheiro a uma trabalhadora ou a um trabalhador que ainda está discutindo em juízo a possibilidade de exigir seus créditos é medida que atinge diretamente um dogma do Direito: o de que o tempo do processo deve ser sempre suportado por quem busca a "justiça". Rompe, portanto, com o pressuposto de proteção ao patrimônio. E vimos que mesmo tendo sido construído para tensionar essa proteção, em nome de algo que se revelou mais urgente e importante para a sociedade (a proteção ao crédito trabalhista alimentar como forma de proteção à vida de quem depende do trabalho para sobreviver), o processo trabalhista ainda está inscrito na mesma ordem capitalista e é aplicado por pessoas em instituições completamente imersas nesse mesmo metabolismo social. Daí porque temos tanta dificuldade em aceitar a possibilidade de liberação de dinheiro em execução provisória, apesar da literalidade do texto legal e de sua evidente compatibilidade com o processo do trabalho.

O que estou afirmando, portanto, é que não estamos diante de um problema jurídico. Ou, pelo menos, a grande questão aqui não é a forma como interpretamos as regras jurídicas. E sim a função que o ordenamento jurídico (e sua aplicação) exerce na manutenção ou no enfrentamento das diferentes formas de opressão sofridas pelos diferentes corpos. Uma resposta estatal que administre de forma diferente o tempo do processo e que confira efetividade ao direito alimentar, mesmo quando a decisão ainda esteja sujeita à alteração, não apenas viabiliza a sobrevivência física imediata do(a) reclamante. Também produz um discurso social, que potencializa a ordem jurídico-trabalhista e confere gravidade ao seu descumprimento. A posição adotada em relação a essa questão diz também, portanto, com o que pensamos acerca do Poder Judiciário e de como ele atua no jogo de forças que sustenta a sociedade capitalista.

Então, uma última referência se impõe. Comecei esse capítulo afirmando, com base na literalidade da Constituição, que os créditos trabalhistas são alimento. Isso significa que são imediatamente consumidos por quem os recebe, utilizados para pagar supermercado, farmácia, aluguel. E, exatamente por seu caráter alimentar, são **irrepetíveis**, como expressamente determina o **art. 1.707 do Código Civil**, algo que é pacífico na jurisprudência pátria (Súmulas ns. 277, 358, 621 do STJ).

O entendimento não está restrito a questões de família. Há decisão do STJ, por exemplo, no sentido de que o agente público não tem de restituir verbas de natureza alimentar recebidas de boa-fé, como aquelas que decorrem de erro ou de má interpretação de normas pela Administração Pública (**STJ, REsp n. 1.762.208/RS, 2ª Turma, rel. Ministro Herman Benjamin, *DJe* 28.11.2018**). Há, também, precedente do STF nesse sentido:

> DIREITO PREVIDENCIÁRIO. BENEFÍCIO RECEBIDO POR FORÇA DE DECISÃO JUDICIAL. DEVOLUÇÃO. ART. 115 DA LEI N. 8.213/91. IMPOSSIBILIDADE. BOA-FÉ E CARÁTER ALIMENTAR. ALEGAÇÃO DE VIOLAÇÃO DO ART. 97 DA CF. RESERVA DE PLENÁRIO: INOCORRÊNCIA. ACÓRDÃO RECORRIDO PUBLICADO EM 22.9.2008. A jurisprudência desta Corte firmou-se no sentido de que o benefício previdenciário recebido de boa-fé pelo segurado em virtude de decisão judicial não está sujeito à repetição de indébito, dado o seu caráter alimentar. Na hipótese, não importa declaração de inconstitucionalidade do art. 115 da Lei n. 8.213/1991, o reconhecimento, pelo Tribunal de origem, da impossibilidade de desconto dos valores indevidamente percebidos. Agravo regimental conhecido e não provido. (ARE 734199 AgR, relator(a): Minª. ROSA WEBER, Primeira Turma, julgado em 09.09.2014, PROCESSO ELETRÔNICO *DJe*-184 DIVULG 22.09.2014 PUBLIC 23.09.2014)

Há, ainda, a Súmula n. 51/TNU (Turma Nacional de Uniformização de Jurisprudência dos Juizados Especiais Federais), dispondo que "os valores recebidos por força de antecipação dos efeitos de tutela, posteriormente revogada em demanda previdenciária, são irrepetíveis em razão da natureza alimentar e da boa-fé no seu recebimento". O entendimento foi confirmado na Questão de Ordem n. 13 da TNU: "Não cabe Pedido de Uniformização, quando a jurisprudência da Turma Nacional de Uniformização de Jurisprudência dos Juizados Especiais Federais se firmou no mesmo sentido do acórdão recorrido." (Aprovada na 2ª Sessão Ordinária da Turma Nacional de Uniformização, do dia 14.03.2005)". (TNU, Questão de Ordem n. 13, *DJ* 5. Incidente de Uniformização não conhecido" (PREDILEF 5002813-56.2012.4.04.7109, rel. Juiz Federal Bruno Leonardo Câmara Carrá, j. 12.02.2015, *DOU* 13.04.2015, p. 126/260, unânime).

A interpretação que serve ao direito previdenciário, serve também ao Direito do Trabalho, cujo objeto é a relação social de trabalho, da qual se extraem deveres de pagamento de verbas de natureza alimentar, como reconhecem o art. 100 da Constituição, o art. 9º da CLT e o art. 1.707 do Código Civil. Mesmo indenizações por danos, materiais ou morais, praticados no âmbito do contrato, adquirem tal natureza, por representarem o ressarcimento tardio e parcial de dano causado à personalidade da trabalhadora ou do trabalhador.

Então, o que estou afirmando aqui é que a liberação de dinheiro em execução provisória, prevista nos arts. 520 e 521 do CPC, é plenamente compatível e aplicável ao processo do trabalho. E que, uma vez liberado o valor, havendo alteração da decisão em sede de recurso, não há como exigir sua devolução, pois o crédito (por ser alimentar) foi consumido para a sobrevivência imediata. Essa não é uma afirmação que deveria causar espanto, pois é exatamente como compreende a doutrina e a jurisprudência, de forma pacífica, no caso de alteração do valor dos alimentos provisórios:

> Súmula n. 621, STJ. Os efeitos da sentença que reduz, majora ou exonera o alimentante do pagamento retroagem à data da citação, vedadas a compensação e a repetibilidade.

E se trata do único modo de efetivamente garantir efetividade a direitos, cuja fundamentalidade não foi reconhecida por acaso. Se há uma pessoa desempregada, discutindo verbas rescisórias, por exemplo, e no processo já existe decisão em primeiro grau de jurisdição reconhecendo o direito a essas verbas, alcançar-lhe o valor implica menos dano, da perspectiva social (mesmo se considerado irrepetível), do que deixá-la sem possibilidade de sobrevivência. Essa é uma conclusão que decorre do caráter social dos direitos trabalhistas, sobre o qual insisti em todo o livro.

Uma Convocação Final

Todas as questões aqui discutidas, portanto, embora transitem no campo do direito processual e, portanto, possam e devam ser enfrentadas desde a perspectiva jurídica, dizem com as diferentes opressões (de raça, sexo, gênero, capacidade, etc) que atravessam determinados corpos. A vedação do acesso à justiça, de forma ostensiva ou velada, tem servido ao recrudescimento de uma das principais características do sistema capitalista: a produção de miséria e exclusão social.

Repensar o Direito do Trabalho e sua realização através do processo é também, portanto, uma forma de militância contra essa sociabilidade que se mostra cada vez mais insuportável. Todos os temas que pretendo problematizar neste livro partem da premissa de que de nada adianta um processo que demora, um título judicial que não se realiza, uma resposta jurisdicional que pune a busca por justiça.

A aposta na Justiça do Trabalho como ambiente ideal para "harmonizar os interesses em lucta", "em defesa da autoridade do Estado, que não pôde ser neutro, nem abstencionista, deante das perturbações collectivas, deixando as forças sociaes entregues aos proprios impulsos", conforme texto da exposição de motivos do Decreto n. 1.237, em 02 de maio de 1939, que a institui, é não apenas uma resposta às lutas da classe trabalhadora já organizada, como também efeito da necessidade de organização do próprio capital.

E seu pressuposto é justamente a facilitação do acesso à justiça àquelas e àqueles que não têm espaço para deduzir suas pretensões na chamada "justiça comum".

Viver em um Estado Democrático de Direito significa ter direitos e deveres, mas também contar com uma estrutura forte que os faça valer, sempre que violados. A própria noção de monopólio da jurisdição pressupõe que todos os cidadãos e cidadãs tenham acesso ao Estado, cuja função é precisamente garantir a aplicação das "regras do jogo". Do contrário, a democracia revela-se como uma farsa. Elegemos nossos representantes, aprovamos as normas jurídicas e concordamos em conceder ao Estado o monopólio da jurisdição. Em contrapartida, podemos (e devemos) exigir do Estado que garanta a realização dessa ordem de coisas, que aja quando nossos direitos forem violados.

A verdade é que no Brasil, em que não se reconhece garantia alguma contra a despedida, ajuizar uma demanda trabalhista é um ato de coragem, para quem muitas vezes não tem sequer o dinheiro para a passagem de ônibus que o conduzirá até a audiência trabalhista. Implica expor-se diante dos colegas que servirão como testemunhas. Implica a perda de um dia ou turno em que poderia estar trabalhando ou procurando por um novo posto de trabalho. Implica, ainda, a possibilidade concreta de prejuízos futuros, em razão da comunicação entre o empregador demandado e os possíveis futuros tomadores do seu trabalho, prática tão comum que tem até o apelido de *lista suja*.

Entendimentos e regras que afetam o direito de acesso à justiça colocam em xeque a preservação do modelo de sociedade preconizado no pacto firmado por ocasião da elaboração da Constituição de 1988, que sequer, até hoje, foi completamente cumprido.

A Constituição de 1988 claramente propõe uma sociedade pautada em parâmetros como a dignidade humana e os valores sociais do trabalho e da livre iniciativa. Em seus primeiros artigos, compromete-se a reduzir desigualdades, erradicar a pobreza e construir uma sociedade solidária. Não é pouco. É resultado de uma composição de forças adversas, comprometida pela ânsia conciliatória. Melhor teria sido apostar na ruptura, inclusive para tornar viável um novo modo de convívio social. Ainda assim, não há como negligenciar um texto no qual a promessa de um Estado Social encontra-se tão bem delineada.

O Direito do Trabalho tem uma função importante nesse contexto. É o dique de contenção dos efeitos desumanos de uma sociedade que não é para todos. Fazer valer regras sobre relação de emprego, limitação de jornada, salário mínimo, ambiente saudável ou proteção contra a despedida é a condição para que as pessoas que vivem do trabalho possam viver para além do trabalho que realizam e, com isso, pensar sua existência e o sentido de estarmos em uma realidade na qual democracia, redução da miséria e desenvolvimento nacional não têm passado de meras palavras escritas no texto da Constituição. E isso, em nossa realidade, materializa-se no processo.

O reconhecimento de que o Direito do Trabalho pode e deve exercer sua tarefa histórica com ainda mais radicalidade impõe atitudes concretas por parte de seus intérpretes aplicadores. E sequer se trata de atitudes revolucionárias.

Aplicar as regras processuais trabalhistas reconhecendo sua autonomia e sua razão de ser protetiva seria já suficiente para promover mudanças concretas efetivas na vida de quem depende do trabalho para comer, vestir ou morar.

Essa é a pretensão desse livro. Desacomodar. Convocar a agir de modo diverso diante do sistema de justiça, fazendo um uso comprometido do processo, para a construção de uma outra sociabilidade possível.

Bibliografia

ADORNO, Theodor; HORKHEIMER, Max. *Dialética do esclarecimento*. Trad. de Guido Antonio de Almeida. Rio de Janeiro: Zahar, 1985.

ALEXY, Robert. *Teoria dos Direitos Fundamentais*. Trad. Virgílio Afonso da Silva. São Paulo: Malheiros Editores, 2008.

ALMEIDA, Almiro Eduardo de. Quando o direito caduca: algumas reflexões sobre prescrição, decadência e Fundo de Garantia do Tempo de Serviço. *Justiça do trabalho*, Porto Alegre, v. 32, n. 374, p. 48-62, fev. 2015.

ALMEIDA, Isis de. *Manual da Prescrição Trabalhista*. São Paulo: LTr, 1994.

ALVARES DA SILVA, Antônio. *Prescrição das Contribuições do FGTS*. Belo Horizonte: Aide Editora, 1987.

ALVES, Giovanni. *Dimensões da precarização do trabalho*. Ensaios de sociologia do trabalho. Bauru-SP: Canal 6 Editora, 2013.

______. *Terceirização e acumulação flexível do capital:* notas teórico-críticas sobre as mutações orgânicas da produção capitalista. *Revista Estud. sociol.*, Araraquara, v. 16, n. 31, p. 409-420, 2011.

ALVES, Raissa Roussenq. *Entre o silêncio e a negação*. Trabalho escravo contemporâneo sob a ótica da população negra. Belo Horizonte: Letramento, 2019.

AMORIM FILHO, Agnelo. Critério científico para distinguir a prescrição da decadência e para identificar as ações imprescritíveis. *Revista da Faculdade de Direito*, Universidade Federal do Ceará, Fortaleza, v. 12, 2ª fase, 1958, p. 301-351.

ARENDT, Hannah. *A Condição Humana*. 10. ed. Rio de Janeiro, Forense Universitária, 2002.

AVELÃS NUNES, António José. *O Estado capitalista e as suas máscaras*. 2. ed. Rio de Janeiro: Lumen Juris, 2013.

ÁVILA, Humberto. Teoria dos Princípios. *Da definição à aplicação dos princípios jurídicos*. 10. ed. São Paulo: Malheiros, 2009.

BALANCO, Paulo; PINTO, Eduardo Costa. Os anos dourados do capitalismo: uma tentativa de harmonização entre as classes. *Pesquisa & Debate*, vol. 18, n. 1, São Paulo, 2007.

BAPTISTA DA SILVA, Ovídio A. *Jurisdição e Execução na Tradição Romano-Canônica*. 2. ed. São Paulo: Revista dos Tribunais, 1997.

______. *Curso de Processo Civil*. V. I, 6. ed. São Paulo: Revista dos Tribunais, 2003.

______. *Processo e Ideologia*. O Paradigma Racionalista. Rio de Janeiro: Forense, 2004.

______. *Sentença e Coisa Julgada.* Rio de Janeiro: Forense, 2003.

______. Sentença Condenatória na Lei n. 11.232. In: *Revista Jurídica*, ano 54, n. 345. Porto Alegre: Notadez, jul. 2006.

BARBAGELATA, Hector-Hugo. *El Particularismo Del Derecho Del Trabajo.* Montevideo: Fundacion de Cultura Universitaria, 1995.

BARCELLOS, Marta. *Histórias do Mercado de Capitais no Brasil:* depoimentos inéditos de personalidades que marcaram a trajetória das bolsas de valores do país. Rio de Janeiro: Elsevier; São Paulo: Bovespa, 2010.

BATALHA, Wilson de Souza Campos; RODRIGUES NETTO, Silvia M. L. Batalha. *Prescrição e Decadência no Direito do Trabalho.* São Paulo: LTr, 1996.

BEZERRA LEITE, Carlos Henrique. *Curso de Direito Processual do Trabalho.* 20. ed. São Paulo: Saraiva, 2022.

BIAVASCHI, Magda Barros. *Livro* — O Direito do Trabalho no Brasil 1930-1942: A Construção do Sujeito de Direitos Trabalhistas. São Paulo: LTr, 2007.

______; DROPPA, Alisson. A história da Súmula n. 331 do TST. *Mediações*, Londrina, v. 16, n.1, p. 124-141, Jan./Jun. 2011. Disponível em: <http://www.femargs.com.br/uploads/artigos/a-historia-da-sumula-331/a-historia-da-sumula-331.pdf>. Acesso em: 23 ago. 2018.

BRAGA, Ruy. *A Política do Precariado:* do populismo à hegemonia lulista. São Paulo: Boitempo, 2012.

______. *A Rebeldia do Precariado:* trabalho e neoliberalismo no sul global. São Paulo: Boitempo, 2017.

BOLZAN DE MORAIS, José Luis. Constituição ou Barbárie. Perspectivas Constitucionais. In: SARLET, Ingo Wolfgando (Org.). *Constituição Concretizada.* Construindo pontes entre o Público e o Privado. Porto Alegre: Livraria do Advogado, 2000.

BURGOS, R.; SANTOS DE OLIVEIRA, L. (2022). O Bolsonarismo frente à pandemia de Covid-19: Pulsão suicidária e repressão do luto. *Revista Ciências Humanas*, 15(1). Disponível em: <https://doi.org/10.32813/2179-1120.2022.v15.n1.a851>.

BUTLER, Judith. *Corpos em aliança e a política das ruas.* Notas para uma teoria performativa de assembleia. Rio de Janeiro: Civilização Brasileira, 2018.

CAMINO, Carmem. *Direito individual do trabalho.* 3. ed. Porto Alegre: Síntese, 2003.

CANOTILHO, J. J. Gomes. *Direito Constitucional e Teoria da Constituição.* 5. ed. Coimbra: Almedina, 2000.

CARELLI, Rodrigo. A Justiça do Trabalho no mundo. In: SOUTO MAIOR, Jorge Luiz; SEVERO, Valdete Souto (Coords.). *Resistência II.* Defesa e Crítica da Justiça do Trabalho. São Paulo: Expressão Popular, 2018, p. 93-97.

CARNELUTTI, Francesco. *Instituciones Del Nuevo Proceso Civil Italiano.* Barcelona: Bosch, 1942.

______. *Sistema de Direito Processual Civil.* V. I, São Paulo: Classic Book, 2000.

CARVALHO, José Murilo de. *Cidadania no Brasil:* o longo caminho. Rio de Janeiro: Civilização Brasileira, 2015.

CASALTA NABAIS, José. *Por Uma Liberdade com Responsabilidade.* Estudos sobre Direitos e Deveres Fundamentais. Coimbra: Coimbra Editora, 2007.

CASTANHEIRA NEVES, António. O Direito Interrogado pelo Tempo Presente na Perspectiva do Futuro. *Boletim da Faculdade de Direito de Coimbra*, Vol. LXXXIII, Coimbra, 2007.

CASTRO, Bárbara (Org.). *Covid-19 e sociedade:* ensaios sobre a experiência social da pandemia [recurso eletrônico]. Campinas, SP: UNICAMP IFCH, 2020.

CHAUI, Marilena. Filosofia seiscentista: a descoberta da subjetividade? *Revista Limiar*. Vol. 5, n. 10, 2017.

CLAUS, Ben-Hur Silveira. Execução trabalhista efetiva: a aplicabilidade do CPC de 2015 ao cumprimento da sentença. *Revista do Tribunal Regional do Trabalho da 3ª Região*, Belo Horizonte, v. 62, n. 93, p. 185-229, jan./jun. 2016.

CONSELHO FEDERAL DE PSICOLOGIA. *Tentativas de aniquilamento de subjetividades LGBTIs.* Brasília: CFP, 2019.

CONSELHO NACIONAL DE JUSTIÇA. *Protocolo para julgamento com perspectiva de gênero* [recurso eletrônico] Brasília: Conselho Nacional de Justiça — CNJ; Escola Nacional de Formação e Aperfeiçoamento de Magistrados — Enfam, 2021.

CORDEIRO, Wolney de Macedo. *Execução no processo do trabalho.* 5. ed. Salvador: JusPodivm, 2020.

CURIEL, Ochy. *La Nación Heterosexual.* Análisis del discurso jurídico y el régimen heterosexual desde la antropología de la dominación. Brecha Lésbica y en la frontera. Bogotá, Colômbia: Impresol Ediciones, 2013.

DALLARI, Dalmo de Abreu. *O poder dos Juízes.* 2. ed., rev. São Paulo: Saraiva, 2002.

DESCARTES, René. Discurso do método. In: *Obras escolhidas.* Tradução de Jacob Guinsburg e Bento Prado Jr. São Paulo: Difel – Difusão Europeia do Livro, 1962.

DIDIER JUNIOR, Fredie *et al. Curso de Direito Processual Civil:* Execução. 7. ed. Salvador: JusPodivm, 2017.

DINAMARCO, Cândido Rangel. *A Instrumentalidade do Processo.* 10. ed. São Paulo: Malheiros, 2002.

DUSSEL, Enrique. *1492 O encobrimento do outro.* A origem do mito da modernidade. Rio de Janeiro: Petrópolis, 1993.

DWORKIN, Ronald. *Levando os Direitos a Sério.* 3. ed., 2. tir. São Paulo: Martins Fontes, 2011.

______. *O império do direito.* São Paulo: Martins Fontes, 2007.

EDELMAN, Bernard. *A legalização da classe operária*. 1. ed. São Paulo: Boitempo, 2016.

ENGELS, Friedrich. *A origem da família, da propriedade privada e do Estado*. Rio de Janeiro: Civilização Brasileira, 1984.

EWALD, François. *L'Etat Providence*. Paris: Grasset, 1986.

FELDENS, Luciano. *Direitos fundamentais e Direito Penal*. Porto Alegre: Livraria do Advogado, 2008.

FARACO DE AZEVEDO, Plauto. *Crítica à Dogmática e Hermenêutica Jurídica*. 4. reimp. Porto Alegre: Sérgio Antônio Fabris Editor, 1989.

FERNANDES, Florestan. Organização social das tribos. In: HOLANDA, Sérgio Buarque (Org.). *História geral da civilização brasileira*. Antecedentes indígenas: tupis. Rio de Janeiro: Difel, 1976. vol. I.

______. *Teoria do Autoritarismo*. São Paulo: Expressão Popular, 2019.

FERREIRA, Waldemar Martins. *Princípios de legislação social e direito judiciário do trabalho*. São Paulo: Editora Limitada, 1938.

FERRITO, Bárbara. *Direito e Desigualdade:* Uma análise da discriminação das mulheres no mercado de trabalho a partir dos usos dos tempos. São Paulo: LTr, 2021.

FÓRUM DE SEGURANÇA PÚBLICA. *Relatório:* Visível e Invisível: A Vitimização de Mulheres no Brasil. 4. ed. 2023. Disponível em: <https://forumseguranca.org.br/wp-content/uploads/2023/03/visiveleinvisivel-2023-relatorio.pdf>.

FOUCAULT, Michel. *Microfísica do Poder*. 2. ed. São Paulo – Rio de Janeiro: Paz e Terra, 2015.

FROLICH, Paul. *Rosa Luxemburgo*. Biografia. São Paulo: Boitempo, 2019.

FUX, Luiz. *Curso de Direito Processual Civil*. V. I. 3. ed. Rio de Janeiro: Forense, 2005.

GALLINO, Luciano. *Il lavoro non è una merce*. Contro la flessibilità. Roma-Bari: Laterza, 2007.

GARAPON, Antoine. *O Juiz e a Democracia. O Guardião das Promessas*. Trad. Maria Luiza de Carvalho. 2. ed. Rio de Janeiro: Revan, 2001.

GAULEJAC, Vincent de. *Gestão como doença social:* ideologia, poder gerencialista e fragmentação social. Tradução: Ivo Storniolo. Aparecida – SP: Ideias & Letras, 2007.

GOLDMACHER, Marcela. *A "greve geral" de 1903:* o Rio de Janeiro nas décadas de 1890 a 1910. 2009. 177 f. Tese (Doutorado em História) – Universidade Federal Fluminense, Niterói, 2009. Disponível em: <https://ap.uff.br/riuff/handle/1/22097>.

GOMES, Angela Castro. *A Invenção do trabalhismo*. 3. ed. Rio de Janeiro: FGV, 2005.

GONÇALVES, Aroldo Plínio. *A Prescrição no Processo do Trabalho*. Belo Horizonte: Livraria Del Rey Editora, 1987.

GONZALEZ, Lelia. Racismo e Sexismo na Cultura Brasileira. *Revista Ciências Sociais Hoje*, Anpocs, 1984.

GUARESCHI, Pedrinho Arcides; AMON, Denise; GUERRA, André (Orgs.). *Psicologia, comunicação e pós-verdade.* Florianópolis: ABRAPSO, 2019.

HABERMAS, Jürgen. *A inclusão do outro:* estudos de teoria política. 3. ed. São Paulo: Loyola, 2007.

HARTMAN, Saidiya. *Perder a mãe.* Uma jornada pela rota atlântica da escravidão. Rio de Janeiro: Bazar do Tempo, 2021.

HARVEY, David. *As 17 contradições e o fim do capitalismo.* São Paulo: Boitempo, 2016.

HAZAN, Ellen Mara Ferraz. *Da greve ao locaute: contribuições para a luta coletiva.* Belo Horizonte: RTM, 2016.

HEGEL, Georg; FRIEDRICH, Wilhelm. *Princípios da Filosofia do Direito.* São Paulo: Martins Fontes, 1997.

HILL COLLINS, Patrícia; BILGE, Sirma. *Interseccionalidade.* São Paulo: Boitempo, 2021.

HOBBES, Thomas. *Leviatã.* Tradução: João Paulo Monteiro, Maria Beatriz Nizza da Silva, Claudia Berliner; revisão da tradução Eunice Ostrensky. São Paulo: Marlins Fontes, 2003.

______. *Do cidadão.* Tradução, apresemação e notas: Renato Jamine Ribeiro. 3. ed. São Paulo: Martins Fontes, 2002.

HOBSBAWM, Eric. *A era dos extremos:* o breve século XX: 1914-1991. São Paulo: Cia. das letras, 1995.

HOOKS, Bell. *Olhares negros.* Raça e representação. 1. ed. São Paulo: Editora Elefante, 2019.

KANT, Immanuel. Fundamentação da metafísica dos costumes. In: KANT, Immanuel. *Coleção Os pensadores.* Tradução de Paulo Quintela. São Paulo: Nova Cultural, 1974.

KEHL, Maria Rita. *O tempo e o cão:* a atualidade das depressões. São Paulo: Boitempo, 2009.

KREIN, José Dari; FILGUEIRAS, Vitor. A. *Reforma da Previdência para quem?* Disponível em: <http://plataformapoliticasocial.com.br/reforma-da-previdencia-para-quem/>. Acesso em: mar. 2019.

LACAN, Jacques. *O Seminário 16.* De um outro ao Outro. Rio de Janeiro: Zahar, 2008.

LAZZARIN, Helena; LAZZARIN, Sonilde; SEVERO, Valdete (Orgs.). *A centralidade dos Direitos Sociais* [recurso eletrônico]. Porto Alegre, RS: Editora Fi, 2022.

LOCKE, John. *Segundo tratado sobre o governo civil:* ensaio sobre a origem, os limites e os fins verdadeiros do governo civil. Tradução de Magda Lopes e Marisa Lobo da Costa. Petrópolis, RJ: Vozes, 1994.

LUGONES, María. Colonialidad y genero. *Tabula Rasa*, n. 9, jul./dic. 2008, p. 73-101. Universidad Colegio Mayor de Cundinamarca. Bogotá, Colombia. Disponible en: <http://www.redalyc.org/articulo.oa?id=39600906>.

LYRA FILHO, Roberto. *Direito do capital e direito do trabalho.* Porto Alegre, Fabris, 1982.

MACHADO FILHO, Sebastião. "Marchandage". A degradação do Direito do Trabalho e o retrocesso ao trabalho escravo no Brasil pelas chamadas "empresas prestadoras de serviço". *Revista de Informação Legislativa*, a. 20, n. 79, Brasília, jul./set. 1983.

MANDEL, Ernest. *A crise do capital:* os fatos e sua interpretação marxista. São Paulo: Ensaio; Campinas, SP: Editora da Universidade Estadual de Campinas, 1990.

MARINONI, Luiz Guilherme; ARENHART, Sérgio Cruz. *Manual do Processo de Conhecimento.* 5. ed. São Paulo: Revista dos Tribunais, 2006.

______; ______; MITIDIERO, Daniel. *Novo Código de Processo Civil Comentado.* 1. ed. São Paulo: Revista dos Tribunais, 2015.

MARTINS CATHARINO, José. *Em Defesa da Estabilidade.* São Paulo: LTr, 1966.

MARX, Karl. *Crítica da Filosofia do Direito de Hegel.* 1843. Tradução Rubens Enderle e Leonardo de Deus. São Paulo: Boitempo, 2005.

______. *Grundrisse.* São Paulo: Boitempo, 2011.

______. *Manuscritos econômicos-filosóficos.* São Paulo: Boitempo, 2004.

______. *Sobre a questão judaica.* São Paulo: Boitempo, 2013.

MATTOS, Marcelo Badaró. *Trabalhadores e Sindicatos no Brasil.* Rio de Janeiro: Vício de Leitura, 2002.

MEIRELES, Edilton. A Função do Título Executivo e a Legitimidade na Execução. *Revista LTr*, São Paulo, n. 64-05, maio 2000.

MENEZES, Cláudio Armando Couce de. Legitimidade *Ad Causam* na Execução. *Revista Genesis*, Curitiba, n. 20 (117), set. 2002.

MESSITTE PETER. Assistência judiciária no Brasil: uma pequena história. *Revista da Faculdade de Direito*, Minas Gerais. n. 7. p. 126-150. out. 1967, p. 126. Disponível em: <https://revista.direito.ufmg.br/index.php/revista/article/view/707>. Acesso em: 19 mar. 2022.

MIÑOSO, Yuderkys Espinosa. Fazendo uma genealogia da experiência: o método rumo a uma crítica da colonialidade da razão feminista a partir da experiência histórica na América Latina. In: *Pensamento Feminista Hoje.* Perspectivas decoloniais (Org. Heloisa Buarque de Holanda). Rio de Janeiro: Bazar do Tempo, 2020. p. 97-118.

MONTEIRO DE BARROS, Alice. *Curso de Direito do Trabalho.* 2. ed. São Paulo: LTr, 2006.

MORAES FILHO, Evaristo. *A Justa Causa na rescisão do contrato de trabalho.* Rio de Janeiro: Revista do Trabalho, 1946.

MOUFFE, Chantal. *O regresso do político.* Trad. Ana Cecília Simões. Lisboa: Gradiva, 1996.

______. Por um modelo agonístico de democracia. *Revista Sociologia Política*, n. 25, p. 11-23, 2005.

MOURA, Clóvis. *Os quilombos e a rebelião negra.* 5. ed. São Paulo: Brasiliense, 1986.

NETO, Francisco Ferreira J.; CAVALCANTE, Jouberto de Quadros P. *Direito Processual do Trabalho.* 8. ed. São Paulo: Grupo GEN, 2018.

OLEA, Manoel Afonso. *Derecho Procesal del Trabajo*. 2. ed. Madrid: Institutos de Estúdios Políticos, 1972.

OLIVEIRA VIANA, Francisco José de. *Problemas de Direito Corporativo*. Rio de Janeiro: Livraria José Olympio Editora, 1938.

OLIVEIRA, Rafael Tomaz de. *Decisão Judicial e o Conceito de Princípio*. Porto Alegre: Livraria do Advogado, 2008.

OYEWUMÍ, Oyèrónké. *A Invenção das mulheres*. Construindo um sentido africano para os discursos ocidentais de gênero. Rio de Janeiro: Bazar do Tempo, 2021.

PACHUKANIS, E. B. *Teoria Geral do Direito e Marxismo*. São Paulo: Editora Acadêmica, 1988.

PATEMAN, Carole. *O Contrato Sexual*. São Paulo: Paz e Terra, 2008.

PONTES DE MIRANDA, Francisco Cavalcante. *Tratado de Direito Privado*. Parte Geral. Tomo V e VI. Atualizado por Vilson Rodrigues Alves. 1. ed. São Paulo: Bookseller, 2000.

PRECIADO, Paul B. *Um apartamento em Urano*. Crônicas da Travessia. Rio de Janeiro: Zahar, 2020.

QUIJANO, Anibal. *Colonialidade do poder, eurocentrismo e América Latina*. 2005. Disponível em: <http://biblioteca.clacso.edu.ar/clacso/sur-sur/20100624103322/12_Quijano.pdf>.

RAWLS, John. *Justiça como equidade*. São Paulo: Martins Fontes, 2003.

REED, Evelyn. Como a mulher perdeu sua autonomia e como poderá reconquistá-la. Apresentado na Conferência Meridional para a Liberação da Mulher, realizada em Beulad, Mississipi, em 8 de maio de 1970. In: *Sexo Contra Sexo ou Classe Contra Classe*. São Paulo: Editora Instituto José Luís e Rosa Sundermann, 2008.

REQUIÃO, Rubens. Abuso de Direito e Fraude Através da Personalidade Jurídica. *Disregard Doctrine*, Revista dos Tribunais, São Paulo, n. 410, dez. 1969.

RIOS, Flavia; LIMA, Márcia (Orgs.). *Lelia Gonzalez:* Por um feminismo Afro-latino-americano. São Paulo: Zahar, 2020.

RODRIGUES PINTO, José Augusto. *Execução trabalhista*. 11. ed. São Paulo: LTr, 2006.

RODRIGUEZ, Plá. *Princípios do Direito do Trabalho*. 3. ed. São Paulo: LTr, 2000.

ROLNIK, Suely. *Esferas da ressurreição:* Notas para uma vida não cafetinada. 2. ed. São Paulo: N1 Edições, 2019.

RUSSOMANO, Mozart Victor. *Comentários à Consolidação das Leis do Trabalho*. 7. ed. Vol. I. Rio de Janeiro: José Konfino Editor, 1966.

SAFATLE, Vladimir; SILVA JUNIOR, Nelson da; DUNKER, Christian (Orgs). *Neoliberalismo como gestão do sofrimento psíquico*. São Paulo: Autêntica, 2021.

SAFATLE, Vladimir. *Maneiras de transformar o mundo*. Lacan, política e emancipação. Belo Horizonte: Autêntica, 2020.

SAFFIOTI, Heleieth. *A mulher na sociedade de classes:* mito e realidade. São Paulo: Vozes, 1976.

______. *Gênero, patriarcado, violência*. São Paulo: Perseu Abramo, 2004.

SANTOS, Ynaê Lopes dos. *Racismo Brasileiro*. São Paulo: Todavia, 2022.

SARLET, Ingo Wolfgang (Org.). *Constituição Concretizada*. Construindo pontes entre o Público e o Privado. Porto Alegre: Livraria do Advogado, 2000.

______. *A Eficácia dos Direitos Fundamentais*. 9. ed. Porto Alegre: Livraria do Advogado, 2007.

______. MARINONI, Luiz Guilherme; MITIDIERO, Daniel. *Curso de Direito Constitucional*. São Paulo: Revista dos Tribunais, 2012.

SATTA, Salvatore. *Diritto Processuale Civile*. 8. ed. Padova: CEDAM, 1973.

SCHIAVI, Mauro. *Manual de Direito Processual do Trabalho*. 12. ed. De acordo com o novo CPC. São Paulo: LTr, 2017.

SCHWARCZ, Lilia M.; STARLING, Heloisa M. *Brasil:* uma biografia. São Paulo: Cia. das Letras, 2015.

SEGATO, Rita Laura. Gênero e colonialidade: em busca de chaves de leitura e de um vocabulário estratégico descolonial. *E-cadernos CES* [*Online*], n. 18, 2012. Disponível em: <http://journals.openedition.org/eces/1533>. Acesso em: 30 abr. 2019.

SEGATO, Rita. *Las estructuras elementales de la violência*. 1. ed. Bernal: Universidad Nacional de Quilmes, 2003.

SEGATTO, José Antônio. *A formação da classe operária no Brasil*. Porto Alegre: Mercado Aberto, 1987.

SEVERO, Valdete Souto. *A Perda do emprego no Brasil*. Porto Alegre: Sulina, 2021.

______. Elementos para o uso transgressor do Direito do Trabalho: compreendendo as relações sociais de trabalho no Brasil e a função do Direito diante das possibilidades de superação da forma capital. 2. ed., rev. e ampl. São Paulo: ESA, 2020.

______. *O dever de motivação da despedida na ordem jurídico-constitucional brasileira*. Porto Alegre: Livraria do Advogado, 2011.

______; SOUTO MAIOR, Jorge Luiz. A Garantia Contra a Dispensa Arbitrária como Condição de Eficácia da Prescrição no Curso da Relação de Emprego. *Revista do Tribunal Regional do Trabalho da 4ª Região*, v. 38, p. 157-163, 2010.

______; ______. *Contra o revisionismo histórico e a supressão do acesso à Justiça do Trabalho:* o caso da ADI n. 5.766. Publicado em 21 maio 2018. Disponível em: <https://www.jorgesoutomaior.com/blog/contra-o-revisionismo-historico-e-a-supressao-do-acesso-a-justica-do-trabalho-o-caso-da-adi-5766>.

______; ______. *O processo do trabalho como instrumento do direito do trabalho e as ideias fora de lugar do novo CPC*. São Paulo: LTr, 2015.

SILVA, Antônio Álvares da. *Execução provisória trabalhista depois da Reforma do CPC*. São Paulo: LTr, 2007.

SILVA, Hélio; CARNEIRO, Maria Cecília Ribas. *História da república brasileira:* os governos militares 1969/1974. São Paulo: Três, 1998.

SILVEIRA KLAUS, Ben-hur. *Estudos jurídicos.* Execução. TRT da 15ª Região; Escola Judicial da 15ª Região, 2014. Disponível *on-line* em: <https://trt15.jus.br/sites/portal/files/fields/colecoesdotribunal_v/estudos-juridicos-e-livros/2019/execucao.pdf>.

SINGER, Paul. O Milagre Brasileiro — Causas e Consequências. *Caderno Cebrap*, n. 6, São Paulo, 1972.

SOUTO MAIOR, Jorge Luiz. *2015:* velhos ataques e novas resistências. Disponível em: <http://www.jorgesoutomaior.com/blog/2015-velhos-ataques-e-novas-resistencias>. Publicado em: 12 jan. 2016. Acesso em: 24 jan. 2016.

______. A prescrição do direito de ação para pleitear indenização por dano moral e material decorrente de acidente do trabalho. *Revista do Tribunal Regional do Trabalho da 15ª Região*, Campinas, n. 28, p. 25-43, jan./jun. 2006. Disponível em: <https://hdl.handle.net/20.500.12178/104557>.

______. *Conjuntura Política Brasileira sob perspectiva trabalhista.* A hora da sensatez. Belo Horizonte: RTM, 2019.

______. Competência Ampliada. EC n. 45 reconheceu vocação natural da Justiça do Trabalho. *Rev. Trib. Reg. Trab. 3ª Reg.*, Belo Horizonte, v. 40, n. 70 (supl. esp.), p. 95-111, jul./dez. 2004. Disponível em: <https://www.trt3.jus.br/escola/download/revista/rev_70_II/Jorge_Maior.pdf>.

______. Justiça do Trabalho: a Justiça do Trabalhador? In: COUTINHO, Grijalbo Fernandes; FAVA, Marcos Neves (Coords.). *Nova Competência da Justiça do Trabalho.* São Paulo: LTr, 2005.

______. *Dispensas coletivas (RE n. 999.435):* o STF vai lacrar o Brasil? Publicado em 13 jun. 2021. Disponível em: <https://www.jorgesoutomaior.com/blog/dispensas-coletivas-re-999435-o-stf--vai-lacrar-o-brasil>.

______. *História do Direito do Trabalho no Brasil* — Curso de Direito do Trabalho, Vol. I, Parte I. São Paulo: LTr 2017.

______. *O direito do trabalho como instrumento de justiça social.* São Paulo: LTr, 2000.

______; SEVERO, Valdete Souto. *Manual da reforma trabalhista: pontos e contrapontos.* São Paulo: Sensus, 2017. Disponível em: <https://www.aatsp.com.br/wp-content/uploads/2018/09/Valdete-Souto-Severo-e-Jorge-Luiz-Souto-Maior-Manual-da-Reforma-Trablhista-Pontos-e-Contrapontos-2018.pdf>.

______; ______ (Org.). *Resistência III:* o direito do trabalho diz não à terceirização. São Paulo: Expressão Popular, 2019.

STEDILE, João Pedro (Org.). *A questão agrária no Brasil:* o debate na esquerda 1960-1980. 2. ed. São Paulo: Expressão Popular, 2012.

STRECK, Lenio Luiz. *Verdade e Consenso.* Constituição, Hermenêutica e Teorias Discursivas. 4. ed. São Paulo: Saraiva, 2011.

______. *Hermenêutica Jurídica E(m) Crise*. Porto Alegre: Livraria do Advogado, 1999.

SUPIOT, Alain. *Critique Du Droit Du Travail*. 2. ed. Paris: Quadrige/PUF, 2007.

SÜSSEKIND, Arnaldo; MARANHÃO, Délio; VIANNA, Segadas; TEIXEIRA, Lima. *Instituições de Direito do Trabalho*. 22. ed. V. II. São Paulo: LTr, 2005.

TARUFFO, Michele. *La semplice verità*. Il giudice e la costruzione dei fatti. Bari: Laterza, 2009.

TEIXEIRA FILHO, Manoel Antonio. O cumprimento da sentença no CPC e o processo do trabalho. *Rev. TST*, Brasília, vol. 73, n. 1, jan./mar. 2007.

TELES, Natália Luiza Corrêa. *A pandemia como oportunidade para ampliar a flexibilidade da legislação ambiental:* O caso da liberação de (mais) agrotóxicos no Brasil. Orientador: Luiz Claúdio Moreira Melo Júnior. 2022. 41 f. Trabalho de Conclusão de Curso (Graduação em Agronomia) – Universidade Federal Rural da Amazônia, Campus Belém, PA, 2022.

TEODORO, Maria Cecília Máximo. *O Princípio da Adequação Setorial Negociada*. 2. ed. São Paulo: LTr, 2018.

TESHEINER, José Maria. Autoridade E Eficácia da Sentença — Crítica à Teoria de Liebman. *Revista Síntese de Direito Civil e Processual Civil*, n. 03, jan./fev. 2000.

______. *Elementos para uma teoria geral do processo*. São Paulo. Saraiva, 1993.

THEODORO JUNIOR, Humberto. *Curso de Direito Processual Civil*. v. I, 23. ed. Rio de Janeiro: Forense, 1998.

TOSS, Luciane. No sistema de justiça mora um grito. Uma perspectiva de gênero para o Direito. In: RODRIGUES *et al* (Org.). *O processo do trabalho é para todo mundo*. Bauru: Canal 6, 2022.

TOSTES MALTA, Christóvão Piragibe. *Prática do Processo do Trabalho*. São Paulo: LTr, 1993.

URBINA, Trueba. *Nuevo Derecho procesal del trabajo*. México: Porrua, 1975.

VIANA, Márcio Túlio. *OS PARADOXOS DA PRESCRIÇÃO*. Quando o trabalhador se faz cúmplice involuntário da perda de seus direitos. 2007. Disponível em: <http://egov.ufsc.br/portal/sites/default/files/anexos/32797-40592-1-PB.pdf>. Acesso em: 10 jul. 2018.

VREELAND, Susan. *A paixão de Artemísia*. São Paulo: José Olimpio Editora, 2010.

WARAT, Luis Alberto. *Introdução geral ao direito I*. Interpretação da Lei. Temas para uma reformulação. Porto Alegre: Sergio Fabris, 1994.

______. O direito e sua linguagem. 2. versão. 2. ed. aum. Porto Alegre: Sergio Fabris, 1995.

______. *Introdução geral ao direito II:* a epistemologia jurídica da modernidade. Porto Alegre: Sérgio Antonio Fabris Editor, 2002.

______. *Mitos e teoria na interpretação da lei*. Porto Alegre: Síntese, 1977.

______. *A Ciência Jurídica e Seus Dois Maridos*. Santa Cruz do Sul, Faculdades Integradas de Santa Cruz do Sul, 1985.

WERNECK, Jurema. Nossos passos vêm de longe! Movimentos de mulheres negras e estratégias políticas contra o sexismo e o racismo. o In: *Vents d'Est, vents d'Ouest: Mouvements de femmes et féminismes anticoloniaux [en línea]*. Genève: Graduate Institute Publications, 2009 (generado el 19 avril 2019). Disponível em: <http://books.openedition.org/iheid/6316>. ISBN: 9782940503827. DOI: <10.4000/books.iheid.6316>.

ZETKIN, Clara. *A luta contra o fascismo.* Relatório apresentado em 1923, ao Terceiro Plenário do Comitê Executivo da Internacional Comunista. Disponível em <https://www.marxists.org/portugues/zetkin/1923/06/20.htm>.